ALLBRIGHT
LAW OFFICES
锦天城

上海市锦天城律师事务所
华东政法大学经济法律研究院 | 合作编写

COMPANY LAW REVIEW

公司法律评论

顾功耘　主编

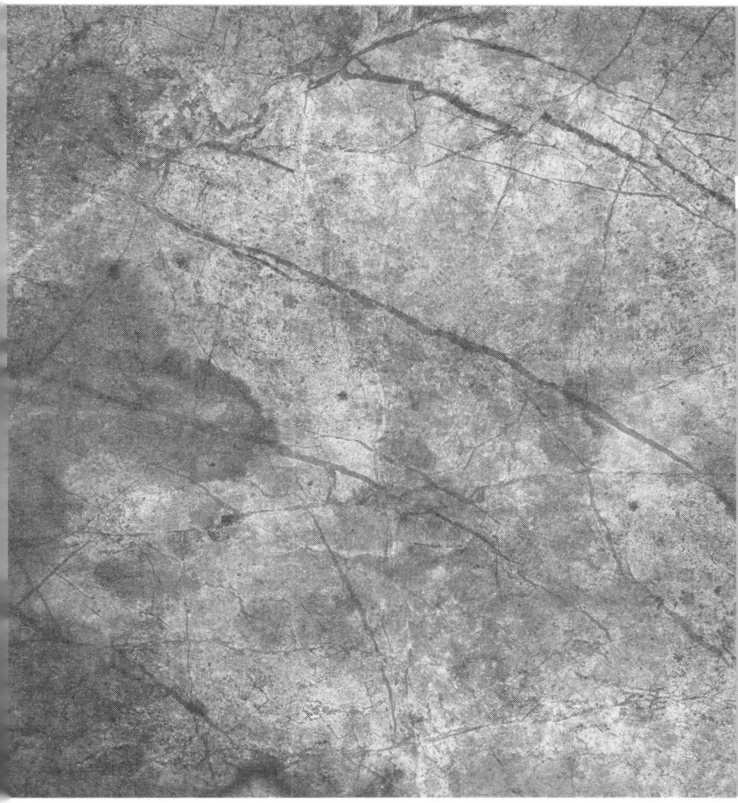

2023
第1卷
总第25卷

法律出版社 LAW PRESS·CHINA
北京

图书在版编目(CIP)数据

公司法律评论.2023.第1卷:总第25卷/顾功耘主编.--北京:法律出版社,2023
ISBN 978-7-5197-8562-8

Ⅰ.①公… Ⅱ.①顾… Ⅲ.①公司法-研究-中国-2023 Ⅳ.①D922.291.914

中国国家版本馆CIP数据核字(2023)第218844号

公司法律评论2023第1卷(总第25卷)
GONGSI FALÜ PINGLUN 2023 DI-1 JUAN
(ZONG DI-25 JUAN)

顾功耘 主编

策划编辑 田 浩
责任编辑 田 浩
装帧设计 臧晓飞

出版发行 法律出版社
编辑统筹 法商出版分社
责任校对 王 丰
责任印制 胡晓雅
经 销 新华书店

开本 787毫米×1092毫米 1/16
印张 18.5 **字数** 383千
版本 2023年12月第1版
印次 2023年12月第1次印刷
印刷 唐山玺诚印务有限公司

地址:北京市丰台区莲花池西里7号(100073)
网址:www.lawpress.com.cn
投稿邮箱:info@lawpress.com.cn
举报盗版邮箱:jbwq@lawpress.com.cn

销售电话:010-83938349
客服电话:010-83938350
咨询电话:010-63939796

书号:ISBN 978-7-5197-8562-8
定价:82.00元

锦天城律师事务所简介

锦天城律师事务所成立于1999年，是一家提供一站式法律服务的大型综合性律师事务所，在核心业务领域（如资本市场、金融与信托、公司并购与重组、破产与清算、基础设施建设与房地产、国际贸易、跨境投资、反垄断反倾销、诉讼与仲裁、知识产权以及海事海商等）具备专业优势或行业领先优势。现有注册律师4000余名。

发轫于中国上海的锦天城，已在国内外30个城市（北京、杭州、深圳、苏州、南京、成都、重庆、太原、青岛、厦门、天津、济南、合肥、郑州、福州、南昌、西安、广州、长春、武汉、乌鲁木齐、海口、长沙、昆明、中国香港、英国伦敦、美国西雅图、新加坡、日本东京）开设分所，并与国际律师事务所鸿鹄（Bird & Bird LLP）建立战略合作关系。

华东政法大学经济法律研究院简介

华东政法大学经济法律研究院是由华东政法大学独立设立，集理论研究、科研成果转化与人才培养、社会服务于一体的科研机构。研究院以经济法律研究为特色，旨在突破单一专业瓶颈，实现法学与经济学、管理学的融合，密切联系政、产、学、研，强调理论研究的应用性、实践性与前瞻性，是一流的学术研究与交流平台、高层次的经济法律人才培养基地以及经济立法、政府决策、企业咨询的专业性法律智库。经多年建设，研究院先后被认定为上海市法学会重点研究基地、上海市普通高校人文社会科学重点研究基地。

研究院自成立以来，先后组织、策划、出版了“经济法文库”“经济法文集”“商事法文库”以及《经济法前沿问题》《中国商法评论》《公司法律评论》《金融法律评论》等系列性学术著作或年度刊物，创办了“经济法律高峰论坛”“公司法律论坛”“国资法律论坛”“能源法治论坛”等系列性品牌论坛，在学界和实务界具有广泛的影响力。

本出版物受上海市高水平地方高校（学科）建设项目资助

卷首语

2022 年 4 月，全国人大常委会表决通过了《期货和衍生品法》，开启了证券期货市场法制建设的新篇章。为了解决证券市场争议和保护投资者，2022 年年初最高人民法院正式发布了《关于审理证券市场虚假陈述侵权民事赔偿案件的若干规定》，该司法解释进一步细化和明确了虚假陈述侵权民事赔偿责任的构成要件及追究机制等内容，平衡了市场各方的合理诉求。我国的证券市场注册制改革试点取得进展，到 2023 年春天注册制已经全面推行。我国公司法修改正在紧锣密鼓地展开，截至 2023 年 8 月底已经出台三审稿。所有这一切，给我们的研究提供了非常丰富的课题资源。

本卷发布了 2022 年证券市场年度法制报告，全面回顾总结了证券市场立法执法司法守法几个层面的情况。同时，在公司法制栏目我们分别邀请了西北政法大学郭富青教授、西南政法大学林少伟教授、日本东京大学朱大明教授等为我们撰写了稿件。这些稿件基本上都是与本次公司法修改有紧密关联，他们的分析视角和发表的观点都非常独特，有创新。

在证券法制栏目我们邀请了上海财经大学樊健教授为我们专门撰写了证券市场风险的确认与计算的论文。他从亚太实业案件出发，为长期困惑裁判者确认和计算市场风险这一难题，提供解决方案。证券市场虚假陈述侵权案件的处理仍然成为市场关注的热点。我们在本栏目中继续围绕中介机构比例连带责任、民事赔偿中的因果关系等展开了深入的讨论。

破产法栏目选取了李伟群教授提供的房企破产中消费者权益保护问题研究一文。在大量房企发生暴雷的背景下，关注消费者利益的保护问题尤其重要。

为了借鉴境外的企业治理经验，我们组织翻译了欧洲和中亚地区国有企业治理的调查报告,以及英国2020年公司破产与治理法案。另外,我们还翻译了一篇美国有关如何从新冠疫情紧急计划中吸取教训的研究报告成果,这对于我们反思相关政策带来的长远影响具有启迪意义。

案件聚焦栏目,我们选取了五个典型案例,分别就董监高损害公司利益、股权回购、操纵证券交易市场、交易所终止上市决定以及营业信托争议进行了深入分析。

当前世界政治经济格局也在发生着前所未有的重大调整和变化。前景不确定是确定的。最近中央经济工作会议要求必须“唱响中国经济光明论”。我们相信,前途是光明的,只要我们撸起袖子加油干,冬天终会过去。读者、作者和我们编者共同经历了《公司法律评论》发展的23年,再此,我作为主编代表编委会全体成员衷心感谢大家对本评论的支持和厚爱!让我们携起手,肩并肩,去迎接美好的春天!

顾功耘

2023年12月20日

目　录 CONTENTS

年度法制报告

2022年中国证券市场法制研究报告

陈鑫淼　黄鑫阅 *

目　次

2022年，以注册制改革为牵引的资本市场全面深化改革持续推进，在健全市场功能的同时，促进了市场资源配置功能更好发挥。[1]截至2022年年底，上市公司总数达到5079家，总市值79万亿元。其中，科创板、创业板、北京证券交易所分别为501家、1232家、162家，总市值分别为5.82万亿元、11.27万亿元和

* 陈鑫淼，华东政法大学经济法学博士研究生；黄鑫阅，华东政法大学经济法学博士研究生。

〔1〕 参见择远：《今日视点：注册制“三步走”将迎关键一跃》，载《证券时报》2022年12月31日，第A1版。

2110.29 亿元。[1] 在过去的一年中，随着我国经济结构调整、资本市场开放程度不断加深，行业准入门槛全面放开，实体经济迎来蓬勃发展，科技创新和产业升级成为实体经济低碳发展的“催化剂”。证券行业同实体经济相互促进、相互成就，共同致力于实现引领低碳发展的潮流。

一、2022 年中国证券市场法制概况

在法律层面，2022 年 2 月 28 日第十三届全国人民代表大会常务委员会通过《全国人民代表大会常务委员会关于设立成渝金融法院的决定》，推进成渝地区双城经济圈建设，设立成渝金融法院。2022 年 4 月 20 日第十三届全国人民代表大会常务委员会通过《期货和衍生品法》，规范和促进期货交易，更好发挥期货市场的功能。

在司法解释层面，于 2021 年 12 月 30 日通过的《最高人民法院关于审理证券市场虚假陈述侵权民事赔偿案件的若干规定》，更深入地发挥着人民法院和金融监管部门间的高效协作效应，从而确保和维护那些依法行事的投资者们的正当权益。在市场运作环境中，所有的金融投资者都将获得公平公正公开的权益保护，以推动资本市场环境呈现出积极、稳定、透明的良性发展趋势。2022 年 12 月 20 日，《最高人民法院关于成渝金融法院案件管辖的规定》，进一步明确成渝金融法院的案件管辖范围，对成渝金融法院正式运行和切实履行法定职能起到了基础性的制度保障。

在部门规章层面，中国证监会针对上市公司公布了《上市公司监管指引》《上市公司独立董事规则》《上市公司股份回购规则》《北京证券交易所上市公司转板的指导意见》《上市公司投资者关系管理工作指引》《关于完善上市公司退市后监管工作的指导意见》《证券登记结算管理办法》，公布《公开发行证券的公司信息披露内容与格式准则》修订发行证券的公司信息披露内容与格式准则和信息披露编报规则。公布《证券基金经营机构董事、监事、高级管理人员及从业人员监督管理办法》《公开募集证券投资基金管理人监督管理办法》完善基金监管相关规范。针对股票发行及交易，公布《首次公开发行股票并上市管理办法》《证券公司科创板股票做市交易业务试点规定》《内地与香港股票市场交易互联互通机制若干规定》。针对与境外互联互通，公布《境内外证券交易所互联互通存托凭证业务监管规定》《关于合格境外机构投资者和人民币合格境外机构投资者境内证券交易登记结算业务的规定》。针对证券纠纷解决问题，与财政部联合公布《证券期货行政执法当事人承诺金管理办法》《关于证券违法行为人财产优先用于承担民事赔偿责任有关事项的规定》。

在自律规则层面，中国证券业协会发布了《证券公司董事、监事、高级管理人员及从业

---

〔1〕 参见吴晓璐：《2022 年新增 A 股上市公司 424 家合计募资 5868 亿元》，载《证券日报》2022 年 12 月 31 日，第 A2 版。

人员管理规则》《证券公司建立稳健薪酬制度指引》《非公开发行公司债券报备管理办法》《公司债券受托管理人处置公司债券违约风险指引》《非公开发行公司债券项目承接负面清单指引》等规则。北京证券交易所（以下简称北交所）发布了《上市公司业务办理指南》《上市公司自律监管指引》《融资融券业务指南》《融资融券交易细则》《关于退市公司进入退市板块挂牌转让的实施办法》《上市公司持续监管指引》等规则。上海证券交易所（以下简称上交所）发布《上市公司自律监管指引》《科创板上市公司自律监管指引》《科创板股票做市交易业务实施细则》《债券交易规则》《债券交易规则适用指引》《公司债券发行上市审核规则适用指引》，修订了《股票上市规则（2022 年修订）》。深圳证券交易所（以下简称深交所）发布了《债券交易规则》《债券交易业务指引》《可转换公司债券交易实施细则》《公司债券发行上市审核规则》等规则，修改了《深港通业务实施办法》《公司债券发行上市审核业务指引》《非公开发行公司债券挂牌规则》《公司债券上市规则》《股票上市规则》等规则。上交所与深交所联合发布《公司债券上市规则》《债券市场投资者适当性管理办法》《非公开发行公司债券挂牌规则》《公司债券发行上市审核规则》。上交所、深交所、北交所联合发布《关于退市公司进入退市板块挂牌转让的实施办法》。这些规则都为我国证券市场积极、健康地发展营造良好的环境，通过规范市场主体在我国证券行业的参与准则，为完善我国证券市场提供制度保证。

二、上市公司的制度规范

2022 年，上市公司积极致力于完善信息披露制度，以增强其透明度和公信力，通过制定更加严格的披露标准、规范信息发布流程和加大监管力度等一系列措施，提升信息披露的准确性和及时性。同时，通过夯实实际控制人责任、积极优化股份回购规则、完善独立董事制度等更好地提升上市公司治理水平，维护投资者利益。

（一）完善信息披露制度

2022 年，证监会公布了《关于注册制下提高招股说明书信息披露质量的指导意见》，特别强调了招股说明书是注册制下股票发行阶段信息披露的主要载体，是投资者作出价值判断和投资决策的基本依据，是企业发行上市过程中最核心、最重要的法律文件。[1]进一步提高招股说明书信息披露质量，有利于推动资本市场高质量发展。同年，证监会还公布了《公开发行证券的公司信息披露内容与格式准则》第 5、17、26 号，对公司股份变动报告的内容与格式、要约收购报告书、上市公司重大资产重组等内容进行修订；公布了《公开发行证券的

〔1〕 参见石旭芳：《我国上市公司 ESG 信息披露制度构建探究》，载《杭州金融研修学院学报》2023 年第 4 期。

公司信息披露编报规则》第4、25、26号，对保险公司信息披露特别规定、商业银行信息披露特别规定、从事药品及医疗器械业务的公司招股说明书内容与格式指引等进行修改，极大提高了注册制下信息披露的发展。

信息披露法律制度在证券市场运行中扮演着至关重要的角色，不仅贯穿于证券市场运行的始终，更是《证券法》的核心所在。作为资金筹集和资源配置的重要聚集地，证券市场在解决企业资金筹集困难问题的同时，必须充分保障各方市场参与者的权益。[1]信息披露制度的存在有着双重目的。首先，信息披露制度要尽心尽力地保障投资者的权益，包括充分披露企业信息、避免虚假陈述和误导性陈述等。只有这样，才能确保投资者能够作出明智的投资决策，减少投资风险，提高投资收益。其次，信息披露制度还需要考虑到不要过分严苛的要求，避免抑制了企业筹资的积极性，从而对市场活力产生不利影响，妨碍市场的正常运行秩序。[2]因此，信息披露法律制度在保障投资者权益的同时，也要兼顾企业的利益和市场的发展。

（二）优化股份回购规则

2022年，证监会发布《上市公司股份回购规则》（以下简称《股份回购制度》），从三个方面对股份回购制度进行了优化。首先，《股份回购制度》明确了股份回购的适用范围，增加“将股份用于员工持股计划或者股权激励”“将股份用于转换上市公司发行的可转换为股票的公司债券”“上市公司为维护公司价值及股东权益所必需”等三种回购适用情形。其次，《股份回购制度》调整监管要求，简化了回购决策程序，对回购程序区分董事会决定和股东大会决定作了差异化设定。最后，《股份回购制度》强化监管执法，明确了回购期间相关主体发生内幕交易、操纵市场、虚假陈述的法律责任。上市公司在推进股份回购方案的时候，要坚持“原则禁止、允许例外”的要求，根据自身的能力水平量力而行，遵守承诺。上市公司披露的股份回购方案是上市公司为了缓解股价严重低于每股净资产的困境，计划在一定时间内，通过以特定基准价格以下的价格、特定预算的资金，集中竞价的交易手段，在二级市场购买本企业的股份的做法。优化股份回购一方面可以向社会展现公司自信和实力，稳定企业股票市值，提高企业再融资能力；另一方面可以增强股民对企业投资的信心，稀释公众股东的持股比例与表决权比例。截至2022年4月22日，共437家公司发布了回购预案。中国证监会表示“鼓励上市公司加大增持回购力度”。[3]对于公众股东而言，应该保持警惕，密切关注方案的实施情况，确保投资安全。此外，为了更好地保护投资者利益，建议《公司法》和《证券法》相互协调、联动修改，通过建立企业、控制者和投资者之间的义务与责任

---

〔1〕 参见张子馨：《我国上市公司信息披露法律制度的分析与完善》，载《中外企业文化》2023年第5期。

〔2〕 参见徐志豪：《浅论完善我国ESG信息披露制度》，载《中国信息化》2022年第8期。

〔3〕 参见黄翔：《今年400余家公司加入回购大军，释放积极信号》，载《证券时报》2022年4月23日，第4版。

体系，明确各方的权利和义务，约束各方的行为，从而减少投资风险的发生。

（三）持续完善独立董事制度

2022年1月5日证监会发布了《上市公司独立董事规则》，与《指导意见》相对比，《上市公司独立董事规则》主要从三个方面进行了修订：一是对原有内容进行统一编排与改写，增强规则的适用性；二是修改规则之间不一致的内容，保证了法规之间的一致性；三是吸纳散落别处的规则内容，主要是吸纳了《股东权益保护规定》的相关内容。独立董事制度被认为是提升上市公司治理质量的至关重要的制度工具，它的设立是为了维护公司的整体利益，并促进公司的健康发展。但独立董事制度本身仍存在一些问题值得思考：首先，独立董事制度存在着人性假设，即假设独立董事能够完全理性地行使职权，但实际上，这一假设在现实中可能并不成立。其次，独立董事的角色定位备受争议。[1]他们被期望在董事会中发挥关键的监督作用，然而，由于其独立性的要求，他们往往无法充分了解公司的运营情况，从而难以有效地履行职责。对此，建议借助此次《公司法》的全面修改，对独立董事制度进行完善：一方面，应在立法上明确独立董事的权责，使其在行权时具有相对明确的行为标准；另一方面，应当完善独立董事的薪酬制度，使其在获得合理报酬的同时，能够更好地承担起应尽的责任；此外，应完善对独立董事的追责机制，促使独立董事的权责利相统一，确保独立董事制度的可持续健康发展。总之，通过独立董事制度的改进能够使董事会更好地发挥作用，为上市公司提供更加专业、客观的建议和支持，推动公司更好地发展。

三、证券公司的制度发展

（一）建立健全薪酬制度

2022年5月13日，中国证券业协会（以下简称中证协）发布《证券公司建立稳健薪酬制度指引》（以下简称《指引》）。《指引》共25条，由总则、原则与目标、制定与实施、基本规范、自律管理及附则等内容组成，引导证券公司建立稳健的薪酬制度，健全薪酬激励约束机制。具体而言，《指引》从证券公司建立薪酬制度应遵循的原则与目标、证券公司薪酬制度应遵循的基本规范、证券公司应保障稳健薪酬制度的有效落实等三个方面。首先，要求证券公司以贯彻稳健经营理念、确保合规底线要求、促进形成正向激励、提升公司长期价值为原则目标；其次，综合考虑业务和岗位的风险属性和特征，以及相应承担的社会责任和专业责任，完善薪酬激励约束机制；最后，明确薪酬制度的决策、执行和监督机制，建立健全薪酬递延支付、问责等相关机制，加强声誉风险管理和员工价值引导。《指引》明确证券公

---

〔1〕 郭永超：《论独立董事有限责任的构建——以“康美药业”案为切入点》，载《山西财政税务专科学校学报》2023年第3期。

司应当将薪酬管理与风险管理紧密结合，制定与风险水平、特征及持续期限相匹配的激励约束机制，保障全面风险管理的有效落实，实现稳健经营。[1]

（二）加强行业主体的声誉约束

2022年5月20日，中国证券业协会发布了《证券行业诚信准则》（以下简称《诚信准则》）及《证券行业执业声誉信息管理办法》（以下简称《执业声誉信息办法》）。《诚信准则》定位为行业机构及其工作人员诚信自律行为的主动约束，主要内容包括明确诚信基本义务、压实机构管理责任、强化守信激励和失信惩戒。《执业声誉信息办法》定位为自律管理对象执业声誉信息（包括诚信信息）管理的外部约束，主要内容包括：明确执业声誉信息主体范围、建立证券行业执业声誉信息库，将执业声誉信息纳入执业声誉激励约束机制并实施自律管理、完善执业声誉信息来源，规范其他执业声誉信息的认定程序及记入标准、建立执业声誉信息管理机制、明确信息公开和查询的有关规定。在注册制实施的背景下，协会发布两项自律规则，深入推进“合规、诚信、专业、稳健”的行业文化建设，探索完善诚信管理和声誉自律机制，进而推动形成诚信约束、声誉约束的行业生态。

四、债券发行与交易制度的优化

不断完善债券发行与交易制度是债券市场发展的重要方向。2022年，我国债权发行和交易制度主要是通过加强公司债券的发行上市审核，进一步提高债券市场的透明度和公正性；通过债券市场互联互通制度的落地，促进债券市场的信息共享，提高市场效率和流动性；通过深化债券市场的制度型开放，吸引更多的海内外投资者参与市场，增加市场的多样性和竞争力；通过完善可转债业务规则，更好地规范市场行为，降低市场交易风险。

（一）加强公司债券的发行上市审核

2022年4月22日，沪深交易所同步发布了《公司债券发行上市审核规则》《公司债券上市规则》《非公开发行公司债券挂牌规则》《债券市场投资者适当性管理办法》4项债券业务规则。

上交所从以下三个方面对规则进行了优化完善：一是在制度实施标准和规范方面，进一步体现了简明友好特征，审核程序、审核内容及标准的可预期性及透明度有效提升，明确终止上市情形，简化上市挂牌要求，便利市场参与，加强权力运行监督约束。二是在市场建设方面，重视发挥市场内生机制及自主约束作用，强化信息披露要求，压实中介机构把关责任，并完善持有人会议、受托管理制度等投资者权益保护的内生机制，调动各市场参与方责

---

〔1〕 参见《中国证券业协会发布〈证券公司建立稳健薪酬制度指引〉》，载 https://www.cs.com.cn/qs/202205/t20220513_6268879.html，最后访问日期：2023年9月6日。

任意识，进一步强化市场约束。三是在市场监管方面，根据市场发展现状完善了投资者适当性要求，加大对普通投资者的保护力度，进一步明确各市场主体应当遵守的自律监管要求，细化违规情形及相应的违规责任追究。[1]

深交所则着眼于提高信息披露质量，打造更加规范透明的债券市场。一是强化发行人重大事项披露，增加发行人股权结构发生重大变化、重大资产被抵质押等事项的披露要求；二是明确担保机构及破产管理人信息披露要求，规定担保机构应当披露年度财务报告及重大事项，要求破产管理人应当按规定持续披露破产进展等事项；三是完善自愿披露、公开承诺披露、暂缓披露相关安排。为督促市场主体归位尽责，深交所按照“受理即纳入监管”原则，明确自申请文件受理之日起，发行人及其相关方、主承销商及证券服务机构等各方即承担相应法律责任。同时，深交所完善债券持有人会议机制：一是细化持有人会议召开情形，新增发行人或其控股股东、实际控制人以无偿或者明显不合理对价转让资产导致发行人偿债能力面临严重不确定性等会议召集情形；二是修改债券持有人会议回避表决主体范围，明确发行人、发行人的关联方以及对决议事项存在利益冲突的债券持有人应当回避表决；三是完善议案及决议公告、决议效力相关安排。此外，随着公开发行公司债券取消强制评级要求，深交所本次修订不但限制个人投资者可以购买的债券范围从而加大保护力度，还引入了发行人发生严重影响其偿债能力的重大事项等影响投资者权益保护的情形，作为存续期投资者适当性调整标准。[2]

（二）债券市场跨境联通和双向开放

2022 年 5 月 27 日，中国人民银行、证监会、外汇局联合发布《关于进一步便利境外机构投资者投资中国债券市场有关事宜的公告》（以下简称《境外机构投资债券公告》），统筹同步推进银行间和交易所债券市场对外开放。

《境外机构投资债券公告》虽然没有调整境外机构投资者入市标准，但是进一步简化了投资流程。对于已备案的产品，在银行间债券市场既可以保留现有债券账户，也可以归并至法人层面，相关金融基础设施应当提供非交易过户服务；已入市的境外机构可以持相关材料申请开立证券账户后直接投资交易所债券市场，也可通过互联互通方式投资交易所债券市场。《境外机构投资债券公告》还明确境外机构投资者可以在中国债券市场开展债券现券、债券借贷、以风险管理为目的的相关衍生产品、开放式债券指数证券投资基金以及其他中国人民银行、中国证监会认可的交易。此外，《境外机构投资债券公告》还探索健全兼容多级托管的包容性制度安排，为境外投资机构提供银行间债券市场结算代理与托管银行模式两种

---

〔1〕 参见《上交所优化完善公司债券注册制配套制度》，载 http://www.sse.com.cn/aboutus/mediacenter/hotandd/c/c_20220422_5701375.shtml，最后访问日期：2023 年 10 月 3 日。

〔2〕 参见《深交所发布债券审核及监管业务四项规则　推进交易所债券市场高质量发展》，载 http://www.szse.cn/aboutus/trends/news/t20220422_592537.html，最后访问日期：2023 年 10 月 3 日。

境外投资途径。同一境外机构投资者可以根据自身投资管理需要，将其在合格境外投资者（QFII 和 RQFII）项下的债券和根据本公告所投资的债券以非交易过户等市场监管部门认可的方式进行双向划转，并可以将合格境外投资者托管账户内资金与根据本公告及相关规定开立的资金账户内资金在境内进行双向划转。未来随着债市对外开放进一步推进，境外机构在债券衍生品、回购等交易上的约束有望逐步放开。总的来看，《境外机构投资债券公告》是深入推进中国债券市场制度型开放的重要一步，有利于健全多元化投资者队伍，提升债券市场的流动性与稳健性，有利于扩大资本项目流入，更好地促进国际收支平衡、统筹利用国内国际两个市场两种资源。[1]

（三）完善可转债业务规则

近年来，可转债市场大幅发展，逐渐成为上市企业融资多元化融资渠道的有益补充。同时，个别可转债被过分炒作，出现了强赎风险、级别下调风险等问题。为完善上市公司发行的可转换公司债券交易制度，防范可转债交易风险，维护证券市场秩序，保护投资者合法权益，2022 年 7 月沪深交易所分别发布《上海证券交易所可转换公司债券交易实施细则》《深圳证券交易所可转换公司债券交易实施细则》（以下统称《可转债交易细则》）。《可转债交易细则》一是进一步明确了价格涨跌幅的限制，如上市首日新增全日有效申报价格范围、次日起设置 20% 价格涨跌幅限制等；二是结合涨跌幅调整，增设了可转债价格异常波动和严重异常波动标准，新增四类异常交易行为，明确了异常波动、严重异常波动情况下上市公司的核查及信息披露义务；三是在增设“2 年交易经验 + 10 万元资产量”的准入要求基础上，设置新老划断安排，强化投资者保护，也确保存量投资者继续参与不受影响。

为更好发挥可转债市场服务实体经济的功能，今后仍要持续加强可转债市场制度化建设，夯实制度基础，保障债券市场平稳运行秩序，避免制度规则与产品属性不匹配、波动幅度异常、损坏投资者权益等问题。此外，还要强化可转债市场规则与债券市场规则的衔接，形成统一的制度标准，化解各种不适应性问题，让可转债服务实体经济的功能落到实处。[2]

五、基金法律制度的完善

（一）登记备案制度的完备

2022 年 6 月 2 日，中国证券投资基金业协会发布《关于私募基金管理人登记备案工作相关事宜的通知》（以下简称《私募基金备案通知》），不仅更新了私募基金管理人《私募股

〔1〕 参见《三部门发文推进债市开放中国债券市场制度型开放迈出重要一步》，载 https://finance.sina.com.cn/china/2022-05-30/doc-imizmscu4096971.shtml，最后访问日期：2023 年 9 月 6 日。

〔2〕 王小霞、张炜：《打击过度投机炒作可转债交易迎来强监管》，载《中国经济时报》2022 年 6 月 20 日，A01 版。

权、创业投资基金管理人登记申请材料清单（2022 版）》《私募证券投资基金管理人登记申请材料清单（2022 版）》（以下合称为《申请材料清单》），同时也发布了《私募股权、创业投资基金备案关注要点》《私募证券投资基金备案关注要点》。

《申请材料清单》包括了机构基本信息、相关制度、机构持牌及关联方信息、诚信信息、财务信息、出资人信息、实际控制人信息、高管人员信息和管理人登记法律意见书。主要体现以下变化：一是简化重复报送内容，将“新设同类型私募基金管理人合理性说明”及“关联私募基金管理人自律合规连带责任承诺函”整合到“登记承诺函”及“新设私募基金管理人合理性说明及集团各私募基金管理人合规风控安排”中，不再要求关联方出具承诺函，改由实际控制人在“登记承诺函”中承诺，从实际控制人角度出发对申请机构的“集团化运作”进行审核把控；二是更加严格地审查冲突业务，基金业协会将冲突业务范围由“可能与私募投资基金属性相冲突的业务”扩大到包括“网络信贷信息中介”在内的“任何与私募基金管理相冲突或无关的业务”；三是明确对股权架构合理性说明的规定，强调说明应当简明清晰、不得为规避监管要求进行特殊股权架构设计；四是简化出资人出资能力证明要求，更注重实质证明效果的态度体现，不再拘泥于限定证明材料的形式；五是细化实际控制人、高管人员的履职适格性、专业能力、工作经历和稳定性证明要求；六是强化诚信信息填报要求，加强过往诚信记录情况核查。

《备案关注要点》则对照现行法律法规、自律规则与私募基金运作相关要求，结合近年来行业重大违法违规事件暴露出来的突出问题，以支持行业发展和加强风险防范为出发点，提炼募集、投资、管理等各环节产品核心要素，明确并细化私募投资基金备案关注内容。从体例上看，分为私募证券投资基金备案关注要点和私募股权、创业投资基金备案关注要点两类，针对不同类型基金特点梳理了差异化备案要求。[1]

（二）公募基金管理人的监管强化

为了呼应及落实公募基金高质量发展意见的要求及相关具体事项，证监会在《证券投资基金管理公司管理办法》基础上进行大幅修订，于 2022 年 5 月 20 日发布了《公开募集证券投资基金管理人监督管理办法》及其配套规则（以下简称《管理人办法》）。其中，《管理人办法》的重点内容如下：

一是强化基金管理公司股权管理。《管理人办法》仍然将股东分为三类，即主要股东（持股 25% 以上的股东即主要股东，如有多家则均为主要股东，如无 25% 以上股东则认定持有 5% 以上股权的第一大股东为主要股东）、持股 5% 以上的非主要股东、持股 5% 以下的股

---

〔1〕 张楠、樊云：《〈关于私募基金管理人登记备案工作相关事宜的通知〉解读》，载 https://mp.weixin.qq.com/s?src=11&timestamp=1696567777&ver=4817&signature=txXmP3jgc3b3Bh4*ldDZwo8r-gvtYp5dtjMUTi4PuziTJpXqsUTlMMbFivuwx7qjTlqNFCwRfesJOvBxv88FOOuQ5zRAzu2psenFWAxi26Lwn2n1g8PyWvd4o9IRFKTO&new=1，最后访问日期：2023 年 10 月 4 日。

东，并分别就三类股东的股权锁定持有期、净资产和盈利状况、自然人股东从业经历和资产情况、股权结构等标准作出规定。

二是优化公募基金管理人牌照准入制度。《管理人办法》延续了“一参一控多牌”的放宽政策，明确了同一主体或者受同一主体控制的不同主体参股基金管理公司的数量不得超过2家，统一资管机构申请公募基金管理资格的条件，适度放宽同一主体持有公募牌照数量限制，强化公募业务规则一致性。

三是完善公募基金管理公司的治理机制。《管理人办法》要求公募基金管理公司建立合理薪酬管理制度和长期考核激励制度，对董事长、高级管理人员、主要业务部门负责人、分支机构负责人和核心业务人员建立薪酬递延支付机制，针对员工履职未能勤勉尽责、对公司发生违法违规行为或者经营风险负有责任等情形建立追索扣回制度，对关键岗位人员设置投资管理离职静默期限制。

四是建立公募基金管理人市场化退出机制。《管理人办法》坚持市场化、法治化原则，允许经营失败的基金管理公司主动申请注销公募基金管理资格或者通过并购重组等方式实现市场化退出，并明确规范风险处置流程，增设专章明确公募基金管理人退出机制，强化全流程管控和各方职责。

此次修订的《管理人办法》紧紧围绕着促进公募基金行业高质量发展这一主线，从“准入—内控—经营—治理—退出—监管”全链条完善监管制度，丰富监管体系。一方面，在股东资格、牌照申请等方面区分情形进行了或严格或放松的适度调整，回应了市场的呼声，扩大了行业的竞争；另一方面新增的退出机制，规范了风险处置流程，明确参与方的权责范围，进一步促进公募基金行业健康发展。[1]

（三）基金从业人员的从严管理

2022 年 5 月 10 日，中国证券投资基金业协会发布《基金从业人员管理规则》（以下简称《管理规则》）及配套规则。《管理规则》从如下几方面对基金从业人员的管理进行了细化和强化：

首先，《管理规则》明确将基金托管人和各类基金服务机构及其从业人员纳入监管。《管理规则》的第 4 条、第 5 条扩大了监管的机构和从业人员的范围。基金托管人以及各类基金服务机构被明确纳入，如第三方销售机构、外包服务机构、投资顾问、信息技术系统服务商及其中具体履行专业岗位职责的相关从业人员。此外，从业人员范围不仅包括与基金服务机构建立劳动关系的正式员工，还扩大到与机构建立劳务关系或者劳务派遣至机构的其他人员，切实保证基金各从业人员在执业过程中每一环节的专业性，避免出现基金在销售支付、估值、清算、信息 IT 系统等任何环节可能出现的业务差错。

---

[1] 李沁：《证监会修订基金管理办法，从准入到监管全链条管理》，载《经济观察报》2022 年 5 月 20 日版。

其次，《管理规则》严格管理从业资格信息的公示与资格注销。《管理规则》第11条规定，协会对从业人员的从业资格信息进行公示。公示内容包括从业人员姓名、从业机构、资格注册及变更记录、诚信记录和异常标识信息等，将对从业人员的职业生涯产生实质性的影响，从而进一步严格和强化对从业人员的自律管理要求。

再次，《管理规则》明确了机构的管理主体责任，并细化了工作规则。《管理规则》明确要求建立“资格管理等方面的内部管理制度”，健全包括正式员工、劳务人员、劳务派遣人员在内的全体从业人员的资格管理内部管理制度，且每年报送上一年度从业人员激励约束机制、投资行为管理和廉洁从业制度的制订情况和执行情况等。

最后，《管理规则》对从业人员执业行为提出更高的规范要求。《管理规则》第四章全面规定了从业人员的职业行为规范：一是强调从业人员在从事基金业务活动中应当始终坚持“投资者利益第一”原则，将投资者利益置于个人及机构利益之上；二是要求从业人员坚持谨慎勤勉原则，以投资者最佳利益出发，审慎稳健开展业务，保持独立性与客观性；三是坚持防范利益冲突原则，避免个人利益、相关方利益与投资者利益相冲突；四是在为投资者作风险揭示的业务环节中，从业人员应当及时充分向投资者提供和说明与基金业务有关的重要信息或者资料，并保证信息或者资料的真实性、准确性和完整性；五是在基金募集过程中，从业人员应严格履行投资者适当性原则，全面了解投资者情况，根据投资者的投资需求和目标、财务状况、投资经验、流动性要求和风险承受能力等，将适当的产品或者服务销售提供给适合的投资者；六是从业人员应当严格保守投资者资料和交易信息、在执业活动中所获知的各相关方的信息和所在机构的商业秘密。

综上，《管理规则》在充分整合吸收过往资格管理相关碎片式规则上，系统地规范了基金从业人员资格管理和从业人员执业行为，加强了对基金从业人员自律管理的要求，有利于促进基金行业健康发展。[1]

六、多层次资本市场的持续发展

（一）科创板引入做市商交易

为落实《关于在上海证券交易所设立科创板并试点注册制的实施意见》，深入推进设立科创板并试点注册制改革，2022年5月13日，证监会发布《证券公司科创板股票做市交易业务试点规定》（以下简称《科创板做市规定》）。7月15日，上交所发布《科创板股票做市交易业务实施细则》（以下简称《做市实施细则》）及业务指南作为配套措施。10月28日，

---

〔1〕 陈胜、董健君：《〈基金从业人员管理规则〉及配套实施规定解析》，载https://pkulaw.com/lawfirmarticles/12326cd30d90d1c6c5f8d81e1b5551c0bdfb.html，最后访问日期：2023年10月4日。

上交所、中证金融和中国结算联合发布《科创板做市借券业务细则》明确了证券公司从中证金融借入科创板股票用于做市交易业务的有关操作和要求，以支持做市流动性。

《科创板做市规定》主要包括做市商准入条件与程序、事中事后监管等方面的内容，具体如下：一是初期参与试点证券公司除具备完善的业务方案、专业人员、技术系统等条件外，还需满足“最近12个月净资本持续不低于100亿元”的资本实力和“最近三年分类评级在A类A级（含）以上”的合规风控能力；二是证券公司须通过上交所的评估测试后经证监会核准获得业务资格；三是证券公司要完善业务隔离制度，建立健全做市交易业务内部控制、决策流程、制衡机制，加强做市交易业务管理，健全廉洁从业风险防控和反洗钱要求；四是证券公司要将做市交易业务纳入全面风险管理体系、完善风险监测指标，建立健全异常交易监控机制，接受上交所监管，参照自营持有股票标准计算和填报风控指标，原则上科创板做市持股不超过5%，并处理好突发事件、履行信息报送义务。

《做市实施细则》则对科创板做市交易业务作出了更加具体细化的交易和监管安排：一是明确做市服务申请与终止，科创板股票做市服务申请采用备案制，鼓励具备做市交易业务资格的保荐机构或者实际控制该保荐机构的证券公司在持续督导期间为其保荐的科创板股票提供做市服务。二是明确做市商权利与义务，做市商应使用自有资金，通过专用证券账户开展做市交易业务，向市场提供买卖双向报价，遵守权益变动披露及短线交易等相关规定。对于积极履行做市义务的做市商，将适当给予交易费用减免或激励。三是明确做市商风险管理和内部控制要求。做市商应当建立风险防范与业务隔离机制，健全内部控制和风险管理制度，设置定期压力测试机制，确保合规有序开展做市交易业务。四是明确做市商服务评价机制。上交所将根据做市商业务开展情况按月度、年度定期评价，月度评价结果A及以上的做市商将获得对应股票的交易手续费减免的激励政策，月度评价结果为D的做市商将失去对应股票做市资格作为惩罚，年度评价结果为D的做市商将被终止全部科创板股票的做市资格。

做市商机制的引入可以更好地实现证券市场的价格发现功能，为市场提供更加稳定的价格信号。此外，在科创板市场中，机构投资者逐渐成为主导力量，科创板的做市商机制设计，能够较好地顺应资本市场的发展趋势和机构投资者的需求，提升市场的运行效率，为更多投资者提供更优质的服务，充分契合我国投资者机构化的趋势。[1]

（二）北交所上市公司转板制度落实

2022年1月7日，证监会对《关于全国中小企业股份转让系统挂牌公司转板上市的指导意见》进行修订，形成了《关于北京证券交易所上市公司转板的指导意见》（以下简称《北交所转板意见》）。

---

〔1〕 皮海洲：《科创板引入做市商制度的“深意”》，载《金融博览（财富）》2022年第6期。

首先，《北交所转板意见》明确了北交所上市公司可以转入板块范围仅限于上交所科创板和深交所创业板，不包括上交所主板和深交所主板。鉴于北交所上市公司的行业属性和定价机制需求，以及上交所科创板和深交所创业板与北交所都实施注册制，将北交所上市公司的转板范围限于上交所科创板和深交所创业板可以更好地进行制度与审核流程上的衔接。

其次，《北交所转板意见》虽然明确规定了转板条件，但是留下了敞口，即上交所、深交所原则上可以依据科创板、创业板的上市规则对申请转板的北交所上市公司进行审核并提出差异化要求。在转板程序上，北交所上市公司的转板申请无须中国证监会核准或注册而直接由上交所、深交所进行审核。申请转板的北交所上市公司仍需要聘请证券公司进行保荐，只是对保荐要求和程序可以适当调整完善。

最后，《北交所转板意见》对股份限售安排也做出了详细规定。在计算北交所上市公司转板后的股份限售期时，从新三板精选层平移至北交所上市的公司起算点原则上可以溯及在新三板精选层挂牌时，而直接在北交所申请上市的公司起算点则自北交所上市之日。

（三）退市机制逐步健全

全面注册制改革不仅要主动为股票发行注册制创造市场条件，而且要构建常态化的退市机制，实现资本市场的有序流动。为适应注册制改革和常态化退市的要求，进一步完善上市公司退市后监管工作，证监会于2022年4月29日发布《关于完善上市公司退市后监管工作的指导意见》（以下简称《退市指导意见》）。

《退市指导意见》的主要内容包括：一是强化退市程序衔接，推动退市公司平稳顺畅进入退市板块，畅通交易所退出机制，完善主办券商承接安排，简化确权登记程序，优化退市板块挂牌流程，推动退市公司平稳顺畅进入退市板块；二是优化退市公司持续监管制度，从退市公司实际情况出发，合理设定信息披露和公司治理要求，建立差异化的监管机制，提升监管精准性、适应性；三是健全风险防范机制，加强投资者适当性管理，引导不具备持续经营能力的企业通过市场化途径退出市场，促进风险收敛和逐步出清；四是完善退市公司监管体制，构建职责清晰、协同高效的监管机制，强化各方分工协作和统筹协调，形成有效的监管合力。

《退市指导意见》的出台，提高了退市程序的衔接效率、完善了市场风险防范机制、保障了投资者的知情权，有效推动形成“有进有出，能进能出”的退市制度，是对我国目前在退市公司监管实践方面存在的堵点、风险点的优化和完善。[1]

---

〔1〕 昝秀丽：《〈关于完善上市公司退市后监管工作的指导意见〉出台 证监会：切实发挥退市板块制度功能》，载《中国证券报》2022年4月30日，第A02版。

七、证券纠纷解决机制的不断健全

（一）证券虚假陈述案件前置程序取消

2022年1月21日，最高人民法院发布了《关于审理证券市场虚假陈述侵权民事赔偿案件的若干规定》（以下简称《若干规定》），取消了证券虚假陈述民事诉讼的前置程序要求。该前置程序在我国资本市场发展初期作为权宜之计，在避免滥诉和解决投资者举证难等方面问题发挥了极大作用。[1]随着资本市场的快速发展，虚假陈述情形日益复杂，投资者权益受到虚假陈述行为损害的情形层出不穷，加之行政部门的执法资源有限，前置程序逐渐变为投资者维权的阻碍，取消前置程序的呼声日益高涨。[2]然而，取消前置程序势必对现有司法审判活动的诸多环节造成重大影响。从审判实践出发，前置程序取消后的司法应对，包括诉讼时效的起算、揭露日的认定、重大性的认定、原告举证能力的补强、防范滥诉、民事诉讼与行政法的协同等都是亟待解决的问题。其中，在取消前置程序后，在法院民事审判在前、行政处罚在后的情形将会是较为棘手的问题。为此，应正确认识民事判决与行政处罚以及行政措施之间的关系，且建立法院与行政执法机关间有效的沟通协调机制。[3]

（二）民事赔偿责任优先制度化

稳步推进注册制改革，确保证券市场长远健康发展，切实保护投资者合法权益，有必要深化落实民事赔偿责任优先原则，在民事责任的相关配套措施中，构建与注册制改革相适应的证券罚没款“先赔后缴”机制，保障民事责任优先获赔。为此，2022年7月27日，中国证监会和财政部联合公布《关于证券违法行为人财产优先用于承担民事赔偿责任有关事项的规定》，从申请主体、申请材料、申请期限、申请金额、证监会对申请材料的审核、退付流程、行政罚没款的继续缴纳与收缴等五个方面作出规定。

2022年“于某等13名投资者与被告鲜某操纵证券交易市场责任纠纷”一案成为全国首例依据民事赔偿责任优先原则，以犯罪处罚款优先赔付投资者损失的证券类侵权案件予以公布，它让证券法的这项原则首次在行政、刑事、民事立体追责中得以实现，打通了民事赔偿责任优先原则落地的“最后一公里”，是强化投资者权益保护的一个“标杆式”的案件，[4]

---

〔1〕 参见李国光：《最高人民法院关于审理证券市场虚假陈述案件司法解释的理解与适用》，人民法院出版社2015年版，第130页。

〔2〕 参见耿瑗、石雨冰：《前置程序取消背景下证券虚假陈述代表人诉讼机制的完善——兼评〈证券法〉第九十五条的完善》，载《债券》2023年第3期。

〔3〕 参见陈洁：《证券民事赔偿诉讼取消前置程序的司法应对——以虚假陈述民事赔偿为视角》，载《证券市场导报》2021年第5期。

〔4〕 参见《十大案件之全国首例落实民事赔偿责任优先的证券侵权案：法治是最好的营商环境》，载https://finance.sina.com.cn/wm/2023-02-03/doc-imyemchv3695463.shtml，最后访问日期：2023年9月6日。

在新时代推动法治进程。

（三）投资者关系管理受到重视

加强上市公司与投资者之间的有效沟通，是促进上市公司完善治理，切实保护投资者特别是中小投资者合法权益的有效路径。2022 年，证监会发布《上市公司投资者关系管理工作指引》，进一步明确了投资者关系管理的定义、适用范围和原则，增加和丰富了投资者关系管理的内容及方式，明确上市公司可以通过多种方式进行投资者关系管理，如定期报告、业绩说明会、电话会议、一对一沟通、社交媒体互动等；上市公司应当设立专门的投资者关系部门，负责制定和执行投资者关系管理策略，并与公司内部其他部门密切配合；同时，投资者关系管理应当遵循一定的实施步骤，包括制定投资者关系管理策略、收集和分析投资者信息、制订沟通计划、执行沟通任务、反馈和评估等；此外，上市公司还应当积极配合投资者关系管理相关的自律组织的工作，共同推动上市公司提高信息披露和投资者关系管理水平。

（四）行政执法当事人承诺制度确立

2022 年 1 月 1 日，证监会、财政部联合发布了《证券期货行政执法当事人承诺金管理办法》（以下简称《承诺金管理办法》）。同日，证监会发布了《证券期货行政执法当事人承诺制度实施规定》（以下简称《承诺金实施规定》），旨在提高执法效能，化解资本市场“查处难”与市场“查处快”需求之间的矛盾。

首先，《承诺金管理办法》扩大了 2015 年出台的《行政和解试点实施办法》的适用范围，采用负面清单的方式，对负面清单之外的国务院证券监督管理机构发出案件调查法律文书的案件均可以适用承诺制度。并且，证监会派出机构查处的案件也可适用承诺制度。

其次，《承诺金管理办法》及《承诺金实施规定》还优化了承诺金制度的程序。《承诺金管理办法》规定了当事人在接到案件调查法律文书后就可以申请行政执法当事人承诺，提前了当事人可以申请行政和解的时间。《承诺金管理办法》及《承诺金实施规定》进一步规定了承诺金制度的“当事人申请—受理（或不予受理）—与当事人协商沟通—与当事人签署承诺认可协议—中止调查—当事人履行承诺认可协议—终止调查”的一系列程序，明确了操作方式。《承诺金管理办法》明确了各承诺办理部门、调查部门、审理部门之间的协调机制，承诺办理部门应当就承诺相关事项征求调查部门及审理部门的意见，调查部门及审理部门应给予反馈意见。此外，《承诺金管理办法》还明确了当事人提交的材料以及在沟通协商时所作的陈述，只能用于实施行政执法当事人承诺，不构成当事人自认违法行为，免除其后顾之忧。

再次，《承诺金管理办法》及《承诺金实施规定》明确了承诺协议可以载明“保障当事人商业秘密、个人隐私等权利的措施”，并删去了公开协议主要内容的条款，规定在中止调查、终止调查时证监会应公告，并且当事人应履行信息披露义务。这既保护了当事人的隐私又做到了公开、信息透明，符合资本市场的信息披露规定。

最后，《承诺金管理办法》及《承诺金实施规定》明确投资者因当事人涉嫌违法行为遭受损失的，可以向承诺金管理机构申请合理赔偿，也可以通过依法对当事人提起民事赔偿诉讼等其他途径获得赔偿。《承诺金管理办法》明确由中国证券投资者保护基金有限责任公司承担承诺金的管理职责并制定使用方案，进一步优化了投资者赔偿程序，让投资者拥有更多更快的赔偿渠道。此外，《承诺金管理办法》及《承诺金实施规定》还明确了承诺金管理机构向投资者支付的赔偿总额不得超过涉及案件当事人实际交纳并用于赔偿的承诺金总额，避免当事人重复赔偿的问题。

《承诺金管理办法》及《承诺金实施规定》确立的承诺金制度在一定程度上解决了一些调查有难度、处罚有难度的案件的处理，也丰富了行政执法的手段，给涉嫌违法的当事人有了弥补违法的机会，也给了投资人更多获取赔偿的渠道，是我国行政和解以及资本市场监管的重要发展。[1]

八、证券市场执法与司法情况

（一）行政执法情况

2022 年中国证监会全年办理案件 603 件，其中重大案件 136 件，向公安机关移送涉嫌犯罪案件和通报线索 123 件，案件查实率达到 90%。总体来看，案发数量持续下降，办案质效明显提升，“严”的监管氛围进一步巩固，市场生态进一步净化。具体执法情况如下：[2]

内幕交易类案件办理 170 件，同比下降 15%。多发势头得到遏制，但知情人违规交易仍时有发生。从涉案金额的角度看，一方面，上市公司股份收购方利用多个他人账户实施内幕交易。另一方面，涉案人员与内幕信息知情人有着紧密联络接触，可以在信息公开前突击买入相关股票近亿元。从涉案主体的角度看，内幕信息知情人直接交易占整个内部交易案件的 40%。上市公司董事知道公司计划，在重组后买入股票，并在上市公司信息公开后，卖出股票获取利润。还有公司高层管理者使用本人及配偶账户内幕交易获利。从交易行为的角度看，内幕交易“窝案”、避损型交易等行为常常发生，企业高层管理者利用职务便利多途径多渠道打探上市公司重大信息并与他人合谋内幕交易，此外在公司披露巨额预亏、实际控制人被采取刑事强制措施等重要信息前卖出股票规避损失。

操纵市场类案件办理 78 件，同比下降 30%。虽然操纵市场类案件的案发数量逐年下降，

〔1〕 彭春桃、高菲：《我国证券行政和解制度及资本市场监管的重大发展——证券期货行政执法当事人承诺制度》，载 https://mp. weixin. qq. com/s? src = 11&timestamp = 1696593486&ver = 4818&signature = KCfbEWHMR9QXDGcwIcjgkiv * bkY7YaVlaHBBt6DvxsfRtjG - QWAZp7DmBAMxERIPklmtYTkcPtDr7fU * cLLcNXoiwSuc8EtfGai9T1BcTG2zVnCOLL3PX2KeG * HQwIcE&new = 1，最后访问日期：2023 年 10 月 5 日。

〔2〕 参见《证监会通报 2022 年案件办理情况》，载 http://www. csrc. gov. cn/csrc/c100028/c7088291/content. shtml，最后访问日期：2023 年 9 月 3 日。

但是该类案件的组织化、团伙化特征更趋明显。首先，上市公司内部人联手操纵团伙炒作本公司股价现象仍然存在。公司高层管理者与操纵团伙签订伪“市值管理”协议，并提供人员、资金及证券账户等参与操纵，或者是通过虚假申报等手法维持公司股价，并约定收益分成。其次，利用新模式、新技术增加操纵行为，增加操纵市场的隐蔽性。利用衍生品的联动关系实施操纵，通过直播间、微信群等方式诱骗投资者集中买入，借机反向卖出获利。最后，惯犯累犯问题依然突出。一些操纵市场违法主体曾被我会调查处罚或移送公安机关，有的在取保候审期间继续组织他人实施操纵，有的多名惯犯累犯相互串通，交叉频繁作案。

信息披露违法类案件办理203件，其中，涉及财务造假94件，占比46%。财务造假仍然时有发生，且违规手法隐蔽复杂。一是造假手段隐秘性增强。有的实际控制人组织上市公司高管、员工按预定目标全环节实施造假；有的引入知名企业子公司充当客户，开展虚假贸易，为造假业务“增信”；有的通过市场掮客牵线搭桥，聘请“专业”团队为其量身定制造假方案。二是造假动机呈现多样性。有的为避免因连续亏损退市而粉饰业绩，有的为实现并购重组业绩承诺而虚构利润，有的为维持银行信贷规模而虚增收入。三是造假行为涉及发行环节。主板、创业板、科创板、可转债等领域均有因财务造假导致欺诈发行的案件，有的在发行审核环节企图“带病闯关”，有的在IPO前后连续多年造假。

中介机构未勤勉尽责类案件办理44件，涉及36家中介机构。一是涉案主体及案发领域更为多元。会计师事务所、证券公司、资产评估机构、律师事务所、信用评级机构均有涉案，提供中介服务领域包括发行上市、股票定增、债券发行、年报审计、资产重组等多种类型。二是执业质量和程序存在缺陷。有的未按计划履行基本的尽职调查职责，未发现公司重要生产业务停产等异常状态；有的对存在舞弊迹象的业务资料未保持职业怀疑，出具存在虚假记载的报告；有的未履行编制查验计划等法定程序，未对公司主要业务合同的真实性、合法性进行必要核查；有的在没有事实依据的情况下为公司进行评级打分，出具存在虚假记载的信用评级报告。三是个别从业人员严重违反执业规定。有的签字会计师未实际参与审计工作，甘当“橡皮图章”；有的协助上市公司伪造协议虚增收入，沦为造假“帮凶”。

最后，一些特定领域案件仍然频发。其中，办理资金占用、违规担保类案件64件，向公安机关移送涉嫌背信损害上市公司利益案件15件；查处债券虚假信息披露行为，办理债券信息披露违法案件5件，坚决遏制债券欺诈发行、财务造假；依法查处私募违法行为，办理私募机构违法违规案件20件，有力整治非法集资、违法交易、违规经营等违法乱象。

（二）司法情况

2022年1月11日，上海金融法院发布示范判决机制2.0版本，全面梳理了“示范判决+专业调解+司法确认”及“示范判决+集约化审理自动履行”的双链条纠纷化解机制的实践经验，新增了平行案件的审理、诉讼保全与案件执行、机制保障三个章节，使示范判决机制的体系更加全面、程序更加简化、专业支持机制进一步加强。[1]2022年全年，上海金融法院受理各类金融案件8715件。其中，一审案件4253件（不含民特、民撤案件），二审案件1734件，首次执行案件1588件。从案由类型来看，2022年上海金融法院收案类型涉及金融各领域，排名前三位的案件案由为：证券虚假陈述责任纠纷4502件，占总收案量的51.66%；金融借款合同纠纷803件，占总收案量的9.21%；涉仲裁执行类案件678件，占总收案量的7.78%。从案件所涉金融行业来看，2022年上海金融法院受理的全部金融案件中，证券业案件数量占比较大，共4002件，占总收案量的60.65%；银行业案件共1826件，占总收案量的27.68%；保险业案件共292件，占总收案量的4.43%；其他金融行业案件478件，占总收案量的7.24%。其中，证券业案件有如下特点和趋势：一是证券虚假陈述责任纠纷案件数量与类型均呈增长态势。2018~2022年，上海金融法院证券虚假陈述责任纠纷收案分别为1259件、3030件、3336件、4378件、4502件。二是操纵证券交易市场新类型纠纷诸多问题有待法律进一步明确。由于目前尚未出台操纵证券市场民事赔偿纠纷的相关法律规定，此类纠纷在交易损失与操纵行为的因果关系、投资损失计算规则等方面仍存在诸多法律争议。三是多层嵌套、刚性兑付及适当性义务履行仍是资管纠纷主要诱因。为规避“去刚兑”监管要求，资管业务的保底安排呈现出多样化、隐蔽化特点，此种交易结构是否属于变相刚性兑付引发较大争议。在资管产品退出阶段，退出条件是否成就、管理人怠于清算或客观上难以清算时责任如何分配、投资者直接向投资标的主张权利是否于法有据等问题均存在争议。[2]

截至2023年3月18日，北京金融法院共收案15464件，审结、执结13140件，其中，依法审结金融民商事案件9034件，妥善审结金融行政案件685件，高效执结金融执行案件2474件，累计收案标的金额近6500亿元，结案标的金额4900余亿元，审理了全国首例银行间债券市场虚假陈述“蓝石资产案”、全国首例保险公司破产重整案（“易安财险”案）等一批疑难复杂和具有广泛影响力的典型案件。[3]北京金融法院2022年度十大典型案例体现出四个特点：一是对有助于支持实体经济发展的创新模式，依法予以支持和保护；二是积极发挥司法裁判的引领和规范作用，引导金融机构等市场主体规范经营行为，维护良好金融市场秩序；三是通过监督支持金融监管机构依法履职，进一步规范金融秩序，维护金融稳定；四是始终站稳保护投资者合法权益的人民立场，依法追究违法违规金融行为法律责任，把握好民法上的平等保护与倾斜保护、契约自由与契约正义的辩证关系，倾斜保护金融消费者和

〔1〕 参见《上海金融法院全面升级证券纠纷示范判决机制》，载 https://www.court.gov.cn/fabu-xiangqing-343141.html，最后访问日期：2023年10月6日。

〔2〕 参见《上海金融法院审判工作情况通报（2022）》，载 www.shjrfy.gov.cn/，最后访问日期：2023年10月6日。

〔3〕 参见《通报两周年工作情况发布2022年度十大典型案例》，载 https://bjfc.bjcourt.gov.cn/cac/1679652738423.html，最后访问日期：2023年5月17日。

中小投资者权益。

2022 年年初，中央全面深化改革委员会审议通过《关于设立成渝金融法院的方案》。同年 2 月 28 日，第十三届全国人民代表大会常务委员会第三十三次会议通过《关于设立成渝金融法院的决定》，对成渝金融法院的案件管辖范围作了原则性规定。相较于北京金融法院和上海金融法院，成渝金融法院最大的特点在于跨省域管辖——管辖面积大，涉及基层法院多，金融案件多。成渝金融法院的成功设立与顺利运转，有助于促进成渝地区双城经济圈建设，统一金融纠纷案件裁判思维，以高质量金融司法护航中国式现代化。

九、结语

2022 年以注册制改革为牵引的资本市场全面深化改革持续推进，在健全市场功能的同时，促进了市场资源配置功能更好发挥。一方面，监管部门做实做细各项准备，通过加快推进发行监管转型，提升上市公司质量，督促中介机构归位尽责等，推动形成有利于全面实行注册制的良好市场生态；另一方面，以信息披露为核心的注册制架构初步经受住了市场考验，配套制度和法治供给不断完善，全面实行股票发行注册制的条件已基本具备。深入推进注册制改革，仍将是 2023 年资本市场改革发展的首要目标，我国资本市场将加速迈向高质量发展的新阶段。

公司法制

中国《公司法》建构多元化可选择公司治理模式的思考

郭富青*

目　次

引言

公司不仅是产业领域的主流企业组织形式，非营利性组织对其也颇为青睐。公司处于不同的领域，则不同的利益、不同的实际需要、不同的经营愿景、不同的市场环境等诸多因素，决定了其必然是多元化的社会存在。公司多元化是社会分工细化、创设公司目的差异化、生产经营要素结合方式多样化等多种因素交互作用的必然结果，是符合社会自然发展规律的客观反映。然而，1993 年公司法对各类公司作出了统一的一元化的公司治理模式安排，造成公司法定治理模式、治

* 郭富青，西北政法大学民商法学院教授、博士生导师、法学博士、中国商法学研究会常务理事。

理结构与大多数公司的性质、实际需求以及公司组织运行的环境、条件难以切合或调适。公司作为承载多方利益相关者利益的集合体，单一的和固定不变的治理模式和结构无法满足不同利益相关者的诉求。公司法定权力与实然权力配置的脱节，不但导致公司治理成本高昂、效率低下、无法公平地保护公司利益相关者的利益，而且公司法也时常处于失范的状态。因此，应当对中国《公司法》一元化的公司治理模式进行深入的检讨和反思，借《公司法》第六次较大规模修改的良机，实现公司法由单一公司治理模式向多元化可选择的治理模式转变，提升公司法的可适用度和公司治理效果，从而进一步推动中国经济高质量、可持续发展。

一、中国《公司法》确立法定一元化公司治理模式的局限性检讨

（一）法定一元化公司治理模式的确立及其特征

早在1807年，《法国商法典》就开始对股份有限公司进行规制，使其逐渐成为公司的一般组织形态。在股份有限公司法律制度实施85年之后的1892年，德国才首创了《有限责任公司法》。有限责任公司实质上只不过是缩小、简化版的“小型股份有限公司”。[1]19世纪自由竞争和工业经济催生的各国现代公司法，均是为满足大型公开的股份有限公司的需要而建构的规范体系。公司治理模式及结构自然是，以两权分离的大型股份有限公司为基准而确立的分权制衡结构，即为了防止公司治理出现权力垄断，将公司权力分为决策权、执行权和监督权，相互分工，相互制约。中国公司立法同样继受了这种立法例。1993年《公司法》由第八届全国人民代表大会常务委员会第五次会议通过并颁布，自1994年7月1日起施行。这是新中国历史上的第一部公司法。该法在第二章第二节专门规定了有限责任公司的组织机构。其中第37条、第45条、第51条和第52条分别规定：有限责任公司股东会由全体股东组成，是公司的权力机构；有限责任公司设董事会，其成员为3人至13人；股东人数较少和规模较小的有限责任公司，可以设1名执行董事，不设立董事会，执行董事可以兼任公司经理；经营规模较大的有限责任公司设立监事会，其成员不得少于3人，股东人数较少和规模较小的，不设监事会，可以设1至2名监事。该法在第三章中分三节：股东大会（第二节），董事会、经理（第三节）和监事会（第四节）对股份有限公司的组织机构分别作出了详细的规定。股东大会是股份有限公司的权力机构，由股东组成，依法行使职权（第102条）；董事会是公司的执行机构，其成员为5人至19人（第112条），经理系辅助执行机关，由董事会聘任或者解聘（第119条）；监事会为内部监督机关，其成员不得少于3人（第124条）。国有独资公司不设股东会和监事会，只设董事会和经理，董事会成员为3人至9人，由国家授权投资的机构或者国家授权的部门委派或者更换。[2]显然，起初国有独资公司内部

〔1〕 参见［美］伯纳德·施瓦茨：《美国法律史》，王军等译，中国政法大学出版社1990年版，第8页。
〔2〕 1993年《公司法》第66、68、69条。

并未设分权的治理结构。

2005 年《公司法》修订，在第二章增加第三节“一人有限责任公司的特别规定”，其中第 58 条、第 62 条规定：一人有限责任公司不设股东会、董事会和监事会，可以设 1 名执行董事，并且可以兼任公司经理，可以设 1 至 2 名监事。股东对本属于股东会职权范围内的事项应当采用书面形式作出决定，签名后置备于公司。另外，增加第四节“国有独资公司的特别规定”，让国有独资公司改采分权制衡的治理结构。第 71 条要求国有独资公司增设监事会，成员不得少于 5 人，其中职工代表的比例不得低于 1/3。至此，1993 年《公司法》确立的分权制衡的公司治理结构，被推广适用于所有的公司组织形态，中国一元化的公司治理结构模式全面形成，到如今实施近 30 年，未曾修改更新。

中国法定化、一元化的公司治理结构制度模式，可以总结概括为以下三个特征：

1. 标准结构形态与变异结构形态并存

公司治理结构的标准形态为“股东（大）会、董事会与经理、监事会”，俗称“三会一层”，这是“三机关”分权制衡的典型形态，适用于股份有限公司和股东人数较多、规模较大的有限责任公司。公司治理的变异结构形态是“三机关”的简化、变通形态，分为三种具体形态：一是适用于国有独资公司的变异结构：“国家授权投资的机构→董事会与经理、监事会”；二是适用于一人有限责任公司的变异结构：“单个股东→执行董事、1 至 2 名监事”；三是适用股东人数较少、规模较小的有限责任公司的结构：“股东会→执行董事（可兼任经理）、1 至 2 名监事”。尽管变异形态的法人机关在表现形式上有所变通，但是仍然延续了“三机关”分权制衡的基本架构不变。换言之，所有公司治理结构模式均属于“三机关”分权制衡的结构，即一元化的治理结构模式。

2. 法人机关职权法定化

中国《公司法》规定的公司治理结构模式，不仅其“三机关”分权制衡的结构是法律的强制要求，而且每个机关的职权均由法律明确规定。《公司法》采取了逐项列举的立法技术将公司法人各机关的职权，一一加以明确，固定其范围。例如：1993 年《公司法》第 38 条、第 103 条分别规定了有限责任公司、股份有限公司的股东（大）会拥有的职权，第 46 条、第 112 条分别规定了两类公司董事会享有的 10 项职权，第 50 条、第 119 条分别规定两类公司的经理享有的 8 项职权，经理职权法定化是中国《公司法》的独创；第 54 条、第 126 条规定了由监事会或者监事行使的 5 项职权。[1]除了一人有限责任公司和股东人数较少、规模较小的有限责任公司的执行董事外，[2]其他公司的法人机关的职权均属于法定职权，不允

---

〔1〕 2005 年《公司法》修订，在保留原有规定的基础上，将监事会的职权由 5 项扩充为 7 项，增加并赋予了监事会罢免董事及高级管理人员的建议权，向股东大会提案权和对董事及高级管理人员的诉讼权。

〔2〕 1993 年《公司法》第 51 条规定：“有限责任公司，股东人数较少和规模较小的，可以设一名执行董事，不设立董事会。执行董事可以兼任公司经理。执行董事的职权，应当参照本法第四十六条规定，由公司章程规定。有限责任公司不设董事会的，执行董事为公司的法定代表人。”

许公司章程予以变动、调整或排除适用。

3. 信奉股东利益至上的股东（大）会中心主义

首先，中国《公司法》从1993年初定至今，一直以股东为本位，股东是公司所有治理权力的源泉。股东在与公司及公司债权人的关系中至高无上，《公司法》的体系就是将“股东—公司—债权人”作为基础关系进行权利义务配置而形成的规范体系。在这一体系中，股东是公司的所有者，不但拥有公司存续的最终决定权，而且对公司剩余财产享有索取权。董事会和经营管理层对公司的控制、经营管理必须出于股东利益最大化的目的，才具有正当性和合法性。《公司法》只是消极地保护公司债权人及其他利益相关者的利益，仅限于满足不得侵害债权人利益的最低标准要求。其次，公司治理结构的权力配置呈现出明显的股东（大）会中心主义。具体表现为1993年《公司法》不但在第37条、第102条中明文规定股东（大）会是公司的权力机构，而且还通过第38条、第103条将公司所有的重大决策事项，包括重大经营事项的终局决策权赋予股东（大）会。例如，公司财务预决算、资本增加与减少、发行公司债券、利润分配和弥补亏损等方案的决定权，均属于股东（大）会的职权范围。董事会除了决定公司基本管理制度、内部管理机构的设置、聘任或者解聘公司经理和其他高级管理人员，决定其报酬事项外，几乎没有经营决策权；经理只拥有制定公司的具体规章，聘任或解聘中层管理人员的权力，除此之外就只是负责公司日常生产经营和执行董事的决议。

（二）法定一元化公司治理模式适用对象存在极大的局限性

法定的公司治理结构只能是对具有相同市场环境、社会关系背景和股权结构的大多数公司治理要素，按照共性或进行一般化的抽象、概括，然后，加以有机组合、合理安排而创设的制度。然而，在一般、典型性公司治理模式之外，仍然有众多实际情况各异、各具特殊性的非典型公司形态，要求选择适宜自身需要的差异化的公司治理模式或治理结构。对此，法定一元化的公司治理模式不是忽略不计就是视而不见。我国《公司法》集中表现为，按照所有权与经营权分离的基本原则要求进行规范设置，使得公司治理结构单一、内部机构职权固定、强行规定过多，不必要的程式要求对于封闭性公司而言将徒增运营成本。[1]一旦法定的一元化的公司治理模式无法为那些有特殊需要的公司提供适宜的治理规范时，就应当为其单独创设特殊的法律规范，否则就会激励公司治理违反或规避法律。

公司法学界普遍认为：现代公司法是以大型公众公司为主要投资形式而构建的制度体系；“三机关”分权制衡的治理结构模式，也是将股权分散化、多元化作为目标公司而量身定做的制度设计。换言之，公司法人治理结构是股权分散化、多元化条件下的产物。只有在股权分散化的基础上才有可能产生公司组织机构各负其责、协调运转和相互制衡的问题，旨在解决公司所有权与经营权分离所产生的股东与经营者的利益冲突。公司应该依赖治理结构

〔1〕 参见周游：《公司法上的两权分离之反思》，载《中国法学》2017年第4期。

运营的前提条件是：第一，存在着股东与董事之间委托代理的冲突，否则，既无须激励机制调动经营管理者的积极性，也不需通过治理结构解决争端；第二，公司治理结构及其制度安排弥补了公司利益相关者订立的不完全合约，无法消除交易费用解决代理问题的缺陷，增加了公司运行的透明度、可预见性和确定性。〔1〕

然而，我国《公司法》假设的治理结构标准难以完全契合公司运行的实际需要。它的偏差是将两权分离、集中管理模式下的公司治理结构强加于非公开性公司，加大了公司设立运行的制度成本。〔2〕正如有学者所指出的，我国《公司法》致命性的错误就是将所有公司统一在一个治理模式之下，试图将“分权制衡”的治理模式适用于所有的公司，而无视各类公司实际情况的显著差异，结果导致公司治理结构“形似神异”，很多治理规则被弃之不用。〔3〕就企业的组织规模结构考察，我国企业90%左右采取了公司法律形态，其中，属于有限责任公司的占89%，采取股份有限公司的形式的仅占1%左右。〔4〕目前，我国中小企业呈现出“五六七八九”的典型特征，即贡献了50%以上的税收，60%以上的国内生产总值，70%以上的技术创新，80%以上的城镇劳动就业，90%以上的企业数量，是国民经济和社会发展的生力军，是建设现代化经济体系、推动经济实现高质量发展的重要基础。〔5〕但是，值得认真检讨和深刻反思的是，我国《公司法》关于公司治理模式的设计和要求，长期以来以满足为数极少的公众公司（大约占公司总数的0.03%）为宗旨，法定“三机关”分权制衡的治理结构模式，忽视了绝大多数股权高度集中的公司和小微型公司（大约占公司总数的99.97%）的实际情况和客观需要，强制推行这一法定治理模式的后果，只能是削足适履、跛足而行。例如，国有独资公司、一人公司、股东人数较少且规模较小的有限责任公司，包括发起设立的小型股份有限公司，往往股权高度集中，所有权与经营控制权二者合一，根本不存在因两权分离而产生的代理问题，也无须分权制衡的治理结构。我国公司立法不顾事实和基本法理，强行植入代理机构，只能是附加公司设立和运行的成本，而无法带来实际效益。这类闭锁公司最好的公司治理模式就是由所有者直接控制经营，实现责权利的高度统一。

公司发展的历史表明：那些在治理结构上不能适应周围环境的公司，在竞争中常常会不断地遭遇失败的命运；而那些试图将所有公司统一为单一模式的公司法必将陆续地被淘汰。这正是公司法趋向于授权法的原因。〔6〕中国学者也意识到并反对那种主张存在一个“放之四

〔1〕 参见张忠野：《公司治理的法理学研究》，北京大学出版社2006年版，第14页。

〔2〕 参见王毓莹：《公司法规范变革的六大重要视角》，载《中国法律评论》2020年第3期。

〔3〕 参见冯果：《整体主义视角下公司法的理念调适与体系重塑》，载《中国法学》2021年第2期。

〔4〕 参见钱玉林：《我国〈公司法〉体系的重构——一种解释论的观点》，载《政治与法律》2021年第2期。

〔5〕 参见《刘鹤主持召开国务院促进中小企业发展工作领导小组第一次会议 研究部署推动中小企业高质量发展》，载http://finance.sina.com.cn/roll/2018-08-20/doc-ihhxaafz4469106.shtml，最后访问日期：2022年9月2日。

〔6〕 参见［美］弗兰克·伊斯特布鲁克、［美］丹尼尔·费希尔：《公司法的经济结构》，张建伟、罗培新译，北京大学出版社2005年版，第15页。

海而皆准”的最佳治理结构的观点。[1]中国《公司法》关于公司治理的可适用性必须囊括所有的公司，为情形各异的公司匹配有针对性的公司治理模式，或者设计出可供公司根据实际需要进行选择的多元化治理模式或治理规范。尤其是应当重视和改进中小微公司治理的效益，在不影响交易安全的前提下，为其提供可选择的示范性、参考性的治理模式及其方案。

（三）法定一元化公司治理模式会产生公司治理失范和阻碍创新的后果

法定一元化的公司治理模式必然会与公司设立和运作的现实脱节，因为法律是一种理想而不是对现实的写照。[2]公司治理模式法定化是公司法先设计理想化的治理范本，然后要求公司必须采纳；而法定一元化的公司治理模式则是公司法提供了唯一标准化的治理模式，要求所有的公司均按照整齐划一的标准建立管理体制，除此之外，杜绝选择其他治理模式，既不承认其他公司治理模式的合法性，也不允许公司创设自治性治理模式及结构。无论某一公司有多么特殊的情况或需要，公司治理结构及其行为均必须按照标准化的模式加以规范。然而，当公司法把影响公司治理的关键要素抽象、归纳，并升华出公司的一般性、标准化的公司治理模式及其结构时，必然会抛弃各类公司的特殊要素。为了使标准化的公司治理模式成为普遍化公司治理形态，必然要消除或忽略公司治理的特殊性和差异化需求。力图用一元化、标准化的公司治理模式囊括不同性质、不同组织形式和不同实际需求的公司治理，追求公司治理的“大同世界”，公司法这种对公司治理一元化的规范要求与现实公司不规范和对公司治理个性化的追求始终存在紧张关系。当公司法要求公司采取一元化治理模式不能满足公司的实际需要时，公司往往会选择偏离法律，通过自治合约或实际行动改变公司治理的法定要素，以寻求自我满足。中国《公司法》在强行要求所有权与经营管理权无法分离的公司，采用“三机关”分权制衡治理模式的过程中，注定难以取得预期的治理效果。预料之外的结果是，这些公司往往以“三机关”分权的形式，掩盖集权管理的实质，“三机关”分权徒有虚名却无法产生制衡的机制。可见，将“三机关”分权制衡的治理模式在股权集中的闭锁公司推行，将不可避免地产生这些公司规避公司治理规范的激励。这充分说明法律只有得到人们的普遍认可，并符合人们的常识的时候才会被遵守。那些被绝大多数人认为是错误的并拒绝遵守的法律永远不会成为现实中的法律。[3]这也再次验证了“规范的公司治理”未必是“有效公司治理”的论断。[4]

另外，僵化的公司治理规则，特别是与董事会组成有关的规则，将扼杀企业创新。[5]就中国法定一元化公司治理模式而言，它不顾公司的股权结构是分散还是集中，是公开公众公

---

〔1〕 参见［美］弗兰克·伊斯特布鲁克等：《公司法的逻辑》，黄辉编译，法律出版社2016年版，第8页。
〔2〕 参见［英］布赖恩·辛普森：《法学的邀请》，范双飞译，北京大学出版社2008年版，第204页。
〔3〕 参见［美］约翰·梅西·赞恩：《法律简史》，孙运申译，中国友谊出版社公司2005年版，第94页。
〔4〕 参见蒋大兴：《公司法改革的文化拘束》，载《中国法学》2021年第2期。
〔5〕 See Andrews, *Corporate Governance Elude the Legal Mind*, 37 U. MIAM L. REV. 213, 214 (1983).

司还是私人封闭公司，一律要求实行“三机关”分权制衡的治理结构，禁止公司选择其他治理模式，也不允许公司章程对“三机关”的法定权力进行再分配，更不许可公司自创治理模式。换言之，法定化、标准化和一元化的公司治理模式没有为股东、公司自治预留空间，扼杀了公司治理和经营创新动机和能动性。

二、多样化的公司要求有多元化可选择的治理模式

（一）多样化的公司应有多元化的治理模式与之相匹配

公司不仅在现实社会中各式各样，千差万别，公司法依据公司组织和运作的实态进行归纳、抽象而确认的公司法定形态，也从来不是单一的形态。例如：传统大陆法系国家和地区的公司法通常规定的公司法定形态包括无限公司、股份有限公司、两合公司、股份两合公司和有限责任公司；英美法系国家的公司立法则以是否公开募集股份、股份能否自由转让将公司的法定形态分为公开公司与闭锁公司，并借鉴大陆法系公司立法例，承认无限公司，创立保证有限公司和有限责任公司。同一法定形态的公司也会因设立背景、目的和某些构成要素不同而呈现出显著的差异。其中公司法作为次级组织形态加以特别规定的公司形态有属于有限责任公司的一人有限责任公司、国有独资公司和德国的有限责任经营者公司，〔1〕属于股份有限公司的有一人股份有限公司、上市公司和日本的合同型公司。值得注意的是，在现实社会中大量地存在未能纳入公司法定形态的各种非规范性公司形态。

公司治理旨在提升公司经营绩效，好的公司治理有助于公司经营绩效长期提升。〔2〕为此，多元化的公司客观上要求多样化的公司治理模式与之匹配。首先，不同法定形态的公司在公司治理方面应有所差异。一些外国立法例早已认识到这一点，并对不同形态公司的治理作出不同的制度安排。例如，根据无限公司人合性的特点，为了确保交易安全，降低经营风险，《韩国商法》规定其执行机关为“各自机关”〔3〕，即每个社员均有执行公司业务的权利与义务。〔4〕对股份有限公司，《韩国商法》则要求分设股东大会、董事会和监事进行分权治理。〔5〕股份有限公司机关的构成逻辑是，设立独立于股东的董事作为公司的经营机关，实行公司所有与经营分离。因为股东仅负有限责任，所以确保公司的独立性，才能使公司财产成

〔1〕 2008年德国对《有限责任公司法》进行修改，创制了有限责任经营者公司。该种公司最低注册资本仅为1欧元，因而被德国联邦司法部长形象地称为“迷你有限责任公司”。创制这类公司的立法目的是，降低有限责任公司的设立成本，吸引投资防止本国资本外流，增强德国的国际竞争力。

〔2〕 参见蒋大兴：《公司法改革的文化拘束》，载《中国法学》2021年第2期。

〔3〕 参见［韩］李哲松：《韩国公司法》，吴日焕译，中国政法大学出版社1999年版，第120页。

〔4〕《韩国商法》第200条第1款。

〔5〕《韩国商法》第三编第四章“股份公司”，第三节“公司机关”下设第一款“股东大会”，第二款“董事、董事会”，第三款“监事”。

为其债权人债权实现的担保。换言之，为了提高公司经营绩效，避免股东利己行为侵蚀公司的财产，向公司债权人转嫁经营风险，必须维护公司财产经营管理的独立性、中立性，进而实现公司经营管理的专业化。[1]有学者认为，尽管有限责任公司有着社团似的结构，但其股东能够对机构组成和经济活动产生直接影响。这是因为有限责任公司具有人合性的构成因素，致使其治理关系明显类似于人合公司的特点。[2]美国有限责任公司（limited liability company）尽管有着与德国有限责任公司相同的英译名称，但是，实则存在很大的区别。美国相关立法直接将其塑造成为介于合伙与公司之间的一种中间企业组织形态，尤其是在公司治理方面，这类公司不设股东会也不设董事会，而是依法由成员管理或信托经理管理。[3]这与美国公开公司采用"股东会→董事会→首席执行"的治理结构模式截然不同。其次，现实中存在与公司法定形态差距较大、形色各异的公司，不可能按照法定一元化的标准进行相同的公司治理。这些公司在实际运行过程中既受法定治理规则的约束，又时常暗自偏离法律的规范要求，以满足自身发展和经营的实际需要。

（二）公司法应赋予公司发起人或公司选择治理模式的权利

从公司的创设维度看，发起人或公司具有根据自身的条件、生存处境、创设目的等因素自主选择自身治理模式、治理结构或行为模式的权利，以及作为主体享有参与创制、变更、完善公司"治理规则"的权利。2002年日本修改商法时引入英美法系公司治理结构的"单层体制"，在立法技术上采用可选择性法律规范，授权公司章程可以根据公司自身的需要选择并列明适用监事会或者独立董事主导的委员会监督模式。2005年通过公司法现代化改革法案，制定《日本公司法》。该法按照公司规模与是否属于封闭公司的标准，即按照公司资本金是否在5亿日元以上或负债是否达200亿日元以上，或者是否存在股份转让的限制，将股份公司区分为公开型的大公司、公开型中小公司、封闭型的大公司和封闭型的中小公司四大类，为此，将单层公司治理结构改称"委员会设置公司"。鉴于此种治理模式实施效果欠佳，[4]2014年《日本公司法》修改时，又在选择制的基础之上，改造"委员会设置公司"，创设了"监查等委员会设置公司"的全新模式，扩大了公司治理模式的选项。至此，《日本公司法》为公司设计了传统的三角制模式、美国式单层制模式和中间模式（介于传统的三角制模式与美国式单层制模式之间）三种治理结构模式。传统的三角制模式是将股东大会确立

---

[1] 参见［韩］李哲松：《韩国公司法》，吴日焕译，中国政法大学出版社1999年版，第336－337页。

[2] 参见［日］高桥英治：《企业集团与少数股东的保护》，崔文玉译，法律出版社2014年版，第178页。

[3] 参见宋永新：《美国非公司企业法》，社会科学文献出版社2000年版，第192－194页；王妍：《企业形态及企业法律制度创新方向研究》，法律出版社2015年版，第10页。

[4] 日本监事协会的数据表明，日本引入独立董事及董事会下设专门委员会并不成功，远未达到法律的预期。2002年日本修改商法时创设此项制度时，采用独立董事的公司有70家，到2009年增加到109家，随后呈现不断减少的趋势，截至2011年8月9日，采用独立董事模式的公司数量只有89家，占日本全国上市公司总数的比例不足2%，设置传统监事会的公司仍占据压倒性优势。

为最高权力机关，其下平行设置董事会与监事会，其成员的选任和解聘均由股东大会决议而定。美国式单层制模式的权力配置是在股东会之下只设董事会，董事会下分设监查、薪酬和提名等委员会，即委员会设置公司。中间模式（监查等委员会设置公司）允许股份公司只在董事会中设置一个“监查等委员会”，不需设立提名、报酬等其他委员会。[1]在监督机制方面，针对四大类公司，《日本公司法》提供的选项多达24种。例如，针对第一类“封闭型的中小公司”，《日本公司法》提供的可选择的治理模式包括：（1）仅设置董事；（2）设置董事、监事；（3）设置董事、监事、会计监查人；（4）设置董事会、会计参与；（5）设置董事会、监事；（6）设置董事会、监事会；（7）设置董事会、监事、会计监查人；（8）设置董事会、监事会、会计监查人；（9）设置董事会、监查等委员会、会计监查人；（10）设置董事会、提名委员会等3个委员会、会计监查人。充分体现了公司治理规范多样性、示范性和可选择性，增加了公司治理弹性和灵活性。

在一定意义上，没有规则的多样性与可选择性，就没有文明的多样性，也没有多样主体的生存与发展。[2]许多有识之士已经意识到，多元化公司的生存和发展必须有多样性可选择的规则，才能实现公司治理规则与实际需要之间恰如其分的契合。例如，有学者主张现代公司治理结构应当更加趋向灵活，表现为公司治理结构模式更加多样化、可选择和可转换。[3]在公司治理结构上与其强行追求法定一律，不如赋予公司章程更大的制度创制空间，便利投资者根据经验、能力与偏好自主选择公司治理模式。[4]未来修法有必要简化有限责任公司的相关规定，并允许有限责任公司自由配置机构间的职权。[5]这些真知灼见对修改《公司法》突破法定一元化的公司治理模式，构建多元化可选择的公司治理模式，均富有建设性和参考价值。

三、多元化可选择公司治理的目标价值及立法技术限定

多元化可选择的公司治理模式，采取何种立法范式和法律规范表达方式，既要考虑多元化可选择公司治理的目标价值的要求，也要依赖应用恰当的立法技术手段。

（一）多元化可选择公司治理的目标价值限定

公司治理的制度功能是通过合理的制度安排激励与约束公司董事和经营管理者有效配置

---

〔1〕 参见朱大明：《公司法立法指导原则的研究——以日本公司法现代化改革为中心》，载《清华法学》2022年第2期。

〔2〕 参见陈忠：《技术可选择，还是规则可选择？——“可选择现代性”的“规则论”意蕴》，载《天津社会科学》2007年第1期。

〔3〕 参见虞政平：《构建中国多元化公司治理结构新模式》，载《中外法学》2008年第1期。

〔4〕 参见陈甦：《我国公司立法的理念变迁与建构面向》，载《中国法律评论》2022年第3期。

〔5〕 参见周游：《公司法上的两权分离之反思》，载《中国法学》2017年第4期。

公司资源、平衡公司利益相关者的利益。[1]保护股东利益和提高公司运作效率则是公司治理结构模式始终坚定不移的目标价值取向。[2]公司是以营利为目的的商事组织，是市场交易和竞争的主体，追求决策、经营管理和市场交易的效率是其天然的使命和归宿。公司治理的实践经验表明，由大股东控股经营或由职业经理控制经营相对于股东分散经营管理或全体股东共同参与经营管理会带来较高的效率和效益。但是，大股东操纵公司和“内部人”控制公司经营，均会产生侵害小股东和其他利益相关者利益的后果。换言之，对最大效率的追求可能损害公平，最终可能妨碍效率的实现；反之，对最大公平的追求也可能损及效率，最后致使公平也无法实现。[3]公司要追求运营效率、实现经营管理效益最大化、增强市场竞争实力，就必须敢于商业冒险、勇于创新，因此，无法避免地会与投资者追求交易安全的投资偏好产生扞格。当交易成本大于零时，能够促进交易成本最小化、资源配置效率最大化的立法，才是最好的法律。[4]因此，公司法对公司治理目标的定位必须遵循效率优先、兼顾公平和交易安全的原则，平衡或消除公司法的价值冲突。

多元化可选择的公司治理的价值目标，应当是既要提高公司运营效率、实现公司绩效最大化，又要公平地保护、协调股东和其他利益相关者的合法权益。这一价值目标必然会对公司法调整公司治理产生双重限定：一方面，为了公司经营效率和效益的最大化，要求增加公司治理的灵活性，扩大股东和公司自治的范围；另一方面，为了维护股东、公司与公司债权人及其他利益相关者之间的公平、安全交易，又要求强化监管和约束。

公司立法应当区别公司的形态给予不同的法律待遇。对于闭锁公司，由于股东人数较少，彼此比较了解，信息相对充分，应坚信股东是自身利益最佳的判断者，因而不管结果是否公平，法律都应当充分尊重股东之间的合约安排，以实现交易契约的社会功用。有限责任公司通常具有封闭性和人合性的特征，为了减轻公司运营成本、提高效率，无须遵循所有权与经营权分离规则。公司法应当许可有限责任公司的投资者选择机构设置，并在机构间自由地配置职权。既可以选择股东直接控制公司经营的治理模式，也可以选择分权治理的模式，并自主决定决策机关、执行机关和监督机关的权力划分，对此公司法须留有足够的自治空间。[5]尽管闭锁公司中股东合意相对充分，但是由于长期契约所固有的系统性错误，不可能完全依赖股东各方的意思自治维护公平的价值，因而应有一些强制性规则，如大股东对小股东的信义义务等。这正好解释了公司法对闭锁公司设置强制规则的理论基础。[6]

---

〔1〕参见张忠野：《公司治理的法理学研究》，北京大学出版社 2006 年版，第 66－67 页。

〔2〕参见周友苏主编：《上市公司法律规制论》，商务印书馆 2006 年版，第 23－25 页。

〔3〕参见周友苏主编：《上市公司法律规制论》，商务印书馆 2006 年版，第 51 页。

〔4〕参见［美］罗纳德·H. 科斯：《企业、市场与法律》，盛洪、陈郁等译，上海三联书店 1990 年版，第 92 项。

〔5〕参见周游：《公司法上的两权分离之反思》，载《中国法学》2017 年第 4 期。

〔6〕参见罗培新：《公司法的合同解释》，北京大学出版社 2004 年版，第 101、106 页。

相反，对于公开公司，公司法关于公司的治理模式及其结构的规制应当偏重于强制性调整，无论是公司治理架构、权力配置，还是决策程序和议事规则均应当设置强制法律规范，以增强公司运营的透明度、可预期性，保护公众投资者的交易安全。然而，在不损害公平交易、交易安全价值导向的前提下，为了提高公开公司运营的效率，促进创新发展，激发经营活力，公司法也应允许公开公司在多种法定治理结构模式之间加以选择，确定较适宜自己的治理结构模式。不仅如此，个别重大事项的决定权，如定向增发新股、发行公司债券、护盘式股份回购等事项的决定权，也应允许其在股东会与董事会之间自主分配。

（二）多元化可选择公司治理的立法技术约束

公司立法者在进行公司治理制度设计时必须考虑不同类型公司的性质、规模、股权结构、股权流动、股东人数及其关系等影响公司治理的关键因素，采用恰当的法律规范构成技术，有针对地进行适当、有弹性的制度安排，才能塑造符合预期的多元化可选择的公司治理模式。

构建多元化可选择的公司治理模式，不是公司法对公司治理完全放任自流，听凭股东或公司自治，随意创造发明公司的治理模式、治理结构，自由配置公司权力，也不是由公司法事先创制若干个公司治理模式并依法分配给不同类型的公司遵照执行。立法者在制定公司治理结构的规范、决定公司机关设置、划分各机关权力、确立构成要件以形成公司运作秩序时，既不能规定纯粹的任意规范，也不能仅采用纯粹的强制规范，而是应当将二者有机地结合起来。

有学者建议公司立法应采用法定强制条款规定最低限度的公司治理规则，制备多种竞争的甚至冲突的公司权力分配模式（不同治理机制），允许公司章程明示选入、默认选择适用或明示排除适用。〔1〕还有学者主张，可以通过授权法律规范控制公司选择治理结构的过程，却不宜僵硬地规定某种公司结构。〔2〕这些合理化建议具有重要的参考价值。笔者认为，设计和呈现多元化可选择的公司治理模式及其制度，在立法技术层面将任意规范与强制规范具体结合有两种形式。

第一种形式是，在一组规范群中既有任意规定又有强制规定，表现为根据各种公司的具体情况，宜自治则以任意规则实现之，应当管制则采用强制规则加以调整。闭锁公司适宜采用许可性规范授权股东或公司自主选择公司治理模式、分配和变更公司权力、实行充分的意思自治。公司法可以采取引导性、示范性规范制定包含一系列治理模式的菜单，提供给股东或公司自由选择适合自己的公司治理模式。公开公司也可以规定若干公司治理结构模式，以供发起人或公司结合自身的特点和条件选择适用，但是每种治理结构的基础架构必须是强制

---

〔1〕 参见邓峰：《中国公司理论的演变和制度变革方向》，载《清华法学》2022 年第 6 期。

〔2〕 参见［美］弗兰克·伊斯特布鲁克、［美］丹尼尔·费希尔：《公司法的经济结构》，张建伟、罗培新译，北京大学出版社 2005 年版，第 15 页。

性规定，犹如建筑物的承重墙，股东或公司不得擅自改动。基于股东有限理性和可能出现自治不能的现象，还应当以强制规范在必要的最低限度内实行禁止或限制性措施。例如：董事应当对公司及利益相关人负有信义义务，违反信义义务给公司、股东或其他利益相关人造成损失的，应当承担个人赔偿责任；闭锁公司的大股东不得利用控制公司的权力压迫、排挤或盘剥小股东，损害小股东的合法权益。

第二种形式是，采用同一法条中既有强制性规定又有许可性授权的混合性法律规范。混合性法律规范的构成表现为，法律先规定某种强制性的行为模式或先假设存在某种具有普遍适用性的一般规则，但是紧接着规定除非公司参与者另有除外规定，否则，法律预设的强制行为模式或规则当然有效，并依法推定适用，因而又称为“缺省”或“补充”规则。例如：闭锁公司每个股东均享有同等的业务执行权，公司章程另有规定的除外；如果公开型的股份有限公司的章程没有规定表决权差异化的类别股，应当推定股东每持一股享有同等的表决权。这种混合性规范相对于纯粹强制规范或任意规范拥有比较优势，既能满足公司有特殊需要时依据意思自治设计个性化的治理模式，又维护了公司治理对投资者必须公平对待和交易安全的合理预期。

四、建构多元化可选择公司治理模式的制度逻辑

不同类型的公司治理模式必然存在差异，决定公司治理模式差异化的因素也各不相同。如果公司预设功能不同，必然相应地要求其治理结构的制度安排有所差异。[1]有学者主张，鉴于不同公司之间规模和融资渠道的差异，公司法应当提供不同的治理结构以供选择。[2]再者，股权能否自由转让、股权集中或分散程度对公司治理模式有着重大的影响。因股权不能自由转让致使无法分散股权，公司的股权结构必定是集中型的结构，必然倾向于实行公司所有权与控制经营权不分的治理模式。反之，公司股东人数众多、股权分散且能够自由转让的公众公司，则会选择所有权与控制经营权完全分离的公司治理结构。

（一）区分公开公司与闭锁公司安排不同法律性质的治理模式

依据公司是否公开募集资本，股权能否公开、自由转让，可以将公司分为公开公司与闭锁公司。公司法对公开公司的治理应当采取法定的“公司机关分权治理模式”，以法律强制规定调整为主并辅之任意规定；而对闭锁公司则采用“股东集权治理模式”，以任意授权规定为主并辅之强制性规定。

---

〔1〕 参见陈甦：《我国公司立法的理念变迁与建构面向》，载《中国法律评论》2022 年第 3 期。

〔2〕 参见龙卫球、李清池：《公司内部治理机制的改进：“董事会—监事会”二元结构模式的调整》，载《比较法研究》2005 年第 6 期。

公开公司因其股票可以在证券交易所快速流动变现，股权高度分散则会导致股东理性冷漠“用脚投票”，致使公司被“内部人”控制，形成公司所有权与控制权两权分离的格局。这种局面会产生董事和高级管理人员作为公司巨额财产的控制者和经营者可能实施机会主义行为而寻租，损害公众投资人的利益而股东对经营者滥权行为难以施加有效监督的代理困境。因此，公开公司客观上要求实行“分权治理模式”，强化董事的职责和董事会的独立性，完善内部监督机制，对董事履行信义义务实施有效监督。公开公司实行“公司机关分权治理模式”的目的，除了两权分离背景下保护公众投资者的利益之外，旨在实现公司运营效益的提升。公司发展的历史经验已经证明，大型公众公司的股东由于专业知识、能力和经验的有限或缺乏，加之高昂的集体决策成本，股东直接参与公司经营管理是低效的次优选择；相反，由职业经理对公司进行专业化的集中管理，相比股东亲自管理公司更为有效。[1]公开公司作为证券公开交易的公司，还必须重视控制权转让市场对其治理形成的外部约束机制。依赖外部资本市场的治理模式所施加的监督成本通常较高，而且致使公司管理层更换频繁，公司始终面临敌意收购的风险，因而迫使公司管理层时常居安思危。[2]

闭锁公司是指股东人数较少，不能公开募集资本，股权也无法自由转让，具有封闭性和人合性的公司。我国的有限责任公司由50个以下股东出资设立，股权转让不仅受公司法限制，公司章程也可以对股权转让作出特定限制。因此，有限责任公司无疑是典型的闭锁公司。只有少数公开募集股份并且股份在证券交易所上市交易的股份有限公司，才是公开公司。除此之外的绝大多数发起设立的股份有限公司，由于发起人（股东）被限定在2人以上200人以下，虽然公司法不限制其股份转让，但是因缺乏相应的交易场所，事实上难以自由转让股份。此类股份有限公司也具有封闭性。这种违反股份有限公司原本为公开公司假设的现象，不仅在现实社会中普遍存在，而且已经获得德国和日本公司立法的认可。由于闭锁公司股东人数较少，股权不能自由转让，通常由股东直接控制公司经营，股东所有与经营二者合一。因此，我国公司法应当将“股东集权治理模式”明确规定为适用于闭锁公司的一般治理模式。

公开公司的治理不但涉及广大公众投资者的切身利益，而且事关资本市场的公共秩序。因此，法定强制性公司治理模式及结构能够确保公司的决策和经营行为具有一定的可预见性，便于主管部门监督，有利于维护交易安全。例如，2019年《日本公司法》修改中正式建立了强制性的独立董事制度。从而取消了2002年公司立法允许上市公司可以选择传统的三角制治理结构，董事会中无须设置独立董事的规定。有鉴于此，我国《公司法》应当坚持对公众公司、上市公司的治理规则以强制为主的立法原则不变。反之，对闭锁公司而言，为鼓励创业创新、降低准入和运作成本、激发公司经营的灵活性和活力，公司立法应以授权规

---

〔1〕 参见［英］保罗·戴维斯：《英国公司法精要》，樊云慧译，法律出版社2007年版，第125页。

〔2〕 参见周友苏：《上市公司法律规制论》，商务印书馆2006年版，第36页。

范为主，赋予其较大的自治空间。当然为了防止闭锁公司因缺乏经验创制不合理的治理规则而陷入治理困境或僵局，公司法在提供多种示范性治理模式供其选择适用的基础上，也有必要例外地禁止或限制闭锁公司自行规定违反闭锁公司性质或法理的条款。

（二）不同形态的闭锁公司应当设计多样化的示范治理模式

小型公司由于股东人数较少，具有封闭性、人合性，通常股东直接控制公司日常经营，排斥分权治理范式以降低运营成本。〔1〕因为有限责任公司的人合性使股东之间的商讨和协议成为其主要的决策机制，这也是有限责任公司自治性的体现。〔2〕中国《公司法》的修改应当充分尊重闭锁公司的性质和运行规律，规定闭锁公司的股东享有公司平等的业务执行权，但是，公司章程可以委任1至2名股东执行业务，或根据公司的实际需要规定设置分权治理的公司机关。公司法应当根据闭锁公司的实际情况和需要，设计、提供示范性的治理模式，供发起人选择适用。

1. 一人公司的示范性治理模式

无论是一人有限责任公司还是一人股份有限公司，均可采用股东亲自执行公司业务从事经营管理模式或由股东掌握控制权，聘请经理从事公司日常经营管理的模式；不设董事会或董事，也不设监事会或监事。一人公司由于所有权与控制经营权高度一致，责权利完全统一，设置内部监督机关则画蛇添足。当然，如果一人公司的股东是一个有限责任公司或股份有限公司，其内部可以设1名执行董事负责公司日常的经营管理和对外代表公司从事交易活动，或者设立董事会负责公司集体决策，另由董事会选举董事长执行公司日常事务。这是因为法人持股的一人公司，股东必须通过委托代理人才能实现对公司的控制和经营活动，当法人持股的一人公司规模较大、业务广泛时，也需要通过决策与执行侵权以防止内部管理者独断专行，实现公司治理的科学化。

2. 股东人数较少的闭锁公司的示范性治理模式

这类公司不但指股东人数较少的有限责任公司，也包括封闭型股份有限公司。现实中发起设立的股份有限公司由于不公开募集股份，根据现行《公司法》其设立条件、程序和运行状态与有限责任公司趋同，不但股东人数较少而且事实上股份转让困难，带有闭锁公司的显著特征。根据国家市场监督管理总局的统计，截至2020年年底，全国有限责任公司数量为3832.3万家（占比98.66%），股份有限公司51.9万家（占比1.34%），合计约3884.2万家公司。有限责任公司股东人数在3人以下（包含3人）的有限责任公司占比96.52%，股东人数为3人至5人（包含5人）占比2.61%；股份有限公司股东人数在3人以下（包含3人）占比91.01%，股东人数为3人至5人（包含5人）的占比3.46%。可见，不仅有限责

〔1〕 参见罗培新：《公司法的合同解释》，北京大学出版社2004年版，第96页。

〔2〕 参见沈贵明、赵植旭：《我国〈公司法〉立法体例探究——以有限责任公司与股份有限公司的区分为核心》，载彭冰主编：《金融法苑》总第105辑，中国金融出版社2021年版。

任公司属于股东人数较少的闭锁公司，绝大多数股份有限公司也是股东人数较少的闭锁公司。笔者认为对此类闭锁公司应设计4种可供选择的治理模式：其一，股东直接执行公司业务模式，即每位股东享有平等的业务执行权。其二，委任执行公司业务模式，即只有经公司章程委任的执行董事享有业务执行权，具体负责公司的日常经营，未受委任的股东对执行董事享有监督的权力。其三，“执行董事+经理”模式，即执行董事由大股东或全体股东推选股东担任，为公司法定代表人，并由全体股东协商聘请职业经理，负责公司的日常经营管理。由于这类公司所有权与经营权不分，公司内部无须设立“三机关”分权制衡的治理结构。其四，“董事会（内设董事长或执行董事）+监事”模式，即聘请职业经理负责日常经营管理，主要适用于股东为法人的闭锁公司。法人的拟制性决定了法人投资入股公司必须借助于代理人参与公司经营管理，形成公司的所有权与经营管理权的分离格局，从而要求公司内部设置分权的组织机构，但是只需简略的分权就能满足公司优化治理的实际需要。

3. 股东人数较多的闭锁公司的示范性治理模式

根据国家市场监督管理总局的统计，截至2020年年底，有限责任公司股东人数为5人以上的有33.4万家，占比0.87%；股份有限公司股东人数为5人以上的有2.87万家，占比5.53%，减去公开公司，约占比3.30%。可见，在中国，股东为5人以上的闭锁公司数量很少。由于这类闭锁公司股东人数较多，股权相对分散，股东与管理者之间，大小股东之间仍然存在着利益冲突，因此，在公司治理上可以采用分权制衡的治理结构。公司法可推荐两种治理结构：一是“三会一层”模式，设股东会、董事会和监事会，董事会设董事长负责主持股东会会议和董事会会议，可另设执行董事或聘请总经理负责公司日常经营管理；二是“单层体制”，设股东会、董事会，董事会下须设由过半数非执行董事组成的审计委员会专门监督公司财务会计，不再单独设立监事会。〔1〕

4. 国有独资公司的治理模式

国有独资公司的所有权属于国家，由于国家是抽象的政治组织必须由国家机关、政府部门和官员代行职权。换言之，国有股权的所有权属于国家，由履行出资人职责的机构行使控制权，国有独资公司享有经营权。〔2〕这表明我国立法中规定“国家”为权利主体，但是国家作为抽象主体不能真正享有权利也不能真正承担义务。〔3〕国有独资公司的国有股权必须通过代理行使，由于代理链条较长，也会像股权分散的公司那样出现所有权与控制权、经营权分离现象，甚至会造成国有股权主体虚化或缺位，因此，公司治理结构具备采用分权制衡模式的条件。本次《公司法》的修订已经将国有独资公司治理结构由原来的二元体制改采一元体

〔1〕《公司法（修订草案）》（第一审稿）第64条和第125条分别规定，有限责任公司、股份有限公司可以按照公司章程的规定，在董事会中设置由董事组成的审计等委员会，负责对公司财务、会计进行监督，可以不设监事会或者监事。

〔2〕参见安建：《中华人民共和国公司法释义》，法律出版社2005年版，第65页。

〔3〕参见孙宪忠：《民事权利基本分类及其分析裁判的法技术问题》，载《法治研究》2018年第2期。

制，〔1〕即国有独资公司不设股东会，由履行出资人职责的机构行使股东会职权。国有独资公司设董事会，其成员中应当有过半数的外部董事，并应当有公司职工代表。董事会设董事长1人，可以设副董事长，并设置审计委员会依法专门履行监事会的职责，不再另外设监事会。国有独资公司设经理，由董事会聘任或者解聘。《公司法》这次对国有独资公司治理结构的重构，目的是精简公司组织机构、避免监督责任的重叠、强化专业化监督、降低治理成本、优化治理机制，值得肯定。

（三）公开公司也应根据实际需要设计可选择的治理结构

公开公司在中国主要指上市公司，包括股份在上海、深圳、北京证券交易所及“新三板”公开交易的股份有限公司，此外，已公开发行股份或股东人数超过200人，但尚未在公开市场上市交易的股份有限公司也属于公开公司。2022年9月20日，笔者登录中国各股份公开交易市场的网站查到，上海证券交易所的上市公司为2130家，深圳证券交易所的上市公司为2676家，北京证券交易所的上市公司为110家，在“新三板”挂牌交易的公司为6706家，共计11622家，结合对股份有限公司总数的估计进行匡算，当前中国公开公司大约只占股份有限公司总数的2.24%。然而，上市公司是现代企业的典型、国民经济的支柱，其治理模式及结构历来被各国公司法视为规范化的圭臬。公开公司的显著特征是股权分散、公司所有权与控制经营权分离、内部人控制公司经营、股东对经营管理者的机会主义行为难以实施有效的监督，因而公司治理应采用合理分权制衡的结构。1993年《公司法》确立了“三会一层”的治理结构，即公司设股东会是公司的权利机关，下设董事会与经理作为执行机关和辅助执行机关，另设平行于董事会的监事会专司监督董事和经理的履职行为。因大股东操控董事致使董事会缺乏独立性而治理效果欠佳，为了强化董事会的独立性，2001年，中国证券监督管理委员会要求上市公司引进独立董事，2005年《公司法》修订将上市公司设立独立董事上升为强制规定。中国《公司法》在“三机关”分权制衡的治理结构中，强行嵌入独立董事的做法，产生了独立董事与监事会职权交叉重叠、责任不清的弊端。独立董事的引入并未产生上市公司治理明显改善的效果。

因此，日本公司立法引进独立董事的模式值得我国借鉴。2002年《日本商法》修改时，在公司治理方面，大型股份公司引进美国单层体制，即股东会下设董事会，董事会下设委员会，董事会中必须有独立董事；同时保留了传统的三角制模式，即股东会下设平行的董事会与监事会，并要求增加独立监事的人数。在两种治理模式之间，允许大型股份公司选择适用其一。这种将强制性与可选择性巧妙结合的立法技术，避免了法定一元化治理结构的僵化，显然优于中国《公司法》强行“一刀切”地要求上市公司引进独立董事的做法。〔2〕即便如

〔1〕《公司法（修订草案）》（第一审稿）第147条、第149条、第150条和第153条；《公司法（修订草案）》（第二审稿）第172条、第173条、第174条、第176条。

〔2〕参见吴建斌：《日本引进独立董事制度的经验及启示》，载《南京大学学报（哲学·人文科学·社会科学版）》2003年第2期。

此，此项改革在日本也并未能收到预期的效果，因为日本绝大多数大型股份公司对单层制模式不感兴趣。于是，在2014年《日本公司法》的修改中，以选择制为基础，对单层制模式（委员会设置公司）进行了改造，创设了“监查等委员会设置公司”的新模式。相较于委员会设置公司，允许股份公司可以只在董事会中设置一个必须包含独立董事的“监查等委员会”，不设提名委员会、薪酬委员会等其他委员会。这不但避免了选择单层制必须在董事会内部设置提名、薪酬、监查等各种委员会，导致社长或控制股东失去公司人事、财务等控制权的顾虑，而且为大型公开公司治理模式多元化增添了新的选项。对此，我国本次《公司法》修订中已经加以借鉴，允许上市公司在属于二元体制的“三会一层”与属于一元体制的设置“审计等委员会”的治理结构之间，选择适用“设置审计委员会的治理模式”，不再设监事会。这一立法变革不但避免了独立董事与监事会职责的交叉重复，而且增加独立董事的履职能力和职能的实效性。

（四）《公司法》修订尝试公司治理模式多元化可选择的评析

本次《公司法》修订对公司治理模式多元化可选择进行了有益的尝试，相关制度安排迎合了公司治理现代化的客观要求和发展趋向。

首先，继续沿袭对大小公司在治理结构上区别对待的做法。大型公司应当采取内部法人机关分权制衡的治理结构，且要求各法人机关组织健全、运作规范；小型公司则采用简单化的结构和组织形式。《公司法（修订草案）》（第二审稿）第75条、第83条规定，规模较小的有限责任公司，可以不设董事会，设1名董事行使董事会的职权。该董事可以兼任公司经理；可以不设监事会，设1至2名监事行使监事会的职权；经全体股东一致同意，也可以不设监事。即提供了“股东会→1名董事（兼经理）”与“股东会→（1名董事兼经理+1至2名监事）”两种可以选择适用的治理模式。第126条和第133条规定，规模较小的股份有限公司，可以不设董事会，设1至2名董事行使董事会的职权，可以不设监事会，设1至2名监事行使监事会的职权，即允许小型股份有限公司采用“股东会→（董事+监事）”简化的分权治理模式。笔者认为，这些规定仍然坚持小型公司一般应当采取分权制衡治理结构，只不过放松了组织上的要求，是一种变异或简化的“三机关”分权制衡体制。例外是，仅限于小型有限责任公司经全体股东一致同意，才可以免除监督机构（监事）的设置。由此可见，立法者对小型公司治理的理念仍然不符合小型公司股东所有权与经营权二者合一的实际需要。另外，小型公司无论组织形式是有限责任公司还是股份有限公司均属于封闭型公司，二者治理的要求和运行实态别无二致。立法者禁止小型股份有限公司选择集权治理模式，不但与法理不合而且缺乏实践依据的支持。总之，本次《公司法》修订因受传统思维惯性和路径信赖的束缚，对小型公司治理模式多元化可选择的制度设计和供给，依然难以满足小型公司追求低成本、灵活和高效经营的实际需要。

其次，允许公司自主选择不同公司治理模式。《公司法（修订草案）》（第二审稿）第三章、第五章在分别对规模较大的有限责任公司和股份有限公司的组织机构，分别设立股东会、董事会与经理、监事会及权力划分作一般规定的基础上，又在第 69 条和第 121 条分别作出特别规定，即有限责任公司、股份有限公司可以按照公司章程的规定在董事会中设置审计委员会，行使本法规定的监事会的职权，不再设监事会或者监事。股份有限公司的独立董事不得在公司担任除董事以外的其他职务，且不得与公司存在任何可能影响其独立客观判断的关系。股份有限公司的审计委员会由 3 名以上董事组成，独立董事应当过半数，且至少有 1 名独立董事是会计专业人士。公司可以按照公司章程的规定在董事会中设置其他委员会。这表明公司立法允许规模较大的公司根据自身的情况和需要，选择适用“二元制”或“一元制”的治理模式。公司立法引入公司治理模式的选择机制能否行得通并收到理想的实际效果，笔者认为应当从以下三个方面检讨：第一，公司治理结构模式二元化可选择的制度设计，只考虑了公司的规模却没有考虑股权分散或集中对公司治理的至关重要的影响。因此，对于规模较大但是在股权结构上高度集中的公司而言，往往由大股东控制公司经营，即股东所有权与公司经营管理权合二为一。在此种场景下，无论是“二元制”还是“一元制”均难以与其实际需要相契合，无论是哪种治理结构模式都会在实际运作中流于形式，无法取得应有的治理效果。第二，《公司法（修订草案）》（第二审稿）第 121 条规定的股份有限公司治理模式的选择可能无法实施。一是未上市的股份有限公司由于设立审计委员会要求独立董事过半数，且至少有 1 名独立董事是会计专业人士，如此大的成本会使公司不堪重负，因而不得不倾向于“三会一层”的治理结构；二是根据《公司法（修订草案）》（第二审稿）第 136 条以及《上市公司治理准则》第 38 条规定，上市公司设独立董事和审计委员会均属于强制性规定，换言之，上市公司无论采用“一元制”还是“二元制”都必须承担此项成本，如果选择“二元制”还必须额外付出设置监事会和聘请监事的成本。因此，上市公司理性的选择必然是，舍弃“二元制”而选定“一元制”只需在董事会设置审计委员会的治理模式。第三，设审计委员会的有限责任公司可能更易于强化大股东对公司的控股经营，从而损害小股东和其他利益相关人的合法权益。因为审计委员会的成员没有独立性和专业性的要求难以履行监督公司财务会计和制约管理层的职能，为大股东操纵和架空董事会使审计委员会成为摆设创造了条件。公司内部制约机制一旦失灵，大股东通过支配执行董事滥用权力的行径必然损害小股东和利益相关者的利益。基于以上分析，笔者主张在进行公司治理模式多元化可选择的制度安排时，应当充分考虑公司的公开性、封闭性和股权结构这些关键因素，增加治理模式的多元性、可选择性，尤其是使公司能够真正自由地选择适合自己的治理模式。当然，公司对多元化的治理模式将会如何选择，实际效果如何？还有待于未来公司运作的实践检验和回应。

五、结论

中国现行《公司法》将仅适宜两权分离的公众公司的“三机关”分权治理模式，强行适用于封闭性有限责任公司和发起设立的股份有限公司。这种公司治理一元化的做法造成绝大多数闭锁公司产生强烈的排异反应，不但无法实现预期的治理效果，而且诱发许多公司在运作过程中规避公司法治理规则的后果。克服法定一元化公司治理模式僵化适用、效益低下缺陷的必由之路是，修改《公司法》构建多元化可选择的公司治理模式，优化、提高公司运营的绩效，促进公司高质量的创新发展。多元化可选择公司治理模式的构建必然受到公司治理的价值目标与立法技术的双重限定。创立多元化可选择公司治理模式的制度逻辑是区分公开公司与闭锁公司，有针对性地安排不同法律性质的治理模式，分别设计适宜闭锁公司和公开公司的多样化的示范治理模式。在立法技术方面应当将任意规则与强制规则有机地结合起来，公司治理必须在股东、董事信义义务，基础治理模式及其架构方面保持最低限度的强制规范，除此之外应当赋予股东或公司选择治理模式、配置公司权力的自由，尤其是闭锁公司相对于公开公司应当有更大的自治空间。

公司决议不成立实证研究

林少伟　陈泓升 *

目　次

一、问题的提出

最高人民法院《关于适用〈中华人民共和国公司法〉若干问题的规定（四）》（以下简称《公司法解释（四）》）颁布以前，公司决议效力瑕疵一直遵循《公司法》第22条划分的无效以及可撤销两种形态。最高人民法院于2016年发布的《关于适用〈中华人民共和国公司法〉若干问题的规定（四）（征求意见稿）》（以下简称《2016年征求意见稿》），增加决议不成立之诉并将其区分为“决议不存在”和“未形成有效决议”。此种划分虽肯认决议不成立瑕疵形态以及其中各情形的微小差别，但过于细致，既不符合决议“三分法”体系，且未形成有效决

* 林少伟，西南政法大学民商法学院教授、博士生导师；陈泓升，西南政法大学民商法学院博士研究生。本文为国家社科基金项目“公司法程序规范优化路径研究”（编号：21BFX097）的阶段性成果。

议，在德国、日本和韩国也找不到相关立法依据。[1]因此，《公司法解释（四）》中在保留决议不成立的基础上，确立决议效力瑕疵“三分法”，同时删去“决议不存在”和“未形成有效决议”的区分，统归为“决议不成立”，并在《公司法解释（四）》的第1、2、4、6条中明确了诉讼的原告、被告、第三人以及决议行为的外部法律后果，借此完善决议效力瑕疵诉讼制度。同时，2023年公布的《中华人民共和国公司法（修订草案）（三次审议稿）》（以下简称《公司法三审稿草案》）第27条肯定了《公司法解释（四）》第5条对决议不成立瑕疵事由的具体规定，吸收并采纳关于决议不成立各瑕疵样态。

《公司法解释（四）》及《公司法三审稿草案》虽在一定程度上弥补了既往决议效力瑕疵“二分法”的缺憾，但仍有不足。比如，关于原告资格问题。《公司法解释（四）》第1条对诉讼原告的规定并非完全列举，而是在股东、董事、监事外尚规定一“等”字，其中能够包含哪些主体，司法解释并未明确。最高人民法院曾于《2016年征求意讲稿》中规定对股东会、董事会决议有直接利害关系的高级管理人员、职工以及债权人等有权作为决议不成立之诉的原告，但在正式稿中又将其删除。如此一来，高级管理人员、职工以及债权人能否作为适格原告尚待澄清。此外，《公司法解释（四）》以及《公司法三审稿草案》从会议召开、对议决事项表决、出席以及表决的人数和表决权定足数几方面，规定决议不成立的情形，涵盖了会议召开和表决过程中可能发生的瑕疵。但该规定仍待细化，如伪造签名以及对会议召集过程中的瑕疵等情形均未涉及。

有鉴于此，本文意从我国司法裁判出发，审视并总结决议不成立案例中原告资格、适用事由以及法律后果上的裁判观点，并着重对比《公司法解释（四）》颁布前后决议不成立案件所发生的变化，探寻现有规定与审判实务间的错配之处，总结裁判经验与教训，以期完善我国公司决议不成立的相关规定。

二、公司决议不成立性质概述

“确定股东大会决议的法律性质是决定适用于决议方法或效力等各项有关问题法理内容的关键。”[2]因此，讨论决议不成立制度，应先讨论决议行为的法律性质。

（一）决议行为的法律性质的学说论争

1. 共同行为说

共同行为是由同一内容的多数意思表示的合致而形成的法律行为，且各意思的合致是平

---

〔1〕 参见甘培忠：《对公司决议效力的一些思考——析〈最高人民法院关于适用《中华人民共和国公司法》若干问题的规定（四）〉（征求意见稿）中的相关规定》，载《法律适用》2016年第8期。

〔2〕［韩］李哲松：《韩国公司法》，吴日焕译，中国政法大学出版社2000年版，第382页。

行的合致。日本学者和我国台湾地区学者多持此种观点。[1]该说认为决议是由出席会议的表决人员作出意思表示且趋于一致而成立的共同行为，是集体意志行为，由于决议的合意方向相同，故决议应当归入共同行为之列。因此股东会与董事会决议的性质合乎共同行为的特征，为共同行为。

2. 特殊法律行为说

该说认为，决议行为是不同于共同行为的特殊的法律行为。[2]决议行为和共同行为不同。虽然决议在意思表示同向这点上类似于共同行为，但共同行为在各主体意思表示结合的同时，并没有失去各自的独立性，共同行为与各主体意思表示之行为相一致；而决议行为遵循多数决原则，对于没有参加决议或者作出反对意思表示的主体，决议对其仍产生效力。而且，在决议中，依照多数决原则产生的意思表示，会成为单一的全体意思表示，原来的各个意思表示则失去其独立性，二者截然不同。因此，决议行为不应称为共同行为。有学者认为此种情形可作为一种单独的法律行为种类列出，称为决议行为。[3]

3. 非法律行为说

该说认为，公司决议是社团意思形成行为，其并不像自然人意思形成那样是一种心理过程，决议形成本身是一种法律程序。[4]公司决议的瑕疵，有的形成于决议成立的过程中，有的存在于决议的内容中，《公司法》以此为基础，规定了不同的救济方法，根据特别法优于一般法理论，次第适用《民法典》意思表示瑕疵的一般性原则规定。决议的形成采取多数决原则，个体的表决瑕疵并不必然导致决议的瑕疵，因此当公司股东的表决意思依照《民法典》规定被宣告无效或者被撤销时，倘若剔除该股东的表决权数后，仍然满足决议成立所需的表决权数，此时并不构成决议瑕疵，不影响决议之效力。因此，决议行为仅是社团内部意思形成行为而并非法律行为，更不是意思表示。在董事会尚未依照股东会决议或董事会决议执行事务，代表公司作出意思表示形成法律行为之前，该决议仅是公司的内部意思。

（二）本文观点

笔者认为，决议行为是一种特殊的法律行为，理由如下：

第一，社团意思形成行为，并非当然地不属于法律行为。就公司意思表示的形成过程而言，决议行为不属于法律行为的逻辑理论看似合理，但该说忽略了法人和自然人在事实上的

---

〔1〕 参见［日］我妻荣：《新订民法总则》，于敏译，中国法制出版社 2008 年版，第 229 页；王泽鉴：《民法总则》，北京大学出版社 2009 年版，第 209 页；刘得宽：《民法总则》，中国政法大学出版社 2006 年版，第 166 页。

〔2〕 参见朱庆育：《民法总论》，北京大学出版社 2016 年版，第 136 页；龙卫球：《民法总论》，中国法制出版社 2001 年版，第 436 页。

〔3〕 参见朱庆育：《民法总论》，北京大学出版社 2016 年版，第 136 页。

〔4〕 参见［德］维尔纳·弗卢梅：《法律行为论》，迟颖译，法律出版社 2013 年版，第 160 页；［德］卡尔·拉伦茨：《德国民法通论》（下册），王晓晔译，法律出版社 2003 年版，第 433 页；李永军：《从〈民法总则〉第 143 条评我国法律行为规范体系的缺失》，载《比较法研究》2019 年第 1 期；徐银波：《决议行为效力规则之构造》，载《法学研究》2015 年第 4 期。

差异。自然人意思表示的形成过程，是一种大脑运作的过程；但公司意思表示的形成过程，是通过一群自然人或者法人所派出的代表进行讨论后，经过正当的程序，历经一段时间和历程后得出的最终决定。如果将公司决议仅视为公司的内部意思而连意思表示的层级都达不到的话，那么，这样一个集结众人且耗时耗资而形成的公司决议在法律上的地位评价似乎过低。

此外，按照决议非法律行为说的观点，决议行为在法律上的效果不适用民法的一般性原则规定，而由《公司法》特别设立规定。故决议只有在违反《公司法》的规定时，才构成决议瑕疵，若该瑕疵并未能被《公司法》所涵摄，就不应认为其属于决议瑕疵。然而，我国《公司法》对于决议瑕疵仅在第22条中有所涉及，该条规定股东会或者董事会会议召集程序或表决方式违反法律、行政法规或章程规定时，股东可以自决议作出之日起60日内诉请人民法院撤销。该条文中的召集程序与表决方式能否包括整个股东会与董事会的会议流程？如果解释上无法涵盖召集程序和表决方式以外的其他瑕疵，应不能认为其构成决议瑕疵而得诉请撤销，而应认定为有效。但实务中将所有股东会或者董事会所可能发生的程序瑕疵均归于第22条统摄范畴之内，这已与非法律行为说认为的由《公司法》特别设定规定不同。

实际上，决议系股东或董事各自作出意思表示行使表决权的结果，其本身已是意思表示的聚合，具备了法律行为的外观，并非当然不能作为法律行为。而且，将决议行为纳入法律行为的位阶而适用民法的规定，对于股东及公司的保护也更加周全。

参照民法债之行为中预约与本约的关系，预约的功能在于使当事人负有将来签订本约的义务，虽然预约中未必有就本约的具体内容的详细约定，但本约的履行是按照预约的内容进行的。由此可知，合同双方的最终目的虽为签订本约，但可通过先为一个法律行为即预约的方式来作为本约的前置及内容的确定，本约的具体内容实际则受到预约的约束。预约的本质，其实就是当事人对于本约的内心意思，只是双方将该内心意思法律效力化，成为一个债的关系即预约。对于公司决议与公司对外意思表示也可依此解释，根据《公司法》第46条和第49条的规定，董事会、经理应按照股东会和董事会决议内容执行，对外作出意思表示形成法律行为。有鉴于此，将公司决议仅视为内部意思决定，位阶过低，在预约拘束本约内容效力范围的语境下，公司内部产生的决议和对外意思表示均属于法律行为的观点，并无不妥。

第二，共同行为说适用于决议行为，逻辑难以自洽。共同行为说并未说明决议何以在全体当事人合致或者多数当事人合致时皆可成立，且社团法人的设立行为作为典型的共同行为，与决议在本质上有很大的不同。社团法人的设立是由全体意思表示平行合致而成，而决议原则上则采取多数决原则。社团法人的设立不能以多数决为原则，而必须是全体同意，因此社团法人的设立没有多数决的适用空间。如果认为共同行为可以同时适用一致决和多数决原则，[1]那么二原则如何转换使用也未说明。此外，法律行为作出后，必然有该意思表示效果归属之主体。在社团法人设立行为中，每个成员都是设立行为的效果归属主体，各成员保持意思独立性。但在决议行为的成员间以多数成员意思作为最终意思，作出不同意思表示的成员独立性丧失。一个法律行为的多个当事人间何以因行为样态的不同而时而具有独立性，时而失去独立性，共同行为说也未详尽说明。综上，笔者认为，将决议行为归于特殊法律行为范畴更为妥当。

三、公司决议不成立实证检视

（一）数据来源

本文以“威科先行”为样本库进行检索，裁判样本取自 2005 年《公司法》修订之后，从正式实施之日（2006 年 1 月 1 日）起至 2021 年 12 月 31 日止，且在具体说理过程中会选取 2022 年个别具有代表性的案例作为研究对象。本文案例检索以《公司法解释（四）》颁布为界，对于《公司法解释（四）》颁布前的裁判，以“决议不成立”和“决议未成立”为关键词，按照民事案由、与公司有关纠纷进行检索，剔除裁决书、刑事案由、行政案由以及其他与公司无关的案由，得裁判文书 127 件。对《公司法解释（四）》颁布后的裁判，除仅以“决议不成立”为关键词检索，其余条件保持一致，经整理后获裁判文书 1860 件。对于检索出的上述裁判文书，一方面，剔除了重复的案例，对经历二审、再审的案件进行筛查，以最终判决为准，均视为同一例。另一方面，对某些仅在当事人诉求或者案件事实中提及公司决议不成立而案例本身与公司决议效力瑕疵并无直接关系的案例进行筛除。

（二）量化分析

1. 原告身份

股东作为决议不成立之诉原告的案件占所统计案件的 93%，董事仅占 6%，监事更是少之又少。原因是大部分董事会决议须经过股东会审议批准，如预算方案、利润分配方案等，而在审议批准过程中损害股东利益，股东会以自己的名义提起董事会决议不成立之诉。此外，鉴于我国大多数公司股权结构较为集中，公司内部冲突主要发生在控股股东和少数股东之间，特别是有限责任公司，控股股东以其对公司的直接或者间接的投资关系控制着公司董事、监事等高级管理人员的人选或者由自身兼任董事、监事等，从而对股东会决议、董事会决议产生实质性影响。因此，大多数案件中主要的原告都是公司股东。

---

〔1〕 参见许中缘：《论意思表示瑕疵的共同法律行为——以社团决议撤销为研究视角》，载《中国法学》2013 年第 6 期。

2. 瑕疵事由

关于决议不成立案件的各类瑕疵事由见表1。

表1 决议不成立案件的各类瑕疵事由

阶段	瑕疵事由	数量				
		2017年9月1日前		2017年9月1日后		总计
召集阶段	召集人无召集权	2	1%	9	1%	11
	未按照法定顺序作出召集决定	4	2%	12	1%	16
	董事长未经董事会决议径行召开股东会	5	4%	16	1%	21
	未经董事会决议而以董事会名义召集股东会	1	1%	4	1%	5
	召集股东会而未通知或公告	33	27%	297	15%	330
	通知或公告未载明待决议事项	3	2%	7	1%	10
	召集股东会的董事会决议瑕疵	1	1%	12	1%	13
召开阶段	会议未实际召开	21	17%	756	40%	777
	未形成会议记录	6	5%	31	2%	37
	主持人瑕疵	5	4%	19	1%	24
	未达出席定足数	4	3%	105	5%	109
表决阶段	决议事项未经表决	7	6%	159	8%	166
	未达通过比例	3	2%	62	4%	65
	无表决权人表决	2	1%	24	1%	26
	无权代理	1	1%	6	1%	7
	伪造签名	29	23%	341	17%	370
	合计	127	100%	1860	100%	1987

本文通过对决议不成立案件的事实认定及裁判说理进行梳理，将各类瑕疵事由按照决议作出的阶段进行分类，区分为召集阶段、召开阶段和表决阶段的瑕疵事由。首先，以司法解释明确规定的公司未实际召开会议、出席会议的人数或者股东所持表决权及表决结果未达到定足数以及会议未对决议事项进行表决的事由作为决议不成立裁判依据的案件有1082件，是决议不成立之诉裁判的重要依据。其次，重者恒重。“会议未实际召开”共有756件、“召集股东会而未通知或公告”共有297件以及“伪造签名”共有341件，这些事由无论在《公司法解释（四）》颁布前后均高频发生，但其中只有“会议未实际召开”作为法定事由被明文规定，其余两项常被纳入“其他导致决议不成立”的兜底条款中。

值得指出的是，相较于原司法解释的规定，《公司法》三次修改过程均删除了“导致决议不成立的其他情形”的兜底条款。“兜底条款”作为一项列举法不能穷尽所有事项的立法技术，将所有列举条款没有包括的、难以包括的、目前预测不到的都包括在其中，用“其他”“等”等概括性用语表示。但兜底条款的适用具有任意解释的空间，存在过分扩大兜底条款适用范围的风险。[1]依图所示，约有43%是《公司法解释（四）》未明确列举而法院认定为导致决议不成立的“其他情形”。同时，《公司法解释（四）》所明确列举的四项情形是会议不同阶段所出现的程序瑕疵，彼此之间共性不明，无法总结归纳出其中的重合与交集。当兜底条款前面列举项的类型太过于多元化，将存在无法适用同质性解释规则的问题。[2]此时仍保留兜底条款的规定，或有不当扩大司法自由裁量权的风险。因此，公司法三次审议稿均未保留《公司法解释（四）》第5条第5款的兜底性一般条款。

最后，不同瑕疵事由可能共存在同一案件中。本文梳理发现，“伪造签名”常作为其他瑕疵的并发瑕疵，以作成一份具备所有外观要件的“决议”。[3]此种情形下认定决议不成立，常需要结合“伪造签名”“会议未实际召开”“未履行通知义务”“不足多数决比例”等事由综合判断，而究竟是哪一决定性瑕疵导致决议不成立，法院在裁判说理时往往未予明确，仅是将瑕疵事由罗列，再根据法律规定而直接得出不成立的结论。[4]可见，“伪造签名”更多地作为其他瑕疵事由的结果而存在，但其本身，以及其他事由如“无会议记录”等能否单独作为决议不成立的事由之一，《公司法解释（四）》以及《公司法三审稿草案》仍未明确。

四、决议不成立原告资格证成

（一）决议不成立的法定适格原告

《公司法解释（四）》第1条规定，公司股东、董事、监事均有权请求确认公司决议无效或者不成立。首先，作为股东会的组成人员，股东直接参与并对股东会议案进行表决，所作决议直接约束包括股东在内的公司全体成员。而且，公司由股东出资设立，若公司依据瑕疵决议实施的行为有害于公司财产或名誉，股东是该瑕疵决议的最直接受害者。其次，决议作

---

〔1〕参见梅传强、刁雪云：《刑法中兜底条款的解释规则》，载《重庆大学学报（社会科学版）》2021年第3期。

〔2〕参见李军：《兜底条款中同质性解释规则的适用困境与目的解释之补足》，载《环球法律评论》2019年第4期。

〔3〕如在（2018）京0102民初16714号民事判决书中，法院认为三进宇通公司确认涉案股东会决议上张新华和高杨的签字并非本人签署。他们主张前述股东会决议形成是三进宇通公司实际出资方北京滚石根据与张新华的约定和授权书作出的意思表示。涉案股东会没有真正举行。

〔4〕如在（2021）京02民终12885号民事判决书中，法院认为案涉的两次公司股东会决议上的所有签字均非本人所签，世纪华鼎公司亦认可陈国璋未实际参加股东会，而且案涉2份股东会决议内容直接涉及陈国璋的权益，不能代表陈国璋的真实意思表示，综上，世纪华鼎公司提供的证据不足以证明案涉股东会实际召开。

出过程中不可避免会存在反对决议或者投弃权票的股东，其意思表示因资本多数决原则而被吸收，无法在决议内容中体现，导致该部分股东不同意决议内容，却遭受决议所带来的损害。此时，赋予股东提起决议瑕疵之诉的资格是股东及时止损、维护自身权益的有效手段。而且依照资本多数决原则，公司的大股东可以借由法人机关之手履行正当程序，合法地将自己的意思转化为公司的法人意思，以约束公司以及公司内部所有人。这也意味着如果小股东的提案与大股东相左，其意思或许永远无法外化于股东会决议，遑论公司按其想法实施行为。此时决议瑕疵之诉即为小股东反对大股东的基本手段之一。再次，董事如果疏于审查而依照瑕疵决议执行事务，进而给公司造成损害，需对公司承担赔偿责任。但若仅对董事施加义务，要求董事对股东会决议进行合理的审查，而不赋予其对决议纠错的途径，则会导致法定审查义务目的落空，公司无法及时止损，最终也会导致公司利益的损害。最后，实践中往往根据股东的持股比例分配董事名额，所选举产生的董事代表该股东的利益，董事会的立场往往与背后所代表的股东相一致。根据资本多数决原则，决议的内容往往由控股股东所决定，容易造成控股股东与董事串通制造并执行决议，损害广大中小股东利益的局面。对于监事而言，虽有部分监事由股东会选举产生，但监事（会）作为公司的监督机关，对公司负责，对全体股东负责，不仅要保护大股东的利益，更要维护广大中小股东的利益，赋予监事诉权，能更加周延保护公司及股东利益。因此，股东、董事和监事自然属于决议不成立之诉的适格原告。

（二）决议不成立的可能适格原告

《公司法解释（四）》第 1 条除了规定股东、董事和监事可以作为适格原告外，还以“等”字做了开放性规定。此前在《2016 年征求意见稿》中拟规定与股东会、董事会决议有直接利害关系的公司高级管理人员、职工以及债权人均有权提起决议不成立之诉，但在最终颁布的《公司法解释（四）》删除了以上主体。

笔者认为，此举并非要否定高级管理人员等提起不成立之诉的资格，原因在于，“本条中‘等’字实际上涵盖了上述直接利害关系，是基于民事诉讼的一般起诉规则进行的设定，旨在将公司与高级管理人员、职工和债权人之间的一般合同争议情形排除在外”〔1〕。决议不成立之诉，在性质上属于确认之诉。原则上，所有受到决议侵害的主体都应具备原告资格。从域外立法经验看，赋予利害关系人决议不成立之诉原告资格的有日本、韩国等国家。〔2〕《公司法解释（四）》以“等”字指代“直接利害关系”标准，目的在于贯彻诉的利益原则，从而为根据民事诉讼法相关规定允许高级管理人员、职工、债权人成为决议确认之诉的适格原告留下空间。因此，如果决议内容损害上述三主体的权益，其当然具有诉的利益而具备原告资格。

---

〔1〕 杜万华主编：《最高人民法院公司法司法解释（四）理解与适用》，人民法院出版社 2017 年版，第 92 页。
〔2〕 参见李志刚：《公司股东会撤销决议之诉的当事人：规范、法理与实践》，载《法学家》2018 年第 4 期。

1. 高级管理人员

当“等”所表达的主体为公司高级管理人员时，“等”与前所列举的董事、监事属于非完全列举关系。首先，在公司法中，作为公司正常运作的主要力量，董事、监事、高级管理人员三主体是并列的，董事、监事可以诉请决议不成立，高级管理人员当然也有权提起决议不成立之诉。其次，《公司法》第146条同时规定了董事、监事、高级管理人员的任职条件，第147条规定三主体对公司承担信义义务，第149条规定执行职务违反法律、行政法规或公司章程给公司造成损害时应当赔偿，可见高级管理人员从任职，到执行职务，到损害赔偿，需要满足的条件以及承担的义务和董事、监事并无区别，三者是同性质的主体。高级管理人员理应与董事、监事一样可以提起决议不成立之诉。再次，高级管理人员能否作为不成立之诉的原告，还应判断其是否与决议行为具有直接利害关系。高级管理人员是公司的员工，与公司之间具有劳动合同关系。如果公司决议仅是限制高级管理人员个人权利，侵犯其利益，可以通过劳动法加以解决。但与普通员工与公司间的劳动关系不同，高级管理人员比一般员工有更多的职权，如人事权，管理权等，因而在《公司法》第六章也规定了高级管理人员负有与董事、监事类似的义务。同时，经理作为高级管理人员是董事会决议的组织实行者，当违反忠实勤勉义务而使公司遭受损失时，也需要对公司承担赔偿责任。所以，高级管理人员能够因执行决议而产生个人责任，就应当对决议有合理的审查权限，赋予其提起决议不成立之诉的权利，以保证审查权的有效实施。最后，《公司法解释（四）》第1条规定的原告范围，是在股东会、董事会决议内容没有明确法律规则约束下，根据常见的股东会、董事会决议所涉及的主体范围而确定的。[1]这只是一般情形，而非全部情形。因此，当高级管理人员的权益受到公司决议的侵害时，应有权提起决议不成立之诉，以维护自己的权益。综上，高级管理人员可以起诉确认决议不成立。

2. 公司职工

有观点认为，当公司决议内容是为职工设定义务时，因其可以直接影响职工权益，所以符合《民事诉讼法》中“诉因”的条件，具有起诉资格。但是也有观点认为，设定职工义务的决议存在瑕疵时，职工无权诉请决议不成立。原因是与公司的董事、监事具有独立性不同，职工与公司之间是从属关系，瑕疵决议为职工设定义务而侵害职工权益时，职工可以通过劳动合同起诉，其实质是劳动合同诉讼，而非公司决议瑕疵诉讼。[2]《劳动合同法》规定了劳动者在用人单位侵害其利益时可以单方解除劳动合同并要求经济补偿，而在此情形下若赋予职工决议不成立的诉权，只会增加诉累，影响公司正常经营。

---

〔1〕 参见杜万华主编：《最高人民法院公司法司法解释（四）理解与适用》，人民法院出版社2017年版，第26页。

〔2〕 王雷：《公司决议行为瑕疵制度的解释与完善——兼评公司法司法解释四（征求意见稿）第4~9条规定》，载《清华法学》2016年第5期。

笔者认为，当决议为设定职工义务如保密条款、竞业禁止等，职工有权诉请决议不成立。因为为职工设定义务的条款，是董事会或股东会以决议形式作出的，有可能对员工与公司的合同关系造成损害，进而侵害员工的权利，且此类决议通常涉及职工集体，允许其直接提起决议不成立之诉可以降低员工的救济成本，因此在此种情形下，公司职工具备提起决议不成立之诉的原告资格。

3. 债权人

公司债权人在某些特殊情形下，可依据公司法、公司章程或者合同的约定享有参与或者监督公司经营管理的权利。一种是消极地参与公司决策的权利。如公司债券持有人的权利通常与债券的发行合约联系在一起，而股东会决议可能会在债券发行或发行以后通过决议的形式对合约进行修改，进而损害公司债券持有人的权益，此时赋予公司债券持有人诉请决议无效或确认之诉的权利，能够直接、及时地厘正决议的瑕疵。另一种是债权人根据契约所享有的积极性参与的权利，如债权人对公司股息分配特别限制的约款。此类约款可能会以债权人对股东会或董事会决议的否决权方式出现，其不仅有契约法上的效力，也有组织法上的效力，势必对组织法上的行为如决议产生影响，因而债权人也具有诉请决议无效或不成立的权利。如果约款没有组织法上的效力，债权人无法提起决议无效或不成立之诉，对债权人来说道德风险是极大的。例如，公司在得到借款后投资一些短平快的项目，短期内能获得大量的收入，此时股东决议分红，而到债权届期之时，公司可能已长时间未盈利甚至处于亏损状态，利润又已经被股东决议瓜分。从本质上看，这相当于是将债权人的借款以利润的形式分红。因此，银行等债权人在契约中往往会约定高度保护自身利益的条款，如公司在本息还清前不得借款或提供担保、不得分红等，目的是保障自身债权有效实现。这类约款是债权人愿意借款的条件，也是公司自愿承担的义务，在合同法角度对双方都有约束力。此时如果公司违反约定向股东分红，导致债权到期时无法向债权人偿还借款，债权人当然可以向法院起诉主张违约请求损害赔偿，但如果只能提起违约之诉，则收效甚微，因为债权人的目的是保障债权实现，而公司并没有足够的财产来偿还借款，导致约款形同虚设。此时若赋予债权人诉请分红决议无效或者不成立的权利，公司有权请求股东将违规分红的利润以不当得利返还，则可以周延地保护债权人的利益。

此外，“公司法解释四原则通过稿”曾于第2条第3款规定，违反《公司法》第166条的规定向股东分配利润的决议无效。公司分红相当于减资，而减资行为对债权人不利，如果履行正常的减资程序，根据《公司法》第177条的规定需要经过债权人同意或者为债权人提供担保。但是公司在没有盈利的情况下分红并不会损害股东的利益，此时如果股东违规制作分红决议瓜分公司财产，债权人特别是封闭公司的债权人根本无从得知，且在此类公司中董事、监事往往由股东或其亲友兼任，他们不会作为原告提起诉讼，股东作为违规分红的受益者则更不可能提起决议瑕疵之诉，此时可能会提起诉讼且符合《民事诉讼法》原告资格的也只有公司的债权人了。

五、决议不成立适用事由重述

（一）会议召集阶段

下面将召集人违法的情形区分为未按照法定顺序作出召集决定、董事长未经董事会决议径行召开股东会、召集人无召集权等三种并结合同属于会议召集阶段的股东会开会前召集通知瑕疵，探讨实务中各种情形下股东会所作决议效力。

1. 未按照法定顺序召集

表 2　未按照法定顺序作出召集决定的案件

序号	案号	基本案情	裁判结果
1	（2021）黔 0324 民初 5303 号	股东未请求监事会召集临时股东会，而跳过监事会直接召集股东会	仅存在轻微瑕疵
2	（2017）京 0117 民初 6386 号	股东会的召集程序、通知内容问题，系股东会决议应否撤销的理由。并非股东会决议不成立的法定事由	有效
3	（2019）吉 01 民终 2476 号	只有在董事会明确表示不能召集或不召集股东会会议时，肖丽维才能自行召集	可撤销
4	（2022）新 22 民终 150 号	股东跳过执行董事、监事召集和主持股东会会议	决议不成立

例 1 中，法院虽认可《公司法》第 40 条规定的法定召集顺序，但案中股东跳过监事会直接召集股东会，法院却认为属于轻微瑕疵，原因是后续的会议召开以及表决程序合法补正了召集阶段的程序瑕疵。但《公司法三审稿草案》第 27 条删去了公司未召开会议而需全体股东的一致同意才能补正决议效力的规定，即即使股东全体一致同意也无法补正决议效力，因此在没有合规股东会的情况下，判决决议仅存在轻微瑕疵，有待商榷。例 2 中，法院以召集主体瑕疵是决议撤销事由为由认定决议成立，但并没有正面回应未按照法定顺序作出召集决定的决议效力如何，这种做法容易模糊决议撤销与不成立的界限，导致法院在其他当事人以相同事由诉请决议撤销时，仅因瑕疵属于决议不成立事由反而认定决议有效。例 3 肯定了《公司法》规定的召集顺序，股东会会议召集人若未按照法定顺序召集，则股东会决议存在瑕疵，可向法院诉请决议撤销。同时，上述案例均要求会议召集人证明自己有召集权限，包括在前的召集主体不能履职或者不履职，否则应当承担举证不能的法律后果。例 4 中法院认为“法律对于股东会的召集程序作出的顺位规定，是股东会召集的基本制度，为有限责任公

司召开股东会应当遵守的规则。原因在于，股东会是公司的意思机关，而非股东个体的集合，严格的召集程序将股东的财产权与经营权分离，符合现代公司的治理结构，避免与合伙企业一样将企业的所有权与经营权混同，有效地维护公司正常经营，保护全体股东的利益，若未经法定召集权人召集而召开股东会会议，本质上是股东的集合，所作决议不应视为股东会决议”。

对于此类决议应属撤销还是不成立，笔者认为，无召集权人所召集的股东会，在法律上不能认为是合法的股东会，与会者所做的任何决议，都不能认为是合法成立的股东会决议，因此该决议自始不存在，不发生任何法律上的效力。如果无召集权人所召集的股东会属于合法的股东会而仅以《公司法》第22条认定其召集程序违反法律、行政法规规定，可以诉请法院撤销决议，那么股东若在60日内没有向法院请求撤销决议，则这份由无召集权人召集的股东会作出的决议得以约束公司全体股东、董事、监事，不可谓合理。因此，对于股东在非属法律上股东会中所做的“决议”，并不能称为股东会决议，此种情形下法院宜判该决议不成立是更加适宜的选择。

2. 召集人无召集权

表3 召集人无召集权的案件

序号	案号	基本案情	裁判结果
1	（2020）陕0116民初5654号	召集人并非股东会会议召集主体，该次股东会的召集程序违反法律规定	撤销
2	（2021）苏12民终2874号	召集人没有召开临时股东会资格，案涉临时股东会的程序存在严重瑕疵	不成立

由例1和例2可以发现，法院对于《公司法》第40条、第101条以外的主体召集会议所形成的决议存在程序瑕疵，没有太多的争议。但是，笔者认为，决议应当属于不成立，理由如前所述，无召集权人所召集的“股东会”并非真正的股东会，其所形成的“决议”也自始不存在而不具有法律效力。

3. 董事长未经董事会决议径行召开股东会

表4 董事长未经董事会决议径行召开股东会的案件

序号	案号	基本案情	裁判结果
1	（2009）沪一中民三（商）终字第548号	法院认为董事会是对股东会组织实施的一个执行机构，其实质并不能决定能否召开股东会与否	有效
2	（2013）沪一中民四（商）终字第811号	法院认为董事会决议并非股东会召开与否的法定前置程序	有效

按照《公司法》第 40 条、第 101 条的规定，董事长并非法定的股东会召集权限主体，董事长未经董事会同意径直召集股东会并作成决议，李哲松认为属于无召集权人召集股东会所作成的决议，其效力应为不成立。[1]而由例 1 和例 2 可见，实务中法院认可董事长的表见召集权，不认为召开股东会决议必须经董事会会议。在我国大部分有限责任公司中，股东身份与董事、监事身份高度重合，公司的大股东常兼任或由其亲友担任公司的董事、监事，《公司法》也只规定了股东会召集程序，因此，适用董事长表见召集规则并无不当。

如果此情形下必然造成决议瑕疵，有观点认为，认定为决议可撤销更为合适。判决股东会决议不成立，属于司法高调干预公司治理，容易影响公司内外法律关系的稳定，因此，适用决议撤销之诉较为合适。[2]但笔者认为，董事长身份之特殊性主要反映在《公司法》第 101 条和第 110 条股东会以及董事会的召集上，除此之外，董事长与其他一般董事并无过多的区别，而《公司法》并未规定董事长系股东会的合法召集人。如前所述，在无召集权人召集股东会所作出决议效力为不成立的前提下，如果认同董事长径直召开股东会所作决议效力为可撤销，则在理论上欠缺一致。因此，若决议因董事长径直召集股东会而无法成立，实质上与无召集权人召集股东会并无二致，认定决议不成立更为妥当。

4. 召集通知瑕疵

召集通知主要包括通知的方式、对象以及《公司法》所规定的时间、地点和待议事项。根据《公司法》第 41 条、第 102 条的规定，召集有限责任公司和股份有限公司对于股东会召集通知各有不同。有限责任公司规定于会议召开 15 日前通知全体股东，且通知规则可交由公司章程自治。股份有限公司多是强制性规范，区分为股东会会议与临时股东大会。究其立法目的，实际是为保障股东参会的权利，并借此引起股东的注意，鼓励股东踊跃参加股东会。召集通知程序若存在瑕疵，有违《公司法》规定股东会由全体股东组成的立法目的。但是，现行《公司法》对于召集通知的规定，仅提供了一个大致框架，大部分事项交由公司章程自治。例如：《公司法》第 41 条第 1 款规定章程及全体股东另有约定除外；第 110 条第 3 款规定董事会召开临时会议，可以另定召集董事会的通知方式和期限。细节规范的缺失与公司自治规则的形同虚设，导致实践中争议颇多。若未以《公司法》规定进行通知或公告，可能存在以下瑕疵样态：

---

〔1〕 参见［韩］李哲松：《韩国公司法》，吴日焕译，中国政法大学出版社 2000 年版，第 382 页。

〔2〕 参见李建伟、王力一：《公司决议不成立之诉实证研究——〈公司法解释四〉出台前审判创新实践的价值发现》，载《经贸法律评论》2020 年第 3 期。

（1）未通知或者遗漏通知股东

表 5　未通知或者遗漏通知股东的案件

序号	案号	基本案情	裁判结果
1	（2019）吉民终403号	未通知股东参加股东会，剥夺股东就公司重大事项表达意见、参与决策的权利，剥夺了股东的知情权	不成立
2	（2016）吉0106民初909号	法院认为董事会决议并非股东会召开与否的法定前置程序	不成立

股东出席股东会是其固有权利，通知股东参加股东会议，是为保障其知情权与参与权，使股东知晓会议的存在，得以参与讨论及询问，行使表决权。股东实际参加股东会并作出真实意思表示，是股东会决议生效的必要条件。未履行通知义务的，实质上剥夺了未到会股东就公司重大事项表达意见、参与决策等重大的股东权利。[1]由例1、例2可见，公司召开股东大会，没有履行通知义务的，法院一般认为属于重大程序瑕疵而认定决议不成立。

笔者认为，股东要参与股东会议，有赖于公司严格践行法律规定的通知程序，公司按照法律规定履行通知义务，是股东会召集程序合法的要件之一。有的观点认为，公司对个别股东通知不到位而导致股东无法参会的，因其瑕疵程度较弱，且存在会议形式的外观，由此形成的决议不宜认定为不成立，而宜赋予个别股东撤销权。然而，公司决议的正当性来源于民主决策、正当程序，该正当性需要全体股东的充分参与。如果遗漏股东形成的决议仅属可撤销决议，而《公司法》规定可撤销决议有60日的除斥期间，期间经过，被遗漏股东就无法提起决议撤销之诉。由此或会出现控股股东操纵公司，选择性通知股东参会、排挤与己利益相背的个别股东的恶劣情形。因此，遗漏通知股东参加股东大会，应与未对股东通知等同视之，认定为决议不成立。

（2）召集通知中未载明决议事由

表 6　召集通知中未载明决议事由的案件

案号	基本案情	裁判结果
（2013）桂民提字第154号	股东会通知中未列明选举监事的事项，却对选举监事进行了决议	撤销

本案例中，股东会对监事选举未进行通知而作出选举决议，法院认定决议具有程序瑕疵而撤销决议。笔者表示认同。召集通知中载明待决事项，股东可以事先了解议案内容，以便在开会前做充分准备，且在不能亲自出席会议时，就委托事项做出安排。股东如果不知道提

〔1〕 参见陈建勋：《未通知全体股东的股东会之决议效力》，载《人民司法》2014年第8期。

案的内容，就无法提前准备，更无法在会议中表达自己的意见。而且如果提案仅在形式上列举待决事项，实质上却对股东造成突袭，股东权益则无法得到周全的保护。因此，股东会提案应列举并简要说明待决事项，确保股东对待决事项有所了解，才能正确地行使股东权，如因召集通知中未能简明扼要地陈述待决事项，应属于召集程序瑕疵情形，所作决议属于可撤销决议。

（二）会议召开阶段

1. 股东会未实际召开

表 7　股东会未实际召开的案件

序号	案号	基本案情	裁判结果
1	（2015）开商初字第 0044 号	现有证据无法证明实际召开了股东会并形成了真实的股东会决议	不成立
2	（2017）京 0112 民初 17403 号	股东自行制作股东会决议文件，决议不具备成立的基本条件	不成立

股东会会议未实际召开，为《公司法解释（四）》第 5 条所明文规定的决议不成立事由之一，因此实务中，法院只要认定股东会会议不存在，决议的效力均为不成立。但实际导致决议不成立的根源，在很多情况下并非股东会会议不存在。例 1 和例 2 实际导致决议不成立的，是公司没有履行通知义务。公司未履行通知义务作为前置瑕疵，为保证形成一份完整的股东会决议，或将在接下来的会议召开、表决程序中继续引发未召开会议、伪造签名等瑕疵。因此，未履行通知义务、未履行召集程序等前置瑕疵实际可以作为股东会未实际召开的直接证据之一。

2. 主持人瑕疵

表 8　主持人瑕疵的案件

案号	基本案情	裁判结果
（2016）皖 05 民终 187 号	在董事长参加股东会会议的情况下，副董事长召集并主持	不成立

股东会主持人存在先后位阶关系，主持人制度不但可以提高会议效率，也利于维护会议公正。由本案例可见，主持人瑕疵的决议在实务中通常认定为可撤销决议，笔者认为，主持人瑕疵并未涉及具体权利，也不会对决议产生实质性的影响，不属于严重的程序瑕疵，因此无需认定为不成立。

3. 出席未达定足数

表 9　出席未达定足数的案件

案号	基本案情	裁判结果
(2015) 大民三终字第 01241 号	股东会决议未取得公司占多数股份比例的股东表决同意	不成立

我国《公司法》将有限责任公司及股份有限公司股东会议出席人数留给公司章程自治，而只通过对特殊事项规定表决权最低限度而在某些情形下间接对出席定足数提出了要求。由本案例可见，股东会出席未达定足数的，不区分一般决议与特殊决议，一概认为决议不成立，而非决议可撤销。虽然《公司法》第 22 条规定了股东会、董事会会议召集方式违反法律或公司章程规定的，所作决议可撤销。但笔者更认同《公司法解释（四)》的规定。原因包括：第一，按照《公司法》对于决议作成所需定足数的要求，有限责任公司股东会会议对特别决议需要经代表 2/3 以上表决权的股东通过，股份有限公司董事会会议应有过半数董事出席才可举行。此处的 2/3、过半数，是立法者所预设的股东会、董事会的内部意思成为公司法上决议并发生法律效力的最低要求，也是股东会、董事会决议成立要件。其法理基础在于公司作为社团法人，其意思决定应由其成员即股东协商作出，以达到代表全体股东意志的目的。在全体股东对公司事务采取一致决显然不可能的情形下，法律规定了多数决的方式。对于多数决的标准，法律根据决议事项的轻重分别赋予一般决议章程自治以及为特殊决议订立 2/3 的界限。若股东所持表决权低于此要求，则其做成的“决议”即不足以反映多数股东的意志。因此，若股东出席定足数违反章程或者法律规定时，应推知此“决议”不应保有成立且产生法律效力的可能性，认定决议不成立是妥当的。

第二，若股东会会议不足出席定足数所作决议仅为可撤销，就可能会出现以下情况：公司要求股东会会议应有两人以上出席而未规定决议通过比例，持股仅有 1 股的股东出席参与各项议案表决，决议成立，仅构成程序瑕疵而可撤销，其余股东需在 60 日内提起诉讼撤销该决议且获得胜诉，决议才溯及无效，这显然不合理。不足出席定足数的决议如果是可撤销的，易引发极少数股东对多数股东利益产生影响等问题，不仅不符资合公司的性质，还损害《公司法》确立最低出席股份数这一立法目的。〔1〕

4. 未形成会议记录

表 10　未形成会议记录的案件

案号	基本案情	裁判结果
(2015) 大民三终字第 01241 号	原告出席了股东会但未在会议记录上签名而主张决议不成立	有效

〔1〕 参见钱玉林:《“资本多数决”与瑕疵股东大会决议的效力——从计算法则的视角观察》，载《中国法学》2004 年第 6 期。

由本案例可见，仅有会议记录瑕疵这一事由，而股东会已实际召开，并不影响所作决议的效力。有观点认为，会议记录是与会者主张其权利的法定依据，也是会议公示的一个重要条件，因此，会议记录的缺失可能会构成决议的不存在。〔1〕但此观点将会议记录证据效力和会议记录要件效力混为一谈。〔2〕在多数情形下，会议记录仅作为记载会议详细情形、便于股东或者其他利害关系人了解会议详情的证明文件，而决议是否成立依据的是决议的成立要件，与会议记录实无太大关联。如股东会会议正当地完成了全部程序，通过了决议，仅仅因为没有做会议记录就确定该决议不能成立，未免过于严厉，且股东会效率也受到影响，为公司增加了必须第二次召开股东会所需的时间及金钱成本。因此，笔者认为，股东会所作决议程序完备而仅缺乏会议记录时，不宜认定决议不成立。

（三）会议表决阶段

1. 决议事项未经表决

表11　决议事项未经表决的案件

序号	案号	基本案情	裁判结果
1	（2021）京 02 民终 9961 号	原告主张股东会会议并未进行表决，且现有证据不足以证明对表决事项进行了表决	不成立
2	（2021）湘 06 民终 1956 号	涉案股东会决议，公司章程修正案没有按照法定表决程序表决	不成立

由例1、例2可见，法院对于未经表决的“决议”判决立场一致，即该“决议”不成立。在所有权与经营权分离的原则下，股东没有公司业务的执行权，但股东可就提案事项作赞同、反对、弃权的决定，借以形成公司的意思表示，通过表决权间接支配公司。表决权是居于股东地位而从股东权利中分离的一种权能，是一种固有权利，除非依据法律规定，如《公司法》第16条公司对外担保关联股东表决权回避等，不允许章程或者股东会决议进行剥夺或者限制。股东会会议未对待决事项进行表决，股东无法行使表决权，所作“决议”不能代表股东会整体意思，因此议案未经表决，所作“决议”不成立。

2. 表决权数未达通过比例

表12　表决权数未达通过比例的案件

序号	案号	基本案情	裁判结果
1	（2022）辽 0106 民初 5634 号	第三人受让瑕疵股权后，对其他股东因抽逃出资进行股权除名的股东会决议中不应具有表决权，法院认为涉案的股东会决议未达到法定比例	不成立

〔1〕 参见韩龙：《公司董事会决议效力研究》，法律出版社2016年版，第138页。

〔2〕 参见李建伟、王力一：《公司决议不成立之诉实证研究——〈公司法解释四〉出台前审判创新实践的价值发现》，载《经贸法律评论》2020年第3期。

续表

序号	案号	基本案情	裁判结果
2	（2020）粤1971民初31692号	原告收到股东会召开通知时，公司已经召开了股东会会议且形成决议，该决议召集程序和表决方式均违反法律规定	不成立

我国《公司法》第103条和第111条规定，股东会提案的通过以表决权多寡为依据，董事会则以人头数为依据，而无论股东会还是董事会均遵循少数服从多数原则。但多数决原则并非单纯指数量上的多数，而需兼顾质量上的多数。由例1可见，股东因出资瑕疵而被限制表决权，该表决权不能算入同意的表决权数中，在扣除其表决权后表决结果未达法定通过比例，法院遂认定该决议不成立。例2中，唯一的参会股东陶某1只持有公司49%的股份，却通过了清算公司的“决议”，法院认定此决议不成立，联系了上文所说的《公司法》对特殊决议规定了所需的表决权，其中暗含了对股东出席定足数的要求。本案例还有值得讨论的是，实际导致本案例“决议”不成立的并非表决结果未达法律规定，而是召开股东会未通知其他股东。从逻辑上看，会议召集程序在前、表决程序在后，前一瑕疵足以导致决议不成立，就无须讨论在后瑕疵对决议的影响轻重。所以为逻辑周延考量，已认定股东召集程序导致决议不成立，再论述连发的后位瑕疵，意义不大。

3. 无表决权人进行表决

表13　无表决权人进行表决的案件

序号	案号	基本案情	裁判结果
1	（2019）桂01民终7357号	参与表决的股权总数为30471620.45股，仅占公司总股本的59.83%，未达法定要求	不成立
2	（2014）东中法民二终字第645号	扣除表决权存在争议的股权后，决议的表决结果不符合多数决原则	不成立

无表决权人表决可分为不具备股东身份而无表决权与股东在特定情形下限制表决权两种情形，例1属于后者。根据法院判决来看，无表决权人表决并不当然导致决议不成立，需要视情况而定。剔除无表决权股份后，表决结果仍达多数决要求，则决议成立；若剔除无表决权股份后，股东所持表决权不足多数决比例，则决议不成立。该案例同时也引出一亟待解决的问题，无表决权的股份能否计算进已出席股东的表决权数中，直接影响到了达到多数决比例所需的表决权数。在例2中，法院认为无表决权股份不应计入出席股东的表决权数中，笔者赞同此观点。因为股东会决议是以出席股东表示赞同的表决权数达到法律或者章程规定而成立的，在表决过程中表弃权与反对的股东的表决权并不能算入同意的表决权数中，在此意

义上，弃权与反对并没有区别。但这两类股东之所以能表达其意思，是其作为股东持有股权的固有权利，倘若无表决权的股份算入出席股东总表决权数中，该股份实质上仍具有表决权，使得在同意的表决权数并未变动的情况下，产生相对降低同意表决权数占出席股东表决权数比例的效果，则法定或约定的对其表决权的限制将失去意义。因此，无表决权的股份不应计入出席股东的表决权数中。

综上，无表决权人行使表决权应区分情况对待。如扣除无表决权人的表决权数后不影响决议通过，则不影响决议成立；否则，决议不成立。

4. 无权代理

（1）完全没有代理权限

表 14　完全没有代理权限的案件

案号	基本案情	裁判结果
（2020）粤 0307 民初 35621 号	代理人超越其代理范围指示复代理人进行涉案股东会上的表决行为，法院认为对原告不发生效力	不成立

本案例中，原告并未授权代理人行使表决权，实际上与前述“无表决权人表决”情形相同，与原告意思表示问题无关。此外，会议还存在其他如未通知股东、未实际召开会议等瑕疵，法院综合认定为决议不成立。事实上，仅是无代理权人进行表决这一行为不一定导致决议不成立，最终结果仍需要根据实际情况而定，剔除无表决权数后，若决议符合多数决要求，则决议继续成立，对公司内外关系不产生影响。

（2）超越代理权限或者代理权限终止后的表决

依据《民法典》规定，超越代理权限或者代理权限终止后继续实施代理行为属无权代理，该民事法律关系有待被代理人追认而使其有效或无效。但商事代理有别于民事代理，在我国公司实践中，授权多为概括性授权，甚至有长期的概括性表决授权，这就导致实践中出现代理股东超出授权范围表决以及在长期代理关系终止后继续表决的情形。鉴于组织法律关系的特点，在概括授权中，其他股东或公司有理由相信受托人的意思表示即为委托人的意思表示，因此不存在委托人意思不真实的情形，应视为有权代理，被代理人不得事后否决。

因此，对于无权代理表决行为，在完全没有代理权限情形下，可适用“无表决权人表决”进行认定，在超越代理权限或代理权限终止后情形下，应适用表见代理规则，不影响决议效力。

5. 伪造签名

表 15 伪造签名的案件

序号	案号	基本案情	裁判结果
1	(2022)粤 01 民终 4843 号	股东会召集程序违反法律及章程规定，以及股东会表决主体不具备表决资格，且股东签名并非其本人所签	撤销
2	(2021)京 0108 民初 34190 号	股东会决议签名并非股东本人所签，且被告提交的证据不能证明案涉股东会确实已经实际召集并召开且原告对股东会决议事项进行表决	不成立

例 1、例 2 均为伪造人为掩盖前位会议瑕疵，以顺利作成“决议”而伪造签名。按照会议召开的正常顺序，伪造签名往往处于最后阶段，在此之前可能还有未履行召集通知义务、会议未实际召开、不足出席定足数、不符合多数决比例等程序瑕疵，法院通常将会决议存在的所有程序瑕疵综合认定，判决决议不成立，但具体为哪一项瑕疵导致决议不成立，判决说理中往往未详细指明。同时，两案例判决结果亦不相同，第一个案例法院认为伪造签名为一般程序瑕疵，判决撤销决议。第二个案例法院则认为属于重大程序瑕疵，认定决议不成立。那么，伪造签名导致决议效力存在瑕疵，应认定为可撤销还是不成立？笔者认为决议不成立说更可取。因为决议采取多数决原则，当决议作成时，股东的个人意思表示即被吸收，各股东意思表示独立性丧失，转化成股东会的团体意思表示。此时，团体成员不能以其个人意思表示存在瑕疵为由撤销整个决议。当股东表示存在瑕疵时，其对意思表示的撤销，系对其个人意思表示的撤销而非团体意思表示的撤销。具体做法应为扣除该股东的意思表示后，再根据剩余表决情况判断决议是否成立。若决议仍符合通过最低比例要求，则决议成立；反之，则认定决议不成立。

综上，股东伪造签名后，并不当然地导致决议不成立，表决结果还需视实际情况而定。因此，单独伪造签名的行为不足以成为决议不成立事由，法院可以此为线索，在个案中探寻导致决议不成立的真正原因。

（四）小结

综上，无表决权人进行表决，其表决权不能像反对的表决意思一样，计入总表决权数中。因为反对的表决意思本质上仍是基于股权而享有的固有权利，而无表决权人实质上根本没有表决权。如果决议在扣除无表决权人的表决权数后仍符合多数决比例，则决议有效；如果不足多数决比例，则决议效力不成立。无权代理可区分为完全没有代理权限以及超越代理权限或者代理权限终止后的表决。前者属于无表决权人表决，不再赘述，后者如果无权代理人构成表见代理，则不影响决议效力。如果不具备权利外观，此时被代理人也不能重新表决，而应扣除其表决权数，视情况决定决议效力。最后，伪造签名因其本身不能作为独立的瑕疵事由，更多情况下具有的是证据法上的效力，在其他程序完备的情形下，决议效力需结合其他事由进行判断。决议事项未经表决以及表决权数未达通过比例属于《公司法解释（四）》明确规定的决议不成立事由，予以认可。

综上，除《公司法解释（四）》以及《公司法三审稿草案》规定的事由外，召集人无召集权、未按照法定顺序作出召集决定以及未通知或者遗漏通知股东为决议不成立新增事由。根据决议做成的顺序逻辑，则决议不成立瑕疵事由可重述为：（1）召集人无召集权；（2）未按照法定顺序作出召集股东会、董事会会议决定；（3）未通知或者遗漏通知股东；（4）未召开股东会、董事会会议作出决议；（5）出席会议人数或者所持表决权未达到本法或者公司章程规定的人数或者所持表决权数；（6）决议事项未经表决；（7）同意决议事项的人数或者所持表决权数未达到本法或者公司章程规定的人数或者所持表决权数。

六、结语

决议作为特殊的法律行为兼具行为法与组织法双重属性，其成立不仅要具备法律行为的成立要件，还需满足《公司法》有关决议成立的各种内容和程序的要求。决议在形式或实质要件上若有欠缺，则无法成为合法有效的决议而具备法律上的效力，此即决议效力瑕疵。

本文选取自 2005 年《公司法》修订后有关决议不成立的相关案例，并以 2017 年《公司法解释（四）》颁布为分界，对比司法解释颁布前后决议不成立案件的各项数据，重点分析决议不成立原告资格以及导致决议不成立的瑕疵事由。《公司法解释（四）》对决议不成立之诉原告的明文规定只有股东、董事和监事，在此之外规定了一“等”字，为其他主体提起决议不成立之诉保留余地。高级管理人员、公司职工以及债权人在某些特殊情况下均与公司决议具有直接利害关系，赋予其原告资格或能更加周延维护其自身利益。但是，《公司法解释（四）》及《公司法三审稿草案》规定的决议不成立的瑕疵事由仍过于抽象，无法涵盖实践中大量涌现的各类决议程序瑕疵。本文按照股东会会议逻辑，将决议瑕疵事由区分为会议召集、会议召开以及会议表决三个阶段，对每一阶段中各种程序瑕疵逐一分析并予以论证，总结出司法解释尚未规定的、应属于决议不成立的程序瑕疵，以期对决议不成立规则的适用及改进提供参考与借鉴。

股东大会决议瑕疵范围设计中的漏洞及其填补

——以中日两国公司法比较为中心

朱大明 *

目　次

一、问题的提出

2022年12月公布的《中华人民共和国公司法（修订草案）（二次审议稿）》（以下简称二审稿）对股东大会决议瑕疵诉讼制度进行了较大的修改与完善，但是从总体而言，仍然主要是对最高人民法院《关于适用〈中华人民共和国公司法〉若干问题的规定（四）》（以下简称《公司法规定（四）》）的相关规定在公司法层面予以了确认，并没有建立新的规则。

---

* 朱大明，东京大学法学部教授。

在股东大会决议瑕疵诉讼制度中，股东大会决议瑕疵的范围是事关股东大会决议瑕疵诉讼制度功能发挥的重要问题，对于规范股东大会决议的程序与内容以及保护股东权益具有重要意义。根据现行《公司法》以及《公司法规定（四）》中的规定，我国股东大会决议瑕疵的范围是以违反法律、行政法规、公司章程为标准构建而成。该标准的效果依赖于法律、行政法规、公司章程规定的详尽程度。如果是法律、行政法规、公司章程中没有规定的事项，即使损害了股东的利益、影响了股东大会决议的公平与公正，也很难将其纳入股东大会决议瑕疵诉讼的范畴加以规范。在实践中，诸如在远离公司所在地召开股东大会、将股东大会投票箱抱离现场进行计票等情形都可以归属于这类问题。从某种意义而言，这些问题是由于采用了违反法律、行政法规、公司章程作为确定股东大会决议瑕疵范围的标准而带来的制度无法覆盖的空白所造成的。因此，重新审视股东大会决议瑕疵范围的判断标准、完善我国的股东大会决议瑕疵的范围，对于我国的股东大会决议瑕疵诉讼制度的功能发挥具有重要意义。

本文旨在聚焦我国公司法制中的股东大会决议瑕疵范围的现状，在全面整理与分析我国的法制度与问题之上，对日本公司法进行考察，通过比较法的方法，提出解决我国问题的思路与方法，以期对本次《公司法》修改有所贡献。

二、《公司法》的现状与二审稿

（一）《公司法》的现状

1. 股东大会决议瑕疵诉讼的类型

在我国现行《公司法》中，股东大会决议瑕疵诉讼制度采用了二分法的立法模式，即只区分了股东大会决议可撤销之诉与无效之诉。但是，《公司法规定（四）》中在股东大会决议可撤销之诉与无效之诉之外，又增加了股东大会决议不成立之诉。也就是说，根据《公司法规定（四）》的规定，我国现行的公司法制中股东大会决议瑕疵诉讼制度事实上已经变更为了三分法的模式，即除了股东大会决议可撤销之诉、无效之诉以外还包括股东大会决议不成立之诉。

究竟两分法和三分法哪个更优？在我国学术界存在不同的意见。这一点虽不在本文的讨论范围内，但是不能否认，三分法的模式可以使股东大会决议瑕疵诉讼制度从法理上更为清晰与精细，同时，还必须指出的是，无论是三分法还是二分法，都只是从股东大会决议行为的法律后果展开的规范，每一种法律后果究竟可以覆盖哪些具体的行为，才是检验股东大会决议瑕疵诉讼制度优劣的最重要标准。因此，从二分法到三分法的调整只是对股东大会决议瑕疵法律效果的归纳，如果疏于对各类法律效果所容纳范围的细致归纳，将会使二分法与三分法之争的意义大减。

2. 股东大会决议瑕疵的范围

根据我国现行《公司法》与《公司法规定（四）》的规定，我国公司法制中的股东大会决议瑕疵诉讼制度，即股东大会决议可撤销之诉、无效之诉以及不成立之诉所对应的瑕疵大致可以区分为以下四种类型：第一类为股东大会的会议召集程序、表决方式违反法律、行政法规或者公司章程；第二类为股东大会的决议内容违反法律、行政法规；第三类为股东大会的决议内容违反公司章程；第四种类型为股东大会决议不成立。以下逐一对这些瑕疵的具体内容进行简要说明。

（1）股东大会的会议召集程序、表决方式违反法律、行政法规或者公司章程

我国的股东大会决议瑕疵分类中，明确规定了股东大会的会议召集程序、表决方式违反法律、行政法规或者公司章程作为股东大会决议的法定瑕疵，将其纳入股东大会决议可撤销事由的范围之内（《公司法》第22条第2款）。

在我国法律实务中，股东大会的会议召集程序、表决方式违反法律、行政法规的具体内容主要可以包括以下一些具体情形：①遗漏股东大会召集通知；②无股东大会召集权的主体召集股东大会；③决定召开股东大会的董事会决议被法院宣告无效；④股东依法提出的议案没有被记载到股东大会的召集通知上；⑤口头进行股东大会的召集通知；⑥发出召集通知时间短于公司法规定的法定时间；⑦没有表决权的股东进行了投票；⑧不适格的主体担任股东大会会议的主持人；⑨股东大会会议的主持人拒绝合法的表决权代理人进行投票〔1〕；等等。

股东大会的会议召集程序、表决方式违反公司章程的具体内容中主要可以包括以下一些情形：①公司章程规定出席股东必须在股东大会会议记录上签名，但出席股东违反该章程规定不签名的；②公司章程规定了股东大会的定足数，但是股东大会的出席人数未到达公司章程规定的定足数;〔2〕等等。

（2）股东大会的决议内容违反法律、行政法规

我国《公司法》明确规定了股东大会的决议内容不得违反法律、行政法规〔3〕（《公司法》第22条第1款）。股东大会的决议内容违反法律、行政法规作为一种股东大会决议的法

---

〔1〕 参见褚红军主编：《公司诉讼原理与实务》，人民法院出版社2007年版，第431页；刘俊海：《新公司法的制度创新：立法争点与解释难点》，法律出版社2006年版，第246页。

〔2〕 参见褚红军主编：《公司诉讼原理与实务》，人民法院出版社2007年版，第431页；刘俊海：《新公司法的制度创新：立法争点与解释难点》，法律出版社2006年版，第246页。

〔3〕 关于股东大会的决议内容违反法律、行政法规的含义，一般仅指股东大会决议事项的内容自身违反法律、行政法规，而不包括决议内容的动机与目的。但是，也有学者主张决议内容违反法律、行政法规包括动机与目的违反法律行政法规。参见石纪虎：《股东大会制度法理研究》，知识产权出版社2011年版，第266页。

此外，股东大会的决议内容违反法律、行政法规中所指的“法律、行政法规”一般仅指强行性规定。此外，“法律、行政法规”中不仅包括明文的规定，还包括如股东有限责任原则以及股东平等原则等一些不成文的规定，违反这些不成文规定的股东大会决议也属于无效决议。当股东大会决议的内容违反了法律、行政法规中任意性规定时，也有观点认为应暂且承认该决议有效，违反任意法规定并不构成无效事由，而应当作为决议的可撤销事由。参见刘兰芳主编：《公司法前沿理论与实践》，法律出版社2009年版，第247页。

定瑕疵，其法律效果归属于股东大会决议的无效事由。

关于股东大会的决议内容违反法律、行政法规的具体事例，[1]如股东大会决议剥夺部分股东的表决权与质询权、强制小股东将股份卖给大股东、[2]强制要求股东将所持有股份中的一部分转让给重组方等。[3]

当股东大会的决议内容超出了股东大会权限的范围时，该股东大会决议无效。[4]理由是股东大会的权限是法定的（《公司法》第 37 条、第 99 条），股东大会超出了法定权限范围形成的决议应当属于违反法律的行为。

（3）股东大会的决议内容违反公司章程

在我国《公司法》中，股东大会的决议内容违反公司章程作为股东大会决议的法定瑕疵，被归属于股东大会决议的可撤销事由（《公司法》第 22 条第 2 款）。对于股东大会的决议内容违反公司章程的制度设计，一般认为我国是参考了《日本公司法》的相关理论。[5]

本来股东大会的决议内容违反公司章程是属于股东大会决议内容上的瑕疵，而内容上的瑕疵原则上应当归属于无效事由。但是，公司章程的性质与法律、行政法规相比存在显著的差异。公司章程作为一个公司内部的规定，无法要求或期待公司的外部人员像了解法律、行政法规那样了解公司章程。由于公司的外部人员以股东大会的决议内容违反公司章程为由提起诉讼的可能性也比较低，[6]如果将股东大会的决议内容违反公司章程归入无效事由的范畴，由于没有起诉期限上的限制，可能会被公司外部人员所利用，从而不利于保护已经形成的公司法律关系（交易关系）的稳定性。因此，股东大会的决议内容违反公司章程在制度设计上区别于股东大会的决议内容违反法律、行政法规，不仅有法理上的需要，更有保护、维护公司法律关系稳定性上的考虑。

股东大会决议虽然违反公司章程，但是如果该公司章程的规定本身是违反法律的规定，在这种情况下，对于该股东大会决议是应该提起撤销之诉还是应当提起无效之诉？对于这一问题，从法理上而言，公司章程违反法律规定将意味着该公司章程的规定无效，因此，如果股东大会决议违反了无效的公司章程规定，应当根据其具体内容是否违反法律来进行判断。具体而言，如果股东大会的决议内容不违反法律，则不属于无效事由；如果股东大会的决议违反法律，则属于股东大会决议的无效事由。

---

〔1〕 有学者指出，股东大会的决议内容违反法律、行政法规的内容包括三个方面：一是违反法律原则（如公序良俗），二是违反股份有限公司的本质，三是违反强制性规定。参见钱玉林：《股东大会决议瑕疵研究》，法律出版社 2005 年版，第 231 页。

〔2〕 参见李志刚：《公司股东大会决议问题研究：团体法的视角》，中国法制出版社 2012 年版，第 214 页。

〔3〕 参见刘俊海：《新公司法的制度创新：立法争点与解释难点》，法律出版社 2006 年版，第 234 页。

〔4〕 参见乔欣等：《公司纠纷的司法救济》，法律出版社 2007 年版，第 263 页；褚红军：《公司诉讼原理与实务》，人民法院出版社 2007 年版，第 434 页。

〔5〕 参见刘俊海：《现代公司法》，法律出版社 2008 年版，第 268 页。

〔6〕 参见褚红军：《公司诉讼原理与实务》，人民法院出版社 2007 年版，第 448 页。

股东大会的决议内容违反公司章程的具体内容主要可以包括以下情形：①选举出的董事人数超过了公司章程规定的董事人数；②公司章程规定董事仅限中国人的情况下，选举外国人为公司董事;[1]等等。

（4）股东大会决议不成立

如上所述，一般认为，股东大会决议不成立的目的主要是对于“在物理上并不存在的决议”以及“在法律上无法评价为有效决议”这两种情形进行救济。由于不论是“在物理上并不存在的决议”还是“在法律上无法评价为有效决议”的情形，其本质都应当可以归属于一种程序上的瑕疵。因此，作为程序上的瑕疵适用撤销之诉中60天自动修复期间的法律后果是不妥当的，因此，通过建立股东大会决议的不成立之诉，将股东大会决议的程序违法进一步区分为“严重的程序违法”与“轻微的程序违法”。对于“严重的程序违法”，不能让其适用60天自动修复期间的规则，而要让其适用无效的法律后果，从而实现法律后果上的公平与平衡。这样的制度安排对于股东大会决议瑕疵诉讼制度的完善是具有重要意义的。

关于股东大会决议不成立的具体内容，根据《公司法规定（四）》第5条的规定，所谓股东大会决议不成立包括以下五种情形：①公司未召开会议的，但依据《公司法》第37条第2款或者公司章程规定可以不召开股东会或者股东大会而直接作出决定，并由全体股东在决定文件上签名、盖章的除外；②会议未对决议事项进行表决的；③出席会议的人数或者股东所持表决权不符合公司法或者公司章程规定的；④会议的表决结果未达到公司法或者公司章程规定的通过比例的；⑤导致决议不成立的其他情形。

观察上述五种具体情形可知，①和②可以说其本质就是“物理上不存在的股东大会决议”，而③和④规定的情形中，虽然存在股东大会，但是该股东大会上形成的决议“法律上无法评价为有效决议”，而⑤是一个兜底条款，用以容纳其他的情形。

3. 股东大会决议瑕疵的总览

如上所述，我国现行公司法制中规定的股东大会决议瑕疵大致可以区分为四种类型，为了更方便说明，笔者制作了概览股东大会决议瑕疵分类的表格，关于股东大会决议的瑕疵分类的整体情况可以参考表1。

表1　股东大会决议瑕疵分类的概览

分类	决议存在	决议不存在
决议无效	股东大会决议的内容违反法律、行政法规	
	内容违法	

〔1〕参见褚红军：《公司诉讼原理与实务》，人民法院出版社2007年版，第431页；刘俊海：《新公司法的制度创新：立法争点与解释难点》，法律出版社2006年版，第246页。

续表

分类	决议存在	决议不存在
决议可撤销	股东大会的召集程序或决议方法违反法律、行政法规或者公司章程	
	程序违法	
	股东大会的决议内容违反公司章程	
	内容违法	
决议不成立	股东大会未形成有效决议	股东大会决议不存在
	程序违法	程序违法

4. 股东大会决议瑕疵的判断标准

如上所述，我国的股东大会决议瑕疵是以“违反法律、行政法规、公司章程”为判断标准的（以下将该标准称为“违法标准”）。这种“违法标准”在三个层面具有显著的优势：第一，“违法标准”中违反的“法律”主要集中在股东大会的运行规则中，因此，“违法标准”对于保障股东大会的有效运行具有重要的意义。第二，以“违法标准”为判断标准，由于存在明确的法律规定作为依据，因此，有利于法官在司法裁判中适用法律。第三，“违法标准”使构成股东大会决议的瑕疵有一个更为明确的范围，这对于股东大会的召开与决议具有引导意义。

（二）二审稿的内容

二审稿中对股东大会决议瑕疵诉讼制度进行了较为详尽的规定，极大地丰富了股东大会决议瑕疵诉讼制度的内容。对照现行《公司法》，可以看到二审稿中的股东大会决议瑕疵诉讼制度具有如下四个特点：（1）从总体上来看，条文数量从一个条文增加为四个条文。〔1〕（2）将《公司法规定（四）》中规定的不成立之诉与裁量驳回制度正式纳入《公司法》中。〔2〕（3）明确股东大会决议瑕疵判决的登记制度。〔3〕（4）对股东大会决议瑕疵诉讼的判决效力进行了规定。〔4〕从总体而言，可以说二审稿的内容主要是对《公司法规定（四）》的内容在《公司法》中进行了确认，并没有涉及股东大会决议瑕疵的范围调整。

三、股东大会决议瑕疵范围的设计中存在的问题

（一）违法标准的外观问题——范围具有局限性

股东大会决议从股东大会的召集程序开始到产生决议是一个复杂的过程，同时还是一个

〔1〕《公司法（修订草案）》二审稿第 25 条至第 28 条。
〔2〕《公司法（修订草案）》二审稿第 26 条、第 27 条。
〔3〕《公司法（修订草案）》二审稿第 28 条第 1 款。
〔4〕《公司法（修订草案）》二审稿第 29 条第 2 款。

有机的整体。股东大会决议的复杂性体现在行为样态的多样性以及行为属性的复杂性上。股东大会决议的复杂性决定了需要用严格而明确的法律规制来保障股东大会的决议形成；同时，股东大会决议的整体性意味着股东大会的决议的形成过程中不能偏离了股东大会决议规制的目的。

以是否违反《公司法》与公司章程对股东大会程序以及内容上的明确规定为判断股东大会决议瑕疵的标准，显然可以覆盖《公司法》中所有对股东大会决议的要求，有效地保障股东大会决议在合法的范围内形成。但是，由于股东大会决议过程的复杂性，事实上，《公司法》难以也不可能对股东大会决议的所有相关行为全部进行清晰的规范。如果《公司法》中没有明确的法律依据，那么"违法标准"将可能会导致影响股东大会决议形成的行为无法得到纠正。

例如，发生在2016年的康达尔股份公司事件[1]就是近年来诸多案件中的一个典型案例。在该案件中，由于敌意收购方与目标公司董事会之间的对立，由作为收购方的京基集团提出请求、作为目标公司的康达尔股份公司的董事会在2016年9月14日召集的2016年第一次临时股东大会。在该股东大会中，康达尔股份公司董事会在投票完成之后的投票计票环节，以计票为名将股东投票的投票箱带离股东大会现场近3个小时，从而引起了股东的哗然。最终，根据康达尔股份公司董事会宣布的投票结果，由收购方京基集团提出的19项股东大会议案被全部否决。在该事件中，康达尔股份公司董事会在股东大会中将计票箱带离股东大会现场近3个小时的行为虽然明显存在违法的可能性，但是由于《公司法》及其司法解释中都没有规定股东大会表决的计票不能离开股东大会会议现场，因此如果严格按照"违法标准"来判断，该行为将很难构成股东大会决议的瑕疵，也很难追究该行为的相应后果。但是，康达尔股份公司抱走投票箱的行为对于康达尔股份公司的股东事实上可能会造成一种不公平，进而甚至会给康达尔股份公司的股东造成实质性的损害。如果任由类似的情形蔓延，事实上不仅会使业已形成股东大会决议瑕疵诉讼制度中产生明显的缝隙，也不利于中小股东利益的保护，更会极大削弱股东大会决议瑕疵诉讼制度具有的牵制公司经营者以及控制股东权利行使的功能。

简而言之，"违法标准"本身并没有问题，但是由于"违法标准"必须依赖于详尽的股东大会制度，而事实上，由于股东大会运行的复杂性以及不可预见性，所以《公司法》很难对股东大会运行所涉及以及可能涉及的所有问题进行规范，进而导致以"违法标准"构建的股东大会决议瑕疵规则，无论是其广度还是深度事实上都存在明显的局限性。

（二）"违法标准"的内在问题——标准单一化

《公司法》对股东大会决议的程序与内容有众多的规定，这些规则当然是由于其归属于

---

[1] 《关于康达尔股份公司2016年9月14日召开的临时股东大会的情形》，载http://finance.ifeng.com/a/20160920/14888790_0.shtml，最后访问日期：2023年10月8日。

股东大会决议的程序与内容中在制度层面的重大问题才被《公司法》所规范的。

从股东大会的本质来看，股东大会是股东的集会，在所有与经营相分离的前提下，是作为公司所有者的股东对公司的经营表达自己意思表示的最重要路径，甚至是唯一的路径。因此，毫无疑问，股东大会决议瑕疵诉讼制度作为保障股东大会运行的重要制度，无法忽略其保护股东权益的最核心价值要求。

从保护股东利益的角度出发，造成股东权益受损的行为本身也许并不一定影响股东大会决议的重大制度，但是这些行为仍然可能使股东大会决议公平性受到影响。例如，公司在与公司无关的旅游胜地召开股东大会、公司安排员工在股东大会前排就坐等都会产生这样的效果。

因此，"违法标准"在外观上的缺失，事实上与其内在本质上标准的单一化之间具有直接的联系。换言之，只有丰富了其内涵，以多元的标准建立更为灵活的机制以覆盖更广泛的范围，才能使其外观达到更为理性的状态。

（三）"违法标准"对股东大会决议瑕疵诉讼制度的影响

股东大会决议瑕疵诉讼制度的直接功能主要有两个：一是规范股东大会的程序与内容；二是保护中小股东的利益。

如上所述，"违法标准"的范围具有的局限性，直接影响到股东大会决议瑕疵诉讼制度功能的实现，特别是保护中小股东利益的功能，也由于股东起诉权范围直接受到影响。进一步而言，股东大会决议瑕疵诉讼制度在公司治理中所具有的间接功能也将显著弱化。

四、日本法的考察

修改后的我国股东大会决议瑕疵诉讼制度，无论从制度上还是从相应的法理论上都明显更接近日本法。对于如何确定"股东大会决议瑕疵的范围"的问题，《日本公司法》中有着详细的规定并且积累了丰富的法律实务经验。因此，以下将对日本法的相关制度进行全面整理，以期从中找到值得我国借鉴的经验。

（一）日本法中股东大会决议瑕疵的范围

作为大陆法系的代表国家之一，《日本公司法》对于股东大会决议瑕疵的分类有着较为详细的规定。[1] 在《日本公司法》中，股东大会决议的瑕疵被区分为以下六种类型：第一类为"股东大会的召集程序或决议方法违反法律或公司章程"（《日本公司法》第831条第1款第1项）；第二类为"股东大会的召集程序或决议方法显著不公正"（《日本公司法》第831条第1款第1项）；第三类为"股东大会的决议内容违反公司章程"（《日本公司法》第831

---

〔1〕《日本公司法》在第830条与第831条对股东大会决议瑕疵进行了详细的规定。

条第1款第2项)；第四类为“有特别利害关系的股东行使表决权形成显著不正当决议”(《日本公司法》第831条第1款第3项)；第五类为“股东大会的决议内容违反法律”(《日本公司法》第830条第2款)；第六类为“股东大会决议不存在”(《日本公司法》第830条第1款)。以下将对六种股东大会决议瑕疵进行全面的整理与说明。特别是对于“决议没有达到违反法律、行政法规、公司章程的程度，但是造成了股东大会程序的不公正或内容的不正当的情形”,《日本公司法》中的对应方法进行重点说明。

1. 股东大会的召集程序或决议方法违反法律或公司章程

《日本公司法》规定了“股东大会的召集程序或决议方法违反法律或公司章程”作为股东大会决议的法定瑕疵，归属于一种决议可撤销的诉讼事由(《日本公司法》第831条第1款第1项)。[1]在这一点上,《日本公司法》与我国《公司法》的规定基本相同。

2. 股东大会的召集程序或决议方法显著不公正

“股东大会的召集程序或决议方法显著不公正”作为股东大会决议的法定瑕疵纳入规范的范畴是在1938年《日本商法》修改时引入的法制度。在《日本公司法》中，明确规定了“股东大会的召集程序或决议方法显著不公正”也是股东大会决议的法定瑕疵，将其归属于决议可撤销的诉讼事由(《日本公司法》第831条第1款)。[2]

由于《日本公司法》将“股东大会的召集程序或决议方法显著不公正”作为明确的法定瑕疵，因此，在《日本公司法》中，即使股东大会决议的召集程序或决议方法不违反法律，只要构成了“召集程序或决议方法显著不公正”，那么该瑕疵也同样构成决议的可撤销事由，属于可撤销的范围(《日本公司法》第831条第1款第3项)。

在日本的法律实务中，“股东大会的召集程序或决议方法显著不公正”的具体情形主要包括：股东大会会议地点或时间安排的不合理；安排公司职工在股东大会会场前排就坐；为了影响股东有效行使累积投票权而将选任数名董事的事项分多次股东大会进行表决；对股东大会讨论的议案说明不充分且在没有给股东充分的提问与讨论时间的前提下，通过鼓掌的方式强制通过股东大会决议等。[3]

3. 股东大会的决议内容违反公司章程

《日本公司法》中明确规定了“股东大会的决议内容违反公司章程”作为股东大会决议的法定瑕疵之一，法律后果是将其归入股东大会决议的无效事由。[4]

从股东大会决议瑕疵诉讼制度的理论上来说，股东大会内容上的瑕疵一般归属于无效事

---

〔1〕 关于《日本公司法》规定里“违反法律”中的“法律”的范围，虽然从字面上理解“法律”包括所有的法律，但是，在日本公司法的理论中一般认为此处的法律仅包括法律中的强行性规定。参见［日］竹内昭夫:《股份公司法讲义》，弥永真生补订，有斐阁2001年版，第491页。

〔2〕 参见［日］神田秀树:《公司法》(第18版)，弘文堂2016年版，第198页。

〔3〕 参见［日］竹内昭夫:《股份公司法讲义》，弥永真生补订，有斐阁2001年版，第469页。

〔4〕 参见［日］神田秀树:《公司法》(第18版)，弘文堂2016年版，第197页。

由。因此，从逻辑上来讲，股东大会决议违反公司章程作为一种内容上的瑕疵本来应该归属于无效事由。事实上，在日本的股东大会决议瑕疵诉讼制度的历史沿革过程中，直到 1981 年《日本商法》修订之前，在《日本公司法》中决议的内容违反公司章程也一直被归纳在无效事由的范围。但是，因为公司的章程只是单纯的公司内部的自治性规范（公司章程一般只对内发生效力），其效力显然无法与法律相比，因此违反公司章程的法律效果当然也应当区别于违反法律的效果。[1]根据这样的逻辑，1981 年《日本商法》修改时，将决议的内容违反法律的情形从归属于无效事由修改为可撤销事由的范畴（1981 年《日本商法》第 247 条第 1 款第 2 项）。[2]一直到今天的《日本公司法》也仍然维持着这样的制度安排（《日本公司法》第 831 条第 1 款第 2 项）。

如果股东大会的决议内容在违反公司章程的同时还违反了法律的话，《日本公司法》中将其归属于决议的无效事由。[3]

关于“决议的内容违反公司章程”的具体情形，包括在股东大会上选举出超出公司章程规定人数的董事等情形。[4]

4. 特别利害关系人行使表决权从而形成显著不正当的决议

在《日本公司法》中，明确规定“特别利害关系人行使表决权从而形成显著不正当的决议”作为股东大会决议的法定瑕疵，其法律后果归属于决议可撤销事由。[5]

关于“特别利害关系人行使表决权从而形成显著不正当的决议”中的“特别利害关系人”的概念，《日本公司法》中并没有进行明确的界定。在日本公司法学界，一般认为所谓“特别利害关系人”是指在与决议事项之间存在利害关系的大股东。[6]

关于“显著不正当的决议”的判断标准，《日本公司法》中也没有给出相应的定义或明确的标准。因此，对于“显著不正当的决议”的判断，只能由法院根据具体案情进行具体判断。在日本法律实务中，典型事例如甲公司与乙公司合并，由于甲公司同时是乙公司的大股东，在这种前提下，甲公司通过行使表决权通过了合并条件对其明显有利（相比股东）的合并决议，该股东大会决议则构成“显著不正当的决议”。[7]此外，在股东兼任公司董事的情况下，该股东通过行使表决权通过了免除董事（该股东自己）一部分责任的股东大会决议。

---

〔1〕 参见［日］竹内昭夫：《股份公司法讲义》，弥永真生补订，有斐阁 2001 年版，第 469 页。

〔2〕 参见［日］竹内昭夫：《股份公司法讲义》，弥永真生补订，有斐阁 2001 年版，第 469 页。

〔3〕 参见［日］今井宏：《股东大会的理论》，有斐阁 1987 年版，第 163 页。

〔4〕 在 1981 年《日本商法》修订之前，公司决议内容违反公司章程的情形被认为其无效事由（大审院 1940 年 10 月 9 日判决）。

〔5〕 参见［日］神田秀树：《公司法》（第 18 版），弘文堂 2016 年版，第 197 页。

〔6〕 在日本公司法的传统理论中，对于特别利害关系人一般采用狭义解释的方法，将其限定在公司股东的范围。但是，在现在的日本公司法理论中，对于特别利害关系人的含义在某种意义上可以扩大其范围。例如，在日本的判例中，在审议支付退休金的股东大会中，作为接受退休金的主体也被认为应当属于特别利害关系人的范畴（东京地方法院 1997 年 6 月 17 日判决、浦和地方法院 2000 年 8 月 18 日判决）。

〔7〕 参见大阪高等法院 1999 年 3 月 26 日判决。

日本法院也认为该股东大会决议构成了“显著不正当的决议”。[1]

将“特别利害关系人行使表决权从而形成显著不正当的决议”作为股东大会决议的法定瑕疵类型，纳入决议可撤销事由的范围，其目的显然是防止控制股东通过行使表决权使损害了公司以及其他股东利益的股东大会决议成立。[2]其本质可以说是通过规范控制股东行使表决权，建立一种股东大会资本多数决原则的修正机制。

将“特别利害关系人行使表决权从而形成显著不正当的决议”规定为股东大会决议的法定瑕疵，从效果上来看，显然是对控制股东滥用表决权的一种事后救济。从防止控制股东滥用表决权的角度出发，是应当事前规范还是应当事后救济，事实上是一种法政策的选择。对于这一点，《日本公司法》在不同的时期也曾采用了不同的做法。

规范“特别利害关系人行使表决权”的制度可以追溯到1899年的《日本商法》修改。当时，建立该制度的初衷是保障决议的公正性，具体的制度设计是限制具有特别利害关系的股东行使表决权。[3]但是，如果不加以区分地限制所有的具有特别利害关系的股东行使表决权的话，那么在阻却可能会损害公司以及股东利益的股东大会决议的同时，也会使其他正当的股东大会决议的通过受到重大的影响。[4]因此，1981年修改《日本商法》时，对于规范特别利害关系人行使表决权的法政策进行了调整，从一律禁止特别利害关系人行使表决权修改为原则上允许特别利害关系人行使表决权，将事前的规制调整为事后规制。在具体的制度设计中，取消了事前禁止特别利害关系人行使表决权，建立了将“特别利害关系人行使表决权从而形成显著不正当的决议”作为股东大会决议的法定瑕疵，通过允许提起股东大会决议撤销之诉，建立一种事后规制的机制（1981年《日本商法》第247条第1款第3项，现行《日本公司法》第831条第3项）。

5. 股东大会的决议内容违反法律

在《日本公司法》中，同样将“股东大会的决议内容违反法律”规定为股东大会决议的法定瑕疵，其法律后果归属于股东大会决议无效事由（《日本公司法》第830条第2款）。[5][6]反之，关于股东大会决议的无效事由，事实上，无论中国还是日本，都只有一个，那就是股东大会的决议内容违反法律。对于这一点，我国与日本的制度设计是完全相同的。

---

〔1〕 参见［日］江头宪治郎：《股份公司法》（第4版），有斐阁2011年版，第346页。

〔2〕 参见［日］江头宪治郎：《股份公司法》（第4版），有斐阁2011年版，第346页。

〔3〕 关于具体的制度设计，就是规定让具有特别利害关系的主体不得行使表决权。

〔4〕 ［日］神田秀树：《资本多数决与股东间的利害调整》，法学协会杂志98卷6号，第733页。

〔5〕 ［日］神田秀树：《公司法》（第18版），弘文堂2016年版，第200页。

〔6〕 对于针对股东大会决议的内容违反法律的决议瑕疵，提起相应的决议无效之诉的起诉权人是否应当具有诉讼的利益的问题，在日本是存在争议的。在日本的法律实践中，也存在相对立的判决。例如在东京地方法院1957年11月1日的判例中，法院认为，在被选任的董事已经被解聘的情况下，该被解聘的董事提起选任决议的无效之诉时，欠缺法律上的诉讼利益。但是，在日本的法律审判中也存在认为被解聘董事具有诉讼利益的判例。

关于“股东大会的决议内容违反法律”[1]中“决议内容”的含义，是指股东大会中形成的决议事项的内容。如果决议事项的内容没有瑕疵，而仅仅是决议的动机、目的中存在违反公序良俗之处，那么该情形并不构成瑕疵，也不能成为股东大会决议的无效事由。[2]

关于“股东大会的决议内容违反法律”主要包括以下具体情形：（1）选任不适格的董事或监事；（2）决议内容违反股东有限责任原则；（3）决议内容违反股东平等原则；（4）决议通过了违法的财务报表等。[3]

6. 股东大会决议不成立

《日本公司法》明确将“股东大会决议不成立”规定为股东大会决议的法定瑕疵。同时，在股东大会决议瑕疵诉讼的类型上，专门规定了与其相对应的股东大会决议不存在之诉。从法律效果上来看，股东大会决议瑕疵的不存在之诉与无效之诉的法律效果基本相同。[4]关于“股东大会决议不存在”的具体内容，《日本公司法》区分为以下两种情形：第一种为股东大会决议在物理上不存在（物理上并未真的存在），第二种为法律上无法评价为股东大会决议（虽然在物理上存在，但是由于瑕疵严重，所以法律无法评价其为一个合法决议）。这与我国的股东大会决议不成立之诉，在内容上可以说基本是一致的。

第一种情形的具体事例主要包括公司从未召开过股东大会，由于伪造了股东大会会议记录的形式、股东大会决议，虚构了股东大会的会议等情形。第二种情形的具体事例主要包括公司没有履行股东大会的召集程序，由一小部分股东参加了股东大会然后通过了股东大会决议[5]等情形。

（二）日本法的特点

通过上述对《日本公司法》中股东大会决议瑕疵分类的考察，可以清晰地发现虽然我国和日本从外观上都采用了所谓的“三分法”，建立了股东大会决议的撤销之诉、无效之诉以及不成立之诉，但是相对应的具体的股东大会决议瑕疵的设计上存在着显著的不同。归纳起来，这些不同主要包括以下两点：一是是否将股东大会决议程序不违法但是显著不公正的情形纳入股东大会决议瑕疵的范围。关于这一点，《日本公司法》中将“股东大会决议的程序

---

〔1〕关于此处的“股东大会的决议内容违反法律”中的“法律”的含义，一般认为其范围包括全部的法律的强行性规定。此外，此处提及的法律不仅仅是指明文规定的法律，还包含了普遍被认可的、不成文的强行性规定。参见［日］竹内昭夫：《股份公司法讲义》，弥永真生补订，有斐阁2001年版，第491页。

〔2〕日本最高法院1970年7月9日判决。

〔3〕［日］江头宪治郎：《股份公司法》（第4版），有斐阁2011年版，第352页。

〔4〕参见［日］神田秀树：《公司法》（第18版），弘文堂2016年版，第200页。

〔5〕关于股东大会决议不存在法律无法评价的具体判断标准，《日本公司法》中并没有明确的规定，事实上也很难建立标准。因此，对于是否构成股东大会决议不存在，也只得将具体的判断委托由法官在进行裁断。在日本的具体法律实务中，曾经对于总数有7000名股东的公司中只通知了其中53名（其持股占总数为109万股中的86000股）的情形日本法院判决其为股东大会决议不存在（1937年日本大审院9月17日判决），还有在总计9名股东的公司中6个人（持股占总数为5000股中的2100股）未接到股东大会召集通知的情形，也被法院判决为具有不存在（日本最高法院1958年10月13日判决）。

显著不公正”明确规定为一种股东大会决议瑕疵，而我国的股东大会决议瑕疵分类中没有规定此类型的瑕疵。二是是否将股东大会决议的内容不违法但是显著不正当的情形纳入股东大会决议瑕疵的范围。关于这一点，《日本公司法》中缩小了“决议内容显著不正当的范围”，将其中“由于特别利害关系人行使表决权从而形成显著不正当的决议”的情形明确规定为股东大会决议的瑕疵，而我国的股东大会决议瑕疵分类中也并没有容纳此类型的瑕疵。

《日本公司法》将“即使没有违反法律、行政法规、公司章程，但是构成了程序显著不公正或者内容显著不正当的情形”作为一个独立的瑕疵类型进行了明确规定，将其纳入股东大会决议瑕疵诉讼制度的规范体系之中。这填补了“违法标准”中存在的缝隙，丰富了股东大会决议瑕疵的内容，有力地促进了股东大会决议瑕疵诉讼制度的功能发挥。《日本公司法》在这一点上的制度设计及其背后的理念，值得我国关注与思考。

五、完善我国股东大会决议瑕疵范围设计的思路与路径

通过考察可以发现，我国的法制度与日本法存在差异。那么，我国应当如何借鉴日本法的制度设计与实务经验，有必要进行深入思考。

对比日本法，我国《公司法》与其最大的差异是我国的股东大会决议瑕疵中没有对“股东大会的召集程序或者决议方法显著不公正”和“特别利害关系人行使表决权从而形成显著不正当的决议”这两种瑕疵进行规定。但是，这并不意味着我国就一定有必要将这两种瑕疵全部或一部分纳入股东大会决议瑕疵范围中来加以规范。以下笔者将围绕中日公司法中存在的这些差异，以我国《公司法》为基础，对如何完善我国股东大会决议瑕疵制度进行说明。

（一）完善现行法制度的基本构想

违法标准本身并没有特别的问题，问题在于违法标准的良好运转必须依赖于公司法对股东大会运转所涉及的问题进行了详尽的规定。但是，由于股东大会机制本身的复杂性与不可预测性，公司法很难对股东大会所有可能涉及的问题进行明确规定。笔者认为，该问题可以在坚持违法标准的前提之下，对股东大会决议瑕疵的范围设定一个具有兜底性条款属性的规则，以更灵活的方式，对出现公司法没有规定的情形即出现违法标准无法直接覆盖的情形时，将这些情形纳入股东大会决议瑕疵的范围，通过股东大会决议瑕疵诉讼制度对这些问题进行规范。

关于该兜底性条款设计的标准，笔者认为可以考虑以“损害股东利益，损害股东大会决议的公平与公正”作为判断的内在标准，将“股东大会召集程序或者决议方法显著不公正”规定为一个法定瑕疵，将其纳入股东大会决议撤销之诉的规范范畴，从而实现对违法标准所确定的范围进行有效补充的作用。

（二）完善现行法制度的具体路径

1. 关于“股东大会的召集程序或者决议方法显著不公正”

对于股东大会会议程序显著不公正的问题，我国《公司法》与《日本公司法》的规定不同，我国《公司法》并没有将“股东大会的召集程序或者决议方法显著不公正”规定为股东大会决议的法定瑕疵。

“股东大会的召集程序或者决议方法显著不公正”的具体情形，如由于对股东大会的召集地点并没有作出强制性的要求，因此，原则上公司可以自由决定股东大会会议的地点。如果股东大会会议的召集地点不合理，显然足以会导致很多本来有意愿参加股东大会的股东无法（不能或不愿）参加股东大会。[1]虽然影响股东参加股东大会、增加“股东参加股东大会的难度”无法构成一个违法事由，但是，显然股东无法参加股东大会的背后潜在着形成的决议不公正的可能性。因此，将“股东大会的召集程序或者决议方法显著不公正”纳入法定瑕疵的范畴进行规范的意义事实上是由于股东利益保护的需要以及维持股东大会程序公正的需要。从这个意义上而言，笔者认为，我国应当将“程序或内容不违反法律、行政法规、公司章程，但是影响了股东大会决议程序的公平与公正”的情形，纳入股东大会决议瑕疵的法定范围中进行规范。

关于其法律后果，从维护法律关系的稳定性与一致性（可预测性）的角度出发，笔者认为，将“股东大会程序不违反法律、行政法规、公司章程，但是影响了股东大会决议的公平与公正”纳入股东大会决议撤销之诉的诉讼事由中加以规范或许是较为妥当的制度安排。

2. 关于“特别利害关系人行使表决权从而形成显著不正当的决议”

《日本公司法》将“特别利害关系人行使表决权从而形成显著不正当的决议”明确规定为股东大会决议的法定瑕疵，归入可撤销事由的范围之中。很显然，“特别利害关系人行使表权决从而形成显著不正当的决议”归属于“股东大会决议的内容显著不正当”的范围之中。那么，《日本公司法》为什么在“股东大会决议的内容显著不正当”的范围中仅对“特别利害关系人行使表决权从而形成显著不正当的决议”进行了明确规定，是值得思考的问题。

股东大会决议内容显著不正当的情形通常还存在程序上的不公正（没有达到违法程度），在“程序显著不公正”的情形已然独立进行了规范的前提之下，似乎已经没有对内容显著不正当进行规范的必要。但是，值得注意的是，由于《日本公司法》缺乏对于控制股东的相关规制，因此，为了防止控制股东滥用表决权进而形成不正当决议的情形，《日本公司法》明确将“特别利害关系人行使表决权从而形成显著不正当的决议”规定为股东大会决议的法定

〔1〕 日本公司法的法律实务中，曾出现公司在公司所在地或公司所在地附近以外的地方召开股东大会，被法院判决撤销的案例（神户地方法院 1938 年 6 月 11 日判决）。参见［日］河本一郎：《现代公司法》（新订第 9 版）商事法务 2004 年版，第 426 页。

瑕疵，将这种情形纳入规范的范畴。简而言之，如果公司法中没有明确规定“特别利害关系人行使表决权从而形成显著不正当的决议”为股东大会决议的法定瑕疵，那么《日本公司法》将无法对控制股东滥用表决权进而形成不正当决议的情形进行规制。因此，《日本公司法》的规定不仅可以有效维护股东大会决议的正当性，还是一种对于控制股东滥用权利的间接规制，以及对资本多数决原则弊端的纠正机制。

对于股东大会决议内容显著不正当的情形，我国《公司法》中并不存在相关的规定。事实上，在2005年《公司法》修改时，在立法阶段的草案中曾经出现过类似“特别利害关系人行使表决权从而形成显著不正当的决议”的股东大会决议可撤销事由，[1]但是在最终修改后的《公司法》中并没有采用该规定。对于最终没有采用该规定的原因，笔者并没有找到相应的明确说明。但是，“特别利害关系人行使表决权从而形成显著不正当的决议”的本质是由于股东滥用表决权从而形成了显著不公正的决议。从我国《公司法》的整体结构来看，虽然没有规定“特别利害关系人行使表决权从而形成显著不正当的决议”，但是我国《公司法》中明文规定了股东有遵守法律、行政法规以及公司章程的守法义务与股东不得滥用股东权利的义务（《公司法》第20条第1款）。而股东滥用表决权显然可以归属于违反了《公司法》第20条“股东不得滥用股东权利”的规定。因此，由于“特别利害关系人行使表决权从而形成显著不正当的决议”中特别利害关系人行使表决权的行为构成了股东大会决议方法（行使表决权）的违反法律，所以可以将其归入股东大会决议的可撤销事由之中，对其提起相应的股东大会决议可撤销之诉。简而言之，由于我国《公司法》明确规定了控制股东的规制（《公司法》第20条），所以，我国《公司法》中即使没有将“特别利害关系人行使表决权从而形成显著不正当的决议”规定为股东大会决议的法定瑕疵，依然可以依据“股东大会的召集程序与决议方法不能违反法律、行政法规、公司章程”的规定，将“特别利害关系人行使表决权从而形成显著不正当的决议”纳入可撤销事由的范畴加以规范。也正因如此，我国《公司法》中没有必要像《日本公司法》那样，将“特别利害关系人行使表决权从而形成显著不正当的决议”规定为股东大会决议的法定瑕疵。

六、结语

在二审稿中，对股东大会决议瑕疵诉讼制度进行了较大的调整与完善，但并没有对股东大会决议瑕疵的范围进行调整。根据现行《公司法》，我国的股东大会决议瑕疵囿于违法标准的制约，其边界存在明显的局限性。抓住本次公司法修改的难得机遇，调整股东大会决议瑕疵的范围，对于提高股东大会决议瑕疵诉讼制度的功能具有重要意义。

---

〔1〕 参见张穹：《新公司法修订研究报告》（下），中国法制出版社2005年版，第275页。

有限责任公司股东除名制度的功能反思与制度重构

——兼评《公司法修订草案（三审稿）》第52条

周　晔　刘　振*

目　次

引言

股东除名是指基于特定的事由，公司依法定程序，将违反义务的股东从股东名册中删除，强制其退出公司，终止其与公司和其他股东关系的法律机制。[1]我国现行《公司法》并未正式确立股东除名制度。但是理论界和司法实务界一般认为，最高人民法院2011年出台的《关于适用〈中华人民共和国公司法〉若干问题

* 周晔，南京市中级人民法院民二庭庭长、三级高级法官、法学硕士；刘振，南京市中级人民法院民二庭三级法官助理、东南大学硕士研究生。

〔1〕 参见郝磊：《公司股东除名制度适用中的法律问题研究》，载《法律适用》2012年第8期。

的规定（三）》（以下简称《公司法解释三》）第18条[1]规定了股东除名制度[2]，从而为实践中有限责任公司开除股东提供了“司法裁判准则”[3]。2021年公布的《中华人民共和国公司法（修订草案）》第46条首次将股东除名制度引入我国《公司法》规范之中，只是使用了股东“失权”的表述，2022年年底公布的《中华人民共和国公司法（修订草案）（二次审议稿）》第51条和2023年8月公布的《中华人民共和国公司法（修订草案）（三次审议稿）》（以下简称《公司法修订草案（三审稿）》）均保留了该条修改内容，并加以完善。鉴于该项制度仍处于初创阶段，很多问题尚未明确，而且之前《公司法解释三》在实践中亦存在颇多分歧，因此有必要全面反思股东除名制度存在的理论基础和功能价值，重新审视我国《公司法》及其司法解释关于该项制度的规范构造与不足，结合股东除名制度司法适用经验，提出完善该项制度的若干建议。

一、厘定：股东除名制度的理论基础、功能及与相关概念的辨析

法律制度的正当性与合理性是其存在的前提和基础，并决定着法官在处理具体案件时如何理解和适用此项制度。因此，只有对有限责任公司股东除名制度存在的理论基础和功能价值进行详细梳理和说明，才能明晰其存在的正当性和合理性，并以此指导立法构建与司法适用。

（一）股东除名制度的理论基础

商事组织的成员除名制度最早源于以合伙企业为代表的具有无限责任特征的商事主体，其设立的初衷在于使合伙人或是无限责任股东不会因为自己能力的丧失或是偿债能力的减弱，进而对其余股东的合法利益造成侵害。[4]尤士丁尼罗马法中的合伙制度首先运用了除名制度。[5]现代有限责任公司及股东除名制度均肇始于德国，是借助法官造法和理论研究的共同推进而逐步成型的产物。在这一过程中，公司契约理论、团体防卫权理论对于该项制度的建立和发展具有重要影响。

---

〔1〕《公司法解释三》曾于2014年修改，修改后相关内容规定在该解释第17条，故如无特别说明，下文均以《公司法解释三》第17条指示相关内容。

〔2〕对此，有部分学者认为该条款并非关于股东除名制度的规定，而是关于股东失权的规定，笔者将在下文第一部分就相关概念及其使用问题进行论述。

〔3〕参见李建伟：《有限责任公司的股东除名制度研究》，载《法学评论》2015年第2期。

〔4〕参见汪晨：《驱逐有限责任公司的“离心股东”——以构建股东除名制度为核心》，载张育军、徐明主编：《证券法苑》第5卷，法律出版社2011年版。

〔5〕参见刘德学：《股东除名权法律问题研究——以大陆法系国家的公司法为基础》，中国政法大学2008年博士学位论文。

1. 公司契约理论

公司契约理论源自罗马法，经两大法系国家法律认可，已经成为公司法的通说。[1]该理论认为，公司乃股东所建立的契约体，在股东之间、股东与公司之间存在某种以持续性义务为内容的契约关系，因此股东应当诚实且“善意地为公司的最大利益行使公司法及公司章程授予的权利，并不得侵害其他股东的利益”[2]。依此逻辑，既然股东之间、公司与股东之间存在着契约关系，那么按照传统民法理论，契约关系自可基于股东自愿或者法定情形或者约定情形的发生而解除。据此观之，股东除名实际上是在发生重大事由的情况下，公司或者其他股东对被除名股东行使合同解除权的行为。

2. 团体防卫权理论

尽管现今大多数国家已经认可一人公司，但社团性仍为公司的显著特征。[3]社团作为自治的人的集合体，理应拥有自治的权利：就社团外部关系特别是相对于政府而言，社团具有自由经营、自主决策及其他一些财产权利，政府不能加以干涉或损害；对社团内部关系而言，社团可以根据法律，在“私法自治”的范围内，对社团的组织以及社员与社团之间的法律关系进行规定，如在章程中规定激励或约束、保护或惩戒等机制，而开除社员就是行使其对社员惩罚的权利。[4]当某一股东严重违反法定或者章程规定的特定义务时，公司或者其他股东自可基于共同意志，从维护公司整体利益出发，终止公司、其他股东与该名股东的关系，将其除名，此应属团体法范围所应当允许的自治行为，目的在于维系团体的稳定和存续。

不过，需要说明的是，无论是公司契约理论还是团体防卫权理论，都只是一种分析方法，本身并无孰优孰劣之分，更无何者为绝对正确之说。相反，在怀疑论的意义上，上述任何一种理论都“注定只是一种片面的解说，甚至只是一种思维的训练”[5]。但是我们不能因此而否定其重要性，因为上述理论为我们提供了不同的研究路径、视角和方法，对于理解和认识股东除名制度的构建逻辑和存在正当性而言，不可或缺。

（二）股东除名制度的功能分析

一项法律制度之所以存在必然有其不可替代的功能和价值。与传统的有限责任公司股东退出公司的方式如股权转让、异议股东股权收购请求权、公司解散等相比，“股东除名的优越性在于其具有对公司和股东的共同利益的保护性作用和预防性功能，可以在化解公司内部矛盾的同时，有效地确保‘公司存在的价值及其他股东继续经营公司的利益’”。

---

〔1〕 参见张民安：《公司契约理论研究》，载《现代法学》2003年第2期。

〔2〕 周林彬、任先行编著：《比较商法导论》，北京大学出版社2000年版，第315－316页。

〔3〕 参见朱羿锟：《商法学：原理·图解·实例》，北京大学出版社2006年版，第111页。

〔4〕 参见最高人民法院民二庭编著：《最高人民法院关于公司法司法解释（三）清算纪要理解与适用》（注释版），人民法院出版社2016年版，第283－284页。

〔5〕 罗培新：《公司法的合同解释》，北京大学出版社2004年版，第2页。

1. 对公司存续的保障功能

公司法是为实现一定的共同目的而由法律行为设立的私法上的人的联合体法。相对于其他私法，公司法以此而体现其特性，即它首先不是以保护和满足单个人的个人利益（个体利益）为目的，而是调整多个人的共同利益。[1]当股东的行为或个人因素妨碍或严重影响公司的发展和其他股东的共同利益时，消除这种来自个别股东的不利影响，避免公司内部矛盾和冲突的进一步激化，以使公司能够继续存续和发展下去并以此维护其他股东的共同利益，就成为公司法上的一项必然要求和制度性安排。[2]股东除名制度与公司解散制度均是这一内部矛盾无法调和时的终局性选择，只是相较而言，公司解散意味着公司人格的消灭，成本相对高昂。如果公司僵局难以调和、本身已无挽救可能且股东皆无意愿维系公司的存续，则解散公司自无不可；但是，如果公司尚有拯救的可能或者仍有相当一部分股东愿意维系公司的存续，则解散公司无论是对公司、其他股东还是社会，均非首选。相反，股东除名制度是一种前置性的纠纷替代解决方式，其更为关注股东关系中的个人因素，它试图通过清除"问题股东"的方式，以消除公司继续经营的障碍，"修补公司人合性裂痕"[3]，成本相对低廉、效率更高，更符合公司作为市场主体追求经济效益的价值取向。

2. 对诚信股东的保护功能

制定一项法律制度的目的与其想要保护的法益是相通的。[4]虽然股东除名制度的首要功能在于保持公司的法人资格，但是股东对公司享有最终利益，公司法人人格的存续对于股东利益的实现至为重要，因此我们必须"透过公司表层，看到在这个实体背后的是一群活生生的'享有权利、满怀期待并承担义务的个人，他们的权利、期待与义务相互交叉'"[5]。有限责任公司股东基于相互之间的信任关系，通过订立公司章程设立公司，目的无外乎取得分红收益或者担任公司职务而获取报酬。但是这一目的的达成存在一个基本的前提条件，即各个股东能够全面且忠实地履行章程及法律规定的义务。因为唯有如此，公司才能正常运转。如果公司部分股东已经全面履行自身义务，而另一部分股东不予履行或者根本无力履行义务，则不但对前者不公，也会在股东之间滋生难以调和的矛盾，从而对股东投资公司的目的的实现产生不利影响。股东除名制度通过将此严重违反法定或约定义务的"问题股东"除名，不但能够最大限度地确保公司治理重回正轨，也为其他股东投资公司的预期利益实现清

---

〔1〕 参见［德］格茨·怀克、［德］克里斯蒂娜·温德比西勒：《德国公司法》，殷盛译，法律出版社 2010 年版，第 3 页。

〔2〕 参见刘德学：《股东除名权法律问题研究——以大陆法系国家的公司法为基础》，中国政法大学 2008 年博士学位论文。

〔3〕 凤建军：《公司股东的"除名"与"失权"：从概念到规范》，载《法律科学》2013 年第 2 期。

〔4〕 参见刘建新：《股东除名制度的理论基础与价值分析》，载《湖北警官学院学报》2014 年第 11 期。

〔5〕 段威：《论有限责任公司股东合理期待落空原则——评英国上议院 Ebrahimi Westbourne Galleries Ltd. 案》，载中国民商法律网，http://www.civillaw.com.cn/article/default.asp?id=23004，最后访问日期：2023 年 4 月 2 日。

除内部障碍。

（三）股东除名、股东失权

关于股东除名与股东失权究竟是同一种制度还是两种相近但是各自独立存在的制度，目前认识不一。有的观点认为：股东失权是指股东瑕疵出资时，公司可以宣告该股东丧失股东资格的制度；而股东除名是指由于未出资之外的其他原因导致公司的人合性丧失，公司以此为由解除该股东资格的制度。[1]两者在适用范围、适用程序、生效时间、法律后果等方面均存在区别。[2]但是也有观点认为：股东除名就是股东失权，两者在概念上是一致的。[3]因此，人们产生《公司法解释三》第 17 条以及《公司法修订草案（三审稿）》第 52 条的内容究竟是股东除名制度还是股东失权制度的争议。

笔者认为，法律概念存在的意义在于使人们更好地理解和适用法律，而非陷入概念中不能自拔，我们在选择某一概念指涉某一项法律制度或者内容时，需要综合考虑概念本身的精确性、概念与所指涉对象的契合度以及概念使用的规范语境和使用现状等因素。

首先，对“股东除名”与“股东失权”最早进行区分的国家是德国，《德国有限责任公司法》对两者的适用情形均有明确规定。但是，我国《公司法》关于相应内容的规则体系并未建构完成，因此当前无论使用何者来指涉《公司法解释三》第 17 条或者《公司法修订草案（三审稿）》第 52 条的内容，在自圆其说的同时亦会面临因规则本身的不完善而导致的解释困境问题。

其次，就概念本身的含义及涵摄范围而言，“股东除名”与“股东失权”虽然存在区别，但并非泾渭分明。“股东除名”一般可以理解为公司将股东从股东名册中强制除名，侧重点虽在于身份关系的解除，但其结果必然是股东相应权利的丧失，即“股东失权”；而“股东失权”可以简单理解为股东失去权利，可以包含股东丧失股权、失去股东资格。因此，两者在一定范围内具有相通性。但是如果在未加任何界定的情况下，“股东失权”的涵摄范围要显著大于“股东除名”，其指涉对象既可以包含《公司法解释三》第 17 条以及《公司法修订草案（三审稿）》第 52 条的内容，也可以包含《公司法解释三》第 16 条规定的股东会对股东利润分配请求权、新股优先认购权、剩余财产分配请求权等股东权利进行限制的内容。

再次，从《公司法解释三》第 17 条的规范用语来看，其使用的是“解除该股东的股东资格”的表述，内涵与“股东除名”相一致。《公司法修订草案（三审稿）》第 52 条使用的是“失权”及“股东丧失其未缴纳出资的股权”，其内容也并非不能以“股东除名”来

---

〔1〕 凤建军：《公司股东的“除名”与“失权”：从概念到规范》，载《法律科学》2013 年第 2 期。

〔2〕 参见王琦：《有限责任公司股东失权程序的建构路径》，载《法律适用》2022 年第 7 期。

〔3〕 参见刘德学：《股东除名权法律问题研究——以大陆法系国家的公司法为基础》，中国政法大学 2008 年博士学位论文。

统摄。

最后，从目前相关概念的使用情况来看，“股东除名”使用的范围更广，接受度更高。笔者曾分别以“股东除名”和“股东失权”为关键词在中国知网上检索文献数量，其中以“股东失权”为标题内容的文献数量为12篇，而以“股东除名”为标题内容的文献数量为201篇。在司法实践方面，亦广泛接受“股东除名”的表述，最高人民法院民二庭编著的《最高人民法院关于公司法司法解释（三）、清算纪要理解与适用》亦是将《公司法解释三》第17条界定为股东除名制度。

基于上述理由，笔者认为，尽管“股东除名”与“股东失权”在《德国有限责任公司法》上存在“目的、功能、适用条件、逻辑结果以及决议机关等多个方面不同之处”，〔1〕但在我国《公司法》规范语境下，两者并非绝对相互排斥的关系，两者规范内容具有高度重合性。鉴于本文所探讨的主题是关于股东在严重违反法定或者章程义务的情况下公司能否解除其股东资格的问题，故下文均以“股东除名”来指涉相关内容，而不再执拗于对“股东除名”和“股东失权”进行严格的概念区分。

二、反思：我国《公司法》股东除名制度的规范构造与不足

（一）关于股东除名的适用事由

1. 法定除名事由范围较窄

《公司法解释三》所规定的除名事由仅包括股东“未履行出资义务”与“抽逃全部出资”两种情形，并未包括其他情形。而且对于上述两种情形，也是在股东未完全履行出资义务或者抽逃全部出资的情况下，公司才可以经法定程序将股东除名，并不包括股东未履行部分出资义务或者抽逃部分出资等情况。对此，负责制定该司法解释的最高人民法院民二庭给出的解释为“相较于其他救济方式，股东除名更为严厉且是终局的，应限定于未履行出资或者抽逃全部出资的股东，不适用于未全面履行出资义务或者抽逃部分出资的股东”〔2〕。申言之，“只要股东缴纳了部分出资哪怕是一元钱或者抽逃了部分出资哪怕只剩下一元钱，公司都无法开除股东”〔3〕，这无疑使该条款极易被规避，从而成为具文。

2. 意定除名事由效力不明

我国实行明确列举法定除名事由的立法指导原则，严格限制除名权行使范围，规定公司只有具备法定除名事由才可以行使除名权，不具备法定除名事由的除名将被认定为违法除

〔1〕 凤建军：《公司股东的“除名”与“失权”：从概念到规范》，载《法律科学》2013年第2期。

〔2〕 宋晓明、张勇健、杜军：《〈关于适用公司法若干问题的规定（三）〉的理解与适用》，载《人民司法》2011年第5期。

〔3〕 肖黄鹤：《有限责任公司股东除名制度之裁判解释》，载《人民司法》2016年第13期。

名。[1]《公司法解释三》中的法定除名事由范围较窄，仅关注股东出资义务，并不涉及公司章程能否约定其他除名事由的问题。当公司章程中约定了股东除名事由，该约定是否具有法律效力？当约定事由成立时，公司能否以此为由将股东除名？对此，司法实务界一直存在较大分歧。一种观点认为，股东除名权的权源基础系法律的明确规定，因此，超出法律规定界限以外的除名事由不应被认可；[2]另一种观点认为，公司享有股东除名权系由公司的本质特征所决定，是公司自治的体现，即使法律并未明确授权，亦不代表公司章程约定的除名事由无效。该等约定，只要不违反法律禁止性规定，应属有效。[3]在股东除名制度本身尚不完善的情况下，上述两种观点均可自圆其说，然而此一分歧若长期存在，必然损及司法权威与公信力，故此次《公司法》修改应明确对于公司章程自行规定除名事由效力的基本立场。

（二）关于股东除名的程序适用

股东除名是对股东权益的强制性剥夺，关涉股东的根本利益，因此无论是立法还是司法均应采取谨慎谦抑的立场，而完善的股东除名程序正是实现此一立场的有效路径。然而，《公司法解释三》关于股东除名程序的规范并不完善，主要表现为规则相对简单，存在制度供给缺漏。

1. 股东除名的前置程序方面

《公司法解释三》第17条明确赋予拟被除名股东补缴出资的机会，但是并未明确催缴通知的发送主体、通知方式以及股东补缴出资的具体“合理期间”，这也导致司法实践中对于公司是否已经履行前置程序和“合理期间”的认定标准混乱，尺度不一。

2. 股东除名的表决机制方面

《公司法解释三》第17条仅规定公司“以股东会决议”解除该股东的股东资格，但并未明确该决议的通过是遵循股东人数多数决还是资本多数决原则。如果遵循的是资本多数决原则，根据《公司法》的规定，股东会决议分为一般事项决议和特殊事项决议，前者需经代表1/2以上表决权的股东通过，后者需经代表2/3以上表决权的股东通过，方为有效。对于该项决议的通过比例，《公司法解释三》第17条并未明确，此其一。其二，拟被除名的股东能否参加股东会以及能否行使表决权，亦不明确。如果其可以参加股东会并行使表决权，则股东会可能无法作出有效的除名决议；如果其无权参加或者虽能参加但无权行使表决权，则可能出现小股东开除大股东的情况。其三，如果公司股东均未履行出资义务或者均抽逃出资，则其中部分股东能否通过股东会决议解除特定股东的股东资格？

---

〔1〕 参见赵德勇：《基于法律行为的股东资格变动研究——以有限责任公司为中心》，中国政法大学出版社2014年版，第228页。

〔2〕 参见江苏省南京市栖霞区人民法院（2021）苏0113民初10882号民事判决书、上海市第二中级人民法院（2015）沪二中民四（商）终字第178号民事判决书。

〔3〕 参见河南省郑州市中级人民法院（2021）豫01民终8685号、浙江省宁波市中级人民法院（2016）浙02民终1764号民事判决。

（三）关于被除名股东的权利救济与股权处置

1. 除名决议的告知与生效。

股东除名决议作出后，是立即生效还是需要经过司法的最终审查确认，对此，一种观点认为，股东除名决议作出后，需要得到法院的确认。因为开除股东是对股东固有权的剥夺，股东与公司之间是平等的民事主体，一方无权对另一方的私有权直接进行剥夺，因而必须起诉到法院经过司法确认方可生效。[1]比如，德国要求股东除名不能仅仅通过股东的投票，而需要法院判决。[2]另一种观点认为，股东除名只需要依据公司的意志就可以改变公司与被除名股东之间的关系，该解除权不需要通过诉讼的方式行使，只需要公司股东会通过决议的方式作出即可。[3]从《公司法解释三》第17条的规范用语来看，其倾向于上述后一种观点。《公司法修订草案（三审稿）》第52条则规定“自通知发出之日起，该股东丧失其未缴纳出资的股权”，采取通知发送生效原则，但并未规定该股东可以通过何种途径寻求救济。

2. 被除名股东的股权处置

对股东而言，股东资格是股东身份的象征，是股东行使股东权利、承担股东义务的基础，[4]只有具备股东资格，才能够享有从公司获取经济利益并且参与公司经营管理的权利。股东除名的结果必然是股东资格的丧失，这一结果既包括被除名股东与公司之间“身份关系”的解除，也包括股东被除名后原股权如何处置问题。进一步而言，股东被除名是否必然代表其丧失原持有股权所对应的财产性权益？如果没有丧失，则公司如何对被除名股东给予相应补偿？在除名事由仅包括股东“未履行出资义务”或者“抽逃全部出资”时，尚不涉及是否给予该被除名股东合理补偿的问题，因为股东取得股权的对价是出资，如果股东根本“未履行出资义务”或者“抽逃全部出资”，即表明股东未向公司支付对价，公司在将其除名后当然无须向其进行所谓补偿或者返还“出资”。但是如果公司将股东除名并非基于其“未履行出资义务”或者“抽逃全部出资”，而是基于其他事由，则可能涉及是否给予被除名股东补偿的问题。对此，我国《公司法》及司法解释未予任何规定。

三、重构：《公司法》修订中股东除名制度构建的若干建议

（一）合理确定股东除名事由

《公司法解释三》第17条规定了对于未履行出资义务和抽逃全部出资的股东，公司可经由股东会将其除名。该条回应了传统公司法理论下对股东出资义务的强调，一定程度上解决

---

〔1〕 参见肖黄鹤：《有限责任公司股东除名制度之裁判解释》，载《人民司法》2016年第13期。

〔2〕 参见胡田野：《公司法律裁判》，法律出版社2012年版，第316页。

〔3〕 参见刘晓惠：《从根本违约角度探析有限公司除名制度》，载《湖北工程学院学报》2017年第1期。

〔4〕 参见周友苏：《试析股东资格认定中的若干法律问题》，载《法学》2006年第12期。

了公司资本形成与维持的问题，但其规定的除名事由过于狭隘，更未明确公司需要通过章程自行约定除名事由的基本立场,〔1〕以至于从发布伊始就落后于司法实践的需要,〔2〕导致司法实践中出现同案不同判的现象，因此有必要通过立法完善股东除名事由规则。

1. 拓宽股东除名的法定事由

与其他国家相比，我国《公司法》规定的除名事由范围过窄。《葡萄牙公司法典》第242条第1款规定了股东除名的一般法定事由，即“股东因其不忠实或其行为严重扰乱公司运作而对公司造成或可能造成重大损害时，该股东可被司法除名”，第204条第1款和第2款规定了特定除名事由，包括股东未缴足股款、未履行已承担的补充给付义务、股东（通过行使其资讯权）利用获得的信息对公司或其他股东造成不合理伤害等情形。〔3〕德国公司法司法实践中的股东除名重大事由包括：一是股东个人因素，如年老、生理精神疾病使其无法参与公司经营等；二是股东行为或经济状况，如股东财务异常或恶化、股东严重违反诚信义务、损害其他股东名誉、股东间信任关系受到破坏等；三是丧失公司章程规定的特定身份，如家族企业中家族成员身份、公司职工等。〔4〕《韩国公司法》规定的除名事由包括股东未履行出资义务、违反竞业禁止义务、执行公司业务有违法行为或无权利行使权利、其他重要事由。〔5〕《俄罗斯有限责任公司法》第10条规定，股东严重违反义务给公司造成实质困难或者使公司无法经营时，公司可以将其除名。〔6〕《美国统一有限责任公司法》规定的除名事由包括：（1）不履行出资义务；（2）违反竞业禁止义务；（3）不当执行行为；（4）其他滥用股东权利的行为。〔7〕

从上述国家的立法和司法实践来看，股东除名的法定事由并不局限于股东根本违反出资义务这一种情形，而是还包括诸如股东违反竞业禁止义务、滥用股东权利、侵占公司财产等行为。因此，在此次《公司法》修改中，有必要结合我国司法实践经验，并参考外国立法例，对股东除名的法定事由进行适度扩充，以“列举加兜底性条款”的方式，明确规定股东除名的法定重大事由，以供公司制定章程除名条款参考。〔8〕

具体而言，这些重大事由可以包括：（1）股东未履行出资义务和抽逃出资的。该情形既包括股东完全未履行出资义务和抽逃全部出资，也包括股东未履行部分出资义务和抽逃部分

---

〔1〕 参见卢代富、盛学军主编：《〈中华人民共和国公司法〉重点规则修改建议及立法理由》，法律出版社2023年版，第95页。

〔2〕 参见李红润：《股东除名规则的反思与重构》，载《天津法学》2016年第3期。

〔3〕［葡］乔治·曼努埃尔·高迪纽·德·阿布莱乌：《商法教程（第二卷）·公司法》，王薇、王荣国译，社会科学文献出版社2022年版，第255页。

〔4〕 参见杨君仁：《论有限责任公司之退股与除名及其法政策上之建议》，载《中原财经法学》2001年第5期。

〔5〕 参见王延川、刘卫锋编译：《最新韩国公司法及施行令》，法律出版社2014年版，第23页。

〔6〕 参见《俄罗斯联邦公司法》，王志华译，北京大学出版社2008年版，第7页。

〔7〕 参见苗壮：《美国公司法：制度与判例》，法律出版社2007年版，第134页。

〔8〕 参见吴芳：《有限责任公司股东除名规则之检讨与完善》，载《现代法学》2021年第2期。

出资，只是后者属于“部分”除名，即该股东仅丧失未履行出资部分或者抽逃出资部分对应的股权，但是对于已经履行出资部分或者没有抽逃的出资仍享有股权。(2) 股东实施了损害公司利益的不正当行为，包括违反竞业禁止义务、侵占公司财产、泄露公司商业秘密以及其他严重违反股东对公司负有的忠实义务情形。(3) 公司股东之间长期存在矛盾、无法形成有效决议，公司治理陷入僵局，人合性已完全丧失，且不宜解散的，可将对前述状况的出现负主要责任的股东除名。(4) 其他严重违反股东法定或者章程约定义务的情形。

不过需要明确的是，股东除名毕竟属于最后不得已的手段，存在前述事由不代表股东必然被除名，其能否被除名还需公司经法定程序作出有效除名决议，在存在分歧时，还需经过司法的终局性审查。

2. 允许章程规定除名事由

在法律规定的除名事由之外，公司章程能否对除名事由作出另外约定，取决于对公司和股东除名制度的性质的认识。按照公司契约理论，公司是股东合意的产物，股东之间存在契约关系，因此“股东可以在章程中针对公司重大事项作出其认为必要、合理的约定，以将其意志贯彻于公司治理”〔1〕，“如果有限责任公司章程对股东除名事由另有规定的，公司股东会还可以根据章程的规定作出股东除名决议”〔2〕。

但是，公司章程能否不受限制地规定除名事由呢？笔者认为，公司作为自治性组织，公司章程是公司治理的基本准则，当然可以对包括除名事由在内的重大事项进行规定，但是公司章程规定的除名事由应当与股东所负的股东义务及公司对股东的特定要求存在相关性，比如关于竞业禁止的要求、关于股东需具备某种资格条件或者员工身份的要求等。同时，公司章程规定的除名事由应不得违反法律法规的禁止性规定或者有违公序良俗原则，且需符合股东除名制度的立法宗旨。实践中，有的公司在章程中规定女股东怀孕、休产假的需将股权转让，否则公司可将其除名，〔3〕这显然有悖公序良俗原则，其效力不应被认可。

此外，公司章程中规定的除名事由可能成为大股东排挤小股东的工具。如果公司原始章程已经约定了除名事由，全体股东应受其约束，自不待言。但若原始章程对于某一除名事由并未规定，其后公司能否以资本多数决的方式修改公司章程，增加某一除名事由？笔者认为，对此应分情况而论：一是在股东除名制度已经健全，法定除名事由已然完备的情况下，应认可公司以资本多数决的方式修改公司章程增加除名事由的效力。因为此时章程规定的除名事由实际上带有补充性质，且司法可对章程规定的除名事由进行效力审查，能够有效防范大股东借助除名制度对小股东进行欺压。二是在股东除名制度尚不健全，法定除名事由尚不完备的情况下，应严格限制公司股东会修改章程增加除名事由的权限，原则上应经全体股东

---

〔1〕 参见李建伟：《有限责任公司的股东除名制度研究》，载《法学评论》2015年第2期。

〔2〕 王雷：《民商法学视野中的决议行为》，法律出版社2023年版，第250页。

〔3〕 参见罗培新：《抑制股权转让代理成本的法律构造》，载《中国社会科学》2013年第7期。

一致同意方可增设除名事由。

（二）健全股东除名程序

股东除名对股东身份利益及财产利益影响巨大，并且带有一定的惩罚性色彩，所以在程序方面对其进行严格规范才能避免制度被滥用。[1]

1. 前置催告程序方面

一是明确催告通知主体。《公司法修订草案（三审稿）》第52条规定向股东发出书面催缴书的为“董事会”，但是并非所有的有限责任公司均设立董事会，对于规模较小的有限责任公司，该修订草案第75条规定可以不设董事会，设1名董事，故此处催告通知主体应修改为“董事会或者董事”，当然无论通知主体是董事会还是董事，其均是以公司名义作出书面催缴书。

二是催告方式及其内容。鉴于股东除名的严肃性，公司应采取书面方式履行前置催告程序，并载明除名原因、宽限期、补救方式及未在宽限期内补救的法律后果等。至于送达方式，可以直接送达、邮寄送达或者公告送达，以有效送达、股东知悉为必要。

三是宽限期满后的二次通知问题。宽限期满后，公司拟召开股东会将特定股东除名的，仍应当向该特定股东告知股东会召开的时间、地点、决议事项等，以保障其能够参与股东会议，充分发表意见。

2. 表决通过程序方面

一是原则上应采取资本多数决。《公司法》第43条第1款规定，股东会的议事方式和表决程序，除本法有规定的外，由公司章程规定。如果公司章程已经明确股东除名采取股东人数多数决，则以其规定为准；如果公司章程对此未作特殊约定，则仍应遵循资本多数决原则。

二是拟被除名的股东无权就其是否应被除名行使表决权。《公司法》对有限责任公司股东表决权的排除与限制情形主要体现为公司给公司股东或者实际控制人提供担保、股东向股东以外的人转让股权的行为，表决权排除制度体现了现代法律所追求的实质公平，其最基本的功能在于防止多数股东及董事滥用控制权力，损害公司利益及其他股东的利益。[2]股东除名制度是公司为消除不履行义务的股东对公司和其他股东所产生的不利影响而享有的一种法定权能，不以征求被除名股东的意思为前提，该股东不得就其持有的股权行使表决权。[3]相反，如果赋予拟被除名的股东以表决权，则股东会可能无法作出有效决议，从而使股东除名

---

〔1〕 参见卢代富、盛学军主编：《〈中华人民共和国公司法〉重点规则修改建议及立法理由》，法律出版社2023年版，第101页。

〔2〕 参见刘桂清：《表决权排除制度与公司利益保护》，载《社会科学研究》2003年第4期。

〔3〕 参见上海市第一中级人民法院（2021）沪01民终1396号民事判决、山东省淄博市中级人民法院（2017）鲁03民终3631号民事判决。

制度被虚置。

三是股东除名决议应经由其他股东所持表决权 2/3 以上表决通过。《公司法》第 43 条第 2 款中仅规定修改公司章程，公司合并、分立、增加或者减少注册资本等重大事由需要经过绝对资本多数决，即由全部表决权 2/3 以上同意，其他事项只需要经过全部表决权过半数同意即可。从文义解读来看，股东除名并不属于适用绝对资本多数决的情形范围，故有观点认为，以简单多数决即可以将股东除名，被除名股东若是对除名决议不服，可以诉诸股东除名决议确认之诉来保护自己，无须采取绝对多数甚至一致同意作出股东会决议。[1]司法实践中，认为采取绝对资本多数决与简单多数决的案例均有，观点不一。[2]笔者认为，股东除名涉及股东根本利益，其对公司所产生的影响丝毫不亚于修改公司章程、公司合并、分立等事宜，且股东除名的结果亦必然涉及公司章程的修改或者减资，非万不得已而不能用，当然属于公司重大决议事项，故应适用绝对资本多数决。

但是，瑕疵出资股东（包括未履行出资义务的股东和抽逃出资的股东）并非诚信股东，其行使对其他未履行出资义务或抽逃全部出资的股东的除名权不具有合法性基础，背离了股东除名制度的立法目的。[3]

（三）加强对拟被除名股东的权利救济

1. 除名决议的通知与生效

鉴于股东除名关涉股东根本利益，故在公司股东会作出除名决议后，应向该名股东发送书面通知，告知除名结果，当然如果该股东已经参与股东除名会议，则无须另行发送通知。对此，《公司法修订草案（三审稿）》第 52 条规定了公司应当发送书面通知，但仅规定“自通知发出之日起，该股东丧失其未缴纳出资的股权”，并未规定该股东在收到通知后如有异议可以通过何种途径寻求救济，且该条款采取的是通知发出即生效的原则，而非通知到达主义。笔者认为，公司发出除名通知并不代表股东已知晓其被除名，在此情况下径直将该股东除名，并不符合现代法治所要求的程序正义，因为“股东只有在知悉丧失股权的事实后才能决定是否提出异议或寻求救济”[4]。因此，《公司法》不妨参照合同通知解除规则，除名通知送达至被除名股东之时始发生法律效力。该股东对除名决议存有异议的，根据《公司法》第 22 条的规定，有权向人民法院提起效力确认之诉或者撤销之诉。

---

〔1〕 参见巴晶焱、张濛元：《股东除名决议的效力》，载《人民司法》2016 年第 20 期。

〔2〕 如最高人民法院（2018）最高法民再 328 号民事裁定书、北京市第三中级人民法院（2018）京 03 民终 468 号民事判决书、河南省郑州市中级人民法院（2021）豫 01 民终 8685 号民事判决书均认为需代表 2/3 以上表决权的股东通过，四川省高级人民法院（2018）川民申 511 号民事裁定书、湖北省黄石市中级人民法院（2020）鄂 02 民终 636 号民事判决书则认为代表 1/2 以上表决权的股东通过即可。

〔3〕 参见广东省东莞市第三人民法院（2020）粤 19 民终 11525 号民事判决、江苏省常州市中级人民法院（2018）苏 04 民终 1874 号民事判决。

〔4〕 参见王琦：《有限责任公司股东失权程序的建构路径》，载《法律适用》2022 年第 7 期。

当然，为了使公司治理尽快恢复稳定，有必要参照《公司法》第22条、第74条[1]的规定，为被除名股东规定一短期除斥期间（60日或者90日），允许其提起诉讼对决议效力进行司法审查，如果其未在该期间提起诉讼，则除名决议生效；相反，如果其在该期间提起诉讼，则除名决议处于已经成立但未生效的状态，是否生效有待于生效判决的最终确认。

2. 被除名股东的股权处置与合理补偿

股东除名能够调整公司成员的组织结构，尽管具有一定的责罚性，但也不能剥夺被除名股东基于对公司的出资而得到的财产性权益。[2]然而，并非对所有的被除名股东均须进行股权补偿。在《公司法解释三》第17条将股东除名事由严格限制为股东“未履行出资义务”与“抽逃全部出资”的情况下，因为股东实际上并未出资，故而其被除名后对原持有股权并不享有所谓的财产性权益，公司无须对其进行补偿。如股东已经履行出资义务却因其他事由被除名，如股东到龄退休或离职而按照章程规定其丧失股东资格，则必然面临如何处置股权和对该股东进行合理补偿的问题。

关于被除名股东的股权处置，《公司法解释三》第17条第2款规定股东除名后“公司应当及时办理法定减资程序或者由其他股东或者第三人缴纳相应的出资”，并未明确各个处置方式之间的先后顺序，《公司法修订草案（三审稿）》第52条第2款进一步细化了处置程序，规定“依照前款规定丧失的股权应当依法转让，或者相应减少注册资本并注销该股权；六个月内未转让或者注销的，由公司其他股东按照其出资比例足额缴纳相应出资”。从公司人合性和资本维持的角度考虑，被除名股东的股权处置应优先考虑由公司其他股东进行受让，以维持公司的人合性，如公司存在多名股东愿意受让，首先协商解决或者按照公司章程处理，在协商不成时，按照各自实缴出资比例受让；如公司其他股东均不愿意受让，再考虑对外转让给第三人；在均无人受让的情况下，公司可以进行回购并按照《公司法》第177条规定办理减资手续，此为最后的选项。

关于对被除名股东的合理补偿。股权具有身份权和财产权的双重属性，股东被除名意味着其相应股权的丧失，但是否应将其在公司的财产性权利予以全部剥夺，则存在分歧。按照《宪法》“公民的合法的私有财产不受侵犯”原则，剥夺股东之财产权只有公权力组织才能依法享有并实施，公司直接没收被除名股东的财产性权利，缺乏法律依据。相反，“公司应当对被除名股东在公司的出资进行合理的评估，并将相应的出资价值返还股东，这也是股东除名制度的应有之义”[3]。但是，补偿的前提是对被除名股东原持有股权的估价，如何确定

---

〔1〕 该条第2款规定，自股东会会议决议通过之日起60日内，股东与公司不能达成股权收购协议的，股东可以自股东会会议决议通过之日起90日内向人民法院提起诉讼。

〔2〕 参见郭兰英、刘丽萍：《有限责任公司章程中除名条款的效力分析》，载《山西省政法管理干部学院学报》2014年第3期。

〔3〕 参见卢代富、盛学军主编：《〈中华人民共和国公司法〉重点规则修改建议及立法理由》，法律出版社2023年版，第95页。

补偿价格是一大难题。在公司章程对此问题已作规定的情况下，按照章程规定处理，自无不可；但若公司章程未作规定或者规定的事项公司无法实施（如约定了回购价格，却无资金进行回购），则应由双方协商解决；在协商不成时，则将面临股权价值作价方式的选择问题。实践中，可予参照的股权作价方式主要包括：（1）股东的原始出资额；（2）按照公司净资产计算的所有者权益；（3）经审计或者评估计算的股权价值；（4）以股权转让价格认定股权价值。上述方式中，应当优先考虑第二种和第三种作价方式，其次是股东的原始出资额，最后是股权转让的价格。当然具体选择哪一种作价方式，往往很难一概而论，有赖于法院根据具体案情作出最终认定，进而确定一公允的补偿价格。

四、结语

有限责任公司具有很强的人合性和封闭性特征。当某一股东严重违反法定或约定义务时将其除名，能够最大限度地确保公司内部股东之间的信任关系，维系公司的存续。相反，如果没有股东除名制度，公司内部的分歧必然导致公司内部矛盾不断积聚而得不到有效释放，“最终给股东、公司的利益造成负面影响，造成有限责任公司的‘封闭性困境’”[1]，甚至公司可能将不得不接受解散的命运，而这并不符合现代市场经济之效率性要求。股东除名制度的构建为公司提供了一种既能解决内部矛盾又能维系公司存续的可能方案。然而，我国现行《公司法》并未引入该项制度，《公司法解释三》第17条填补了立法空白，但是囿于法定资本制对于资本信用的强调，该条规定的除名事由过于狭隘，除名程序、法律后果亦不甚明确，无法因应司法实践的现实需要。《公司法修订草案（三审稿）》第52条虽然对此进行了细化，但仍未超出《公司法解释三》第17条的立法框架和理念束缚。因此，有必要借助此次《公司法》修改的契机，对股东除名制度进行系统性重构，进一步拓宽股东除名事由，肯认公司章程约定除名事由的效力，并从除名程序、被除名股东权利保障等方面构建完善的规则体系以防范该项权利被滥用，在为公司清除“问题股东”的同时，确保被除名股东的合法权益免受不当侵害。

---

〔1〕参见谭甄：《论有限责任公司封闭性困境的救济》，载方流芳主编：《法大评论》第3卷，中国政法大学出版社2004年版，第75－104页。

证券法制

证券市场系统风险的确认与计算：亚太实业案释评

樊 健*

目 次

一、亚太实业案的案情概要与裁判要旨

（一）案情概要[1]

刘某与海南亚太实业发展股份有限公司证券虚假陈述责任纠纷上诉案（以下简称亚太实业案或本案），海南亚太实业发展股份有限公司（以下简称亚太实业，股票代码000691）自2011年4月22日起，通过虚增、虚减净利润和营业收入等方式进行虚假陈述，被中国证监会科以行政处罚。[2]该行为在2015年6月6日被

* 樊健，上海财经大学法学院副教授、博士生导师。

[1] 参见海南省高级人民法院（2017）琼民终12号民事判决书。

[2] 参见中国证监会行政处罚决定书〔2016〕12号。

揭示。[1]自2015年5月12日至2015年8月18日，亚太实业一直处于停牌状态，直至2015年8月19日才复牌。自2015年8月19日至2015年9月1日，亚太实业的股票累计成交量达到其可流通部分的100%，该日（2015年9月1日）为虚假陈述的基准日。[2]在2015年5月11日，投资者刘某以10.13元/股的价格买入亚太实业10.68万股股票，2015年8月25日以5.99元/股的价格全部卖出。刘某起诉亚太实业，要求赔偿全部损失。

深证成指和深证A指2015年的K线图显示，在2015年上半年，深证成指和深证A指总体呈持续上涨态势。但在2015年6月15日后，深证成指和深证A指均出现暴跌。在2015年6月6日后的第一个交易日即2015年6月8日，深证成指和深证A指的收盘点数分别为17452.31点和2999.34点；在2015年9月1日，深证成指和深证A指的收盘点数分别为10162.52点和1707.78点。自2015年6月8日到2015年9月1日，深证成指和深证A指的收盘点数跌幅分别为41.77%和43.11%。

本案的争议焦点是亚太实业的虚假陈述行为与投资者刘某的投资损失之间是否存在因果关系，或者说，如何确认和计算系统风险对投资者刘某损失的影响。

（二）裁判要旨

一审海口市中级人民法院认为，从亚太实业在揭示日至基准日的股票价格走势与深证成指、上证指数的对比图可见，亚太实业的股票价格走势与大盘基本一致。从本案虚假陈述揭露日到基准日期间深证成指和深证A指收盘点数暴跌的情况可见，亚太实业在虚假陈述揭露日之后的价格下跌并非其个股所独有，而是当时其所在的证券市场存在的普遍现象。因此，在股市大盘巨跌的背景下，刘某的损失应是由证券市场系统风险等其他因素所导致的，根据2003年最高人民法院《关于审理证券市场因虚假陈述引发的民事赔偿案件的若干规定》（以

〔1〕 最高人民法院《关于审理证券市场虚假陈述侵权民事赔偿案件的若干规定》（以下简称《虚假陈述若干规定》）第8条规定：虚假陈述揭露日，是指虚假陈述在具有全国性影响的报刊、电台、电视台或监管部门网站、交易场所网站、主要门户网站、行业知名的自媒体等媒体上，首次被公开揭露并为证券市场知悉之日。人民法院应当根据公开交易市场对相关信息的反应等证据，判断投资者是否知悉了虚假陈述。除当事人有相反证据足以反驳外，下列日期应当认定为揭露日：（一）监管部门以涉嫌信息披露违法为由对信息披露义务人立案调查的信息公开之日；（二）证券交易场所等自律管理组织因虚假陈述对信息披露义务人等责任主体采取自律管理措施的信息公布之日。信息披露义务人实施的虚假陈述呈连续状态的，以首次被公开揭露并为证券市场知悉之日为揭露日。信息披露义务人实施多个相互独立的虚假陈述的，人民法院应当分别认定其揭露日。《虚假陈述若干规定》第9条规定：虚假陈述更正日，是指信息披露义务人在证券交易场所网站或者符合监管部门规定条件的媒体上，自行更正虚假陈述之日。对于揭露日和更正日，本文统称为揭示日。

〔2〕 按照《虚假陈述若干规定》第26条第1—3款规定，“投资差额损失计算的基准日，是指在虚假陈述揭露或更正后，为将原告应获赔偿限定在虚假陈述所造成的损失范围内，确定损失计算的合理期间而规定的截止日期。在采用集中竞价的交易市场中，自揭露日或更正日起，被虚假陈述影响的证券集中交易累计成交量达到可流通部分100%之日为基准日。自揭露日或更正日起，集中交易累计换手率在10个交易日内达到可流通部分100%的，以第10个交易日为基准日；在30个交易日内未达到可流通部分100%的，以第30个交易日为基准日”。

下简称2003年《虚假陈述若干规定》)（已失效）第19条第4项的规定,〔1〕应认定刘某的损失与亚太实业虚假陈述之间没有因果关系。〔2〕终审海南省高级人民法院同样认为，亚太实业在虚假陈述揭露日之后的股价下跌并非其个股所独有，而是当时其所在的股票证券市场存在的普遍现象。在系统风险仍在持续，股市大盘急剧下行的情况下，刘某抛售亚太实业股票，其损失应是由股票证券市场系统风险所致。〔3〕

刘某向最高人民法院提出再审申请。最高人民法院认为，从虚假陈述揭示日至基准日期间，深证成指和深证A指跌幅分别为41.77%和43.11%，而亚太实业股价跌幅为43.14%，跌幅与大盘基本一致。可见，刘某选择的案涉股票交易背景正是在当时中国股市大规模的股灾周期内，亚太实业的股价下跌并非其个股所独有，而是当时证券市场普遍存在的现象，足以认定是受到系统风险因素的影响。结合揭露日至基准日期间亚太实业个股指数和深证大盘指数的下跌幅度看，系统风险对亚太实业个股的影响比例近于100%，故原审认定刘某的案涉股票投资全部损失均由证券市场系统风险所致，并无不当。〔4〕

最终三级法院都裁判刘某的全部损失是由系统风险所致，与亚太实业的虚假陈述行为无关，亚太实业无须赔偿。

二、问题的提出

证券市场系统风险是指“与证券市场的整体运行相关联的风险，即某种因素对市场所有证券都会带来收益或损失的可能性，如购买力风险、利率风险、政策风险等，其特点在于系统风险因共同因素所引发，对证券市场所有的股票价格均产生影响，它使所有同类证券价格向相同方向变化，是单一证券所无法控制的风险，这种影响为个别企业或行业所不能控制，投资人也不能通过投资组合分散”〔5〕。对于系统风险所导致的投资者损失，最高人民法院

〔1〕 2003年《虚假陈述若干规定》第19条规定：“被告举证证明原告具有以下情形的，人民法院应当认定虚假陈述与损害结果之间不存在因果关系……（四）损失或者部分损失是由证券市场系统风险等其他因素所导致……”该规定已被《虚假陈述若干规定》第31条修改，其规定为，“人民法院应当查明虚假陈述与原告损失之间的因果关系，以及导致原告损失的其他原因等案件基本事实，确定赔偿责任范围。被告能够举证证明原告的损失部分或者全部是由他人操纵市场、证券市场的风险、证券市场对特定事件的过度反应、上市公司内外部经营环境等其他因素所导致的，对其关于相应减轻或者免除责任的抗辩，人民法院应当予以支持。”新旧规定都允许被告抗辩存在系统风险而请求减免赔偿责任，但是就系统风险的界定、计算方式等，都未做规定。

〔2〕 刘某与海南亚太实业发展股份有限公司证券虚假陈述责任纠纷上诉案，海南省高级人民法院（2017）琼民终12号民事判决书。

〔3〕 刘某与海南亚太实业发展股份有限公司证券虚假陈述责任纠纷上诉案，海南省高级人民法院（2017）琼民终12号民事判决书。

〔4〕 刘某与海南亚太实业发展股份有限公司证券虚假陈述责任纠纷再审审查与审判监督案，最高人民法院（2017）最高法民申4532号民事裁定书。

〔5〕 李言晖与吉林紫鑫药业股份有限公司等证券虚假陈述责任纠纷案，长春市中级人民法院（2015）长民四初字第74号民事判决书。

《关于审理证券市场虚假陈述侵权民事赔偿案件的若干规定》（以下简称《虚假陈述若干规定》）第31条明确规定应当予以扣除。[1]然而，由于《虚假陈述若干规定》就系统风险对投资者损失影响的规定较为简略，“未进一步就证券市场系统风险的具体认定标准及确定系统风险所致损失额的计算方法作出规定，实践中有很大争议”[2]，“是否扣除系统风险和怎样扣除系统风险，是原被告经常争论的焦点”[3]。不同省份和层级的法院，就被告的举证责任要求、系统风险的参考时间段、参考依据、系统风险对损失影响程度以及扣除系统风险对损失影响的计算公式等，存在着不同的判决结果。[4]由于规则简略和不明所导致的“同案不同判”现象，不仅给诉讼当事人带来相当大的困扰，[5]也损害了司法公信力。[6]

最高人民法院就系统风险的确认和对投资者损失影响的计算等问题，发表较为详细裁判意见的案件并不多见。[7]但是，在亚太实业案中，最高人民法院针对本案之前司法实践中的一些疑难问题，给出了较为明确的答案，如被告无须举证系统风险的产生事由、将虚假陈述揭示日作为计算系统风险的起始日以及以“跌幅比较法”计算系统风险对投资者损失的影响

---

〔1〕笔者认为，对于行业风险或者公司自身经营风险所造成的投资者损失，由于与虚假陈述行为之间并没有损失上的因果关系，被告无须赔偿。Allen Ferrell and Atanu Saha，*The Loss Causation Requirement for Rule* 10*b* – 5 *Causes of Action The Implications of Dura Pharmaceuticals*，*Inc. v. Broudo*，63 Bus. Law. 163，166（2007）. 事实上，《虚假陈述若干规定》第31条中的“等”字是指等外，即包括系统风险在内的其他非虚假陈述因素都应当予以扣除。但是，在当前司法实践中，多数法院并不允许扣除行业风险或者公司自身经营风险，理由是相关法律没有明确规定，如廖劲松与恒天海龙股份有限公司证券虚假陈述责任纠纷上诉案，山东省高级人民法院（2016）鲁民终1682号民事判决书。

〔2〕刘振：《关于证券市场系统风险所致损失数额的认定》，载《人民司法》2008年第11期。

〔3〕黄辉：《中国证券虚假陈述民事赔偿制度：实证分析与政策建议》，载卢文道主编：《证券法苑》第27卷，法律出版社2019年版；陈亮：《虚假陈述民事赔偿案系统风险该如何理解》，载《上海证券报》2007年5月28日，B5版；叶可：《大庆联谊虚假陈述案若干实体法律问题探析》，载北京大学金融法研究中心编：《金融法苑》总第74辑，中国金融出版社2008年版。

〔4〕参见张保生等：《证券虚假陈述民事赔偿案件系统风险的认定标准和计算方法》，载郭锋主编：《金融服务法评论》第7卷，法律出版社2015年版。

〔5〕参见宋晓明：《自由裁量权正当性标准及其规制——以民商事审判为视角》，载最高人民法院民事审判第二庭编：《商事审判指导》总第28辑，人民法院出版社2012年版。因为诉讼当事人无法较为准确地计算出可能获得的赔偿数额，造成诉讼增加（原告低估了法院对于系统风险等认可数量）或者诉讼减少（原告夸大了法院对于系统风险等认可数量），总之相关诉讼不会达到最优的数量。

〔6〕参见夏明月：《系统风险是虚假陈述败诉理由吗?》，载 http://finance. sina. com. cn/stock/t/20120514/100412056853. shtml，最后访问日期：2023年7月1日；刘雯亮：《扣除80%系统风险！宁波富邦案一审离奇判定》，载新浪财经，http://finance. sina. com. cn/stock/t/20141220/031921123755. shtml；谢丹敏：《创兴资源虚假陈述索赔案开庭　代理人将股民损失推给“股灾”》，载 http://finance. eastmoney. com/news/1354，20160506621332446. html，最后访问日期：2023年7月1日。

〔7〕例如：解某与华闻传媒投资集团股份有限公司证券虚假陈述责任纠纷申请再审案，最高人民法院（2013）民申字第1851号民事裁定书（该案中，最高人民法院认为投资者损失是由系统风险等因素所导致，但是并没有对系统风险展开分析）；童某与振兴生化股份有限公司证券虚假陈述责任纠纷再审审查与审判监督案，最高人民法院（2017）最高法民申4693号民事裁定书（该案中，最高人民法院认为将大盘指数作为系统风险参考依据并无不当，但是没有分析如何计算系统风险对投资者损失的影响）；付某亚与山东鲁北化工股份有限公司证券虚假陈述赔偿纠纷申请再审案，最高人民法院（2015）民申字第3212号民事裁定书（该案中，最高人民法院认为“弱势股”跌幅与大盘指数跌幅的偏离是投资者应当承担的公司经营风险）。

程度。鉴于最高人民法院裁判的权威性，本案的裁判结果会给以后的司法实践提供重要的指导和参考。[1]

然而，就本案之前司法实践中的其他一些争议问题，如是以大盘指数还是以行业指数为系统风险参考依据，尤其是当大盘指数与行业指数的跌幅不同时，如何选择最能反映系统风险的参考依据？将哪个日期作为计算本案系统风险的截止时间较为妥当，是股票卖出日还是基准日？最高人民法院给出的答案存在可商榷之处。此外，最高人民法院计算系统风险所导致的投资者损失数额的方法也与《虚假陈述若干规定》的方法不尽一致。如何协调这两种不同的计算方法，可能会成为将来司法实践所面临的难题。

三、亚太实业案所解决的争议问题

（一）被告无需举证系统风险的产生事由

《虚假陈述若干规定》虽然允许被告提出系统风险的抗辩，但是被告应当举证到何种程度方能证明系统风险存在，《虚假陈述若干规定》并没有明确。总体而言，“当前的主流观点和做法持对上市公司非常严苛的态度”[2]。《虚假陈述若干规定》“采用的是有利于原告的因果关系推定，被告若要成功否定因果关系的存在在事实上几无可能，立法和司法审判实践关于因果关系举证的价值取向显然对普通投资者有利”[3]。例如，陈某华等23名投资人诉大庆联谊公司、申银证券公司虚假陈述侵权赔偿纠纷案[4]中，法院认为，“大庆联谊公司既然提出这一主张，首先应当举证证明造成系统风险的事由存在，其次应当证明该事由对股票市场产生了重大影响，引起全部股票价格大幅度涨跌，导致了系统风险发生。但纵观大庆联谊公司向一审和二审法院提交的所有证据，并不能证明1999年4月21日至2000年4月27日期间，证券市场存在着足以影响所有股票价格下跌的合理事由，更不能证明该事由与股市价格波动的逻辑关系。”[5]因此，有时即使被告已经提供证据证明了综合指数、行业指数以及同类公司的股价跌幅，法院依旧以其“所举证据不能证明证券投资人在投资该股票期间，证券市场系统风险有足以影响所有股票下跌的具体事由，也不能证明该事由与自然人投资损

---

〔1〕 参见张保生、周伟：《最高院“亚太实业”再审案：100%认可证券市场系统风险》，载中伦网，http://www.zhonglun.com/Content/2018/06-05/1056010362.html。

〔2〕 刘振：《关于证券市场系统风险所致损失数额的认定》，载《人民司法》2008年第11期。

〔3〕 郭锋：《从大庆联谊股东诉讼案谈中国证券民事赔偿制度的构建》，载《法学杂志》2006年第1期。

〔4〕《最高人民法院公报》2005年第11期。

〔5〕 同样的判决理由，参见胡某芬与协鑫集成科技股份有限公司证券虚假陈述责任纠纷案，南京市中级人民法院（2016）苏01民初151号；肖某柏与海信科龙电器股份有限公司等证券虚假陈述责任纠纷上诉案中，广东省高级人民法院（2010）粤高法民二终字第48号民事判决书；等等。

失之间有因果关系，故不应扣减”[1]。在亚太实业案中，投资者刘某在上诉时提出的理由之一就是，“一审判决既没有指出系统风险的诱因，又没有监管部门的结论，仅仅根据亚太实业提供的上述证据（深证成指 K 线图），就贸然认定亚太实业的股票价格走势与大盘基本一致，是系统风险，缺乏事实依据，根本不具说服力”[2]。

在本案中，最高人民法院并没有要求被告举证系统风险的产生事由，而是直接以虚假陈述揭示日至基准日之间大盘指数出现暴跌来判断是否存在系统风险，这点值得肯定。[3]理由在于“发生系统风险的事由纷繁复杂，而且往往不是单一原因所致，要求上市公司为此举证，举证责任过重。更重要的是，法院在审理这类案件时关注点不应放在系统风险基于何种事由发生，而应重点审查是否存在系统风险。只要存在系统风险，且因此导致了原告的损失，不论其基于何种事由发生，均应考虑将系统风险所致的损失予以扣除”[4]。而指数的异常跌幅最能体现是否存在系统风险，“利用市场指数，法院可以把不确定的 N 个系统风险看成由市场指数反映出来的一个系统风险集合体，而且还可以由数字把它们经过传导机制转化出来的客观结果准确表示出来，克服了风险种类多，价格传导机制复杂这两个难题，所以是比较理想的选择”[5]。

具体到本案，对于 2015 年下半年所发生的股灾，有学者认为是由“杠杆的过度无序应用、金融产品监管不完善、市场机制多空不协调、交易机制设计缺陷、投资者结构散户化问题、新股发行制度与上市公司行为规范的漏洞，以及媒体扮演的牛市思维助推器”[6]等多种因素叠加所导致的，并非由单一事由所引发。因此，除非法院接受被告举证因多种因素导致系统风险发生，否则要求被告举证系统风险因单一事由而发生，显然过于强人所难和不符合证券市场实际。在短短三个月的时间内股指即出现了近 50% 跌幅，已经超出了正常的波动范围，而这种巨额的跌幅显然是由于外在的系统风险所导致。

（二）以虚假陈述揭示日为计算系统风险的起始日

在司法实践中，存在着多种计算系统风险对损失影响时间段的做法，包括了实施日到揭

---

〔1〕 陈某丰与宁夏银星能源股份有限公司证券虚假陈述责任纠纷上诉案，宁夏回族自治区高级人民法院（2009）宁民商终字第 6 号民事判决书。

〔2〕 刘某与海南亚太实业发展股份有限公司证券虚假陈述责任纠纷上诉案，海南省高级人民法院（2017）琼民终 12 号民事判决书。

〔3〕 当然，如果指数仅仅是小幅波动，并未超出正常范围，则不一定有系统风险存在。参见贾纬：《证券市场虚假陈述民事案件的赔偿范围》，载《人民司法》2002 年第 11 期。在司法实践中，有法院认为即使指数出现异常波动，也不能证明系统风险存在，显然对于被告提出了过高的证明要求。参见北京无线天利移动信息技术股份有限公司等与吴某军证券虚假陈述责任纠纷上诉案，北京市高级人民法院（2017）京民终 575 号民事判决书。

〔4〕 刘振：《关于证券市场系统风险所致损失数额的认定》，载《人民司法》2008 年第 11 期。

〔5〕 甘培忠、彭运朋：《论证券虚假陈述民事赔偿中系统风险所致损失数额的认定》，载《甘肃社会科学》2014 年第 1 期。

〔6〕 吴晓灵等：《中国 A 股市场异常波动报告》，上海远东出版社 2016 年版。

示日[1]、实施日到卖出日或基准日[2]、买入日至揭示日[3]、买入日到卖出日或基准日[4]以及揭示日至卖出股票日或基准日[5]。在亚太实业案中，最高人民法院明确以虚假陈述揭示日为计算系统风险的起始日，而以基准日为截止日。笔者同意以揭示日为起始日，但是不同意以基准日为截止日，而是应当以投资者刘某将股票卖出日为截止日。本部分分析为何应当将揭示日为计算系统风险的起始日，后文将分析在本案中为何应当将卖出日作为截止日。

《虚假陈述若干规定》采用了“事后观点”来认定并计算投资者损失，[6]只有当投资者在揭示日之后，由于股票的平均卖出价或者基准价[7]低于平均买入价时，才认定投资者遭受了损失。[8]这是因为“虚假陈述行为造成投资者损失的一般情形是：从虚假陈述行为被公开揭露或更正之日起，其股票价格因受到该披露行为影响，出现较大幅度或涨或跌的异常波动，严重偏离其本来价值；投资者因股价异常涨跌而受到损失”[9]。可见，真正造成投资者损失的不是平均买入价的虚高，而是虚假陈述被揭示后，平均卖出价或者基准价的减少（相比于没有虚假陈述行为）。因此，“证券虚假陈述责任纠纷案件索赔限于在虚假陈述揭露日或者更正日及以后，因卖出该证券发生亏损，或者因持续持有该证券而产生亏损的部分”[10]。如果投资者在揭示日之前就卖出股票，即使遭受损失，被告也无需赔偿，因为这属于正常的投资风险。[11]因此，在虚假陈述实施日至揭示日之间所发生的系统风险为正常的商业风

---

〔1〕 金某与数源科技股份有限公司证券虚假陈述民事赔偿案，浙江省杭州市中级人民法院（2010）浙杭商初字第34号民事判决书。

〔2〕 陈某与三九医药股份有限公司证券虚假陈述民事赔偿纠纷案，（2003）深中法民二初字第489号民事判决书。

〔3〕 苏某福与南通科技投资集团股份有限公司证券虚假陈述责任纠纷上诉案，江苏省高级人民法院（2007）苏民二终字第0112号民事判决书。

〔4〕 张某与银座渤海集团股份有限公司证券虚假陈述侵权责任纠纷上诉案，（2004）鲁民二终字第287号民事判决书。

〔5〕 莫某连与山东德棉股份有限公司、山东德棉集团有限公司证券虚假陈述侵权责任纠纷上诉案，山东省高级人民法院（2012）鲁商终字第18号民事判决书。

〔6〕《虚假陈述若干规定》第27条、第28条。关于投资者损失计算的“事前观点”和“事后观点”之争，参见 Merritt B. Fox, *After Dura: Causation in Fraud-on-the-Market Actions*, 31 J. Corp. L. 829 (2006); John C. Coffee, Jr., *Causation by Presumption? Why the Supreme Court Should Reject Phantom Losses and Reverse Broudo*, 60 Bus. Law 533 (2005)。

〔7〕 基准价是指揭示日至基准日之间，每个交易日收盘价的平均价格，参见《虚假陈述若干规定》第26条第4款。

〔8〕 这种“事后观点”存在着一些问题，如不符合证券市场的实际运行情况、产生道德风险以及投资者获得赔偿过多或过少等。对此详细的分析，参见樊健：《论证券虚假陈述投资者损失计算的“事前观点”》，载《清华法学》2017年第3期。

〔9〕 黄某安与宝安鸿基地产集团股份有限公司证券虚假陈述责任纠纷上诉案，广东省高级人民法院民事判决书（2015）粤高法民二终字第1034号民事判决书；李国光主编：《最高人民法院关于审理证券市场虚假陈述案件司法解释的理解与适用》，人民法院出版社2015年版，第261页。

〔10〕 谢某华与华闻传媒投资集团股份有限公司证券虚假陈述责任纠纷申请再审案，最高人民法院（2013）民申字第1808号民事裁定书。

〔11〕 参见王某克与南京纺织品进出口股份有限公司证券虚假陈述责任纠纷案，南京市中级人民法院（2015）宁商初字第161号民事判决书。

险，无论对投资者产生何种影响，该结果都由投资者承担。所以，只有在揭示日之后所发生的系统风险方能予以扣除。“虚假陈述行为揭露后市场会作出反应，以消除虚假陈述对市场的扭曲效应，通过虚假陈述揭露日至基准日的股价变动，可以看出股票所受虚假陈述行为的影响。而股票在虚假陈述行为揭露日之前的价格变动，是股票价格的正常波动，与虚假陈述之间没有因果关系。同理，如果需要考虑系统风险对股价的影响，也应考虑该相同时间段的系统风险，才能对应地比较确定系统风险和虚假陈述行为对股价变动的影响力大小。”〔1〕

但是，在苏某福与南通科技投资集团股份有限公司证券虚假陈述责任纠纷上诉案中，〔2〕江苏省高级人民法院认为，“综合考虑上述各因素，本院最终确定证券市场系统风险造成纵横国际股价下跌的幅度为 26%。苏某福买入纵横国际股票的平均价格为 14.47 元/股，则因系统风险导致的纵横国际股价的损失为 3.76（14.47 元 ×26%）元/股”。对此，笔者认为，江苏省高级人民法院计算系统风险的时间段是错误的，其不应该在计算平均买入价时即扣除系统风险。理由在于虚假陈述被揭示之前的所有交易结果都被认为是投资者需要承受的投资风险，不论盈亏都由投资者自行承担。因此对于虚假陈述被揭示前的平均买入价无需考虑其是否受到系统风险等影响。相比之下，在本案中，最高人民法院以虚假陈述揭示日为计算系统风险的起始日就正确了。

（三）以“跌幅比较法”计算系统风险对投资者损失的影响程度

“鉴于证券市场的复杂性，对于如何在虚假陈述所导致的损失内评价及测算系统风险等其他因素的影响，我国现行法律法规并未具体规定，司法实践中亦未形成统一标准。”〔3〕在亚太实业案之前，法院对于如何计算系统风险对投资者损失的影响程度，有不同的做法。有的法院虽然支持了被告的系统风险抗辩，却没有给出系统风险对损失影响程度的计算方法。例如，许某强诉宁波富邦精业集团股份有限公司证券虚假陈述责任纠纷案〔4〕中，法院认为，“原告投资股票的损失与被告的虚假陈述行为存在一定的因果关系，综合考量证券市场系统风险因素及被告实施虚假陈述行为的性质以及原告自身投资的风险因素后，酌情确定被告的虚假陈述行为对原告造成的差额损失承担 20% 的责任”〔5〕。有的法院则判决，“上诉人的主要损失系由于宏观因素、市场环境变化、政策性等系统风险等因素造成的，但是，九州股份

〔1〕 廖某松与恒天海龙股份有限公司证券虚假陈述责任纠纷上诉案，山东省高级人民法院（2016）鲁民终 1682 号民事判决书。

〔2〕 江苏省高级人民法院（2007）苏民二终字第 0112 号民事判决书。

〔3〕 马某萍与江苏友利投资控股股份有限公司证券虚假陈述责任上诉案，江苏省高级人民法院（2016）苏民终 732 号民事判决书。

〔4〕 浙江省宁波市中级人民法院（2014）浙甬商初字第 38 号民事判决书。

〔5〕 类似的案件，如上海顺灏新材料科技股份有限公司与司徒某磊等证券虚假陈述责任纠纷上诉案，上海市高级人民法院（2017）沪民终 440 号民事判决书。

的虚假陈述行为也是造成上诉人投资损失的一个次要原因，应承担一定责任”[1]。有的法院综合考虑综合指数和行业指数的影响，算出系统风险对损失的影响程度。例如，金某诉数源科技股份有限公司证券虚假陈述责任纠纷案中，[2]法院的计算方法是，“深证成指加权平均下跌了10.91%，深证综指加权平均下跌了13.41%，IT指数加权平均下跌了20.01%，本院综合考虑这些因素后，酌情确定证券市场系统风险造成数源科技公司案涉股票的下跌幅度为10%”[3]。有的法院则直接以大盘或者行业指数的下跌幅度来计算系统风险的影响，如陈某丰诉宁夏银星能源股份有限公司证券虚假陈述责任纠纷上诉案[4]中，法院认为，“上诉人从深证成指、相关行业指数等因素考虑系统风险并得出相应结果是：2000年1月8日至2006年7月18日，银星能源名义跌幅为49.5%，深证成指名义跌幅6.67%；工业机械指数名义跌幅14.87%；天兴仪表名义跌幅42.42%，自仪股份名义跌幅51.64%，上诉人以最密切关联的板块指数作为系统风险考虑，被上诉人损失中有14.87%是系统风险造成，与上诉人虚假陈述行为无关，应当减除”。

在本案中，最高人民法院以虚假陈述揭示日至基准日之间的指数跌幅与股价跌幅之比来计算系统风险对投资者损失的影响程度，本文称之为“跌幅比较法”。[5]具体而言，在虚假陈述揭示日至基准日之间，大盘指数的跌幅分别是41.77%和43.11%，而亚太实业股价的跌幅为43.14%，因此系统风险对损失的影响为100%，被告无需赔偿。如果大盘指数的跌幅为50%，除以股价跌幅43.14%，结果超过100%，因此被告也无需赔偿。相反，如果大盘指数跌幅为20%，除以股价跌幅43.14%，结果为50%，即系统风险对损失的影响程度为50%，因此被告应当对投资者损失50%的部分承担赔偿责任。

笔者认为，最高人民法院采用“跌幅比较法”相比于本案之前的其他计算方法更为科学。[6]理由有二：第一，指数的选择与计算方法更加准确。在确定好系统风险所参考的指数之后，尤其是与个股联系最紧密的参考指数之后，就没有必要再参考其他指数的跌幅来调整已确定指数的跌幅，因为该已确定的指数能够充分地反映系统风险情况。第二，用“跌幅比较法”计算系统风险对投资者损失的影响程度，在方法上保持了一致性。因为在以指数跌幅来计算系统风险时，为了保持计算的一致性，每股损失也应当用跌幅来表示。这样以指数跌

---

〔1〕 赵某英与福建九州集团股份有限公司等证券虚假陈述责任纠纷上诉案，福建省高级人民法院（2007）闽民终字第348号民事判决书。

〔2〕 浙江省杭州市中级人民法院（2010）浙杭商初字第34号民事判决书。

〔3〕 类似的案件，如廖某松与恒天海龙股份有限公司证券虚假陈述责任纠纷上诉案，山东省高级人民法院（2016）鲁民终1682号民事判决书。

〔4〕 宁夏回族自治区高级人民法院（2009）宁民商终字第6号民事判决书。

〔5〕 有学者称之为“系统风险相对比例法”，参见张保生等：《证券虚假陈述民事赔偿案件系统风险的认定标准和计算方法》，载郭锋主编：《金融服务法评论》第7卷，法律出版社2015年版。

〔6〕 在本案中，最高人民法院以大盘指数为系统风险的参考依据值得商榷。而且，最高人民法院计算投资者损失的方法也与《虚假陈述若干规定》的方法不尽相同，参见本文第四部分的论述。

幅除以股价跌幅，才能准确地算出在股价下跌的幅度中，有多少是由系统风险所造成，该结果即为系统风险对投资者损失的影响程度。[1]在本案中，如果采用之前的司法实践做法，直接将大盘指数等跌幅作为系统风险对投资者损失的影响程度，则会使得系统风险对投资者损失的影响程度偏小，不利于被告。具体而言，在本案中，亚太实业在揭示日的价格为10.13元/股，基准日的价格为5.76元/股，大盘指数的跌幅分别是41.77%和43.11%，如果直接将大盘下跌幅度作为系统风险对损失的影响程度，按照最高人民法院在本案中的损失计算方法，则被告需要赔偿投资者每股（10.13－5.76）×（1－41.77%）或者（10.13－5.76）×（1－43.11%）约为2.49元。然而，用“跌幅比较法”的话，则被告不用赔偿。

四、亚太实业案的未解之题

（一）是以大盘指数还是以行业指数为系统风险参考依据

在亚太实业案之前，“法院通常将大盘指数、行业板块指数或两者相结合作为系统风险计算的参照标准，少数法院还会参考同行业同类型个股或受同一政策影响的个股价格波动情况”[2]。有的法院所参考的依据还包括了股票市值等其他因素，如苏某福与南通科技投资集团股份有限公司证券虚假陈述责任纠纷上诉案[3]中，法院在“上证综合指数”“沪市全部a股流通股总市值”“纵横国际所在的机械类行业板块指数”“机械类行业a股流通股总市值”这四类数据变动情况的基础上加以把握。在本案中，最高人民法院则是将两个较为具有代表性的大盘指数即深证成指和深证A指来作为系统风险的参考依据。[4]

笔者认为，就系统风险对于个股的影响而言，行业指数相比大盘指数更能准确地反映系统风险对个股的影响。因此，在本案中，应当选择与亚太实业联系更紧密的深圳证券交易所房地产行业的指数（399241）作为系统风险的参考依据，事实上亚太实业本身就是该指数样本股之一。理由在于系统风险对于不同行业的影响是不同的，因此相比大盘指数，选择行业指数更能精确地显示出系统风险的存在和影响程度。[5]“由于个股分属不同行业，不同行业

[1] 采用相同方法的案件，如蔺某苓与丹东欣泰电气股份有限公司、兴业证券股份有限公司证券虚假陈述责任纠纷案，沈阳市中级人民法院（2017）辽01民初117号民事判决书。

[2] 参见张保生等：《证券虚假陈述民事赔偿案件系统风险的认定标准和计算方法》，载郭锋主编：《金融服务法评论》第7卷，法律出版社2015年版。

[3] 江苏省高级人民法院（2007）苏民二终字第0112号民事判决书。

[4] 在韩某玲与振兴生化股份有限公司证券虚假陈述责任纠纷再审审查与审判监督案中，最高人民法院认为，因深证成份指数与综合指数能够从不同侧面反映深圳股市趋势，故而将深证成份指数作为系统风险参考依据并无不当。参见最高人民法院（2017）最高法民申4963号民事裁定书。

[5] 即使有法院综合考虑证明系统风险存在的证据，其还是把行业指数作为优先考虑因素。“在上述四类数据中，纵横国际股票所处的机械类行业板块指数及板块市值变动情况与纵横国际股价最具关联性，最能体现出系统风险对纵横国际股价的实际影响力，故应将其作为计算系统风险损失的优先考虑因素。”苏某福与南通科技投资集团股份有限公司证券虚假陈述责任纠纷上诉案，江苏省高级人民法院（2007）苏民二终字第0112号民事判决书。

在同一证券市场下也具有不同特点，因此，个股所处行业的整体形势、市场表现和经济效益，将对个股产生更大的影响，个股所处行业板块的涨跌情况能够更为全面地反映大盘趋势和行业特点，因此，结合行业数据作为计算标准确定系统风险对投资者损失的影响比例，更为合理。”〔1〕在司法实践中，不少法院也持相同观点。例如，有的法院认为：“在认定系统风险时，同类板块指数与个股的关联性更加密切，判断系统风险的准确性更高，故审查相关同类板块指数是否出现了大幅度的波动是重要参考。”〔2〕

当然，如果缺乏行业指数（实务中可能性不大）或者行业公司不多，存在权重股的情形，则可以考虑选择大盘指数或者综合考虑大盘指数和行业指数。“板块指数比大盘指数与个股更具关联性，且板块指数不仅能反映板块的系统风险（如国家的产业政策调整），也能反映整个股市的系统风险。但板块指数有时受到某只或某几只权重股影响，导致板块指数无法反映系统风险的情况。”〔3〕例如，公司在行业指数中的代表性并不充分，行业指数的变化情况不足以反映系统风险对于公司的影响，因此需要通过更具相似性的公司股价波动进行分析。〔4〕但是，法院必须说明为何不选择行业指数而选择大盘指数（或者综合考虑行业指数和大盘指数）。

具体到本案，亚太实业所属的房地产指数涵盖了58只在深圳证券交易所上市的房地产企业，具有充分的行业代表性，其比深证成指和深证A指更能表明系统风险对房地产行业的影响和最终对亚太实业的影响。查看亚太实业所属的房地产板块可知，2015年6月8日的指数是3620.75点，投资者刘某卖出股票的当日2015年8月25日的指数是2414.00点，基准日2015年9月1日的指数是2443.62点，从揭示日至卖出日指数下跌32.51%，从揭示日至基准日指数下跌33.28%，相应地，亚太实业的跌幅分别是40.86%和43.13%。

将深证成指与亚太实业的K线图作比较，〔5〕当亚太实业在2015年8月18日复盘之后，其股价呈直线下跌趋势，直到因停牌对交易影响的因素消除之后，深证成指与亚太实业的K线几乎呈重合状态，最高人民法院据此认为投资者的全部损失是由系统风险所致。但是，如果将房地产指数与亚太实业的K线图进行比较，则可以明显地看出两者之间的运行差别。当

〔1〕 张保生等：《上海法院首次判决认定证券虚假陈述案件中的系统风险》，载微信公众号“金杜研究院”2017年9月6日，https://mp.weixin.qq.com/s/NSnQWULLaYoQsOzogPMRiQ。

〔2〕 杨某申与潍坊亚星化学股份有限公司证券虚假陈述责任纠纷上诉案，山东省高级人民法院（2015）鲁商终字第313号民事判决书。

〔3〕 参见张保生等：《证券虚假陈述民事赔偿案件系统风险的认定标准和计算方法》，载郭锋主编：《金融服务法评论》第7卷，法律出版社2015年版。

〔4〕 See Hubbard *v.* BankAtlantic Bancorp, Inc., 688 F.3d 713 (2012). 被告是在佛罗里达州注册和经营的银行控制公司，法院认为由于该公司在纳斯达克银行指数中的占比较小，且次贷危机对于佛罗里达州注册和经营的公司影响要远大于在其他州注册和经营的公司，因此纳斯达克银行指数不足以反映次贷危机风险对被告股价下跌的影响。

〔5〕 为简便起见，本部分仅比较深证成指和亚太实业的K线图。将深证A指与亚太实业的K线图比较，所得到的结果相同。

亚太实业复盘之后，其股价呈直线下跌趋势，直到因停牌对交易影响的因素消除之后，股价有缓慢回升，但是两条K线并不重合，亚太实业股价的下跌幅度远大于房地产指数的下跌幅度。而两条K线图之间的差距，笔者认为就是亚太实业的虚假陈述对投资者损失的影响程度。按照最高人民法院系统风险对投资者损失影响程度的计算方法，投资者损失中的大约80%（32.51%/40.86%或者33.28%/43.13%）部分是由系统风险所致。在亚太实业没有提供其他免责事由（例如前部分所说的行业风险或者自身经营风险）的情况下，其应当对投资者损失的20%部分承担赔偿责任。然而，很遗憾，最高人民法院没有选择与亚太实业联系最紧密的房地产指数而选择了大盘指数作为系统风险的参考依据，因此得出了亚太实业完全不用赔偿的裁判结果。

（二）是以卖出日还是以基准日为计算系统风险的截止时间

在亚太实业案之前，法院将若干种不同的日期作为计算系统风险的截止日，如揭示日、卖出日以及基准日等。[1]在本案中，最高人民法院以基准日为计算系统风险的截止时间，该计算方法值得商榷。主要理由是，投资者刘某在基准日（2015年9月1日）之前的2015年8月25日已经卖出全部购入的亚太实业股票，之后到基准日的系统风险对投资者损失已无影响，因而该段时间内所发生的系统风险不能扣除。如果将卖出日至截止日之间的系统风险也计算到对投资者损失的影响中，则投资者承担了与其投资无关的系统风险的影响，其不合理和不公平性显而易见。当然，如果投资者在卖出股票之后还持有部分股票至基准日及以后，那么对于该部分股票，计算系统风险的起止时间为揭示日至基准日。

从本案来看，由于2015年8月25日的深证成指为10197.94点，深证A指为1749.07点，而基准日的深证成指为10162.52点，深证A指为1707.78点。两组数据相差不大，因此即使以基准日为计算系统风险的截止日也不会影响本案的裁判结果。但是，从理论上说，本案计算系统风险的截止日应为股票卖出日。

（三）如何计算系统风险所导致的投资者损失

在确定了系统风险对投资者损失的影响程度之后，如何计算出系统风险到底给投资者造成了多少损失，司法实践中的计算方法也不尽相同。有的法院是在计算出总的投资损失（含系统风险）之后，再扣减系统风险对损失的影响，最终算出被告应当承担的赔偿数额。[2]有的法院则是在计算平均买入价的时候，即扣减系统风险对损失的影响程度，然后再按《虚假陈述若干规定》计算出被告的赔偿数额。[3]但是，这两种方法都存在问题。因为这两种方法

---

〔1〕 参见本文在分析计算系统风险起始日时所引用的案例。

〔2〕 参见许某强与宁波富邦精业集团股份有限公司证券虚假陈述责任纠纷案，浙江省宁波市中级人民法院（2014）浙甬商初字第38号民事判决书。

〔3〕 苏某福与南通科技投资集团股份有限公司证券虚假陈述责任纠纷上诉案，江苏省高级人民法院（2007）苏民二终字第0112号民事判决书。

都将虚假陈述实施日至揭示日之间的系统风险因素也扣除了。如前所述，由于这期间的系统风险是投资者应当自己承担的商业风险，因此不能在计算投资者损失时予以扣除。

在亚太实业案中，最高人民法院认为，“结合揭露日至基准日期间亚太实业个股指数和深证大盘指数的下跌幅度看，系统风险对亚太实业个股的影响比例近于100%，故原审认定刘某的案涉股票投资全部损失均由证券市场系统风险所致，并无不当”[1]。据此，按照最高人民法院的观点，投资者的损失是指揭示日至基准日之间的股价下跌数额再乘以卖出的股票数量，即将揭示日价格减去平均卖出价乘以卖出股票的数量，再乘以系统风险对投资者损失的影响程度即为系统风险所导致的投资者损失。相应地，被告赔偿投资者损失的公式即为［（揭示日价格－平均卖出价）×（1－指数跌幅/股价跌幅）］元/股×卖出股票数量。具体到本案中，亚太实业赔偿投资者刘某损失数额的计算公式＝［（10.13－5.99）×（1－41.77%÷43.13%）］[2]元/股×10.68万股，结果为0，亚太实业无需赔偿。

然而，这样的计算方法与2003年《虚假陈述若干规定》并不一致。按照2003年《虚假陈述若干规定》第31条[3]的计算方法，被告应当赔偿投资者损失数额的公式是平均买入价减去平均卖出价乘以卖出的股票数量，当然在卖出阶段要考虑系统风险对平均卖出价的影响。因此，除去系统风险之后，被告应当赔偿投资者损失的计算公式为［平均买入价－平均卖出价－指数跌幅/股价跌幅×（揭示日价格－平均卖出价）］元/股×卖出股票数量。指数跌幅/股价跌幅×（揭示日价格－平均卖出价）表示在投资者每股的损失中，系统风险所造成的损失数额。具体到本案，被告应当赔偿投资者损失的公式＝［10.13－5.99－41.77%÷43.13%×（10.13－5.99）］/元股×10.68万股，结果为0，被告也无需赔偿。

虽然两种计算方法不同，但是得出的结果是一致的，表面上看没有差别。然而，本案有其特殊性，即本案中的平均买入价与揭示日价格相同，这种情况在实践中是相当少见的。主要是因为投资者刘某在停牌前一天买入全部股票，而在揭示日之后亚太实业依旧处于停牌状态，所以导致平均买入价和揭示日价格相同。如果两者价格不相同，则会得出不同的结果。假设投资者刘某的平均买入价是11元/股，则按照最高人民法院的计算方法，被告依旧无需赔偿。但是，按照2003年《虚假陈述若干规定》的计算方法，被告则应当赔偿0.87万元，即［11－5.99－41.77%÷43.13%×（10.13－5.99））］/元股×10.68万股。

笔者认为，最高人民法院的计算方法更为合理。如前所述，造成投资者损失的并非是平均买入价的虚高（因此计算损失时无需考虑平均买入价），而是在虚假陈述被揭示后，由于股价下跌而造成的平均卖出价或者基准价的降低，而降低的部分理论上就是投资者因虚假陈

---

〔1〕刘某与海南亚太实业发展股份有限公司证券虚假陈述责任纠纷再审审查与审判监督案，最高人民法院（2017）最高法民申4532号民事裁定书。

〔2〕为简便起见，本部分只计算深证成指，用深证A指计算的结果相同。

〔3〕2003年《虚假陈述若干规定》第31条规定，“投资人在基准日及以前卖出证券的，其投资差额损失，以买入证券平均价格与实际卖出证券平均价格之差，乘以投资人所持证券数量计算”。

述行为所产生的每股损失。在不考虑其他因素的情况下，将揭示日价格减去平均卖出价或基准价乘以卖出的数量或基准日后持有的股票数量，即为投资者的真正损失。[1]但是，由于2003年《虚假陈述若干规定》已经明确规定了不同于最高人民法院的计算方法，因此之后的司法实践如何协调两者的关系，将会成为棘手问题。从计算的便捷性和合法性来说，多数法院可能还会采用2003年《虚假陈述若干规定》的计算方法，但显然这种计算方法并不准确。

五、结论

只有当虚假陈述行为与投资者损失之间存在因果关系时，被告才需要向投资者承担赔偿责任。因此，诸如系统风险等非虚假陈述因素在计算投资者损失时应当予以扣除。但是，如何确认系统风险的存在以及如何计算系统风险对投资者损失的影响，一直以来是我国证券虚假陈述民事赔偿诉讼中的难题所在。

在亚太实业案中，最高人民法院明确地回答了之前司法实践中的几个争议问题，如被告无需举证系统风险的产生事由、将虚假陈述揭示日作为计算系统风险的起始时间以及以“跌幅比较法”计算系统风险对投资者损失的影响程度。鉴于最高人民法院裁判的权威性，本案的裁判结果会给以后的司法实践提供重要的指导和参考。

但是，在本案中，最高人民法院的裁判也存在一些问题。首先，最高人民法院将大盘指数作为系统风险的参考依据，存在一定问题。因为相比于大盘指数，被告所在的行业指数更能体现系统风险对被告的影响。在本案中，存在被告所在的行业指数。因此，笔者认为将行业指数作为本案系统风险的参考依据更为恰当。其次，最高人民法院将基准日作为计算系统风险的截止日存在可商榷之处。在本案中，由于投资者在基准日之前已经卖出全部股票，之后到基准日期间发生的系统风险并不对其产生影响，因此应当将股票卖出日作为截止日。最后，最高人民法院将揭示日和基准日之间的股价下跌差额作为投资者每股的损失数额，再乘以系统风险对投资者损失的影响程度，即为系统风险所导致的投资者的每股损失。虽然该方法较为合理，但是其与2003年《虚假陈述若干规定》的计算方法并不一致。如何协调两者的关系，将是未来司法实践所面临的困难所在。

---

〔1〕 详细分析2003年《虚假陈述若干规定》计算投资者损失的方法，已经超出本文的范围。

证券市场预测性信息披露问题探究

——以安全港规则的理解与适用为中心

张亦知 *

目 次

一、问题的提出

预测性信息是指上市公司向社会公众所披露的、针对企业未来经营与发展事项做出的判断、分析、评价等预估陈述。目前我国预测性信息披露的实践中存在披露意愿低下、业绩频繁变脸、准确性偏低等情况，这些不足影响着我国证券信息披露市场的有效性。因此，我国证券市场的预测性信息披露亟需得到规制。2022年1月21日，最高人民法院发布《关于审理证券市场虚假陈述侵权民事赔偿案件的若干规定》（以下简称《虚假陈述若干规定》）。《虚假陈述若干规定》创新性地为上市公司预测性信息披露设立了虚假陈述民事安全港条款（以下简称安全港规则），明确披露文件中的预测性信息与实际经营情况不符甚至出现重大差异

* 张亦知，法学硕士、上海邦信阳律师事务所律师。

时，原则上不构成虚假陈述，从而免除虚假陈述民事责任，并同时明确了安全港规则的三项除外条款。

预测性信息披露安全港规则是我国将域外优秀法律成果借鉴转化至本国的产物。该规则的设置既使得历史性信息与预测性信息的披露标准相区分，填补了现行法关于预测信息披露免责条款的法律空白，又为具有不确定性的预测性信息赋予了具有确定性的法律遵循，在减轻裁判衡量负担的同时为市场主体提供清晰明了的行为预期，有利于激发上市公司披露预测性信息的意愿，更大程度上保证信息披露的准确性，引导投资者做出科学的价值判断与投资决策，体现了兼顾效率与公平的制度设计理念，具有极大的制度价值。

然而，由于缺乏更为明晰的指引以及既有司法裁判，在对该规则的理解或者适用上仍然可能存在着认识不清或者模糊的地方。一方面，预测性信息披露安全港规则的设计逻辑有待厘清；另一方面，过于严格的适用条件可能会使预测性信息披露安全港规则这一旨在激励上市公司积极进行信息披露的制度效果适得其反。因此，预测性信息披露安全港规则应当在怎样的弹性跨度内进行适用以实现其最佳效用，亟需结合法学理论和我国具体国情进行慎重考虑。下文拟就前述两个问题进行探究，以期对预测性信息披露安全港规则在中国本土的法律适用实践有所裨益。

二、预测性信息披露安全港规则法理逻辑之厘清

（一）明确义务边界并激励上市公司进行预测性信息披露

“安全港”一词最早出现于海运规则中，是指在特定的时间内，对于特定船舶而言，可以安全到达、安全使用和安全驶离，而不会使船舶遭受损害风险的港口。在现代法律体系中，“安全港”指向一个行为在法律责任层面的豁免与免除，是指行为人的行为虽然满足构成要件，但是由于存在某些法定事实，而使得此种行为不具有违法性并可因此豁免法律责任的情形。我国预测性信息披露安全港规则所处条文位于《虚假陈述若干规定》“虚假陈述认定”这一客观要件项下，只要上市公司不存在三种除外情形，即使客观上其披露内容与实际情况存在重大差异，即预测性信息具有不真实、不准确、不完整的情形，也不被认定为构成民事责任下的虚假陈述行为，遑论虚假陈述民事责任。需要注意的是，即使上市公司存在安全港规则下三种除外情形，也并不意味着其虚假陈述侵权责任一定成立。事实上，上市公司仍然可以从虚假陈述的构成要件未满足等多个角度进行抗辩，留待法院就具体问题做出分析裁决。

我国预测性信息披露安全港规则的设计原理首先生根于预测性信息所具有的不确定性。与历史性信息不同，由于缺乏充足的现有数据以证明预测性信息的准确性，公司未来的经营

状况与披露内容难免存在出入，预测性信息的不确定性导致法院很难在预测与实际结果出现偏差时，准确判定偏差是上市公司实施了虚假陈述还是其他原因导致的。[1]同时，在人民法院受理虚假陈述民事赔偿案件不再以行政或刑事处理为前提条件的背景下，披露内容与未来经营状况产生的偏差也容易使上市公司成为虚假陈述侵权赔偿诉讼的被告，若无相关责任免除的规制，上市公司自愿性信息披露的意愿势必会削弱，引发“寒蝉效应”。因此，预测性信息披露安全港规则的设置逻辑在于为上市公司明确预测性信息披露的义务边界，激励上市公司积极主动地做出信息披露；同时，帮助司法者在预测性信息的不确定性与安全港规则的确定性之间找寻到平衡点，使得预测性信息的虚假陈述判断更加透明、易操作、简明、明确。

在证券市场理论中，上市公司的信息披露是否构成虚假陈述，最为传统且基本的判断标准为是否具有“三性”（真实性、准确性与完整性），而虚假记载、误导性陈述与重大遗漏等虚假陈述行为则是司法实践将上述“三性”要求衍生后的具体分类。历史性信息的披露是对已经发生事实的客观陈述，因此对于“三性”有较高的判断标准。由于预测性信息本质上是一种预测，要求其披露行为完全达到与历史性信息披露相同的真实、准确、完整性要件是不科学也是不可能的。但是，预测性信息仍然属于信息披露的范围之内，其仍然要满足最低限度内的“三性”要求，即目前我国各规范中针对预测性信息做出的“合理、谨慎”等要求。[2]这也是预测性信息安全港规则三条除外条款所蕴含的基本法理基础。

（二）未进行充分风险提示导致披露缺乏合理性

1. 未进行风险提示不满足预测性信息披露的基本特性要求

首先，完整的预测性信息在披露之时即应当包含相应的风险提示。于预测性信息而言，从规范体系来看，已有规范要求上市公司对于整体预测性信息可能存在的风险做出提示。例如，《公开发行证券的公司信息披露内容与格式准则第 2 号——年度报告的内容与格式(2021 年修订)》第 14 条第 5 款规定：“如年度报告涉及未来计划等前瞻性陈述，同时附有相应的警示性陈述，年度报告重要提示中应当声明该计划不构成公司对投资者的实质承诺，投资者及相关人士均应当对此保持足够的风险认识，并且应当理解计划、预测与承诺之间的

---

〔1〕 参见魏俊：《证券法上的安全港及其制度价值——以前瞻性信息披露为例》，载黄红元、徐明主编：《证券法苑》第 12 卷，法律出版社 2014 年版。

〔2〕 目前我国各规范针对预测性信息披露提出的要求较为分散。例如，《公开发行证券的公司信息披露内容与格式准则第 46 号——北京证券交易所公司招股说明书（2023 修改）》第 4 条规定：“发行人在招股说明书中披露预测性信息及其他涉及发行人未来经营和财务状况信息，应当谨慎、合理。”《公开发行证券的公司信息披露内容与格式准则第 57 号——招股说明书》第 6 条规定：“发行人在招股说明书中应谨慎、合理地披露盈利预测及其他涉及发行人未来经营和财务状况信息。”

差异。”同样的表述还出现在不同立法等级、针对不同种类书面报表的规范中。[1]值得注意的是，对于历史性信息这类确定性较强的信息而言，我国的法律体系尚且要求公司针对自身特点或产品特征对潜在风险做出揭示，将其纳入信息披露有效性的考核范围，并在实践中使用了关注函等方式督促上市公司进行风险提示，[2]以保证信息披露的质量。对于不确定性更强的预测性信息而言，要满足法律规定的基本的完整性要件以满足“合理、谨慎”的特性，势必意味着上市公司应当做出更为全面和充分的风险提示。因此，一个完整的预测性信息在披露之时就应当包括对可能影响预测结果的因素做出的风险提示。理论上，没有一个预测能够保证结果的准确性，如果不进行风险提示，该信息披露就是不完整的。

此外，从信息性质角度看，未对风险做出充分揭示也反映了上市公司的预测性信息披露行为并未具备合理、谨慎。客观与主观相对，指向不带有个人意见的、不以人的意志为转移的事物属性。对于预测性信息而言，由于其面向未来，即使预测的做出依托于一定的会计假设及编制基础等相对而言具有科学性与客观性的前提，但其本质上仍然是一个预测者的价值判断。因此，仅披露预测性信息必然使得整个信息披露具有极强的主观性。然而，风险提示是针对客观事实做出的表述，其主要内容在于对各类重要因素可能存在的风险做出一个警示。这些警示根植于已经成为共识的事实与客观规律之上，如利好政策的改变势必会导致相关市场产生波动、国家间政治局势的紧张将会对出口贸易造成负面影响等，均有客观事实作为支撑。因此，在主观性极强的预测性信息发布时，对其做出充分的风险提示能够缓冲其主观特性，为该信息披露增添基本的客观性，使得整体信息披露满足“合理、谨慎”的要求，从而不构成虚假陈述行为。

2. 充分风险提示促进权利义务平衡与卖者尽责

风险与收益相伴相生是资本市场的基本规则，卖者尽责，买者自负。“买者自负”由“风险自担”的古罗马私法交易原则衍生而来。其最初含义为在商品交换市场中，买者应当对商品的质量与数量做出独立识别判断，并为此承担相应的责任。[3]衍生至资本市场，买者

---

〔1〕《公开发行证券的公司信息披露内容与格式准则第54号——北京证券交易所上市公司中期报告》第12条第5款规定：“如中期报告涉及未来计划等前瞻性陈述，同时附有相应的警示性陈述，则应当具有合理的预测基础或依据，并声明该计划不构成公司对投资者的实质承诺，投资者及相关人士均应当对此保持足够的风险认识，并且应当理解计划、预测与承诺之间的差异。”《公开发行证券的公司信息披露内容与格式准则第53号——北京证券交易所上市公司年度报告》第12条第5款规定：“如年度报告涉及未来计划等前瞻性陈述，同时附有相应的警示性陈述，则应当具有合理的预测基础或依据，并声明该计划不构成公司对投资者的实质承诺，投资者及相关人士均应当对此保持足够的风险认识，并且应当理解计划、预测与承诺之间的差异。”《公开发行证券的公司信息披露内容与格式准则第3号——半年度报告的内容与格式（2021年修订）》第14条第5款规定：“如半年度报告涉及未来计划等前瞻性陈述，同时附有相应的警示性陈述，半年度报告重要提示中应当声明该计划不构成公司对投资者的实质承诺，投资者及相关人士均应当对此保持足够的风险认识，并且应当理解计划、预测与承诺之间的差异。”

〔2〕例如，2020年年底，深圳证券交易所创业板公司管理部发送关注函至天能重工（300569），针对其发布的控制权拟变更公告，要求公司“结合交易后续需履行的程序及预计时间，说明交易是否存在不确定性，公司是否存在控制权不稳定的风险”。

〔3〕参见杨为程：《证券交易中“买者自负”原则的检讨与反思》，载《江汉论坛》2015年第4期。

自负的含义便演变为投资者自负，指投资者以获利为目的基于市场信息依其自我意志所自愿做出投资决策，其后果均由自己承担。但资本市场毕竟不等同于传统商品经济，在信息对等均衡背景不复存在的复杂交易中，个人投资者在获取信息方面处于相对弱势地位，因此，“卖者尽责”规则逐渐发展起来。交易需各方各负其责，在上市公司尽到基本义务后，买者才需要为其逐利行为所做出的投资决策自担风险，以此实现交易双方权利义务的平衡。

在证券市场中，“卖者尽责”主要指向上市公司充分履行风险揭示义务，意味着上市公司应当向投资者充分揭示风险，由其自己作出是否投资的决策。[1]由于证券交易模式及交易产品存在复杂性，证券买卖双方的信息不对称性以及地位差距越小、权利义务地位越平等，“买者自负”的适用理由就越充分。换言之，上市公司就影响预测实现的重要因素进行了充分风险提示后便能够使买卖双方之间的权利义务地位差距缩小，达到“卖者尽责”的要求。在此时，预测与现实产生的重大偏离以及该重大偏离所导致投资者受损的后果均属于“买者自负”的范围。因此，上市公司的行为便不属于虚假陈述范围，进而无需承担虚假陈述民事责任。

3. 充分风险提示削减披露行为的重大性

虚假陈述行为能否追责的前提在于虚假陈述所涉及的事项具有重大性。[2]尽管重大性是对于虚假陈述内容做出的评价，是虚假陈述行为能否在法律上追责的前提评价而并非客观虚假陈述行为是否构成的考虑因素之一，但是，《虚假陈述若干规定》设置安全港规则第一条除外条款的一个特殊考量因素在于充分风险提示能够使上市公司信息披露的虚假记载、误导性陈述或重大遗漏行为不具备法律意义上的重大性，从而使该披露行为在法律上无关紧要。[3]

在我国，长期以来，对如何判断信息具有重大性这一问题，存在着主观与客观两种理论争议。《全国法院民商事审判工作会议纪要》将重大性信息描述为“可能对投资者进行投资决策具有重要影响的信息”，将信息是否会对投资者决策产生实质性影响作为判断标准。[4]《虚假陈述若干规定》则将这一问题的司法认定具体化，规定若虚假陈述内容属于证券法及监管部门制定的规章或相关规范性文件要求披露的事项，即可认定虚假陈述的内容具有重大

---

〔1〕 参见李游：《“买者自负”的适用逻辑与金融消费关系的“不平等”》，载《北京社会科学》2019 年第 7 期。

〔2〕 参见郭锋：《虚假陈述侵权的认定及赔偿》，载《中国法学》2003 年第 2 期。

〔3〕 我国的充分风险提示原则借鉴自美国预测性信息安全港原则中的预先警示原则及《私人证券诉讼改革法》“有意义的警告性声明”。不同于我国，美国法将预先警示作为一种独立的免责事由。在美国法下，对于投资者进行风险警示基于以下假设：一是有意义的警示和对风险的充分披露可以使得过于乐观的预测性信息在法律上变得不重要。如果上市公司充分揭示了可能导致预测无法实现的原因，那么这些预测性信息便对市场而言不再重要。二是明确、具体的警告声明将会使得投资者对此信息的依赖性降低。从客观角度来看，一个理性投资者如果依赖一个对于预测无法实现的风险有着详细解释的预测，这是不合理且无理由的。三是警示风险的语言的存在本身可能就会使得投资者认为此预测性信息本身就有一定的虚假性。从逻辑上看，美国的预先警示原则的理论基础可推导自证券理论中的信息重大性和合理依赖理论。

〔4〕 参见陈洁：《虚假陈述民事赔偿制度的新发展理念及其规范实现》，载《法律适用》2022 年第 3 期。

性。除此之外，《虚假陈述若干规定》还指出，具有重大性的信息能够导致相关证券交易价格或交易量产生明显变化，即确立了以“影响市场价格”为标准的重大性判断尺度。〔1〕

如果预测性信息的发布伴随着对影响预测实现的重要因素的充分风险提示，那么无论是从“影响投资者决策”这一主观标准还是从“影响市场价格”这一客观标准来看，风险提示都会削减预测性信息的重大性基础。对于一个理性客观的投资者而言，充分的预测性信息风险披露会使其产生足够的谨慎理性，从而在做出决策时在心理上降低对该重大性信息的依赖程度。从“影响市场价格”角度来看，相比于没有风险提示的预测性信息，附有充分风险提示的预测性信息会给市场投资者传递出充分的警示信号。该警示信号在有效市场中被迅速分解并反映在股票价格之上，将在很大程度上瓦解该重大性预测性信息对于股票的价格冲击力。〔2〕因此，设置安全港第一条除外条款的特殊考量在于充分风险提示能够削减上市公司信息披露过程中存在的虚假记载、误导性陈述或重大遗漏行为在法律上的重大性，从而使该虚假陈述行为在法律上不再重要。

（三）选取明显不合理预测编制基础导致信息披露不准确

安全港规则除外条款的第2条规定是，如果上市公司披露的预测性信息所依据的基本假设、选用的会计政策等编制基础明显不合理，则无法得到安全港的庇护。

在通常流程下，企业根据预测期间内公司的经营情况以及市场、政策、环境现状等内容，选取基本假设以及合适的会计政策，就现有信息做出预测并披露至市场。在预测期间经过后，通常可以通过对比预测内容以及实际公司的现状，做出预测是否准确、预测趋势及事项是否属实的价值判断。

由于预测性信息只是公司根据自身状况、市场环境以及法律环境走向所做出的一种预测，预测与实际情况产生偏离也是一种不可避免的事实。但对于上市公司而言，如果正确选取了预测性信息所依据的合理编制基础，在一般情形下，即使有所偏离，也很少会产生重大偏离，即不会达到预测具备欺诈性、对投资者产生重大影响的程度。如果在编制预测时所选取的基本假设和会计政策等编制基础明显不合理，那么在正常情况下，即使其余的市场影响

---

〔1〕《虚假陈述若干规定》第10条规定：“有下列情形之一的，人民法院应当认定虚假陈述的内容具有重大性：（一）虚假陈述的内容属于证券法第八十条第二款、第八十一条第二款规定的重大事件；（二）虚假陈述的内容属于监管部门制定的规章和规范性文件中要求披露的重大事件或者重要事项；（三）虚假陈述的实施、揭露或者更正导致相关证券的交易价格或者交易量产生明显的变化。前款第一项、第二项所列情形，被告提交证据足以证明虚假陈述并未导致相关证券交易价格或者交易量明显变化的，人民法院应当认定虚假陈述的内容不具有重大性。被告能够证明虚假陈述不具有重大性，并以此抗辩不应当承担民事责任的，人民法院应当予以支持。”

〔2〕有效市场假说衍生于新古典经济学的市场经济经典理论。该假说认为，在完美市场条件下，证券价格能够充分反映证券信息，证券价格能够迅速应对市场上出现的信息，调整至正确的定价水平，形成新的均衡。以上理论导出了一个“有效市场”定义：若一个资本市场在确定证券价格时能够充分、正确地反映所有的相关信息，那么这个资本市场就是有效的。参见徐文鸣、莫丹：《证券虚假陈述投资者损失的理论模型与实证研究——基于有效市场假说》，载《广东财经大学学报》2019年第6期。Malkiel, B., *Efficient Market Hypothesis*, in Peter and John Eatwell eds., New Palgrave Dictionary of Money and Finance, 1992.

因素不存在，也会不出预料地出现预测与实际经营状况不一致的情况。此种情况并非由于客观情况发生变化而导致预测与实际经营不一致，而是当时在做出预测时基础就存在明显不合理事由，这就意味着预测的结果也必然会存在错误、产生与未来现实的偏离，即上市公司的预测在做出之际即存在确定的不准确性。证券市场虚假陈述成立的必要条件之一是上市公司披露的文件报告中，存在不准确、不真实、不完整的情况。其中，不准确的原因之一是采取的编制基础存在明显不合理。尽管预测性信息的结果是否合理很难为上市公司所把握，但至少在选取编制基础这一形式要件上，上市公司应当满足基本的合理性。因此，安全港规则规定，选取明显不合理的编制基础所做出的预测性信息不得适用安全港规则，其法理基础便在于选取明显不合理预测编制基础将导致信息披露不准确。

（四）未及时履行更正义务导致在先信息披露具有误导性

1. 更新义务而非更正义务

我国的安全港规则借鉴自美国的预测性信息安全港规则。在美国法下，预测性信息披露体系内存在更正义务与更新义务两种独立的义务。更正义务是指公司披露的声明在正式做出时自认为是正确的，但随后发现其实质上不真实、不准确、不完整，由此上市公司做出补充或者修正以使得先前的声明具有真实性、准确性和完整性。更正义务适用于所有类型的信息披露，是公司的一项法定义务。在美国，纠正在公开披露时存在虚假陈述的信息显然在公司的披露义务范围内，无论是成文法还是判例法下，从未有人质疑过公司更正义务。在 Rose v. Arkansas Valley Environment & Utility Authority 案中，地区法院将更正义务的本质进行了清晰的阐述："如果上市公司已经善意地将信息披露至公众，而后发现这些信息是虚假的或误导性的，倘若新发现的信息与之前披露的信息有直接关系，那么被告有义务向公众披露新发现的信息。"[1]

相比之下，更新义务则是美国理论界与实务界争论的焦点。在美国法下，更新义务指向自原始预测性声明发布以来，上市公司在情况发生变化时提供额外的披露以补充或更新先前准确披露内容的义务。该更新义务仅适用于预测性信息，更新历史信息是不合逻辑的。因为根据定义，历史信息仅在特定时间点发布，且历史信息具备历史性、过去性，因此在做出当时即能够确认内容是否真实且在披露后不存在产生变动的可能性。如果将更新义务扩展至包括历史性信息在内的所有类型的信息，将对上市公司的自愿披露意愿"产生巨大的威慑"。[2]更新义务与更正义务的区别在于更新义务的触发前提并非原始预测有误，预测在做出之时应当是准确的，但由于随后发生的事件，原先的预测性陈述在现在的语境下而变得具有欺诈性。[3]

---

〔1〕 Rose v. Ark. Val. Environ. Utility Auth. 562 F. Supp. 1180 (W. D. Mo. 1983).

〔2〕 Backman v. Polaroid Corp., 910 F. 2d 10 (1st Cir. 1990).

〔3〕 See Jeffrey A. Brill, *Status of the duty to update*, Cornell Journal of Law and Public Policy, Vol. 7, p. 623 (1998).

因此，反观我国的预测性信息披露安全港制度第三种情形，即当预测性信息所依据的前提发生重大变化时，如果上市公司没有及时履行更正义务，则不得援引预测性信息虚假陈述安全港条款主张虚假陈述不成立从而免除民事责任。从规范表述角度看，此“更正义务”发生在预测性信息所依据的前提发生重大变化时。换言之，此重大变化在上市公司预测做出之时并不存在，而是在预测性信息做出之后，由于种种事实因素影响而发生的新的变化。因此，预测性信息虚假陈述安全港规则要求的是上市公司在预测所依据的前提出现重大变化时，依据与先前预测性陈述相关的新的附加信息对预测做出更新，以使该预测在当下满足陈述基本的真实、准确、完整的要求，此种情况实质上对应的是预测性信息的更新而非更正。因此，我国预测性信息安全港规则中的“更正义务”，名为更正实为更新。

为方便及避免歧义，下文将以“更新义务”代替我国预测性信息虚假陈述安全港规则中的“更正义务”展开分析。

2. 在持续信息披露体系下阻却在先信息产生误导性

预测性信息披露的更新义务法理基础根植于我国证券法的信息披露体系。持续信息披露又称持续信息公开，主要指在证券发行结束、证券上市交易之后，上市公司的信息披露义务并没有完结，而是仍然负有持续性的信息披露义务，发行人应依法向社会投资者披露对投资者决策有重大影响的信息。从预测性信息本身出发，由于其面向未来，而并非对于既存事实的客观描述，因此本身便透露出一种隐含的信息：如果情况发生变化，则该预测性信息将会发生变动。因此，在一般情况下，投资者并不能完全依赖预测性信息的内容。在预测性信息所依据的前提发生重大变化时，上市公司便在持续信息披露体制下负有对相应预测性信息进行更新的义务。若不及时履行更新义务，在先披露信息便会因后续变化而产生误导性，使得上市公司的行为从形式上构成了客观的虚假陈述行为。由于前提变化重大，可能对于交易量或者交易价格产生影响，此时的信息披露行为便存在不法性，如此时投资者因此而受损，并满足了其他的虚假陈述构成要件，则上市公司应当赔偿其损失。

因此，安全港规则第3条除外规范对上市公司披露预测性信息做出了履行更新义务的要求。其法理基础在于在持续性信息披露体系下，上市公司对于在先预测性信息及时根据条件的重大变化进行更新披露，能够产生阻却在先信息产生误导性影响的作用，从而避免其信息披露构成客观的虚假陈述行为。

三、预测性信息披露安全港规则的具体适用

（一）上市公司主观上不具有欺诈性是安全港规则适用的前提

从字面含义看，只要上市公司做出了充分风险提示、未选取明显不合理的预测性信息编制基础，并在预测前提发生重大变化时及时履行了更新义务，即使上市公司在做出预测性信

息时明知披露具有虚假陈述，仍然可以依据安全港规则主张不构成虚假陈述行为从而得以豁免虚假陈述民事责任，但此逻辑的合理性从根本上值得反思。

美国安全港立法条文出台伊始，由于表述术语不明确，实务界也曾对类似问题展开激烈的争论。美国安全港规则由两条相互独立的原则组成。原则一侧重于上市公司发布的警告性声明。根据原则一的表述，在以下情况下，上市公司对于欺诈性陈述不承担任何责任：陈述被确定为预测性信息，并附有有意义的警告性声明，指明可能导致实际结果与预测性信息之间产生重大差异的主要因素；该陈述被认定为“不重要的陈述”。原则二则侧重于被告的心理状态评估。根据原则二的表述，如果原告未能证明该预测性陈述系自然人在实际知道该陈述具有欺诈行为的情况下做出或商业实体及可代表商业实体发出声明的官员在实际知悉声明具有欺诈行为的情况下做出，则上市公司无需承担信息披露的欺诈责任。[1]从字面表述来看，原则一与原则二处于并列地位，即只要满足其中一条即可免除证券欺诈责任。在实践中，不同法院对于安全港规则的解释不同，一部分法院要求严格按照纯文本解释进行认定，只要满足两个原则中的任何一个，就能够纳入安全港的保护范围。另一部分法院则持反对意见，并在案件审判中运用不同的方法对安全港规则做出解释。例如，在 Milman v. Box Hill Systems Corp. 案中，法院明确指出两个原则是相辅相成的，“任何程度的警告性语言都不能够保护在实际了解虚假性的情况下所做出的前瞻性声明”[2]。在 See Beyond Technologies Corp. Securities Litigation 案中，法院认为，如果预测性信息系上市公司在实际知道其声明具有欺诈性的情况下做出，那么附带的警示性语言要想达到能够适用免责条款的“有意义”程度，必须在警示性语言中说明信息的欺诈性或至少明确阐明声明具有欺诈性的原因。[3]

对于我国的预测性信息披露安全港制度的法律适用而言，上市公司在披露信息之时明知预测无法实现，但满足了免责客观要件的预测性陈述并非在证券市场预测性信息披露安全港的保护范围内。一方面，从制度目的与背景上看，司法解释出台安全港规则目的在于鼓励证券市场信息流通、保护投资者利益。尽管在简政放权趋势下，证券法及其司法解释的家长主义监管浪潮有所退去，但投资者保护是所有证券市场始终秉持的理念，放任故意做出的证券欺诈行为的存在必然有违立法者所欲构建的公平、公开、公正的证券市场氛围。在预测性信息披露伊始即明知信息披露为虚假陈述的上市公司即使满足了适用安全港规则的客观要件，并根据预测性信息披露安全港规则向法院提出免责保护，法院也应当用目的解释或体系解释合理适用安全港规则，不得适用安全港规则来保护此类故意在市场中传播虚假记载、误导性陈述或存在重大遗漏信息的主体。另一方面，法院也可以通过以下方法适用安全港规则除外

[1] See Security Act of 1933 Sec. 27A(a): “Application of Safe Harbor for Forward - looking Statements.”
[2] Milman v. Box Hill Systems Corp., 72 F. Supp. 2d 220 (S. D. N. Y. 1999).
[3] SeeBeyond Techs. Corp. Sec. Litig., 266 F. Supp. 2d 1150 (C. D. Cal. 2003).

条款进行文义解释：上市公司做出的信息披露是否真实、准确、完整是市场主体所重点关注的内容，若上市公司在披露伊始就明知该预测信息存在虚假陈述，“信息披露存在虚假陈述”必然应当被囊括在“影响该预测实现的重要因素”之中，应当作为风险提示的内容被一并披露。上市公司明知预测无法实现却不披露或披露不完全的行为将会构成安全港规则的除外情形之一，而被排除适用安全港规则。

因此，上市公司在明知陈述存在虚假记载、误导性陈述或重大遗漏的情况下所做出的预测性声明不应当被纳入安全港规则的保护范围内。由于条文中并没有明确指出这一点，因此，在法院具体适用安全港规则时，应当正确使用法律解释的方法来解释证券虚假陈述免责的主观要件，结合《虚假陈述若干规定》第 6 条第 1 款第 1 项进行具体分析。

（二）预测性信息披露安全港规则除外条款的具体适用

尽管《虚假陈述若干规定》明确了安全港规则，但目前相关部门尚未出台指导文件对预测性信息披露安全港规则的三条除外条款的具体适用做出指引。实务的适用需要以规则的具体化为前提，因此，结合法理并借鉴域外法治经验来明确除外条款的具体法律适用路径便显得极为重要。

1. 对影响预测实现的重要因素进行“充分风险提示”的判断标准

（1）风险提示须实质且具体

在美国法下，只有当书面预测性信息“附有有意义的警示性声明，并在声明中指出可能导致实际结果与预测性信息中的结果存在重大差异的重要因素时，书面预测性信息才会受到保护”[1]。Donald J. Trump Casino 案中，法院指出仅存在“警告投资者投资有风险的模糊或笼统（样板）免责声明通常是不够的”，模糊或笼统的免责声明只能够起到警告投资者投资有风险的作用，在通常情况下，并不足以防止投资者做出错误决策。能够起到充分警示作用的声明必须是实质性的，并根据预测性声明中的具体未来事项量身定制，进行预测和估计。[2]而在 1997 年的 Boeing Securities Litigation 案中，由于波音公司在信息披露时仅指出“商用飞机业务正在经历着短期内生产率的下降”，而“并没有警告投资者可能导致公司生产力猛然下降或可能会延长该生产期限的因素”，缺乏必要的有意义的警告语言，因此法院裁

〔1〕 15 U. S. C. §78u－5(c)(1)(A)(i).

〔2〕 In re Donald J. Trump Casino Sec. Litig., 7 F. 3d 357 (3rd Cir. 1993). 在本案中，被告向公众发行泰姬陵赌场的首次抵押贷款投资债券，招股说明书估计了此项目的成本及利息，并指出项目且运营所“产生的资金将足以支付其所有债务偿还（利息和本金）”。同时，被告在招股书中包含着有关下列事项的相关警示声明：“赌场业的激烈竞争、泰姬陵缺乏可作为其估值基础的运营历史；大西洋城泰姬陵赌场规模空前、企业在抵押贷款违约和随后泰姬陵遭受清算的情况下可能无法偿还债券利息。”原告以被告在招股书中阐述了其产生的资金将足以支付其所有债务偿还（利息和本金）为由，主张被告的信息披露存在欺诈事由。法庭认为，被告的警示性声明系针对企业预期偿还债券持有人能力的不确定性而量身定制的，表现出了充足的谨慎并传递出投资风险，直接回应了原告质疑声明的实质性内容。由此，法庭认定被告的警告性声明有助于否定招股说明书对理性投资者的潜在误导性影响，认为预测并未对合理投资者产生重大影响，并驳回了原告的诉讼请求。

决不适用安全港规则。[1]

在我国，针对预测性信息的现行规范中存在对于披露信息做出警示的要求。例如，要求上市公司在前瞻性陈述中“同时附有相应的警示性陈述”，提示投资者等人员保持足够的风险意识，理解预测与实际情况可能存在差异。[2]同样的表述还出现在不同立法等级、针对不同种类报表的规范中。[3]但是，该类规范以强制的格式化语言限定了上市公司在定期报告中发表预测性陈述时所添加的警示性语言的格式及具体内容，对于风险的提示十分笼统、概括、模糊，任何行业的上市公司在所有的报告类别中均可适用，使得风险提示的有效性几乎消失殆尽。因此，模板式风险提示并不能起到足够的警示作用，不足以平衡上市公司与投资者双方的权利义务，并削弱信息披露的重大性基础，以“卖者尽责”为由要求投资者自主承担市场风险。对于上市公司采取模板式风险提示表述或对于影响预测实现的风险因子仅进行一般性描述的，法院不应当认定此风险提示已达到充分程度。

（2）风险提示中包含的“重要因素”并不要求囊括全部重要因素

在重要因素的披露程度方面，美国证券交易委员会曾经做出提案，要求上市公司在声明中识别出引发预测与现实产生差异的因素，然而国会拒绝了此提案，仅要求警示性声明确定“最可能导致实际结果与披露中规定的因素存在重大差异的重要因素”。换言之，美国并未要求上市公司在警示性声明中揭露事实上直接导致预测没有实现的特定因素。Harris v. Ivax

---

〔1〕 In re Boeing Sec. Litig., 40 F. Supp. 2d 1160 (D. Wash. 1998). 波音公司于7月21日宣布1997年第二季度销售额为93亿美元，净收益为3.99亿美元。在当天的媒体声明中，波音公司指出，“公司的生产需求迅速集聚，导致公司及其供应商的用工、材料和制造需求大幅度增加；零件短缺和开展技能培训的现状导致工作有所失序；雇员的常态加班导致生产率下降，因此，商用飞机业务正在经历着短期内生产率的下降”。但同时波音公司表示，“从长远来看，公司将在开发并设计系统以在提高生产效率、减少生产周期等方面取得持续性的进展”。在三个月后的第三季度末，波音公司宣布，由于存在商用飞机项目生产效率低下导致的16亿美元税前费用，公司将遭受6.96亿美元的净亏损。原告遂将其告上法庭，声称被告明知波音存在严重生产问题且难以控制，仍然继续对公司财务状况和未来生产能力发表了乐观声明。

〔2〕 参见《公开发行证券的公司信息披露内容与格式准则第2号——年度报告的内容与格式（2021年修订）》第14条第5款规定：“如年度报告涉及未来计划等前瞻性陈述，同时附有相应的警示性陈述，年度报告重要提示中应当声明该计划不构成公司对投资者的实质承诺，投资者及相关人士均应当对此保持足够的风险认识，并且应当理解计划、预测与承诺之间的差异。”

〔3〕《公开发行证券的公司信息披露内容与格式准则第54号——北京证券交易所上市公司中期报告》第12条第5款规定：“如中期报告涉及未来计划等前瞻性陈述，同时附有相应的警示性陈述，则应当具有合理的预测基础或依据，并声明该计划不构成公司对投资者的实质承诺，投资者及相关人士均应当对此保持足够的风险认识，并且应当理解计划、预测与承诺之间的差异。”《公开发行证券的公司信息披露内容与格式准则第53号——北京证券交易所上市公司年度报告》第12条第5款规定：“如年度报告涉及未来计划等前瞻性陈述，同时附有相应的警示性陈述，则应当具有合理的预测基础或依据，并声明该计划不构成公司对投资者的实质承诺，投资者及相关人士均应当对此保持足够的风险认识，并且应当理解计划、预测与承诺之间的差异。”《公开发行证券的公司信息披露内容与格式准则第3号——半年度报告的内容与格式（2021年修订）》第14条第5款规定：“如半年度报告涉及未来计划等前瞻性陈述，同时附有相应的警示性陈述，半年度报告重要提示中应当声明该计划不构成公司对投资者的实质承诺，投资者及相关人士均应当对此保持足够的风险认识，并且应当理解计划、预测与承诺之间的差异。”

Corp 案的审理即包括了此方面的判断。[1] 法院认为，当上市公司通过警示性语言，预先向投资者警示与实际影响预测实现的风险类似的重大风险时，投资者即能够意识到投资的风险性，并足以根据自己对风险偏好和回报偏好做出明智的决定。由此法院认定，Ivax Corp 的警示性声明满足安全港规则，免除其证券欺诈责任。

我国《虚假陈述若干规定》对于“重要因素”并未做出解释，笔者认为，风险提示中所揭示的“重要因素”应当与预测能否实现有着直接、本质的关系，具体的因素应当由法院结合公司所处行业、产业、地区、时机等方面进行具体判断。影响市场的因素复杂且多样，但是，就安全港规则中第一条除外条款的情形而言，上市公司并非需要在风险提示中囊括全部重要因素才能获得责任的豁免。

一方面，风险提示的作用在于通过提示使投资者充分意识到此次投资存在风险性，使其持谨慎态度并根据自己的投资偏好做出理性选择。对于一个理性客观的投资者而言，充分的预测性信息风险披露会使其产生足够的谨慎理性并减少对该信息的依赖性，从而降低预测性信息对于投资者决策的影响力。上市公司处于特定的产业、行业、地区，影响一个特定的预测实现的因素通常情况下是多种多样且多维度的，即使在披露之时并未预见到未来实际影响预测结果实现的因素，但只要上市公司已经确定了特定于其业务以及预测内容的其他风险因素，并详细、具体地做出了合理的分析和披露，那么该风险提示仍然能够起到充分引起投资者注意、缓冲上市公司与投资者信息不对称状态的作用。

另一方面，预测性信息本身具有不确定性，上市公司的预测也具有局限性。尽管有效资本市场理论指出，成熟的机构投资者、分析师和专业市场中介机构的存在，可以更准确地处理信息和风险沟通，最终会使证券的市场价格达到它们的公平、内在价值。但在实际中，无论市场多么有效，包括经理人、分析师和专业市场中介机构等主体在内的市场参与者都存在认知偏差，仅存在有限理性与有限效率。在对未来事项进行预测的过程中，即使是对自身数据以及产品市场现状悉数掌握的上市公司，也难以准确无误地处理信息并准确认识变幻莫测的市场。若对于上市公司的风险提示内容要求过于苛刻，反而违背了安全港规则鼓励上市公司披露预测性信息并提高质量的初衷。

（3）法院需结合风险提示的形式与内容以判断其充分性与有效性

首先，法院应当注意风险提示语言在上市公司对外披露文件中的地位。对于一个理性投资者而言，如果风险提示语言被放置在不易阅读的位置，如冗长的披露文件的尾部、被掩盖在披露文件中间、被交叉引用于几个不同文件之中、夹杂在细小的文字之中等，则其被知晓

[1] Harris v. Ivax Corp, 182 F. 3d 799 (11th Cir. 1999). 被告的预测性信息使用了足够的警示性语言，在两份公开的新闻稿中，被告以斜体格式详细地向投资者介绍了公司未来可能遭遇的风险因素，并分析了可能产生的影响，但披露预测时的警示性语言中并没有包含实际导致预测没有实现的重要因素——大规模商誉减记的可能性。对于“上市公司是否必须在警示性语言中明确提及最终使得预测性信息无法实现的因素，才能得到安全港规则的保护”这个问题，法院给出了否定答案。

的概率便会大大降低，读者也很难有效地拼凑出对于整个风险提示的认知。因此，风险提示语言应当在披露文件中处于突出地位，具有使其从整个披露文件背景中“脱颖而出”的特点，且应当在预测性信息披露的同一份文件中列出对风险因素的提醒。[1]法院在考虑风险提示是否具有充分性时，应当考虑其披露的风格和格式是否足以吸引一个理性投资者的注意力。例如，将风险提示以黑体加粗的形式标出，比正常字体样式有更高的概率被投资者注意到。

其次，法院在考虑风险提示是否充分时还应当考虑上市公司是否采取了理性假设下非专业投资者可以理解的方式。仅仅提供风险提示信息并不意味着此风险提示是易于理解的，通常对非专业投资者而言，部分会计及财务表述晦涩难懂，若无特别解释，投资者并不能理解其中暗含的风险。以清晰、生动和明确的术语来界定风险，可以显著提高风险提示的显著性并促进投资者对风险的认知处理。如果风险提示含糊不清、生硬或存在与其他陈述相冲突的地方，将不足以有效地传递风险的程度和重要性。[2]在披露内容上，在对可能会影响该预测实现的重要因素进行风险提示时，上市公司还应当在预测中对于潜在的风险大小及其可能导致的后果做出初步判断，以供投资者参考。在产品质量风险警示理论中，有研究表明，“消费者对风险的程度有一个适当的认知是其对风险能够做出适当反应的前提条件”。相类似地，在证券市场中，如果仅是概括告知风险发生的可能性，则此提示十分容易被投资者忽略，除非上市公司在风险提示中清晰评估了风险实现的可能性以及可能导致的负面后果。

此外，充分性与有效性是信息披露体系中两个相辅相成的目的要件。法院在审理时需要注意过度提示的风险，对影响预测实现的重要因素进行充足数量的提示是此风险提示满足充分性的基础，然而，如果风险提示过于细节，使得重要因素的提示语言淹没在整体篇幅中，反而会使提示丧失了有效性。因此，法院应当研判上市公司是否在披露风险种类、数量以及类型等方面的选取上做出了慎重考虑。

2. 预测性信息所依据的编制基础“明显不合理”的判断标准

在实践中，预测性信息编制基础的合理性证明难度较大。预测编制基础的选择是一个复杂的过程，需要综合考虑多方面因素，再辅以财务专业知识的判断。由于预测性信息所涉及的未来事项具有模糊性和不确定性，所依据的基本假设、选用的会计政策等编制基础极易受到经济环境以及监管政策的影响，其相应标准也在动态调整，不确定性较强。因此，法院在判断上市公司的预测信息编制基础时，需要考虑以下方面：

---

〔1〕 See Ann Morales Olazabal, *Safe Harbor for Forward – Looking Statements under the Private Securities Litigation Reform Act of 1995 What's Safe and What's Not*, Dickinson Law Review, Vol. 105, p. 24(2000).

〔2〕 See M. Stuart Madden, *The Law Relating to Warnings, Warnings and Risk Communication*, CRC Press, 1999, p. 315 –328.

（1）以“事中”角度判定编制基础的合理性程度

公司与市场处于不断变化的过程中，历史环境的不可复原性不可避免地增加了法院论证编制基础合理性的证明难度。从财务会计数据角度考虑，会计数据有很强的离散性，即数据集描述的是经济活动各个部分和各个环节之间的内在联系，因此孤立的会计数据往往难以产生导向作用，会计信息的使用者需要的是能够全面反映经济活动各方面的数据集。[1]但由于预测性信息存在极大的不确定性，是一种对未来事项的筹划或规划，通常在进行预测编制基础选取时，预测所需要的经济活动的数据集并不存在。因此，预测基础的选取仅能够局限于以往经营过程所留下的数据集。上述因素必然会导致预测编制基础所依靠的会计数据信息的历史性与决策活动的未来性之间存在不对称情况。以事后的角度观之，预测之初所选择的编制基础或多或少都会出现一定的偏差。这种偏差根源于经济系统自身以及外部的不确定性，属于不可避免的偏差。因此，如果以“事后诸葛亮”的视角进行判断，虽然在一定程度上有助于保护投资者权益，但严重损害了上市公司利益，有悖安全港规则鼓励预测性信息披露的初衷。

（2）预测假设的选取程序明显不合理不得适用安全港规则

目前我国对于财务预测信息的披露，除了现有的会计准则、中国证监会颁布的有关披露准则等对个别预测性信息披露做出了一定程序上的指引外，并没有法规对如何选取预测性信息编制基础的内容做出详细的、有可操作性的规定，这势必会影响司法者对预测性信息编制基础做出正确的判断。在我国继续完善现有财会制度专门性规范的同时，在实务中，法院可以从预测假设的选取程序维度入手判定预测基础是否属于“明显不合理”范畴。

首先，支撑预测假设基础的基本资料和来源信息必须具有权威性与可靠性。例如：对于公司外部经济环境方面的假设，应当以政府有关部门发布的方针、政策、制度等官方信息来源内容为基础；而对于公司内部经营条件等方面的假设，应当以公司管理层正式批准的合同、决议书、纪要、协议等正式文件为基础信息来源。如果假设部分来源于专业权威人士的支持，则需要提供专业人士的相关背景以及支持性文件，如评估报告、鉴定证书等。[2]

其次，预测信息所运用的编制基础应当与公司的基本会计假设及其选取的基本原则保持高度一致。换言之，预测信息的预测原理应当与历史性信息披露原理保持一致，同时，预测性信息的编制基础应当与公司一贯使用的预测编制基础保持一致，且不应当有逻辑矛盾性。假设预测性信息所依据的编制基础因现实的变化需要做出调整或者修正，则应当说明调整及修正的理由，以及新编制基础对预测可能产生的影响。如果上市公司随意变更编制基础及编制基础选取的基本原则而无法对其做出恰当说明，则属于本款“明显不合理”的范畴。

---

〔1〕 参见蒋尧明：《财务预测性信息虚假陈述的认定》，载《中央财经大学学报》2005 年第 3 期。

〔2〕 参见蒋尧明：《上市公司财务预测信息虚假陈述民事责任若干问题研究》，载《会计研究》2006 年第 6 期。

3. 预测性信息所依据的前提发生重大变化时履行“及时更正义务”的判断标准

上文已经论述，我国预测性信息安全港规则中的“更正义务”名为更正实为更新义务。为方便起见，避免歧义，下文将继续以“更新义务”代替安全港规则中的“更正义务”进行分析。

对于更新义务，美国成文法并无明文规定强制任何人承担更新预测性信息的义务。[1]在美国判例法下，不同法院对于更新义务是否存在分为肯定与否定两个阵营。持否定态度的法官主要认为预测性信息的披露质量应当以披露之时为基准点进行判断，更新义务有悖于虚假陈述安全港的立法目的；[2]而持肯定态度的法官则肯定了更新义务的存在，但考虑到更新义务对于上市公司披露积极性存在负面影响，这些法院也试图避免适用更新义务或在解释时缩小更新义务的范围，以防止广泛的更新义务对上市公司产生威慑作用。[3]

（1）更新义务需限缩于在做出及更新之时仍具重大性的预测性信息

从法理上看，不同于历史性信息不会发生变动，一个在做出之时真实、准确、完整的预测性信息仍然会随着往后情况的变动而发生变化。当先前做出预测的前提、假设基础发生重大变动时，该预测性信息必然也随之发生变动，此时，在先披露的预测性信息便具备了误导性，从形式上具备了虚假陈述的客观行为。但是，更新义务对于上市公司而言是一种负担，从立法目的出发，更新义务不应当笼统地针对所有类别的预测性信息，而是应当对于更新义务作出适当的限缩。

在考虑更新义务的适用情形时不能仅局限于虚假陈述的客观行为要件，应当需要考虑到上市公司的虚假陈述行为产生不法性的前提在于在先预测性信息具有能够影响证券交易价格或交易量的特征，即在先信息披露的内容具有重大性。如果虚假陈述的行为不具有内容上的违法性，则该更新义务无从谈起。市场欺诈理论下，投资者做出的投资决策是对市场定价机制的信赖。只有披露在先的预测性信息具有重大性的情况下，该信息才足以影响市场价格，从而为投资者所信赖，进而构成投资决策的基础。[4]在该预测性信息因为前提发生重大变动而具有误导性的情况下，为了防止该具有欺诈性的信息继续传递而导致投资者依照已经变为虚假陈述的在先预测做出决策，上市公司才存在履行更新义务的必要。换言之，如果披露在

[1] Securities Act of 1933 Sec. 27A："DUTY TO UPDATE – Nothing in this section shall impose upon any person a duty to update a forward – looking statement."

[2] 例如在 Hillson Partners 案中，法院认为，要求被告公司对其预测持续地进行更新不可避免地会导致披露制度无法达到证券法所欲达到的披露效果。法官认为，更新义务“即使有合理根据，也是不实际的”，“向上市公司施加更新义务将会导致诉讼的进一步井喷，并且与证券法所欲达到的充分披露目标背道而驰”。而在 Stransky v. Cummins Engine Co., Inc. 案中，法院则从证券法的损害赔偿责任角度出发，认为只要信息披露在做出之时是真实的，上市公司就不需要承担证券欺诈责任，也无需承担更新义务。See Hillson Partners Ltd. v. Adage, Inc., 42 F. 3d 204 (4th Cir. 1994), Stransky v. Cummins Engine Co., Inc., 51 F.3d 1329 (7th Cir. 1995).

[3] 例如，在某些情况下，在先披露既可以被解释为历史陈述又可以被解释为预测性陈述时，法院通过将其解释为历史性陈述驳回了许多投资者基于更新义务向上市公司提出的索赔请求。

[4] 参见盛焕炜、朱川：《证券虚假陈述民事赔偿因果关系论》，载《法学》2003 年第 6 期。

先的信息不具备重大性、根本无法为投资者所信赖，投资者做出的投资决策与在先信息并无关联，更新义务便不复存在。同理，更新义务不仅要求在先的信息在做出时具有重大性，还要求披露在先的预测性信息在被更新之时仍然具有重大性，即预测性信息的重大性具有持续性，否则投资者的信赖基础将不复存在。

从体系上看，更新义务也应当被限缩在具有重大性的预测性信息范围之内。如上文所言，我国的规则体系中并没有明确的更新义务的规则基础，上市公司预测性信息更新义务的法理基础根植于我国持续信息披露体系的大背景。对于历史信息，更新义务不存在可适用空间，因为历史性信息在披露之时即是已确定的事实，若存在真实性、准确性或完整性问题，即可直接以虚假陈述责任定论。假设更新义务可以适用于历史性信息，由于历史信息在做出披露之时就不会再发生变动，若对上市公司科以历史信息披露的更新义务，无异于既有的证券持续披露责任。但在历史信息披露背景下，持续信息披露体系仅要求上市公司应当持续披露具有重大性的信息。对于预测性信息而言，从本质上看，安全港规则要求上市公司承担预测性信息的更新义务，也会给上市公司施加重新评估在先信息披露声明的负担。[1]同时，与历史性信息披露相比，预测性信息的更新义务会带来更高的成本。若凡属变动皆要更新，范围则过于宽泛，披露给上市公司带来的利益远小于披露成本，明显有悖于安全港规则鼓励信息披露的初衷。因此，从体系上看，更新义务的适用范围也应当与历史性信息相匹配，将其限缩在具有重大性的预测性信息范围之内。

因此，在司法实践中更新义务需被限缩于上市公司披露的具有重大性的预测性信息且该信息于更新之时仍具有重大性。正是由于在先披露的预测性信息具有重大性，上市公司才有义务于在先预测性信息所依据的前提发生重大变化时，对预测性信息进行更新，以防止在先预测性信息变为误导性陈述从而承担虚假陈述责任。

（2）更新的预测性信息需与披露在先的信息具有内容上的关联性

既是为了阻隔投资者对于预测性信息的持续依赖，那么更新的预测性信息就必须与披露在先的信息具有内容上的关联性，否则上市公司的更新行为并不能防止在先预测性信息变为误导性陈述，进而存在承担虚假陈述民事责任的风险。

从反面看，上市公司更新的内容也仅需局限在在先预测性信息的范畴内。如果安全港规则的适用条件之一是要求上市公司的更新披露超越在先预测范围，则上市公司的在后披露难谓更新，本质上是一次新的披露。[2]若上市公司自愿在更新时披露超越在先披露范围的信息，则另当别论。因此，法院在进行认定时，需将更新义务是否履行完全的审视范围局限在

〔1〕 See Gregory S. Porter, *What Did You Know and When Did You Know It Public Company Disclosure and the Mythical Duties to Correct and Update*, Fordham Law Review, Vol. 68, p. 2234 (2000).

〔2〕 参见席珮琳：《论自愿性信息披露后的更新义务：法理解释及适用》，载李曙光主编：《法大研究生》总第 13 辑，中国政法大学出版社 2021 年版。

在先预测性信息的范围内。

四、结语

2023 年 2 月 1 日，中国证监会就全面实行股票发行注册制相关事宜向公众征求意见，标志着我国全面实行发行注册制的改革正式启动，充分彰显了我国促进多层次资本市场良性协调运行、让市场在资源配置中发挥决定性作用的决心。这也同时意味着，以信息披露为核心的市场运行机制将从更广泛的角度发挥作用，信息披露的相关法律制度也必将成为证券制度建设的重中之重。

证券市场预测性信息披露安全港规则是我国将域外优秀法律成果借鉴转化至本国的产物，有利于鼓励发行人、上市公司主动披露预测性信息，引导投资者做出科学的价值判断与投资决策，赋予预测性信息披露虚假陈述的法律适用以确定性与可预见性，体现了兼顾效率与公平的制度设计理念，具有极大的制度价值。由于安全港制度出台才一年有余，目前实践中尚未积累足够的安全港规则适用案例，本文仅能于域外实践中汲取他山之石，以求对安全港规则在中国本土化的实践有所裨益。在我国法律发展迈入高度整合阶段的背景下，孤立地对单个制度进行研究无异于无源之水、无本之木。在未来，如何增进市场预测性信息的有效披露这一问题仍然需要系统化协同规则的妥当适用，在保证民事免责制度有效落地的同时，促进整个预测性信息披露制度系统化的优化与提升。

证券虚假陈述民事赔偿中因果关系分析

范晓宁 *

目　次

一、证券虚假陈述因果关系的认定及分析

（一）证券虚假陈述因果关系的司法认定

证券虚假陈述行为与投资者损失之间的因果关系经历了多段式的递进过程：行为人违反信息披露义务致使瑕疵信息被披露——投资者出于对瑕疵信息的信赖从事交易行为——虚假信息被揭露/更正后投资者因该交易行为而遭受损失。可以看出，在证券虚假陈述的民事赔偿诉讼中，如果投资者要证明自己因虚假陈述而受到了损害，那么他就需要证明自己是在对瑕疵信息的信赖基础上进行了相关的交易，而这种信赖关系的证明是将虚假陈述和投资者的损失联系起来的关键因素。在证券虚假陈述的民事赔偿诉讼中，投资者并不能仅凭信息披露义务人存在虚假

* 范晓宁，法学硕士、上海锦天城（青岛）律师事务所律师。

陈述就要求其承担赔偿责任，而是只有在投资者因为信赖该虚假陈述做出投资决策而受到损失时，交易因果关系才能成立。然后再对损失因果关系进行探讨，来限制被告的赔偿责任的范围。交易因果关系强调投资者的行为与其产生的原因，也就是投资者的行为是否建立在对瑕疵信息的信赖基础上，关注于讨论虚假陈述与投资者的损失有无直接的联系，即虚假陈述是不是直接导致投资者的损失。损失因果关系则关注于讨论虚假陈述是不是导致投资者损失的唯一原因。〔1〕

最高人民法院《关于审理证券市场虚假陈述侵权民事赔偿案件的若干规定》（法释〔2022〕2号，以下简称《新规定》）将2003年最高人民法院《关于审理证券市场因虚假陈述引发的民事赔偿案件的若干规定》（以下简称《旧规定》）中的因果关系进行解构，划分为递进的两层因果关系，在“三、重大性及交易因果关系”中详细规定了交易因果关系的认定及被告的抗辩事由，在“六、损失认定”中规定了损失因果关系的认定及被告抗辩事由。《新规定》详细赋予被告在不同因果关系认定情形下相应的抗辩事由，实质上是在强调保护投资者利益的同时，避免民事赔偿制度变相为投资者的损失提供担保。

（二）现行司法认定规则存在的问题

1. 推定交易因果关系理论基础不清

《新规定》第11条对交易因果关系的认定采用推定原则，〔2〕推定交易因果关系的理论基础，目前通说认为是欺诈市场理论以及有效市场假说。〔3〕欺诈市场理论认为证券市场以市场“价格”的形式将“信息”传递给投资者——市场告诉投资者，基于市场上信息披露义务人所提供的全部信息，股票的市场价格就是其真实价值。投资者因为信赖市场价格的公正性而进行投资。如果存在虚假陈述行为，该瑕疵信息也将影响价格，即便投资者不是直接信赖虚假陈述行为，其也会受到虚假陈述的价格的影响，此时可以认定交易因果关系成立。〔4〕欺诈市场理论将投资者之间的个人信赖通过对市场价格公众性的信赖转化为了一般信赖，进一步正当化信赖推定原则。该理论不仅大大降低了投资者的举证难度，还有利于集团诉讼的开展和进行。

欺诈市场理论借助的是有效市场假说（efficient markets hypothesis）。该说以股票价格对信息披露义务人对信息的包含度为依据，将市场划分为弱式有效市场、半强式有效市场、强

---

〔1〕 参见盛焕炜、朱川：《证券虚假陈述民事赔偿因果关系论》，载《法学》2003年第6期。

〔2〕《新规定》第11条规定：“原告能够证明下列情形的，人民法院应当认定原告的投资决定与虚假陈述之间的交易因果关系成立：（一）信息披露义务人实施了虚假陈述；（二）原告交易的是与虚假陈述直接关联的证券；（三）原告在虚假陈述实施日之后、揭露日或更正日之前实施了相应的交易行为，即在诱多型虚假陈述中买入了相关证券，或者在诱空型虚假陈述中卖出了相关证券。”

〔3〕 参见樊健：《我国证券市场虚假陈述交易上因果关系的新问题》，载《中外法学》2016年第6期。

〔4〕 参见李国光主编：《最高人民法院关于审理证券市场虚假陈述案件司法解释的理解与适用》，人民法院出版社2015年版，第249页。

式有效市场三种。欺诈市场理论的适用条件则是半强式有效市场，但目前我国市场到底处于何种状态存在争议，这也就导致欺诈市场理论存在适用困境。[1]同时，从证券市场中投资者的真实投资行为可以看出，证券投资者进行证券投资行为的动机主要包括两种：一种为分散投资风险以避免“鸡蛋都放在一个篮子里”；另一种为试图挑选价值目前被市场低估的股票。在第二种投资策略中，投资者可以赌定目前的市场机制是无效的。[2]同时，“噪音交易理论”“行为金融学”等理论也对欺诈市场理论发起挑战，毕竟理性经济人只存在理论中，这也就导致投资者丧失对价值判断的准确性。[3]目前有效市场假说不仅缺乏准确细致的定义，更谈不上如何进行验证。在无法验证的情况下，就基于有效市场假说推断出欺诈市场理论继而适用信赖推定原则，虽然可以保护投资者，但对信息披露义务人难谓公平。

2. 信赖推定原则适用主体泛化

机构投资者是否能直接适用推定交易因果关系，这主要牵涉到“合理信赖”的边界问题。不难看出，机构投资者具备更多投资知识、投资经验及在投资决策方面具备更高的分析和研究能力，投资决策的做出也必须履行严格的程序，如公募或者私募的证券投资基金都设有专门的投资决策委员会对投资决策的做出进行把关。同时，信赖推定原则的目的就是避免投资者举证不能的问题，很明显，机构投资者的举证能力显然高于普通投资者。

对此，有学者认为，由于机构投资者有特别的技能、知识、经验及专业分析研究能力，也有着严格的投资决策程序，故应当对其要求更高的举证责任，“对于机构投资主体，只有充分证明自己是善意投资人的前提下，才能适用信赖推定原则”[4]。比如银广夏案[5]。法院认为，“上诉人的上述行为显示出他没有能够正确地利用自己的专业知识来判断银广夏的投资价值，他在决定是否买下银广夏的股份时，决策不全面、有缺陷，他没有按照景宏基金合同的要求，完成所有的投资决定，没有让人相信他已经对银广夏的股份进行了谨慎的投资，也没有像广夏公司那样，对广夏公司所公布的重要信息进行了谨慎的处理。作为一家专业的投资公司，他对银广夏股份进行了投资，确实存在着严重的不合理之处”。但问题是，在什么情况下，机构投资者才能证明自己已经尽到了证明责任？换句话说，对于机构投资者谨慎责任的边界，仍有待于深入探索和明确。

---

〔1〕 参见于莹、潘林：《证券虚假陈述侵权责任中信赖推定之证成——欺诈市场理论局限性的克服》，载《法制与社会发展》2011年第2期。石一峰：《违反信息披露义务责任中的交易因果关系认定》，载《政治与法律》2015年第9期。

〔2〕 参见于莹、潘林：《证券虚假陈述侵权责任中信赖推定之证成——欺诈市场理论局限性的克服》，载《法制与社会发展》2011年第2期。

〔3〕 参见焦津洪：《“欺诈市场理论”研究》，载《中国法学》2003年第2期。

〔4〕 贾纬：《证券市场侵权民事责任之完善》，载《法律适用》2014年第7期。

〔5〕 大成基金管理有限公司与广夏（银川）实业股份有限公司证券虚假陈述责任纠纷案，宁夏回族自治区高级人民法院（2007）宁民商终字第74号民事判决书。

3. 信息重大性判断标准存在弊端

我国学界和实务界对于如何适用重大性的一般判断标准还缺乏通说。[1]《新规定》将价格波动作为关键性指标，即“价格敏感性标准”。《新规定》第10条[2]明确规定虚假陈述的实施、揭露导致相关证券的交易价格或者交易量产生明显变化，可以单独作为认定重大性的条件。《新规定》施行后，该“重大性”认定标准已经在司法实践中予以体现。例如，在新疆汇嘉案[3]中，一审法院与二审法院在虚假陈述行为是否构成重大性的问题上给出了截然相反的结论。一审法院认为，发行人未披露涉案巨额关联交易“会影响投资者对上市公司资产状况、业绩与投资价值的判断，足以影响投资者的决策”，“属于能够影响投资者决策的虚假陈述”，加上中国证券监督管理委员会新疆监管局对发行人作出的行政处罚，进一步印证发行人的虚假陈述行为已严重违反证券交易相关规则，系重大违法行为，故一审认定虚假陈述行为构成重大性。二审法院以《新规定》为依据，认为揭露之后，公司股价不仅没有下降，而是还在上涨，交易量也没有超过正常范围，因此，由于公司的虚假陈述并没有引起公司股价和交易量的显著变动，故认定该虚假陈述不具有重大性，也就不存在因果关系。

不过，仅将价格影响和交易量作为评判标准，会带来一系列问题。先是对消息的操控。例如，当有重大的负面消息被披露时，证券发行人及时地发布利好消息，以减少虚假消息对股票价格的负面影响，从而让股票价格上涨或者保持稳定。除此之外，尽管《新规定》亦将“影响交易量”作为重大性的判断标准之一，但实践中股票成交量增大但股票价格保持不变的情况也很常见。而且实践中一直有观点认为，证券虚假陈述因果关系的认定最终还是要落实到价格变动上，因此即便交易量发生变化，只要证券价格无波动，那么投资者很难证明有损失的存在，投资者的赔偿请求也就无从谈起。当投资者做出决定时，他们不仅会关注股票价格的涨跌，还会关注公司的未来发展趋势、宏观经济政策及其他相关因素，以便能够做出更加全面、综合的判断。

二、交易因果关系的认定标准及阻断因素

（一）交易因果关系的认定标准

证券虚假陈述行为，是以影响投资者决策的方式继而造成其行为失误而导致损失的一种

[1] 参见徐文鸣、刘圣琦：《新〈证券法〉视域下信息披露“重大性”标准研究》，载《证券市场导报》2020年第9期。

[2] 《新规定》第10条规定：“有下列情形之一的，人民法院应当认定虚假陈述的内容具有重大性：（一）虚假陈述的内容属于证券法第八十条第二款、第八十一条第二款规定的重大事件；（二）虚假陈述的内容属于监管部门制定的规章和规范性文件中要求披露的重大事件或者重要事项；（三）虚假陈述的实施、揭露或者更正导致相关证券的交易价格或者交易量产生明显的变化。前款第一项、第二项所列情形，被告提交证据足以证明虚假陈述并未导致相关证券交易价格或者交易量明显变化的，人民法院应当认定虚假陈述的内容不具有重大性。被告能够证明虚假陈述不具有重大性，并以此抗辩不应当承担民事责任的，人民法院应当予以支持。”

[3] 杜鹏、新疆汇嘉时代百货股份有限公司证券虚假陈述责任纠纷案，新疆维吾尔自治区高级人民法院（2022）新民终1号民事判决书。

违法违规行为。在此过程中，作为信息披露义务人的上市公司、中介机构和相关人员应当对自己所发布的内容负责。[1]因此，在确定证券虚假陈述的民事责任时，应当以其欺诈性质为中心。欺诈这一主观心态需要结合诸多客观事实才能认定，因此，《新规定》第11条延续了《旧规定》在交易因果关系上的推定原则，并在第12条详细列举了被告可以抗辩的情形。交易因果关系的基本前提是投资者合理信赖的存在，但这一主观状态的证明责任应由投资者证明，还是法律直接予以推定？是否一切信赖关系都适用推定原则，即是否存在合理信赖边界，又要遵循何种举证原则？

1. 交易因果关系推定的本质厘清

从传统意义上讲，根据“谁主张，谁举证”的举证准则，投资者应当对投资决策与披露的虚假信息之间的因果关系承担举证责任，尤其是其对虚假陈述的信赖问题。因此，如果投资者要举证证明信赖的存在则需证明以下要件：首先，要证明投资者相信已披露的信息是真实、准确、合法的；其次，要证明投资者作出的投资决策是基于信任该信息，即投资者如果知道信息披露义务人所披露的信息带有欺诈性质，则绝不会作出证券交易行为。[2]根据证券市场交易的特性，以及证明信赖中复杂的构成要件，这显然会增加原告的证明难度，并且会使得法庭在处理这种案件时面临更多的棘手问题。适用推定原则主要还是考虑到信息差的存在，中小投资者对于信息的获取以及解析常常处于弱势。相反，信息披露义务人不仅是信息的发布者还是信息的产生者，拥有对瑕疵产生与否天然的控制力，并且借助推定原则更能对其进行正确的信息披露起到激励作用。

推定交易因果关系的这一制度目的在《旧规定》之后被司法实践广泛认可，《新规定》也予以延续。《新规定》第11条规定，原告虽然是被推定存在信赖，但是完全证明交易因果关系的成立，还需要举证证明以下事实：虚假陈述的存在，原告交易的证券与虚假陈述直接关联，原告的交易方向正确。既然是推定信赖，那么有两点就需要特别注意：第一，并没有将合理信赖从交易因果关系认定的要素中排除，而只是将合理信赖的举证责任在原被告之间做了重新分配，即并不是举证责任倒置；第二，这种合理信赖是“可抗辩的推定信赖”，被告可以通过举出反证否认合理信赖的存在，从而推翻存在合理信赖的推定。

2. 交易因果关系的再把握：信息重大性

证券虚假陈述侵权责任中交易因果关系认定中的合理信赖问题，因证明投资者的主观状态，这就需要引入信息重大性标准。引入信息重大性标准的基本思路是，如果信息披露义务人就无关于投资者决策的一般事项撒谎，其当然不能对投资者的决策行为产生影响继而使其

---

〔1〕 参见李国光主编：《最高人民法院关于审理证券市场虚假陈述案件司法解释的理解与适用》，人民法院出版社2015年版，第243页。

〔2〕 参见马春坡：《证券侵权行为因果关系研究》，吉林大学2006年硕士学位论文。

遭受损失。[1]当一个理性的投资者在做出投资决策时，是否在很大程度上会认为该信息的存在与否会影响决策的作出，当然该标准的把握还要结合其他因素，当达到“显著”的程度时，即瑕疵信息综合起来将会对理性投资者的决定与否产生影响。[2]

如前所述，信赖合理性需在特定条件下才能证成，而重大性标准可作为我国法律实行信赖推定原则的利益再把握的要件，其所要解决的是虚假陈述行为是否值得被信赖的问题，继而起到筛选因果关系的作用，厘清虚假陈述民事责任是否成立，以此实现投资者与信息披露义务人之间的利益均衡。《新规定》第10条对重大性的判断标准采纳的是“价格敏感性标准+交易量”的标准，并指出对于重大事件，应当结合《证券法》第80条、第81条规定的内容予以认定。《证券法》第80条对重大事件的界定是根据该信息对股价的影响程度，但《上市公司信息披露管理办法》第11条和第19条则是以投资者决策标准对“招股说明书”“定期报告”作出要求；但第30条又对“临时报告”要求对公司股价产生重大影响的事件要及时公布。到底是采用“投资者敏感性标准”还是“价格敏感性标准”，当前的立法对于虚假陈述的重大性的认定标准存在明显不一，这一点在成文法中已经得到了明确的证实。

理性投资者敏感性标准主要来源于美国。根据这一标准，任何能够对投资者做出投资决策产生影响的信息都将被视为具有重大性。美国TSC案对理性投资者标准设立了基本框架。理性投资者标准是一个客观的标准，一个客观的理性投资者绝不是一个对公司财务状况、治理结构等漠不关心的人，他不是孤立地看待信息，而是在充分知悉各种信息的前提下独立做出判断，继而选择是否投资。价格敏感性标准是指任何可能对证券市场价格产生重大影响的公开信息都应被视为重大信息。根据是否实际影响到股价，价格敏感性又分为主观价格敏感性和客观价格敏感性。前者是指一项披露的信息对股价产生“影响的可能性”，而后者则是强调已经对股价产生影响。已经实际采纳价格敏感性标准的国家以德国为首。然而，由于市场变化无常，无法准确预测价格变动到底因何而起，因此也就无法有效地分析虚假信息与证券价格之间的关系，这会使法官陷入两难，折中的方法是理性投资者标准兼价格敏感性标准。该标准认为，使价格产生波动的信息可能不在理性投资者参考范围内，同时，引起价格波动的信息也不必然会影响投资者决策。两种标准下确定的重大性其实是有区别的。但是，考虑到投资者之间天然的供求关系也必然影响证券市场的价格，那么对投资者决策产生影响的信息必然也会影响到价格。换言之，二者其实不可分离，在方向上具有一致性。考虑到上述情形，有不少国家和地区干脆兼采理性投资者标准和价格敏感性标准，以防走向极端。

（二）交易因果关系的阻断因素

《新规定》第12条从《旧规定》第19条中拆分出交易因果关系的抗辩事由，完善原有

---

〔1〕 参见李国光主编：《最高人民法院关于审理证券市场虚假陈述案件司法解释的理解与适用》，人民法院出版社2015年版，第244页。

〔2〕 参见施天涛、周伦军主编：《美国证券欺诈经典案例——内幕交易与虚假陈述》，杨祥等翻译，法律出版社2015年版，第263页。

表述，增列两种抗辩事由和一条兜底条款，使被告的抗辩空间大幅增加。当然，能否通过抗辩事由完全阻断因果关系，则需要在近因原则的基础上证明其具有完全原因力；反之，则从损失因果关系入手，通过扣除该介入因素的方式酌定扣减损失比例。

1. 基础事实不完备的抗辩

仅当原告能够证明交易对象、交易时间、交易模式等基础事实均存在时，法院才可推定交易因果关系成立。反之，被告如果能够证明其中一项或多项基础事实不存在，则可推翻这一推定。根据《新规定》第 12 条第 1 项的规定，若原告的交易行为发生在虚假陈述实施前或者是在揭露或更正之后，即不符合基础事实中的交易时间，法院不应当认定交易因果关系的成立。鉴于原告对其交易的证券就是与虚假陈述直接关联的证券以及交易模式负有举证责任，如果其未能举证证明则交易因果关系不能成立。交易标的与证券虚假陈述相关联是指虚假陈述指向的证券就是投资者交易的证券。交易模式不符则是指在诱多型虚假陈述中，实施日后未买入相关证券；在诱空型虚假陈述中，实施日后未卖出相关证券。

2. 介入因素的抗辩

证券虚假陈述行为实施后、影响投资者交易行为前，可能会介入各种因素。如果该介入因素能够单独引起投资者的交易行为，那它就是中断交易因果关系的介入因素。[1]《新规定》第 12 条第 2 至 4 项分别对应三种介入因素：自甘风险、重大事件和违法交易。

（1）投资者应知明知

投资者明知披露信息属于瑕疵信息仍进行交易行为，即表示其甘愿承受虚假陈述被揭示后的可能风险，也就说明该交易行为由虚假陈述以外因素导致。有鉴于此，《新规定》第 12 条第 2 款明确规定“原告在交易时知道或者应当知道存在虚假陈述，或者虚假陈述已经被证券市场广泛知悉”作为交易因果关系不成立的抗辩事由。但虚假陈述被证券市场广泛知悉通常仅存在于虚假陈述被揭示后，在虚假陈述被揭示前，如何判断投资者是否“应当知道”，《新规定》并未明示。“应当知道”是一种法律推定，无论投资者是否实际知悉虚假陈述，只要其存在知悉的可能性，即可认定其知悉，这一般要结合投资者的专业能力和投资经验。但对于有某种交易习惯的投资者，揭露日后的交易行为能否用来佐证投资者的主观心理，即对虚假陈述的实施和揭露并不在乎，而是持一种“漠不关心”的态度。在这种情况下，因果关系是否能够成立，还有待讨论。

（2）单独影响交易行为的重大事件

证券虚假陈述行为实施后、投资者进行相关证券交易行为前，如果发生足以单独影响投资者交易行为的重大事件，则该事件可中断虚假陈述与交易行为之间的因果关系链条。《新规定》第 12 条第 3 款对此类重大事件进行了开放式列举。除上市公司收购、重大资产重组

[1] 参见杨立新、梁清：《原因力的因果关系理论基础及其具体应用》，载《法学家》2006 年第 6 期。

外，凡是对交易行为有完全原因力[1]的事件，如行业变化、政策变化乃至发生影响发行人经营状况的自然灾害等，均可纳入此类重大事件范畴。重大事件对证券虚假陈述的影响不能简单限于《新规定》第12条中交易因果关系的抗辩，其对损失因果关系亦有相当的影响，且二者关系的认定和考量更为复杂和具有挑战性。

（3）证券市场违法行为

根据《新规定》第12条第4款的规定，若被告能够证明原告的交易行为构成内幕交易、操纵证券市场等证券违法行为，则阻断交易因果关系的成立。在进行内幕交易或操纵市场时，投资者信赖的是其掌握的内幕信息或其他未公开信息，而非虚假陈述。上述信息作为介入因素中断了虚假陈述的因果关系链条，因此虚假陈述行为不应再被归责，而应当由作用更大的介入因素承担责任。那么，其他可作为介入因素的证券违法行为应具有相同特征，即投资者的决策依据是该信息，而不是虚假陈述下的瑕疵信息。

三、损失因果关系认定标准及剔除因素

（一）损失因果关系的认定标准

损失因果关系的实质在于解决“量”的问题，目的就是合理确定被告损害赔偿的范围，避免因果关系链条的无限扩大或者其他介入因素而致被告承担不合理的赔偿责任。因此，在对案件事实和证据进行综合分析后，应当先判断原告是否因被告虚假陈述行为进行了交易行为，原告基于前述交易行为实际遭受多大损失，就是损失因果关系存在的意义。《新规定》关于损失因果关系的认定仍以“欺诈市场理论”为基础，采取推定因果关系和可抗辩的推定方式进行构建。对于交易因果关系适用推定原则，目前学界和实务界已达成一致意见，但是对于损失因果关系是否适用推定原则仍存在争议。

1. 损失因果关系的举证责任

根据《新规定》第31条的规定，人民法院必须主动查明虚假陈述与原告的损失之间的因果关系，并根据案件情形确定赔偿的范围。从第31条的表述可以看出，首先，《新规定》并没有明确规定损失因果关系可以直接推定，甚至从文义解释的角度来说，原告应举证证明损失因果关系的成立。美国近期案例Dura案[2]中，联邦法院也认为，损失因果关系不能适用推定原则。其次，从法政策上来说，虽然保护投资者利益是我国目前主要政策导向，但是不能将证券虚假陈述变成投资者在证券市场中进行风险投资的“保险”，交易因果关系因主观的合理信赖，或者说复杂证券市场中，投资者难以举证证明虚假陈述影响价格行为，则采

[1] 参见张新宝、明俊：《侵权法上的原因力理论研究》，载《中国法学》2005年第2期。
[2] Dura Pharmaceuticals, Inc. v. Broudo, 544 U.S. 336 (2005).

用推定原则。但是对于损失范围，投资者举证难度并不大，若依旧采用推定原则，不免有失偏颇。

目前部分学者认为损失因果关系同样适用推定原则，[1]原因是欺诈市场理论同样可适用于损失因果关系。欺诈市场影响到的是投资者决策，即是否购买该证券的问题，对于损失范围的确定并无必然关系，投资者从决策到损失的产生，这之间有诸多因素会影响到损失范围的确定，比如说，系统风险作为介入因素对损失因果关系可能起到切断的作用，而法院对系统风险也负有查明责任。而且在损失因果关系中适用推定原则，其实是忽略了证券虚假陈述行为属于侵权行为的本质，推定原则本来已经是特殊原则，在法无明文规定的情况下，不应当贸然推论之。

2. 损失范围的计算方式

《新规定》第 24 条、第 25 条确立了证券虚假陈述侵权损失认定的基本原则，统一了证券发行市场与证券交易市场虚假陈述的民事赔偿范围，即均以因虚假陈述而实际发生的损失为限，落实了侵权责任“损失填平”的基本要求，计算公式为“实际损失 = 投资差额损失 + 佣金和印花税损失”。在以往司法实践中，法院普遍直接按照债券票面本息来认定债券虚假陈述造成的原告损失，这导致即便原告以低于甚至远远低于债券票面金额的价格买入债券，也可以在虚假陈述诉讼中要求发行人、中介机构按照债券票面本息金额来确定赔偿范围。《新规定》颁布以后，裁判趋势发生了改变，在胜通债案中，法院首例认定债券虚假陈述造成的债券投资损失应为投资差额损失而非债券票面本息，以理性回归“损害填平”的侵权责任本质。

相较于《旧规定》，《新规定》将“所涉资金利息”排除在实际损失之外，这是合理的，毕竟利息的产生并非必然损失。同时，《新规定》也删除了《旧规定》中基于股东身份取得送转股、配股、红利等收益不得冲抵赔偿金额的规定。这因为最高人民法院认为，基于股东身份所取得的收益，具备物权属性，其与因虚假陈述发生的债权权益性质不同。[2]删除该条文其实是遵守了股东收益不得冲抵损失的基本规则。

（二）损失因果关系的剔除因素

根据《新规定》第 31 条第 2 款的规定，可以通过认定损害因果关系，来合理地减轻或免除被告的责任，从而更好地反映出投资者的实际损失，以及对被告的虚假陈述侵权行为的客观评估。同时，《新规定》还明确将系统性风险以及非系统性风险作为剔除因素，允许被告予以反驳。系统性风险以及非系统性风险虽不足以阻断交易因果关系，但可用于固定或缩小投资者损失范围，[3]这也是当前虚假陈述赔偿责任理论与司法创新的主要发展领域。

---

[1] 参见焦津洪：《“欺诈市场理论”研究》，载《中国法学》2003 年第 2 期。

[2] 参见李国光主编：《最高人民法院关于审理证券市场虚假陈述案件司法解释的理解与适用》，人民法院出版社 2015 年版，第 312 页。

[3] 参见廖升：《虚假陈述侵权责任法律适用研究》，中南财经政法大学 2018 年博士学位论文。

1. 系统性风险的参考标准

系统性风险被称为虚假陈述行为人的“避风港”，是因果关系中的“介入因素”。系统性风险在司法实践中的量化主要是借助一定的基准，如以指数波动为基本点，包括大盘综合指数、市场层次/板块指数、行业板块指数，辅以宏观经济因素、国家货币政策等。[1]但新趋势是借助第三方专业机构和计算模型定量化认定系统性风险影响程度。

《新规定》对损失认定进行了修订，将系统性风险统一修正为“证券市场的风险”，这进一步扩大了证券市场风险因素的外延，即无须达到金融体系意义上风险的程度。实践中，法院的计算方法可以概括为以下几种：

（1）统一确定扣除的比例

该方法是指在对同一个虚假陈述行为人的所有投资者提起的系列民事赔偿案件中，法院根据个股涨跌幅度与大盘指数或行业板块指数的涨跌幅度的对应关系，酌定一个统一扣减的比例。这种方法又有直接比例法和相对比例法的区别。直接比例法是指直接以大盘指数或行业板块指数的涨跌幅作为扣减比例。比如，在山东省高级人民法院作出的雅博科技案[2]中，法院认定，综合大盘和相关板块指数反映的市场影响因素，“酌情认定系统风险对投资者损失影响为20%”。但也有法院持相反观点，比如中兵红箭案[3]。相对比例法是指以大盘指数或行业板块指数的涨跌幅波动率与上市公司自身的股价波动率相除，将所得相对比例作为扣减比例。在紫鑫药业案[4]中，法院认定从大盘指数、紫鑫药业所在的医药及中小板块看，整个股市当时已经陷入了一个持续的低迷状态，医药和中小板块的表现也是如此。深证综指、深证成指、中小板指、医药板指在揭露日至基准日期间的平均跌幅为8.5525%，相比于紫鑫药业自身在同一时间的跌幅24.77%，8.5525%/24.77%为35%，则原告的损失统一扣减25%。

（2）个案分别确定扣除比例

该方法是指法院直接综合各种情况进行个案酌定比例。例如，在高科集团案[5]中，法院认为，根据不同投资者实际交易时段的市场波动的具体情况，考虑市场信息影响的滞后反应，行业走势与大盘走势逆向波动，投资者股票交易的具体时点、价格等情形，逐案计算了中兵红箭股份有限公司应承担的赔偿责任。

---

〔1〕 参见郭矗：《证券虚假陈述中的因果关系研究》，载《法制博览》2012年第3期。

〔2〕 陈德两与山东雅博科技股份有限公司等证券虚假陈述责任纠纷案，（2021）鲁民终457号民事判决书。

〔3〕 喀什中汇联银创业投资有限公司与中兵红箭股份有限公司证券虚假陈述责任纠纷二审案，湖南省高级人民法院（2021）湘民终867号民事判决书。

〔4〕 王瑞莲与吉林紫鑫药业股份有限公司证券虚假陈述责任纠纷案，长春市中级人民法院（2015）长民四初字第161号民事判决书。

〔5〕 林玉晶等与中国高科集团股份有限公司证券虚假陈述责任纠纷二审案，北京市第一中级人民法院（2018）京01民初326号民事判决书。

（3）同步指数对比法

该方法是指从投资者第一笔实际有效买入计起，分别计算相应买入期间的指数均值、卖出期间的指数均值和揭露日到基准日期间的指数均值，再将同期指数均值与个股跌幅进行比较，得到每一具体投资者的风险扣减比例。该方法实际上是相对比例法的高度精细化，比如中资中程案[1]。

（4）收益曲线对比法

该方法通过定量分析，先确定该证券发行主体收益率曲线中各个因素的贡献比，并且忽略虚假信息的干扰，就能够计算出由于市场系统性风险或其他原因造成的实际投资损失，并与由于虚假信息造成的实际投资损失进行比较，最终确定投资者应承担的赔偿金额，比如普天股份案。[2]

2. 非系统性风险因素的衡量

《旧规定》只规定被告能对系统风险提出抗辩，而《新规定》第31条则将其扩展至更多的领域，涵盖他人操纵市场、证券市场的风险、证券市场对特定事件的过度反应、上市公司内外部经营环境等方面。非系统性风险抗辩是提出证券发行人在特定时期自身生产、经营、财务等方面的其他参考因素，认为即使不发生虚假陈述，基于发行人的自身状况，其证券价格也会发生相应变动，故相关损失亦应从投资者主张的损失中剔除。非系统性风险与企业的内部管理有关，一般不会对整个证券市场产生影响。正因为非系统性风险属于个股风险，故不能用指数作为其参照依据。但是《新规定》并未明确规定非系统性风险因素具体认定标准，亟待以后的司法实践来进行填补。

实践中，个别法院在否定交易因果关系存在的前提下，通过对股价下跌的原因进行补充性的分析，认为相关投资损失系由系统性风险或系统性风险以外的诸如公司重大投资项目或资产重组失败等“其他因素”所导致。比如，辽宁省高级人民法院在银基烯碳新材料案[3]中认为，“黄海宾的投资损失是股市系统性风险和烯碳新材重组失败等原因叠加所致……公司自身的非系统性风险因素，并非由涉案虚假陈述行为所导致”。再比如在胜通债案中，青岛市中级人民法院依据胜通集团《破产审计报告》《公司净资产专项审计报告》等证据认定本案存在多种独立于虚假陈述的因素，包括汽车行业下行对发行人钢帘线业务的影响、发行人深陷的山东东营民营企业互保破产危机、发行人自身经营不善等，最终酌定案涉虚假陈述对投资者损失的影响程度为60%。

[1] 杨海平与青岛中资中程集团股份有限公司证券虚假陈述责任纠纷民事二审案，山东省高级人民法院（2022）鲁民终566号民事判决书。

[2] 参见肖凯、张文婷、阮申正：《构建多因子量化计算模型 精准认定证券虚假陈述投资者损失——许某某等诉普天公司案评析》，载蔡建春、卢文道主编：《证券法苑》第32卷，法律出版社2021年版。

[3] 黄海宾与银基烯碳新材料集团股份有限公司证券虚假陈述责任纠纷案，辽宁省高级人民法院（2019）辽民终455号民事判决书。

各地法院对非系统性风险因素的裁量普遍持较为谨慎的态度。法院通常要求虚假陈述方就该因素如何对股价下跌产生影响及影响程度承担全部举证责任，若举证不能，则该抗辩理由不能被采纳。在康美药业虚假陈述案中，法院仍认为，虽然部分被告提出了非系统性风险的抗辩事由，诸如经营不善、实际控制人曾行贿等，但因其能证明前述事件是除虚假陈述行为以外的能对康美药业股价产生消极影响的因素，因此未予认可。非系统性风险的取证难度主要集中在企业对自身经营数据、利好利空公告等的调取上，尤其是企业利好利空消息的日常管理、披露等方面的举证。与系统性风险的影响可以依赖指数波动情况进行量化计算不同，非系统性风险的界定、对个股价格的影响有无、影响大小均更加难以判定，亦很难举证予以证明，这也导致法院很难查明应予扣减的金额，从而出现部分法院对此抗辩不予支持的情况。

四、我国证券虚假陈述因果关系认定的改进路径

（一）交易因果关系推定溯源："价格影响理论"

在欺诈市场理论的逻辑下，在有效市场前提下，具备重大性的瑕疵信息将对相关证券的市场价格产生相应的影响。该理论适用的前提是否应被限定为有效市场呢？因为只有在有效市场中，虚假信息才能及时准确地反映在证券市场价格中。这就需要"价格影响理论"[1]来进行论证，即证券市场是否构成效率市场并不重要，重要的是虚假陈述影响扭曲了市场价格。因此，对于那些已经发生了的虚假陈述行为而言，积极型虚假陈述直接拉升市场价格，消极型虚假陈述维持了虚假价格，但凡投资者在市场上从事交易行为，不论其是否知悉或者信赖该虚假陈述，只能按照市场价格进行交易行为，那么虚假陈述就必然影响其投资利益。[2]更何况我国A股市场在股权分置改革后已经成为半强势有效市场，因而适用欺诈市场理论以及信赖推定原则有其合理之处。[3]而且保护投资者利益这个政策目标就是欺诈理论的理论证明基础，即投资者有权认为股票价格是具备市场公正性的，至于其主观是否信赖无关紧要。[4]从根本上来说，价格影响理论其实是欺诈市场理论的延伸和解绑，欺诈市场理论执着于只有在有效市场中虚假陈述才会准确完整地反映在价格中，该理论纠结在一个"度"的问题上，虚假陈述每"假"一度，价格就应该偏离真实价格一度。但价格影响理论抛弃该刻

[1] 樊健：《我国证券市场虚假陈述交易上因果关系的新问题》，载《中外法学》2016年第6期。

[2] 参见彭冰：《证券虚假陈述民事赔偿责任中的因果关系——司法解释的新发展评析》，载《法律适用》2022年第5期。

[3] 参见叶志强等：《股权分置改革后我国证券市场有效性研究——基于非预期非流动性新信息视角》，载《投资研究》2013年第5期。

[4] See James D. Cox, *Understanding Causation in Private Securities Lawsuits: Building on Amgen*, 66 Vand. L. ReV. 1719 (2013).

板性，反而追求只要虚假陈述影响了价格，就应当成立交易因果关系，因为投资者只能按照市场价格进行交易。

从被告角度来说，采用“价格影响理论”能够更加明确其进行反驳的重点。换言之，被告若能够证明原告不存在合理信赖即可推翻交易因果关系，但也可以说，只要被告能够证明其虚假陈述行为没有影响价格，也可使得被告的侵权行为与原告损失之间丧失原因力。

《新规定》将适用范围扩展到证券交易场所，包括了新三板市场。规定合法的区域性股权市场中发生的虚假陈述民事赔偿案件也可以参照适用本规定。新三板的市场效率与A股市场存在着很大的差异，但是若回归到“价格影响理论”，新三板市场中虚假陈述行为人的虚假陈述行为只要影响到价格，那么《新规定》就有用武之地。但是也应当看到《新规定》主要还是规制集中竞价市场，新三板市场以及区域性股权市场还是要把握好“参照适用”的程度，尤其是损失因果关系中计算方式的确定。

（二）机构投资者排除适用推定信赖原则

推定交易因果关系本来只是为了减轻投资者的举证责任，对于证明主观状态的信赖做出特殊处理。适用推定原则的基础是信赖的合理性，所以当机构投资者本身拥有更高的去伪存真的理性分析能力，同时也另负一层更高的审慎决策义务时，其合理信赖就不能轻易推定，其合理的阈值要高于一般投资者。这也有利于促进市场效率化和公平化。作为证券市场的重要参与者的机构投资者，不仅仅是接收和分析证券市场信息，更重要的是，他们往往是通过证券信息而不是证券价格来进行交易，甚至能够主导和影响市场的价格。例如银广夏案、祥源文化案〔1〕。

目前来看，司法仍需探讨机构投资者的审慎义务边界问题，机构投资者需要证明其已经履行了适当的信息收集和分析的审慎义务，即机构投资者举证到何种程度才算完成举证责任。对此笔者认为应当遵循合理预见的判断规则，而不是“马后炮”式的归责标准。投资本身就是风险与机遇并存，是有一定的容错率的，任何投资都是基于各种信息和情形做出的综合考量，难以达到“保本保收益”的必然结果。因此不能仅以投资机构内部的资料，比如说该机构投资部工作人员质疑过该项投资，就径直作为认定投资者忽视“合理怀疑”的理由，防止机构投资者被动陷入“调研越尽责、过错越明显”的怪圈。机构投资者只要证明其履行了适当的研究分析义务和决策程序即可适用交易因果关系成立的推定，〔2〕参考该决策是否履行严格的决策程序（详细的决策程序会议纪要等）、决策依据是否建立在专业详细尽职调查基础上、是否为发挥其投资专业性基础上作出的投资者决策、投资决策参考事项是否过于主观且依赖外界信息（比如新闻媒体的报道等）。

---

〔1〕 上海雨浩投资咨询有限公司与浙江祥源文化股份有限公司、西藏龙薇文化传媒有限公司证券虚假陈述责任纠纷一审案，杭州市中级人民法院（2018）浙01民初2352号民事判决书。

〔2〕 参见贾纬：《证券市场侵权民事责任之完善》，载《法律适用》2014年第7期。

（三）取消前置程序后重大性的司法认定标准

《全国法院民商事审判工作会议纪要》第85条规定，虚假陈述已经被监管部门行政处罚的，应当认为是具有重大性的违法行为。《新规定》在第2条中明确所有虚假陈述责任案件的前置程序一律删除。也就是说，行政机关的处罚在性质上更多是参考意见，而不是对法院判决有拘束力的强制性意见。这不仅给予了法院灵活解释的空间，有利于其在个案中通过自由裁量作出妥当的判断，同时也给予了被告在“重大性”问题上可争辩的空间。

1. 重大性标准的一般判断：投资者敏感性标准

鉴于价格敏感性标准的前述弊端，投资者敏感性标准体现了现代证券法“买家自负”和“投资者保护”的精神，其要求比价格敏感性标准更为严谨和公正。从披露信息角度来说，当信息披露义务人在选择披露信息时，应该从投资者角度出发，更加直接地考虑所披露的信息对投资者决策而非对市场价格产生的影响，这显然更有利于保护投资者；同时，在举证责任上，价格敏感性标准必须完成瑕疵信息对价格波动之间的因果关系的证成，但鉴于证券市场的风云多变，这种证明无疑是困难的。但如果采用投资者敏感性标准，则只要证明瑕疵信息能够影响理性投资者的决策即可。此种理性人标准不仅可以借鉴域外成熟经验，也可以回归到民商事法律中已具备借鉴意义的制度。比如，商事判断原则的出发点就是将公司董事、监事、高级管理人员默认为一般理性人。[1]举证证明则可以将其细分为投资者知识和投资者能力两方面，这就需要进一步提高投资者素质，加强投资者教育，避免其在证券市场“裸奔”。另外，采取投资者敏感性标准并非摒弃价格变动的衡量作用。因为价格敏感性标准中股票价格变化幅度更加客观以及直观，实务中更具有可操作性。因此价格的波动幅度可以作为重大性的辅助判断标准。而且，这种情况下，信息披露义务人有权提出反驳，比如证明价格波动系由系统性风险或非系统性风险造成的。[2]其实，从本质上来说，投资者作为连接市场价格与信息之间的纽带，投资者的交易行为决定了市场的供求，供求又进一步影响价格，因此投资者敏感性标准和价格敏感性标准其实是一个问题各有侧重，但还需要明确的是，投资者敏感性标准是可以延伸扩展甚至涵盖价格敏感性标准的。价格敏感性标准则只关注于价格，对于日益复杂和多样的证券市场，随着发展难免会有不适配的情况。

2. 重大性标准的具体判断：定性结合定量

重大性的具体的判断应当结合定性和定量两个方面进行。定性分析侧重于该瑕疵信息是否影响投资者决策。如果不存在这种可能性则无需考虑其对市场价格造成的影响；反之，就需要进一步考察其对投资者决策所产生的影响程度。因此，要运用“审计思维”来对待瑕疵信息。立足于全局，不能孤立地看待，也不能先入为主，而应将其置于整个信息综合体中，

---

〔1〕 参见叶金强：《私法中理性人标准之构建》，载《法学研究》2015年第1期。

〔2〕 参见石一峰：《违反信息披露义务责任中的交易因果关系认定》，载《政治与法律》2015年第9期。

对发行人所公布的信息和整体背景予以分析，比如瑕疵虽小，但针对公司的主营业务，大概率会导致投资者认为公司未来经营存在不确定性。在考虑多个瑕疵信息时，既要单独分析还要联合分析。一个瑕疵信息所代表的重大性不会因另一个瑕疵信息的产生而降低或抵消，除了在同一报告期间进行分析，还应该结合过去的报告来分析。

在定量分析中，对重大性的估算通常采用百分比的方式。这个百分比可以由公司和审计人员共同设定，也需要结合财务领域的专业知识和经验来判断。根据股票上市规则当业绩低于10%时，应当发布业绩快报更正公告。但这并不意味着，低于设定的某百分比就必然不具备重大性，而是要坚持实质性的原则，如对于所有者权益的变化。定量标准虽然清晰易操作，但容易以偏概全，不能对影响重大性因素进行全面分析，而且对于无法量化的财务信息在适用上具有局限性。另外，还应看到定量标准容易诱发道德风险，虚假陈述行为人可能会为了规避定量标准，通过造假来符合该标准。[1]因此，定量标准不能作为判断重大性的唯一方法，需要结合定性标准进行综合分析认定。

五、结语

证券虚假陈述因果关系的认定关系到证券虚假陈述民事赔偿纠纷能否得到妥善的解决。信息披露制度的完善为证券市场的健康发展提供了坚实的保障。如果没有及时有效地打击虚假陈述，给投资者带来的损失也会被无情地抹杀，这将会极大地削弱证券市场的活力与信心。交易因果关系的理论基础应该溯源到“价格影响理论”。该理论不仅可以规避掉效率市场的问题，还可以使被告明确推翻推定的反驳重点，即证明其虚假陈述行为从未对证券价格产生影响。即便虚假陈述行为对价格产生了影响，推定信赖也应当有其适用前提，那就是合理信赖的证明。是否有信赖是投资者主观心理的证成，需要借助客观的标准来厘定，此时信息重大性标准可以发挥出筛选作用，只要具备信息重大性的瑕疵信息就应当认定为合理信赖的存在，因此可以直接适用交易因果关系推定原则。在取消前置程序后，重大性的标准应采用投资者敏感性标准，同时结合定性和定量进行具体判断。但是也要注意虽然可以借助定量的标准，但不可走向极端，应当采用动态联合的观点，既不忽视微小瑕疵带来的巨大作用，也不应盲目夸大某项信息的作用。信赖推定原则的适用应当对主体进行相应的限制，防止被泛化，导致原被告权益保护之间失衡。既然该原则设立的初衷是避免投资者举证能力不足，基于机构投资者本身能力及所承担更高审慎勤勉义务，其应当被排除在该原则之外。

---

〔1〕 James J. Park, *Assessing the Materiality of Financial Misstatements*, Journal of Corporation Law 513 (2009).

债券虚假陈述中介机构比例连带责任研究

——以五洋债案为例

张灏熠

目 次

一、五洋债案引发的思考

（一）五洋债案简介

2015 年 8 月和 9 月，五洋建设集团股份有限公司（以下简称五洋建设）在中国获证监会批准后先后发行两期公司债券（以下简称五洋债）。2017 年 8 月 11 日，中国证监会以涉嫌违反证券法为由对五洋建设立案调查，“五洋债”当即停牌。此后，“五洋债”发行主承销商德邦证券股份有限公司（以下简称德邦证券）与中介机构大信会计师事务所（特殊普通合伙）（以下简称大信会计）均被中国证监会处以行政处罚。

中国证监会认定大信会计未在审计报告中指出五洋建设关于应收账款和应付

款项“对抵”处理的财务行为，此外，大信会计在获悉自己出具的审计报告用途后，并没有调高项目风险级别和追加相应的审计程序，不符合审计章程规定。大信会计出具的审计报告存在虚假记载情况并作为申报材料被五洋建设在发行债券时使用。中国证监会认定德邦证券未充分履行对五洋建设应收账款回收事项的核查义务且未就投资性房地产作进一步审查，此外，德邦证券未依照信息披露要求记载五洋建设的沈阳投资性房地产出售事宜。中国证监会未对另外两家中介机构大公国际资信评估有限公司（以下简称大公国际）和上海市锦天城律师事务所（特殊合伙）（以下简称锦天城律所）做出行政处罚。

该证券虚假陈述案件由杭州市中级人民法院受理，五洋建设及其负责人和上述四家中介机构为共同被告。法院认为，中介机构德邦证券和大信会计都未勤勉尽职，存在重大过错，应对五洋建设应负债务承担连带赔偿责任。大公国际和锦天城律所未勤勉尽职，存在一定过错。法院酌定大公国际在五洋建设应负责任 10% 范围内、锦天城律所在五洋建设应负责任 5% 范围内承担连带责任。

（二）债券虚假陈述中介机构比例连带责任认定法律困境

根据现行《证券法》（2019 年修订）第 163 条的规定，因出具文件有疏漏或虚假记载等情形给投资者带来损失的中介服务机构，在不能证明自己无过错时需要与委托人即证券发行方承担连带责任。该条规定首次出现在 2005 年《证券法》中，而 1998 年《证券法》的规定则并非如此，依据当时的规定，中介机构仅对自己出具的用于发行证券的报告中负有责任的部分承担连带责任。

如上所述，在 1998 年《证券法》中，可能适用中介机构“部分连带责任”。但是，从 2005 年《证券法》至今，对中介机构连带责任的规定变为了 100% 的“刚性”连带责任。按通常意思理解，现行《证券法》第 163 条的规定意为不能证明自己没有过错的中介机构就要承担完全的 100% 连带责任，而能够证明自己没有过错的中介机构就无须承担连带责任，即所谓全有或全无的责任。由此可见，现阶段从法律层面，难以找出比例连带责任的法律适用依据。2020 年发布的《全国法院审理债券纠纷案件座谈会纪要》（以下简称《债券座谈会纪要》）规定，在判定中介机构应承担赔偿责任时，应当考虑其勤勉尽职情形，同时结合其行为的主观意图，针对故意和过失分别确定其最终责任。

显然，《债券座谈会纪要》中的相关规定并未采纳《证券法》针对中介机构责任的“刚性”连带责任规定。此外，在 2021 年全国两会《最高人民法院工作报告》解读系列全媒体直播访谈中，最高人民法院审判委员会专委刘贵祥指出，对于上市公司在虚假陈述案件中采取的财务造假手段，部分中介机构可能因为自身业务范围等限制而未察觉，针对实践中存在的这些情况，不应该一概而论，不问具体情形而统统让中介机构承担 100% 连带责任，应当结合具体中介机构的过错程度，使得过错与惩罚相适应，最大程度维护各方主体利益平衡，保护公平正义。

注册制全面推行背景下，信息披露的重要作用日益凸显，证券市场良好秩序的维持需要真实准确的信息公开，而中介机构作为公司债券发行过程中的重要主体，其出具的专业报告对于投资者来说是判断债券投资风险的重要指标。因此，需要在司法实践中明晰证券承销商等专业中介服务机构和发行人在虚假陈述案件中的责任分配，以平衡各方主体的权利义务，避免不合理地增加中介机构的履职风险，同时最大可能地维护投资者合法权益，以促进证券市场的蓬勃发展。但现阶段比例连带责任的适用仍缺乏明确的法律规则的支撑，甚至在某种程度上它同现行《证券法》第163条的规定是相背离的。

二、虚假陈述中介机构连带责任分析

（一）虚假陈述中介机构责任性质认定

王利明、翁晓健等多位学者都认为虚假陈述民事责任属于侵权损害赔偿责任。在侵权的大背景下，虚假陈述案件中除了直接责任人——债券发行人之外，即使是和投资者没有直接合同关系的中介机构也可能因为未履行或未完全履行法定义务而需要承担侵权责任。[1]这直接扩大了投资者求偿对象范围，避免投资者因为上市公司财务困境而无处寻求救济，有利于保护处于市场弱势地位的投资者，激发证券市场活力。最高人民法院2022年1月颁布实施的《关于审理证券市场虚假陈述侵权民事赔偿案件的若干规定》（以下简称《虚假陈述若干规定》）中同样采纳了侵权责任理论。

（二）中介机构承担连带责任的前提

考虑到证券市场的复杂多变与投资者在获取信息能力上的弱势地位和专业知识的欠缺，如果要求虚假陈述案件中投资者举证证明债券发行人与中介机构的虚假陈述行为与其遭受损失之间的因果关系，显然会给投资者求偿带来巨大困难，难以保证投资者合法权益得到有效维护。《虚假陈述若干规定》第11条[2]就这一问题进行了专门说明：如果投资人购买的证券与虚假陈述行为有直接关联且买入时间是在虚假陈述行为实施日以后、该行为被揭露或更正日以前，同时投资者在揭露日或更正日之后因为卖出或持有该证券而遭受损失，那么法院应当认定该投资者遭受损失与虚假陈述行为之间存在因果关系，上述规定有效避免了投资者举证困境的出现。此外，《虚假陈述若干规定》第4至第9条就证券市场虚假陈述的认定做

---

〔1〕 参见李煜：《证券市场虚假陈述连带责任的分配机制研究》，兰州大学2021年硕士学位论文。

〔2〕《虚假陈述若干规定》第11条规定："原告能够证明下列情形的，人民法院应当认定原告的投资决定与虚假陈述之间的交易因果关系成立：（一）信息披露义务人实施了虚假陈述；（二）原告交易的是与虚假陈述直接关联的证券；（三）原告在虚假陈述实施日之后、揭露日或更正日之前实施了相应的交易行为，即在诱多型虚假陈述中买入了相关证券，或者在诱空型虚假陈述中卖出了相关证券。"

了具体详尽的规定。

在虚假陈述案件中，作为被告的中介机构按照法律规定需承担过错推定责任与举证责任，但符合侵权责任四要件仍是中介机构承担侵权责任的前提：侵权行为、主观过错、损害结果、因果关系。具体到债券虚假陈述案件中，主要指中介机构是否与发行人串通持故意心态或者因为过失参与实施虚假陈述行为、中介机构是否持故意或过失的心态、投资者是否有实际损失、投资者损失是否与虚假陈述有关。但是需要注意的是，中介业务具有很强的专业性，法院在判定案涉中介机构侵权赔偿责任时应结合不同行业的专业标准，必要时寻求专家意见，做出相应判断。此外，债券市场虚假陈述被广泛认为是一种特殊侵权行为，行为类型为多因一果型，法院在认定因果关系时应综合考虑多种债券价格影响因素进行科学认定。

（三）《民法典》关于连带责任规定

连带责任和按份责任是侵权行为责任承担方式中最为常见的形式。《民法典》第 1168 条和第 1172 条分别规定了连带责任和按份责任，区分二者的关键在于准确判断两个以上的侵权主体是共同实施侵权行为还是分别实施侵权行为。依照法律规定，共同实施侵权行为的侵权人承担连带责任，而分别实施侵权行为的侵权人则承担按份责任。同时，基于对连带责任的通常理解，承担连带责任是指承担 100% 连带责任，而非比例连带责任或者部分连带责任。

对于共同实施侵权行为与分别实施侵权行为的区分，2003 年《关于审理人身损害赔偿案件适用法律若干问题的解释》第 3 条有较为详细的说明。共同侵权包括共同故意、共同过失以及虽无共同故意、共同过失，但各主体损害行为直接结合导致同一不可分的损害后果三种情形，而两个以上责任主体没有共同故意或者共同过失，但其分别实施的数个行为间接结合发生同一损害后果的为分别侵权。针对分别侵权情况，应该根据过错程度和行为与损害结果间的原因力大小确定其应承担的损害赔偿责任。参考该规定，即使在确定中介机构与债券发行人之间并未故意合谋共同实施侵权行为的情况下，多数时候中介机构的失职行为会与上市公司的虚假陈述行为直接结合造成投资者损害，从而成立共同侵权。

此外，还存在与连带责任相区别的不真正连带责任。不真正连带责任的数个责任人因不同原因而对同一被侵权人负有以同一给付为标的的数个债务，数侵权人之间任意一主体的履行都会使全体债务归于消灭。但不同于连带责任的内部责任分摊机制，不真正连带责任有一个最终责任人，即导致被侵权人遭受损失的直接责任人，对于直接责任人以外的责任主体来说，在承担侵权责任后可以向最终责任人行使求偿权。《民法典》第 1223 条规定的医疗损害责任即为不真正连带责任。因药品、血液和医疗器械致损的患者，既可以向对应的生产者和上市许可持有人请求损害赔偿，也可以向为其提供诊疗服务的医疗机构请求赔偿，而医疗机构在赔偿患者后，有权向负有最终责任的医药公司等责任主体求偿。这一责任履行规则可以极大地便利被侵权人行使求偿权，从而保障被侵权人合法权益。

不真正连带责任与连带责任的不同点在于两个以上的侵权责任主体对于侵权人负担赔偿

责任的原因各不相同，而非基于共同故意、共同过失或分别实施的数个行为直接结合导致被侵权人损害。此外，现阶段我国只有在法律条文有明确规定的情况下才适用不真正连带责任。据此，中介机构并不应因虚假陈述行为承担不真正连带责任。

三、虚假陈述中介机构比例连带责任分析

（一）中介机构“刚性”连带责任的制度缺陷

依前文所述，现阶段通常认为虚假陈述案件中未勤勉尽职的中介机构与债券发行人构成共同侵权，应对被侵权人承担100%连带责任。然而，“刚性”连带责任在虚假陈述案件中的适用并无明确的法律规则支持，五洋债案判决中的“比例”概念甚至与现行法律规则存在冲突。在此背景下，无论是在理论界还是在实务界，关于中介机构“刚性”连带责任的合理性探讨从未停止，学者也一直在尝试找到“刚性”连带责任之外的合理的责任分配方式并构建对应的法理基础。

首先，国内很多学者认为对于中介机构一味严格适用连带责任有违公平原则且会阻碍相关行业的发展。刘燕指出，连带责任的过度使用可能会导致各侵权方之间权利与义务的严重失衡，造成承担责任与行为过错不匹配的情形。〔1〕朱慈蕴认为，应该就此类案件中会计师具体责任认定做出统一合理的规定，以提高专业机构工作积极性，促进行业发展。〔2〕高榴认为，在判定会计师事务所是否勤勉尽职时应该综合考虑主客观因素，对按照执业规章出具报告且充分履职的中介机构进行免责处理，并将此类标准有改动的适用于其他行业领域的中介机构。〔3〕其次，具体到发行人与中介机构间责任应当如何分配的问题，郭雳指出，中介机构可负担连带责任，但需要明确规定具体免责事由，同时要防止扩张性适用“共同侵权”以免不当增加中介机构负担，在实际追偿过程中应当采用次序追偿方式，将中介机构置于次要地位，承担变相补充责任，而非由被侵权人在发行人与中介机构等多主体间自由选择。〔4〕

五洋债案中，杭州市中级人民法院做出了中介机构依其过错程度承担比例连带责任的判决，与学界的主流观点大相径庭。从表面看，中介机构在承担连带责任之后可以基于连带责任内部追偿规则，依据最终责任分配比例和份额向债券发行人或其他案涉中介机构进行追偿，从而避免承担超出自己责任范围的赔偿责任，使得所受惩罚与其过错程度相适应。这一

〔1〕 参见刘燕：《会计师民事责任研究：公众与职业利益的平衡》，北京大学出版社2004年版，第248页。

〔2〕 参见朱慈蕴、陈彦晶：《评注册会计师对第三人的民事责任——围绕会计界与法律界的观点冲突展开》，载《法学评论》2007年第4期。

〔3〕 参见高榴：《证券资格会计师事务所勤勉尽责之实务分析——基于2013—2017年行政处罚案例的思考》，载《中国注册会计师》2018年第11期。

〔4〕 参见郭雳：《证券欺诈法律责任的边界 新近美国最高法院虚假陈述判例研究》，载《中外法学》2010年第4期。

论断看似合理，但是当将场景具体到国内证券市场时，则并非如此。虚假陈述行为被揭露案件中相当大比例的债券发行人经济状况不容乐观甚至处于破产状态，在这种情况下，投资者很可能会转向经营状况良好的中介机构来全额求偿。由于此类案件涉及的被侵权人往往人数众多且案涉金额巨大，面对巨额赔偿金，一些规模较小的中介机构极有可能顶不住压力而直接破产，即使是规模较大的事务所也会因此元气大伤。同时，大多数虚假陈述案件发生的最主要原因都是债券发行人违反证券法规定的信息披露义务欺骗、误导投资人以获得投资额，债券发行人主观恶性大且责任重，相比之下，中介机构往往并非出于故意，过错通常在于业务疏漏，而且其并未从虚假陈述行为中获益，如果要求这类中介机构承担和债券发行人同等的赔偿责任显然并不公平，忽视了主观过错和受益程度的差异性。

此外，中介机构承担100%连带责任意味着中介机构还可能要解决上市公司和其他案涉中介机构偿债能力不足的问题，这对于中介机构来说未免负担过重、风险过高。长此以往，债券发行中的各方主体之间权利义务关系会处于失衡状态，而风险的急剧增加也会严重影响中介机构的正常经营，最终对投资者利益保护产生负面作用并严重阻碍证券市场的发展。现阶段我国证券服务机构竞争激烈，费用也因此不断降低。如果不考虑具体案件中中介机构的主观过错而机械地判处其承担连带责任，中介机构将面临比自身服务费高出上千倍的巨额赔款。

（二）美国“公允份额比例责任”制度

在英美法系国家，证券虚假陈述被称为“securities misrepresentation”，属于证券欺诈范畴。在全世界范围内，美国证券市场都处于领先地位且由于发展相对较早整体规则构建都趋于成熟完善。具体到中介机构在虚假陈述中的责任问题，1995年美国通过的《私人证券诉讼改革法案》规定了比例责任。该法案针对原《证券法》和《证券交易法》的原始规定——会计师事务所在虚假陈述案件中与发行人承担无限连带责任[1]进行了修改，原有的无限连带责任变成了有条件的“公允份额比例责任”（fair share proportionate liability）。该法案还将主观过错因素纳入中介机构责任分配考虑因素，在非故意违反证券法律的情况下，各责任主体承担的具体责任依其过错程度及造成的损失比例来确定，刨除恶意串通可能性后，证券诉讼中被告方将免于对赔偿总额承担连带责任而以承担“公允份额比例责任”为限。这一法案的出台无疑打破了长期以来盛行的“深口袋”逻辑——投资者更倾向于向那些经济实力更强、拥有更多财富的主体提起诉讼，而非最先向主观过错最大的被告方追偿。在此逻辑下，被法院判决承担不足10%最终责任份额的公司却被迫支付全部赔偿金的情况比比皆是。美国兰德公司针对侵权损害赔偿案例所做的统计结果表明，“深口袋”倾向给相关领域的知名大型企业带来了巨大的经营风险。[2]

---

〔1〕 参见钟法：《美国〈私人证券诉讼改革法案〉及其对我国的启示》，载《中国注册会计师》2005年第4期。

〔2〕 Robert MacCoun. *Is there a "deep-pocket" bias in the tort system?: the concern over biases against deep-pocket defendants*, Santa Monica, Calif.: RAND(1993).

此外，为了区分不同过错程度的侵权主体之间的不同责任等级，最大限度地维持公平、减少过错程度较轻的主体的负担压力，美国部分州通过立法设定了法定“门槛”来进一步规定连带责任的适用标准。[1]所谓“门槛”，即预先设定一个最终责任比例数值，只有超过这一数值的被告才需要根据自己的过错程度承担相应的连带责任。同时美国部分州也做出尝试，以具体责任份额对应的赔偿额数值为基础，再乘以根据责任人的过错程度设定的最高倍数，得到一个承担赔偿责任的最高额度，这被称作“深度”限制，其目的是减少“深口袋”倾向给大企业带来的不利风险。

但在“公允份额比例责任”制度的框架下，诉讼进程的第一步就是找出承担“公允份额”的全部责任主体，然后在上述需要承担赔偿责任的主体之间依据其赔偿能力和过错情形分配赔偿责任。若依上述规则，会计师事务所等中介机构将能够在很大程度上避免需要面临“深口袋”逻辑带来的巨大风险。

（三）中介机构连带责任“比例”判定依据

在认定中介机构连带责任“比例”时，纳入考虑的主要是其过错程度和行为就结果来说的原因力大小。要判断过错程度先需要区分不同行业中介机构的不同注意义务，不同责任主体负有特别注意义务的事项差异很大。相较于一般注意义务，违反特别注意义务并导致损失结果的行为显然过错更大。对各中介机构相互之间过错与原因力大小的比较，也应当考虑不同中介机构的专业要求和职责范畴。此外，为了防止自由裁量权的过度使用，在实际审判时可以参照过往案件中过错程度大致相当、行为就损害结果原因力大小相近的中介机构最终被判决承担的责任，以防止同类案件中认定的具体“比例”数值偏差过大。

比例连带责任的适用使得法院可以综合考虑虚假陈述案件中造成投资人损失的多重原因和各方面因素，在充分考虑过错程度的前提下合理分配责任。在案涉中介机构数量较多的情况下需要充分考虑不同中介机构承担责任的不同比例，对于每一个中介机构都要使其承担的责任与其过错程度相适应，而这一构想的实现依赖于相对统一规则的建构和使用。

综上所述，“比例”的判定要结合中介机构的主观过错和客观行为，同时参照不同中介机构的行业标准，必要时咨询相关领域专家，在尽力平衡各方利益并最大限度保障投资者合法权益的前提下做出符合公平原则的判决。

四、构建虚假陈述中介机构比例连带责任制度的建议

（一）准确认定投资者损失

债券市场虚假陈述案件中造成投资者损失的原因不只有债券发行人的虚假陈述行为，同

---

[1] 参见王竹：《论客观关联共同侵权行为理论在中国侵权法上的确立》，载张仁善主编：《南京大学法律评论》总第33期，法律出版社2010年版。

期市场风险、该行业风险、区域风险等因素都有不小的影响。以五洋债案为例，五洋建设原本是中国500强企业，也是省内建筑行业的龙头老大且其并未实施彻头彻尾的财务造假行为，五洋建设发行的公司债券一年的利息约为10,352万元，而中国证监会认定的五洋建设平均三年可分配利润为“不多于9,359.78万元”，二者之间并非差距极大。在这种情况下，投资者损失显然并不是100%归因于虚假陈述行为。换言之，假设五洋建设按照证券法律规定发行公司债券，投资者的损失恐怕依然无法避免。据此，法院认定五洋建设对投资者全部损失承担赔偿责任并不恰当，同期证券市场情况和建筑行业不景气的经营状况未被充分考虑。

诚然，投资者的投资决策和判断极大程度上依赖于发行人披露的信息，虚假陈述案件频发将会极大打击投资者的投资积极性，使得市场气氛低迷，但是过分倾向于投资者权益保护而忽视客观存在的投资风险的判决结果显然同样不利于证券市场良好风气的培养。在实际认定投资者损失即发行人同中介机构需要承担的赔偿责任总额时，应将案涉时间段内证券市场的风险和相关行业状况考虑在内，以期得到公正准确的结果。

（二）区分责任份额与连带责任“比例”

中介机构对于上市公司的调查和最终出具的专业报告对于公众投资者来说是决策过程中的重要参考，[1]这正是中介机构需要承担虚假陈述连带赔偿责任的一大原因。根据现行法律规定，中介机构对于因其出具的有疏漏或错误的文书而遭受损失的投资者需要承担赔偿责任。

具体到五洋债案，案涉四家中介机构中，不同于债券发行承销商和会计师事务所，律师事务所与评级机构的业务疏漏与五洋建设实施的财务造假行为并无直接关联，而是在一定程度上使得投资者对五洋建设到期偿债能力产生了较高认识，从而增加了投资者买入债券的可能性，与投资者损失具有一定因果关系，所以上述两家中介机构同样需要对投资者因发行人五洋建设虚假陈述导致的损失承担一定赔偿责任。

根据过错程度大小，可以对债券发行人和四家中介机构承担的责任份额进行认定，但这往往并不等同于中介机构虚假陈述连带责任落实后的最终“比例”。在判决文书中数责任人承担的责任份额之和必然为1，但在比例连带责任具体落实的过程中因各责任人偿债能力的差异可能导致某些责任人现实落实的赔偿责任在全部赔偿责任中的比例大于判决所言其应承担之比例。固然，责任份额的划分主要取决于不同责任人的过错程度，但考虑到这一“比例”的连带性，笔者认为司法机关应更多考虑后续的执行，并将偿债能力纳入确定中介机构责任的标准中。

---

〔1〕 参见唐晓雪：《对债券欺诈发行中介机构连带赔偿责任的初步探讨——以“五洋债”欺诈发行案为例》，载《清华金融评论》2021年第4期。

（三）合理判定中介机构承担连带责任的“比例”

要确定中介机构承担连带责任的具体“比例”，首先，需要判断中介机构在虚假陈述中是否持主观故意心态，如其与发行人恶意串通实施虚假陈述行为，则依《证券法》承担完全连带责任，而对于出于过失的中介机构则考虑承担比例连带责任。其次，合理的责任划分应当充分结合不同中介机构的行业职责。[1]据此，应明确不同中介机构各自的注意义务范畴并进一步细化判断其是否切实履职（所谓勤勉义务）的标准，以准确认定其是否应承担比例连带责任及应承担责任的“比例”。

华泽钴镍证券虚假陈述责任纠纷案中，一审法院判决国信证券股份有限公司与瑞华会计师事务所（特殊普通合伙）分别承担40%和60%的连带赔偿责任，而二审法院改判二者均承担完全连带赔偿责任，正是基于上述原因。国信证券股份有限公司与瑞华会计师事务所（特殊普通合伙）在履职过程中均未尽到特别注意义务，严重失职。二审法院认为对于上述两个中介机构来说，如果能在债券发行准备过程中勤勉尽责，充分履职，成都华泽钴镍材料股份有限公司虚假陈述行为将会在发行前被揭露，从而避免给投资者造成巨大损失，上述两个机构过错程度相当大且行为与损害结果之间的原因力极强，与成都华泽钴镍材料股份有限公司构成共同侵权，需对投资者损失承担完全连带责任。

五洋债案中，五洋建设的证券虚假陈述行为是财务方面的专业行为，根据司法部和中国证监会对于律师事务所从事证券业务出台的相关文件的规定，除对法律相关业务事项负有特别注意义务外，律师事务所对包括财务事项在内的其他业务事项仅履行一般注意义务，而五洋建设上述行为显然并不属于法律业务事项范畴内。该案中律师事务所的过错在于未针对影响五洋建设偿债能力的法律风险进行提示，没有完全尽到勤勉义务，在一定程度上会影响投资者对于五洋建设发行债券的风险认定，但其失职行为并不与五洋建设虚假陈述行为直接关联。

对于不同领域的专业服务机构，应结合行业状况分别制定相应的注意义务认定细则，而《债券座谈会纪要》未明确界定注意义务标准。学术界有人认为应采用主观标准，即将特定中介服务机构从业人员的专业素质作为认定注意义务程度的标准。[2]但是证券服务领域中介机构的从业人员素质良莠不齐，如果结合个人因素判定注意义务标准，则会导致案件结果具有极大的不确定性，会导致同案不同判现象的产生，不利于相对统一的审判标准的确立。同时我国司法审判人员的金融专业水平差异较大，对于偏远地区的法院来说，主观标准要求过高，难以真正落实。更为合理的办法是在预先设定全体从业人员专业水平一致的前提下设定统一的客观标准，从而最大限度地减少判决的不确定性。

---

〔1〕 参见郭雳：《证券市场中介机构的法律职责配置》，载《南京农业大学学报（社会科学版）》2011年第1期。

〔2〕 参见吴弘、吕志强：《债券承销商虚假陈述侵权行为认定机制探析》，载蔡建春、卢文道主编：《证券法苑》第32卷，法律出版社2021年版。

此外，可以参考美国证券诉讼领域将“门槛”和“深度”结合设计出更为细致的连带责任制度的做法，将划定的责任份额作为确定最终连带责任比例的参考因素。例如：明尼苏达州巧妙地将“门槛”和“深口袋”结合使用，对于划定的责任份额不超过 15% 的连带责任人，承担连带责任的“比例”要不高于 4 倍的责任份额；当责任份额上升到 15% ~35% 时，其承担连带责任的“比例”不高于 2 倍其责任份额。[1] 据此，可以在充分衡量不同中介机构过错程度的情况下更为合理地划定其所承担连带责任的“比例”数值。

（四）明确中介机构承担责任后追偿权

五洋债案一审和二审判决中均未就中介机构在承担责任后追偿的问题做出明确规定，但是，这并不意味着中介机构在承担责任后没有追偿权。比例连带责任归根到底解决的还是多个侵权主体与被侵权人之间的责任分配问题，因此，侵权连带责任内部追偿理论有一定的应用价值，对于承担连带责任后的内部追偿问题，《民法典》第 178 条有专门规定，被侵权人可以选择请求任意侵权行为人或全体连带责任人承担赔偿责任，而且连带责任人之间的内部责任分配根据各自责任大小来确定，不能明确的，平均承担赔偿责任，对于超出自己责任份额的部分有权向其他连带责任人追偿。

但是，在适用比例连带责任的虚假陈述案件中，投资者资金最终流向发行人而非中介机构，主观恶性强、罪责重的发行人往往需要承担 100% 赔偿责任。因此，不同于《民法典》关于追偿对象的规定，在中介机构追偿过程中，应将发行人而非其他中介机构作为追偿对象。考虑到中介机构实际收费数额与虚假陈述涉案资金的巨大差异，允许中介机构承担连带责任后向发行人追偿，可以避免其支付远超出债券发行服务业务收入的赔偿款，有利于最大限度地维护社会公平正义。

此外，中介机构向发行人追偿数额不应简单固定为其支付的全部赔偿额，还需要在后续追偿案件中结合现实履行情况与各方主体责任认定来综合判断，以实现赔偿责任的平衡分配。在发行人由于破产等丧失偿债能力的情况下，可以由法院额外就各中介机构间责任分摊份额比例做出判决，若中介机构承担比例连带责任实际偿付赔偿款超过依责任分摊份额应负担数额，同样可以向其他中介机构追偿，依法院认定的责任分摊份额比例进行偿付。同时为了防止反复追偿造成的重叠诉讼情形，应限制追偿次数，以法庭调解为优先解决方式，实现责任的公平分担。

---

[1] Minn. Stat. Ann. 604.01 (West 2000 & Supp. 2006).

破产法制

房企破产中商品房消费者权益保护问题研究

李伟群　郝晋琪*

目　次

一、问题的提出

本文选题源于笔者审理的一起申请执行人执行异议之诉案件，案情如下：甲信托公司与乙房地产公司签订信托贷款合同，由甲信托公司向乙房地产公司提供信托贷款一亿元，用于乙房地产公司名下的土地及楼盘开发，乙房地产公司以其名下拟开发土地向甲信托公司提供抵押担保，并办理了他项权证。合同签订后，甲信托公司按约发放贷款，乙房地产公司却未按约还本付息，甲信托公司遂向仲裁机构申请仲裁，仲裁庭裁决甲信托公司享有对乙房地产公司名下案涉土地的优先受偿权。裁决生效后，甲信托公司向法院申请强制执行并查封案涉土地及所有

* 李伟群，华东政法大学经济法学院教授；郝晋琪，华东政法大学经济法学院博士研究生。

344 套房屋。344 套房屋的购房人遂提起执行异议，执行法院解除查封。甲信托公司不服该解除查封裁定，提起本案申请执行人执行异议之诉。

在本案二审审理期间，乙房地产公司进入破产程序。二审法院依然根据《最高人民法院关于人民法院办理执行异议和复议案件若干问题的规定》（以下简称《执行异议复议规定》）第 28 条、第 29 条等规定作出判决。购房人不服，向最高人民法院申请再审。最高人民法院对该系列案件进行提审。提审后，由于甲信托公司的诉讼请求为继续查封并执行案涉房屋，而乙房地产公司已进入破产程序，故最高人民法院依据《企业破产法》第 19 条之规定，驳回了甲信托公司的诉讼请求。

在前述案件中，笔者重点关注的并非房企债务人进入破产程序后，依照《企业破产法》的规定，抵押权人申请继续查封并执行案涉房屋的请求是否与法律规定相矛盾，而是如何在法院审理执行异议之诉及商品房买卖合同纠纷中对商品房消费者与其他权利主体在破产程序中进行利益平衡和顺位排序，因为按照本案的处理结果，购房人和抵押权人就如何继续主张各自享有的权利将再次回到“诉讼原点”。就实体权利而言，购房人通过现金支付购房款、以工程款抵房款、“以房抵债”“以房抵他人之债”等方式“支付”购房合同项下的购房款项之后，若房地产企业进入破产程序，而购房合同项下的房屋所有权过户登记仍未办结，此时购房人应当如何主张和行使自己的合法权益？能否请求破产管理人继续履行购房合同并（协助）办理相关房屋所有权过户登记？破产分配中购房人所享有之权益能否优先于抵押优先权？抵押权人的优先受偿权应当如何行使？以上诸多问题尚待解决。

从裁判结果来看，目前司法实践中对于房企破产时如何甄别和保护购房人权益的问题，亦有不同的裁判观点。支持购房人诉讼请求的裁判理由大致包括：（1）出于对购房人的物权期待权进行保护的目的，应当支持其继续履行购房合同的请求。[1]（2）购房人属于“商品房消费者”，应当在破产程序中予以优先保护。[2]此外，由于部分案件中存在房屋预告登记，基于对预告登记破产保护效力的认可，此时也应当保护购房人对房屋享有的权利。更有观点认为，经过“网签”的购房者的权益也具有公示性，公示效力虽未被法律明确且统一规定，但加上其他履行要素，也具有一定物权化倾向，可在一定程度上保护购房者。[3]

不支持购房人诉讼请求的裁判理由主要有：（1）购房人的继续履行请求属于个别清偿请求，依照《企业破产法》第 16 条“人民法院受理破产申请后，债务人对个别债权人的债务

〔1〕 参见山东省高级人民法院民事判决书，（2020）鲁民终 379 号：“本案中，丰硕支付购房款的义务已经履行完毕，房屋也已经交付丰硕实际入住使用，因此，并不属于上述法律规定中‘债务人和对方当事人均未履行完毕’、管理人有权决定解除合同的情形。本院认为，一审法院对丰硕要求广信公司继续履行涉案商品房买卖合同的诉讼请求予以支持，对丰硕的物权期待权予以保护，于法有据，是正确的。”

〔2〕 参见（2021）最高法民申 7921 号民事裁定：“未办理过户登记的购房人的权利是否优先于抵押权，取决于其是一般购房人还是消费者购房人，与抵押权设定在出售前后无关。消费者购房人基于生存利益的考虑，有居住利益优先保护的价值，其权利优先于抵押权，而非消费者购房人的权利通常并不优先于抵押权。”

〔3〕 参见石一峰：《房地产企业破产中购房者权益的保护》，载《法学》2022 年第 12 期。

清偿无效"的规定，应当驳回。[1]（2）根据《企业破产法》第18条关于管理人"挑拣履行权"的规定，如系"以房抵债"等情形，此时购房人未完全履行购房合同约定的义务，管理人得依照《企业破产法》第18条解除购房合同，进而购房人的诉讼请求无法得到支持。[2]（3）未办理登记的房屋仍为债务人的财产，购房人不得对此主张破产取回权。（4）由于"以房抵债"协议或其他情形的存在，购房人不构成消费者，不应对其进行特别保护。

综上，围绕相关问题，不同法院之间不仅未能形成基本共识，相反在法理论证、规范依据选取乃至价值取向上，均存在一定的冲突与对立。2023年4月20日，《最高人民法院关于商品房消费者权利保护问题的批复》（法释〔2023〕1号）正式施行。该司法解释中明确规定了对"商品房消费者"的权利保护，特别是对前述购房者"房屋交付请求权"的保护。结合前述不同司法意见，笔者认为，处理前述问题的讨论焦点应当放在如何在房企破产后甄别"商品房消费者"、购房合同项下未办理过户登记的房屋与债务人破产财产的界限、是否应当对"商品房消费者"和物权期待权进行特别保护等三个方面。以下将分别予以分析。

二、房企破产中购房者身份认定和保护限度

在法释〔2023〕1号司法解释施行之前，理论及实务界在涉执行异议之诉纠纷中对购房人之权利顺位予以认定时，多引用《最高人民法院关于建设工程价款优先受偿权问题的批复》（以下简称《建工优先权批复》，已失效）第2条中关于购房消费者的概念。此外，《全国法院民商事审判工作会议纪要》（以下简称《九民纪要》）第125条也提出了"商品房消费者"的概念，但由于《九民纪要》并非法律或司法解释，因此仅仅具有参考意义。在"保交楼"的背景下，法释〔2023〕1号司法解释正式规定了商品房消费者的概念，将该称谓在规范层面予以确定。根据前述司法解释和会议纪要的规定，并非所有与破产房企签订买卖合同的主体均属商品房消费者的范畴。因为破产房企与购买房屋的主体签订的合同虽然形式上为买卖合同，但是有的主体是为了消灭其与破产房企之间的债权债务而进行抵债安排，有的主体是为了购买破产房企的商业用房用于生产经营，有的主体是将破产房企欠付的工程款以买卖合同的形式抵偿。因而有必要先对商品房消费者与非商品房消费者进行区分和

---

〔1〕 参见（2020）最高法民申3206号民事裁定："杨秀珍要求确认其对案涉房屋享有购房债权及办理房屋产权证书的主张，目的是在阳光公司破产重整程序后取得案涉房屋，实质上是要求阳光公司对其债权给予全额、个别清偿。因杨秀珍并不具有对案涉房屋的物权请求权，如确认其对阳光公司享有购房债权及办理房屋产权证书，将会损害其他债权人的利益。"

〔2〕 参见（2020）浙民终440号民事判决："涉案商品房买卖合同签订后，案涉3套房屋为写字楼，均未办理过户登记，而原审法院于2018年11月8日受理对华越公司的破产重整申请，华越公司管理人自破产申请受理之日起2个月内未通知骆广勇相关事项，且管理人在本案诉讼中表示涉案3套房屋也已于商品房买卖合同订立前的2013年抵押给银行，不同意按商品房买卖合同确认骆广勇债权，据此，原审认为涉案合同已经解除有相应依据，骆广勇上诉称对所涉房屋享有所有权缺乏理由。"

甄别。

（一）商品房消费者的身份认定

在法释〔2023〕1 号司法解释明确规定对商品房消费者利益进行特别保护之前，《建工优先权批复》第 2 条规定“消费者交付购买商品房的全部或者大部分款项后，承包人就该商品房享有的工程价款优先受偿权不得对抗买受人”，此处可以解读为提出了“消费者之商品房买受人”的概念，但对商品房消费者如何进行具体判定，并无明确标准。《执行异议复议规定》第 29 条对“商品房买受人”的基本特征（也是判定标准）进行了明确：其需满足“已签订合法有效的书面买卖合同”、“所购商品房系用于居住且买受人名下无其他用于居住的房屋”以及“已支付的价款超过合同约定总价款的百分之五十”等条件，其中的“用于居住”等可以解释为对购买商品房的消费者应予以特殊保护。

在此基础上，《九民纪要》第 125 条提出商品房消费者概念的同时又对前述要件的内涵和意旨进行了进一步解读（乃至扩张）。法释〔2023〕1 号司法解释第 2 条规定，商品房消费者以居住为目的购买房屋并已支付全部价款，由此主张房屋交付请求权的，其“超级优先性”人民法院应予支持。就前述司法解释和会议纪要确定的三项标准而言，“当事人已签订合法有效的书面买卖合同”要求购房合同双方债权债务关系具有真实性，属于形式要件；“所购商品房系用于居住且买受人名下无其他用于居住的房屋”则要求确保该房屋直接用于购房人（及其家人）的居住和生活，属于实质要件；而“已支付的价款超过合同约定总价款的百分之五十”则要求购房人对购房合同顺利履行具有合理期待，并且已经能够在一定程度上满足房企（及其破产债权人）的合同履行利益，属于履行要件。至于前述“百分之五十”的标准是否公允，亦即是否要求购房人支付全部购房款，笔者认为，考虑到商品房消费者自身的经济实力以及信贷能力，要求其在实践中（一次性）全额付款并不现实。因此，对于商品房消费者，只要其支付购房款超过合同约定总价款的 50%，即应当肯认其对于取得房屋所有权具有合理期待。法释〔2023〕1 号司法解释第 2 条第 2 款对于支付部分价款的商品房消费者并不限制支付比例，而是规定了支付时间及全部履行的标准，即“只支付了部分价款的商品房消费者，在一审法庭辩论终结前已实际支付剩余价款的，可以适用前款规定”。此时，“一审法庭辩论终结”指的是哪一诉讼程序尚需明确，因为商品房消费者涉诉往往并非一件纠纷，可能涉及多个案由下的多件诉讼。

本文认为，此处“一审法庭辩论终结”应当指购房消费者首次主张优先权之诉讼程序，而不论其涉诉案由。“实际支付”应向谁支付？如果按照合同相对性原则，应当向破产房企或其管理人进行支付，司法实践中，债权人或管理人为了准确控制购房款，让商品房消费者支付至第三方共同监管账户或法院账户，是否应当认为是实际支付？同时，因房企破产，剩余购房款如何支付便成了一个值得研究的问题，这里面涉及破产程序的程序效率与商品房消费者债务履行的期限利益，以及管理人“挑拣履行权”行使等一系列问题。对此，如果商品房消费者并无立即支付全部剩余价款的能力，较为可行的方式是银行向商品房消费者提供剩余购房款的按揭贷款，商品房消费者以此来支付全部购房价款后，要求房企为其办理过户登记，并以对该房屋的所有权向银行提供贷款抵押。对于有能力支付全部剩余价款的商品房消费者，其向破产房企管理人支付或支付至第三方共管账户、法院账户的，均应当视为已实际支付剩余价款。

根据目前的规范内容可以看出，对于商品房消费者的认定早已超越了签订合同或办理登记等形式要件，而直接以用于居住并支付全部价款的实质要件加以甄别。

（二）非商品房消费者的保护限度

1. 并非用于居住或保障基本居住权的商品房消费者

若购房者购买房屋是为了居住，但是并非出于生存权之必须，购房者名下已经有多套住房，此情形下，是否应当赋予其“超级优先权”之效力？《执行异议复议规定》第28条、《九民纪要》第127条采取了与前述商品房消费者不同的保障标准，明确要求只有在非商品房消费者具备“已合法占有该不动产”，“已支付全部价款，或者已按照合同约定支付部分价款且将剩余价款按照人民法院的要求交付执行”并且“非因买受人自身原因未办理过户登记”等条件时，才赋予其对抗其他买受人强制执行的权利。考虑到非商品房消费者对住房不存在实际居住需求，因此本文认为，可以借鉴前述标准确定的对非商品房消费者的保护限度，即认为只有已合法履行全部购房合同义务并且实际取得房屋占有的非商品房消费者（守约购房人），才享有对住房的期待利益。

其中，需要指出的是，“非因买受人自身原因未办理过户登记”事实上也属于购房人的一项基本义务。对此，《商品房销售管理办法》第34条第3款〔1〕、《城市房地产开发经营管理条例》第32条〔2〕等规定明确指出，办理房屋所有权登记原则上需由购房人主动进行，房地产开发企业对此应当予以协助。《最高人民法院关于审理商品房买卖合同纠纷案件适用法律若干问题的解释》第15条也承认购房人与房地产开发企业应当共同办理房地产登记，有关释义书认为：出卖人在房屋买卖合同成立后，应会同买受人到房屋管理部门登记，办理过户手续，交纳契税，领取房产证。〔3〕在此基础上，《九民纪要》第127条进一步规定，实践中“买受人只要有向房屋登记机构递交过户登记材料，或向出卖人提出了办理过户登记的请求等积极行为”，即可以认为“非因买受人自身原因未办理过户登记”。据此，守约非商品房消费者同样应当负担向房地产开发企业以及房屋登记机构主动申请房屋过户登记的义务；若

---

〔1〕 该款规定：“房地产开发企业应当协助商品房买受人办理土地使用权变更和房屋所有权登记手续。”

〔2〕 该条规定：“预售商品房的购买人应当自商品房交付使用之日起90日内，办理土地使用权变更和房屋所有权登记手续；现售商品房的购买人应当自销售合同签订之日起90日内，办理土地使用权变更和房屋所有权登记手续。房地产开发企业应当协助商品房购买人办理土地使用权变更和房屋所有权登记手续，并提供必要的证明文件。”

〔3〕 参见最高人民法院民事审判第一庭编著：《最高人民法院关于审理商品房买卖合同纠纷案件司法解释的理解与适用》，人民法院出版社2003年版，第238－239页。

其未履行该项义务，系因自身的原因导致未能及时取得房屋所有权，不得对抗其他权利人（包括破产程序中的普通债权人）的权利请求。

事实上，在比较法（如德国法）上，不动产转让合同双方当事人达成物权合意，并且已向登记机构提出登记请求的，即便后续登记尚未办结，不动产受让人此时仍享有（真正意义上的）物权期待权，可以对抗事后出现的处分限制，如破产程序的开始。[1]考虑到我国理论界对物权合意是否存在仍有争论，加之实证法对房屋过户义务也采取了前述“共同义务”或“协助义务”的特别规定，实践中也存在着房企故意拖延不协助办理过户登记的现象，因此将对物权期待权的保护范围从“购房人向登记机关提出申请”放宽至“购房人存在向出卖人提出登记请求等积极行为，非因买受人自身原因未办理过户登记”，并以此将物权期待权作为非商品房消费者请求破产债务人履行房屋过户义务的法理依据，在笔者看来，具有相应的理论和实践意义。

2. 以房抵工程款的“购房人”

实际施工人与破产房企签订了商品房买卖合同，实际施工人并不实际支付购房款，而是破产房企以房屋抵偿欠付的工程款。此时实际施工人是否应当按照有关商品房消费者的规定予以特殊保护？其享有的权利顺位应当如何予以明确？司法实践中法院持不同的态度。以房抵工程款分为两个方面，即承包人享有的工程欠款优先权和实际施工人享有的工程欠款请求权。作为承包人向破产房企主张工程款，在其工程欠款及优先受偿权已经被依法确定时，破产房企以房屋抵偿该工程款，应当视为对工程欠款的履行，其优先性仅次于商品房消费者的物权期待权。同时，判断是否满足支付购房款的条件时，如经司法确认工程款真实存在，应视为已支付全部购房款。[2]如果未经司法确认或其他法定方式确认，为防止恶意串通损害破产房企债权人之权益，应当赋予破产房企管理人依据《企业破产法》第18条行使“挑拣履行权”的权利，承包人有异议的可以请求司法确认。如果是实际施工人，因其与破产房企之间并不存在合同关系，其依法并不享有优先受偿权，实际施工人的权利应当视为一般债权，不具有优先性。

3. 以房抵债之“购房人”

从形式上看，权利人与破产房企签订的亦是商品房买卖合同，但其目的是抵销债权人与破产房企之间的债权债务，即用破产房企名下的房产抵偿其债务。包括债权多次转让后的债权受让人在内，其并没有与破产房企达成买卖的合意，仅希望实现其金钱债权，物的交付只

---

〔1〕 参见庄加园：《不动产买受人的实体法地位辨析——兼谈〈异议复议规定〉第28条》，载《法治研究》2018年第5期。

〔2〕 参见（2022）最高法民终17号民事判决：“于茂东一审提供的李学滨与盛恒基公司之间的抵顶工程款商品房拨付申请等材料载明了工程内容、工程价款、审批结算信息及双方以房抵顶工程款的合意，可以认定其间以房抵债的事实以及李学滨实际支付了案涉房屋的购房款。现李学滨同意将权利让渡给于茂东，盛恒基公司亦为于茂东开具《哈尔滨市商品房销售预收款专用票据》予以确认，应视为于茂东已交付了全部购房款。”

是实现金钱债权的替代手段，不能产生对物之交付的期待权。房屋买卖合同的基础是以物抵债，法律关系并不发生变化，如果赋予债权人优先权，将会导致当事人之间“私自”确认的抵债关系优先于被公权力确认的债权，不仅有损债权平等原则，也将会衍生虚假诉讼、恶意串通等现象。[1]有的判例明确以房抵债之情形不能适用《执行异议复议规定》第28条和第29条的规定。以房抵债不产生优先效力，但并不是没有任何意义，在司法实践中，抵债作为购房人实际支付价款的形式之一，经司法确认后，应当认定其构成足以排除强制执行的价款支付方式。[2]此时，也有必要赋予破产房企管理人“挑拣履行权”，以甄别抵债之真实性。

（三）小结

商品房消费者的概念已经被法释〔2023〕1号司法解释予以明确，相关司法解释和会议纪要也已对其具体判断和甄别标准进行了界定。虽然以房抵工程款、以房抵债等关系中的购房者不属于商品房消费者，在法理上亦不具有商品房消费者的“超级优先权”，但是其经司法确认真实存在的工程欠款或债权债务关系，可以被认定为“支付购房款”，此时若同时满足物权期待权抑或工程欠款优先权的构成要件也应当赋予购房人以特定的优先权，对抗商品房消费者以外的普通债权人和特定优先权人。不过，此时也应赋予破产房企管理人依据《企业破产法》第18条挑拣履行“待履行购房合同”的权利，以防止恶意串通、虚假诉讼损害破产房企及其他债权人的合法权益。

三、房屋交付请求权与债务人破产财产的界限

实践中，随着房地产市场的波动，商品房消费者所购买的房屋的价格亦随着市场行情不断起伏，特别是在供不应求的市场条件下，房屋价格直线飙升，有的房企破产后，最大的资产即其拥有的不动产，而最容易发生争议的便是登记在其名下的房屋，因此如何准确界定债务人的财产至关重要。商品房消费者与房企签订购房合同，尤其在期房交易中，房企不可能实际交付房屋，而商品房消费者又无法享有同时履行抗辩权，房屋交付风险较大。在实际交付后，未办理过户登记前，房企进入破产程序，此时该房屋虽然已经交付商品房消费者，但其仍然登记在房企名下，从登记的形式内容看，依然属于房企的财产，此时如何界定购房者所购房屋的性质，进而保护购房者权益是一个非常重要的问题。

---

〔1〕 参见最高人民法院民事审判第一庭编：《民事审判指导与参考》（2018年卷），人民法院出版社2019年版，第471页。

〔2〕 参见（2022）最高法民再212号民事判决：“二审判决关于无证据证明石小林向华厦庆阳分公司支付了200万元以及赵祝君通过‘转让协议’向石小林支付了200万元，在诚鑫公司向邵云星抵顶工程款环节、邵云星向石小林转让，石小林又向赵祝君转让环节不能证明存在支付对价的认定缺乏理据，导致错误认定已支付全部价款这一条件不成就，应予纠正。”

（一）已交付但尚未变更登记的房屋归属

2002年《最高人民法院关于审理企业破产案件若干问题的规定》（以下简称《破产案件规定》）第71条规定，“尚未办理产权证或者产权过户手续但已向买方交付的财产”不属于债务人财产。该司法解释作出如上规定的主要理由在于，“购房人支付全部价款，并获得房屋占有，只是因为开发商原因无法办理产权过户”的情形在实践中大量存在，此时如果仍将产权登记作为房屋所有权归属的唯一标准，即可能导致有关房屋归入债务人财产而损害已支付全款并实际入住的购房人的利益。据此，有学者主张，房地产开发企业进入破产程序后，已建成并交付购房者使用而尚未办理产权证的房屋不应属于债务人财产，购房人可基于破产取回权要求企业为其办理房屋所有权登记。[1]

笔者认为，一方面，《破产案件规定》第71条的规定因与《民法典》和新的破产法司法解释相违背，因此应当否认其法律效力；另一方面，前述规定也和《企业破产法》关于“债务人财产”的规定不相吻合，因而将“未办理登记房屋”排除在债务人财产之外的做法无法获得现行法的支持。兹详述如下。

首先，随着2013年《最高人民法院关于适用〈中华人民共和国企业破产法〉若干问题的规定（二）》（以下简称《破产法司法解释二》）的出台，《破产案件规定》的有关规定不应再具有相应的法律效力。对此，在最高人民法院审理的“安顺市川惠投资股份有限公司与贵州省安顺市鼎城房地产开发有限公司商品房预售合同纠纷案”［（2017）最高法民申3088号］中，相关裁判文书指出：《破产案件规定》系为正确适用《企业破产法（试行）》所制定的司法解释，而随着2007年6月1日《企业破产法》的施行，《企业破产法（试行）》已经废止，针对该部法律所制定的司法解释原则上应不再适用。尤其是《企业破产法》施行后发布的《破产法司法解释（二）》第2条对不应认定为破产财产的情形，作出了不同于《破产案件规定》第71条的规定。即使在《破产案件规定》尚未明确废止的情况下，根据“新法优于旧法”的法律适用规则，本案亦应适用《破产法司法解释二》认定案涉房产是否属于破产财产……认定案涉房产属于鼎城公司的债务人财产也符合物权法确定的不动产物权变动登记生效原则。此后，最高人民法院在“苑帅、威海广信房地产开发有限公司等破产债权确认纠纷案”以及“孙定良与杭州大富房地产开发有限公司与破产有关的纠纷案”［（2020）最高法民申2255号］等案件中，也重申了前述观点。

法理上，随着《企业破产法（试行）》为《企业破产法》所取代以及《企业破产法》第30条对债务人财产范围的明确规定，尤其是《民法典》对物权归属和物权变动规则的明确规定，判断债务人财产均需要遵从新法所确立的物权变动的基本规则。《民法典》第209条第1款规定：“不动产物权的设立、变更、转让和消灭，经依法登记，发生效力；未经登记，

〔1〕参见王欣新、张思明：《论房地产开发企业破产中的购房者利益保护》，载《江汉论坛》2015年第10期。

不发生效力，但是法律另有规定的除外。”[1]据此，房地产开发企业对于“未办理登记”的房屋仍然享有所有权，相关房屋仍属于破产财产范畴。

其次，如果在《民法典》之外创设新的物权变动模式，其制度成本和实践效果究竟如何？前述《破产案件规定》的做法尽管强调了对购房人利益的保护，却忽视了不动产占有的公示效果以及对第三人的信赖保护。具体而言，虽然“不动产错误登记”在实践中在所难免，但由于不动产登记需经过公权力机关确认并由其管理，相对而言，其更能准确表现物权的权属和客体状况；与之相比，在不动产领域，除却因履行购房合同而获得房屋占有外，当事人还可能基于其他物权或合同关系（如租赁、居住权设定）而合法（甚至包括非法）占有房屋，单凭占有外观，第三人无法得知其获得占有的权源。尽管在一般情况下，占有仍然是推定不动产归属的最直接外观，但在涉及不动产交易时，人们仍然会要求占有人出具权利证书、查询不动产登记簿，以明晰真正的不动产权利人。故而，“占有具有一般人推定占有不动产人为权利人的效力，但没有推定他为所有权人的效力”[2]。

进一步而言，如果涉及“一房二卖”的情形，前述做法的弊端将会更为明显。例如有关房屋出卖人先后将一栋房屋出售给不同的购房人，并已分别将房屋钥匙交付给前述购房人，而前述购房人也都付清了房款。此时若出卖人破产，各购房人都主张房屋所有权则会产生明显的权利冲突；只有采取以登记为物权变动生效要件的物权变动模式，以及承认在先登记产权的优先性乃至排他性，前述权利冲突才能得以避免。

最后，以“特定物的所有权自买卖合同订立时发生转移”和“为了维系买卖合同的效力，不打破买卖双方已经建立的财产关系”[3]等理由，作为支持前述观点的论据，则无疑需要法理上的深入论证甚至破产债务人财产范围方面的规则创新来加以支持。就前者而言，目前我国立法就物权变动并未采取前述物权变动“意思主义”的立法模式；而对后者而言，尽管从价值层面来看，维系生效买卖合同效力确有其特殊的制度目的，但仍可通过其他规范适用路径来实现类似的功能效果。

综上，基于当前立法背景等方面的考量，再度采取前述“未办理登记”房屋“非债务人财产”的司法态度，似乎欠缺相应的法律规范依据。“未办理登记”房屋依照现行法应当属于“债务人财产”，购房人不得对其主张破产取回。

（二）破产管理人是否享有“挑拣履行权”

在司法实践中，不少法院在处理类似案件时，往往会支持管理人解除合同的主张，以实

---

〔1〕 根据立法机关“释义书”的观点，此处的“法律另有规定的除外”主要包括国家所有的自然资源所有权、非依法律行为（如依继承、裁判文书和建造等事实行为）发生物权变动的以及农村土地承包经营权、抵押权、宅基地所有权等情形，并不包括此处的商品房买卖情形。参见黄薇主编：《中华人民共和国民法典物权编解读》，中国法制出版社2020年版，第18页。

〔2〕 参见高富平：《物权公示与公信力原则新论》，载《华东政法学院学报》2001年第5期。

〔3〕 李国光主编、最高人民法院民事审判第二庭编著：《最高人民法院关于破产法司法解释的理解与适用》，人民法院出版社2002年版，第164－165页。

现对破产债务人及多数债权人利益的保护；与之相对，在理论层面，有一些观点则认为，基于保护商品房消费者利益的考量，应当对《企业破产法》第 18 条管理人“挑拣履行权”中的解除权行使进行一定限制，或者将合同解除后相对人的恢复原状请求权作为共益债务予以优先清偿。[1]笔者认为，前述“限制管理人挑拣履行权”等理论主张，无论是在规范适用前提，还是实施效果层面都存在相应的缺陷。

在购房人已支付全部购房款的情形下，目前理论界和实务界主流观点认为，此时购房人已经完全履行购房合同主要义务，相关购房合同属于债务人单方未履行的合同，[2]并不存在《企业破产法》第 18 条适用的空间。法释〔2023〕1 号司法解释第 2 条第 1 款将优先权限定在“已支付全部价款”的条件下，此时商品房消费者已经履行完毕合同义务，合同并不属于“双方均未履行完毕的合同”（待履行合同）。质言之，商品房消费者的主要合同义务即支付购房款，办理过户或登记等义务并非其主要义务，在商品房消费者已经履行全部付款义务时，不应当将购房合同视为“双方均未履行完毕的合同”，破产房企的管理人对该类合同并不享有“挑拣履行权”。此时，对于《执行异议复议规定》第 29 条及法释〔2023〕1 号司法解释第 2 条第 2 款规定的“百分之五十”“支付了部分价款”是否属于破产房企管理人行使“挑拣履行权”的情形，需要予以明确。无论是《九民纪要》第 125 条还是法释〔2023〕1 号司法解释第 2 条第 2 款，都给予了商品房消费者“履行治愈”的机会，正如前文所述，商品房消费者按照规定的时间及方式支付购房款的，应当认定为已经完成付款义务，此时亦不存在破产房企管理人行使“挑拣履行权”的前提。这是对商品房消费者利益的特殊保护之需要。

至于前述“以房抵工程款”“以房抵债”“未按照法定要求支付价款”的情形下，购房合同应属于“双方当事人均未履行完毕的合同”，此时破产房企管理人是否享有“挑拣履行权”，其行使继续履行合同或解除合同的权利是否应当受到相应的限制，并无明确规定。从破产管理人职责角度看，管理人被视作破产财团的代表，其本身同样受到法院和债权人会议的监督，这就导致其在作出决策时更多考虑的是破产债务人和多数债权人的利益。在房企破产的情形下，除非当时房价显著下跌抑或房企亟须偿还某笔借款或获得融资，否则选择解除

---

〔1〕 参见王刚：《房地产企业破产中待履行商品房买卖合同的解除权研究》，载《河北法学》2019 年第 2 期；刘颖：《反思〈破产法〉对合同的处理》，载《现代法学》2016 年第 3 期。

〔2〕 理论界类似观点可参见王欣新、张思明：《论房地产开发企业破产中的购房者利益保护》，载《江汉论坛》2015 年第 10 期；王刚：《房地产企业破产中待履行商品房买卖合同的解除权研究》，载《河北法学》2019 年第 2 期；金春：《论房地产企业破产中购房消费者的权利保护——消费者保护和债权人可预测性的平衡》，载《法律适用》2016 年第 4 期。不过对此也有反对意见。如有学者即指出：在德国法上，不动产转让必须要将买受人登记为所有权人才视为该不动产转让合同履行完毕，若未进行登记，则即使买受人已经支付了全部价款并占有了有关不动产，有关的买卖合同仍属于“双方均未履行完毕”的双务合同；此时出卖人并未履行其移转所有权的义务，买受人也未履行其与出卖人达成物权合意并配合出卖人办理所有权移转手续的义务。参见许德风：《破产法论——解释与功能比较的视角》，北京大学出版社 2015 年版，第 154 – 155 页。从中不难看出，如果采取“债物二分”的物权形式主义理论，则购房人可能因未参与订立后续物权合同而被视作未完全履行在先债权合同的义务。

合同往往会更符合多数债权人的利益；与之相对，若管理人选择继续履行合同，尽管能够对个别债权人进行充分保护，但必将造成债务人财产的显著减少，即以牺牲其他多数债权人的利益为代价。两相比较，考虑到自身职责、所受监督以及破产程序的推进效率，理性的管理人往往更倾向于选择解除购房合同。因此，在我国立法未对房企破产情形下管理人行使“挑拣履行权”中的解除权作出限制的前提下，有必要肯认管理人享有依照破产法解除“以房抵工程款”“以房抵债”等情形下“待履行合同”的权利。

（三）房屋交付请求权的性质及法律效果

如前所述，商品房消费者享有特殊的优先权，已交付且未进行变更登记的房产属于破产房企的财产，那么商品房消费者此时享有何种权利？法释〔2023〕1号司法解释第2条第1款规定了“房屋交付请求权”，即商品房消费者享有破产房企向其进行房屋交付的请求权，且该请求权法定优先于工程价款优先权、抵押权及其他债权。当购房者未进行预告登记亦未“网签”，而房企以建设用地使用权抵押时，依据《执行异议复议规定》第29条，支付全部或大部分购房款的消费型购房者的优先权及于房屋等建筑物和建设用地使用权。在房企破产时，仍可参照上述继续履行路径的分析确定购房者可否最终取得房屋所有权。[1]值得追问的是，该房屋交付请求权属于何种性质的权利？房屋交付之后相应的抵押权等是否涤除？需要指出的是，在该司法解释正式施行之前，有一个对应概念即“物权期待权”，该称谓仅停留在理论层面，司法实践中也在引用和表述，但较为一致的观点是，基于物权法定原则，该物权期待权虽然具备物权的特质，但其本质仍然是债权。同理，笔者认为房屋交付请求权依然属请求权范畴，其本质也是债权性质。破产房企根据规定将房屋交付商品房消费者后，该房屋却并不属于商品房消费者自己，如果要进行变更登记，必须将相应的抵押负担予以涤除。有问题的是，房屋交付请求权的实现是否引起涤除抵押权的法律效果，该问题目前尚存争议。

（四）小结

通过以上分析，商品房消费者已经全部支付购房款或虽部分支付但依法完成剩余价款的付款义务，则享有对所购房屋的房屋交付请求权，此时破产房企管理人对该合同不享有“挑拣履行权”，应当依法向商品房消费者交付案涉房屋。房屋交付请求权已被司法实践所确定，应当准确把握商品房消费者房屋交付请求权与债务人破产财产的界限。值得注意的是，因该房屋依然登记在破产房企名下，仍属债务人破产财产，能否进行变更登记及相应的抵押权是否应予涤除、商品房消费者能否取得“清洁”的房屋所有权等，尚无定论。

---

〔1〕 参见石一峰：《房地产企业破产中购房者权益的保护》，载《法学》2022年第12期。

四、对商品房消费者权益特殊保护之构造

（一）商品房消费者权益特殊保护之正当性基础

人权的发展与进步，是现代社会的核心价值理念。人权作为现代文明社会一个重要的概念，也是一个持续发展的法律事物。从人权意义上探讨商品房消费者权益之特殊保护，由法律来保障人权，给了探讨商品房消费者权益法律保护更好的政治与法律诠释。商品房消费者的特殊保护制度，正是将购买商品房的消费者之基本居住权保障作为该项制度的基础，作为商品房交易中特殊主体特殊利益之考量。也有学者称，商品房消费者的优先权与其从理论上或法律上予以规范，不如说是国家意志或国家政策对人权的基本尊重。

就商品房消费者而言，其购买房屋的主要目的是居住，有关房屋往往构成其正常生存之必须，并且倾注了其毕生乃至整个家庭全部的积蓄和心血。如果法律对该部分商品房消费者对于住房的期待利益予以漠视，将会严重影响该部分购房人的生活质量乃至生存和发展利益，甚至会影响社会的安全稳定，引发相应的民生危机。此外，从房企关联主体的交易地位和经济实力的角度出发，相较于企业债权人、担保权人、工程建筑方以及其他的非商品房消费者，商品房消费者自身应对风险和承受风险的意识和能力明显不足，有必要对其进行优先保护。[1]

事实上，围绕商品房消费者居住以及生存利益与房企债权人和担保权人利益的价值衡量，有关法律规定其实已经作出了评价。如上所述，在当前我国法律规范语境下，商品房消费者的居住以及生存利益优先于所有权人和抵押权人的物权利益；且即便在破产程序中，对此类特殊利益进行保护的需求也同样存在。在司法实践中，已有法院在判决中明确指出，在破产程序中，尽管让与担保债权人有权就担保物（房屋）优先受偿，但不得对抗已经支付全款并实际入住（但未办理登记）的商品房消费者对房屋享有的债权。[2]

（二）债权平等受偿原则之例外

破产程序即对债务人的保护程序，也是对债务人所有债权人的平等清偿程序，所有债权平等受偿和禁止个别清偿，系破产法的基本原则。《企业破产法》第 16 条规定：“人民法院受理破产申请后，债务人对个别债权人的债务清偿无效。”从立法机关“释义书”载明的观点来看，本条之所以禁止债务人在申请破产之后进行个别清偿，主要是为了防止破产债务人的个别清偿行为造成个别债权人与其他债权人实际受偿的不平等，确保所有的债权人都能够

〔1〕 参见夏正芳、李荐：《房地产开发企业破产债权的清偿顺序》，载《人民司法（应用）》2016 年第 7 期。

〔2〕 参见日照市宏德房地产开发有限公司、张洁等普通破产债权确认纠纷案，（2021）鲁民终 1464 号民事判决书。

得到平等的清偿。[1]司法实践中，法院往往会以购房人的继续履行请求违反《企业破产法》第16条对于“个别清偿”作出的禁止性规定为由，驳回购房人的诉讼请求，其本质上也是为了保障多数债权人能够获得更多的财产分配。笔者承办的案例中，甲信托公司提起执行人执行异议之诉被驳回诉讼请求，即因债权人提起继续查封并执行案涉房屋的请求与《企业破产法》第19条关于执行程序应当依法中止之规定相矛盾。[2]《企业破产法》规定执行程序中止即遵循所有债权停止个别清偿，应当平等清偿的规范意旨。

尽管前述规则背后的“破产债权平等原则”构成了破产财产分配乃至破产法的一般原则，但不仅该原则本身存在着例外，比如在某些情形下，“法律允许债权人利用其债权的特殊性（而非优先性）谋求更大的利益”；而且“尊重非破产法规范原则”也同样构成了破产法的一项基本原则，[3]其在一定程度上认许了当事人在破产程序之外形成的利益格局和交易秩序。“现实中的破产法更多地突出了其作为程序法的特质，几乎不改变破产程序开始之前各种不同权利的性质，以及合同法、物权法、侵权责任法等实体法中既定的权利排序规则。”[4]这就意味着在确定破产债权清偿顺位方面，理论上不仅存在着进行利益衡量和特别调整的需求和可能，同时经由实体法已然确定的利益衡量和保护位阶也应得到尊重。

而无论从利益衡量还是既有实体法债务清偿秩序方面，对于房企破产情形下的购房人利益进行特殊保护，都具有相应的法理依据。

（三）在期房交易风险中保护商品房消费者之必要性

美国法理学家博登海默认为，秩序“意指在自然进程和社会进程中都存在着某种程度的一致性、连续性和确定性”。法律秩序应该是社会秩序中的最为正式、级别最高、适应性最强、规制效应最好的一种社会管理形式。[5]实践中，期房买卖在房地产交易中普遍存在，商品房消费者往往处于弱者或不利的地位：其一，此类购房合同与一般的商品买卖合同不同，作为买受人的购房人并不享有同时履行抗辩权，在房屋过户前不得因出卖人（房企）未为给付而拒绝给付。并且此时即便购房人已依约支付购房价款，往往也无法向房企主张任何权利，或者从房企处获得诸如“所有权保留”之类的融资担保。其二，在订立购房合同阶段，房屋本身尚未兴建或正处于兴建之中，因此购房人对于交易标的具有不可预见性，无论房屋的质量是否符合要求，抑或建设工程和房屋能否按期竣工和交付过户，购房人都缺乏实际的控制力。其三，购房合同缔约双方在专业知识和信息接收处理方面往往存在明显差距，实践

---

〔1〕 参见安建主编：《中华人民共和国企业破产法释义》，法律出版社2006年版，第32页。

〔2〕 参见（2022）最高法民再69号民事判决：“在三门湾公司进入破产重整程序后，本案不再存在国通公司申请人民法院对三门湾公司名下的房屋申请强制执行的可能，故国通公司通过执行异议之诉请求对案涉房屋继续查封和执行，与《中华人民共和国企业破产法》的规定相悖，难以得到支持，其诉讼请求应予驳回。”

〔3〕 参见许德风：《破产法基本原则再认识》，载《法学》2009年第8期。

〔4〕 韩长印、韩永强：《债权受偿顺位省思——基于破产法的考量》，载《中国社会科学》2010年第4期。

〔5〕 参见张严方：《消费者保护法研究》，法律出版社2003年版，第41-43页。

中大量内容庞杂、晦涩难懂的格式条款和房企销售人员的不当营销行为，也进一步造成了购房人在缔约阶段明显处于弱势地位。因此，在比较法上产生了对“预售屋买卖”中的定型化契约和销售行为进行规制的理论命题。[1]其四，此类合同过长的履行期加剧了购房者可能面对的一系列主客观风险，而合同主体的多样性以及法律关系的复杂性也使得该类交易“先天上即存在易滋生法律纠纷之特性”。[2]

当房企出现或即将出现破产事由时，前述购房合同背后存在的（道德）风险有可能会被进一步放大。考虑到交付房屋与办理登记之间存在一定的时间间隔，此时房企以及对其享有债权的部分债权人出于扩大债务人财产、实现更多的破产分配等目的，往往会故意拖延、拒绝为个别购房人办理过户登记，或者尽早提出破产申请，以使有关房屋纳入破产财团当中进行分配。而现行《企业破产法》对于此类行为缺乏有效的防范或规制手段，出于控制前述道德风险、保障合同双方法律地位相对平等的目的，有必要对此类购房合同的买受人（购房人）在破产程序中予以特别保护。

（四）对商品房消费者权益特别保护反对意见的回应

最高人民法院在《建工优先权批复》第2条中明确规定消费者交付购买商品房的全部或者大部分款项后，承包人就该商品房享有的工程价款优先受偿权不得对抗买受人。《执行异议复议规定》第28条明确规定，金钱债权执行中，买受人对登记在被执行人名下的不动产，在满足相应条件的情况下，可以通过提出执行异议的方式，来排除申请执行人的强制执行。同时，该规定第29条则进一步对构成消费者的买受人对抗强制执行的权利进行了规定。根据该规定起草机关有关人士的介绍，此处主要是对不动产受让人（包括商品房消费者）的“物权期待权”进行保护。对于已经签订买卖合同的买受人，在已经履行部分合同义务的情况下，虽然尚未取得合同标的物的物权，但仍有必要赋予其类似物权人的地位，其对物权的“期待权”具有排除强制执行的效力。[3]《九民纪要》第125—127条提出了商品房消费者的概念并对优先权的具体标准予以了细化。法释〔2023〕1号司法解释明确了关于商品房消费者的特殊保护之规定，并提出了房屋交付请求权之概念。可以说规范制度体系前后一脉相承，在司法实践中已经逐步形成了对商品房消费者予以特殊保护的司法理念。

然而，也需指出的是，目前学界对《执行异议复议规定》第28条、第29条等规定的内容也存在相应的质疑，主要包括两方面：一方面，认为从权利内容上来看，该条仅赋予买受人对抗出卖人的执行债权人的防御功能，而无法将此“期待权”作为权利的真正功能全部实

〔1〕 可参见詹森林：《消费者保护法与预售屋买卖定型化契约》，载《台大法学论丛》第27卷第4期；吴瑾瑜：《由应记载及不得记载事项看消费者定型化契约内容监督之发展与实践——以预售屋买卖定型化契约违约处罚条款为例》，载《月旦法学杂志》2019年第7期。

〔2〕 参见杨淑文：《新型契约与消费者保护法》，中国政法大学出版社2002年版，第6-9页。

〔3〕 参见刘贵祥、范向阳：《〈关于人民法院办理执行异议和复议案件若干问题的规定〉的理解与适用》，载《人民司法》2015年第11期。

现；另一方面，认为由于此处“期待权”的构造不满足不动产物权变动要求的公示公信原则，将会对交易安全造成重大影响，亦即此处事实上存在着对第三人与买受人之间的利益衡量问题。[1]由于有关质疑在一定程度上也反映出本文论点在规范依据以及利益保护方面可能存在的欠缺，因此有必要予以回应。

前述《执行异议复议规定》确实在本文语境下更多是对立法背后的价值考量的揭示，无法作为购房人请求继续履行购房合同的直接规范依据。但是本文认为，《建工优先权批复》的相关内容则赋予了商品房消费者请求继续履行购房合同的优先权，有效弥补了该条款存在的瑕疵。根据《最高人民法院针对山东省高级人民法院就处置济南彩石山庄买卖合同纠纷案请示的答复》（〔2014〕执他字第23、24号）的解释，基于保护处于弱势地位的房屋买受人的精神，对于《建工优先权批复》第2条承包人的工程价款优先权不得对抗买受人的规定，应当理解为“既不得对抗买受人在房屋建成情况下的房屋交付请求权，也不得对抗买受人在房屋未建成情况下的购房款返还请求权”。因此，与一般的（价款）优先权不同，商品房消费者的“超级优先权”包括继续履行请求权的内容，这事实上也符合商品房消费者的实际购房需求。考虑到“尊重非破产法规范原则”以及我国司法实践中大量案件已明确承认诸如建设工程价款优先权在破产程序中的优先清偿，因此应当允许商品房消费者基于前述规定在破产程序中主张（优先）继续履行购房合同项下的过户义务。

至于有关学界观点对“因公示性欠缺导致的利益失衡”的担忧，在本文所涉及的期房买卖的情形下，似乎体现得并不明显。一方面，在期房交易中，因为“网签”等机制的存在，事实上已基本阻断了“一房二卖”问题的出现，由此也就不会产生在现房交易中对同样作为购房人的第三者的（信赖）利益保护问题——此处主要存在的是对在建工程或期房抵押权人的信赖保护。如果相关抵押或抵押权预告登记设置于购房合同订立之前，则根据《民法典》第406条的规定，抵押人应当将转让抵押财产的事实提前告知抵押权人，即在出售有关期房时应当先对相关部分的抵押关系予以解除，或者提前告知抵押权人出售期房的情况。而基于购房人的视角，在房企对期房获得预售许可并进行预售的情况下，其有理由相信抵押权人已同意转让抵押物，且相信其所支付的房款已按照规定用于提前清偿抵押权担保的债务。[2]在最高司法机关看来，此时即便商品房消费者明知存在抵押权，对其权利也应优先保护。[3]

另一方面，维护不动产登记公示公信力固然构成了对交易安全保障的重要方面，但优先权制度本身即以“缺乏公示性”为特点，法律之所以采取优先权制度，本身也是各种利益考

---

〔1〕 参见庄加园：《不动产买受人的实体法地位辨析——兼谈〈异议复议规定〉第28条》，载《法治研究》2018年第5期。

〔2〕 参见张燕、仲伟珩：《银行抵押权、预售商品房购房人权利的冲突与解决》，载《人民司法（应用）》2017年第16期。

〔3〕 参见最高人民法院民事审判第二庭编著：《〈全国法院民商事审判工作会议纪要〉理解与适用》，人民法院出版社2019年版，第637页。

量因素博弈的结果，“当社会现实要求某类主体的权利必须得到优先保护时，往往是因为原有的法律规定在调整这些社会关系时已经无法使社会关系得到平衡”[1]。目前，我国学界多数观点认为，对于第三者交易安全的保障仍应让位于一些特定利益，如此处的购房人生存利益。特别是法释〔2023〕1号司法解释施行后，学界及实务界对于商品房消费者特殊权益之保护的观点基本趋同，正如本文在主体甄别部分所论述的那样，尽管对于房屋交付请求权的性质、剩余购房款支付等问题尚存争议，但对于商品房消费者的特殊优位保护是明确的。

此外，如果说对第三人（这里主要是担保权人）的权利进行保护是对交易安全进行保障的话，那么对已支付了购房款甚至已实际占有并使用房屋的商品房消费者而言，其对购房合同能够履行也存在相应的信赖，如果拒绝其办理房屋过户的请求，事实上也构成了对商品房消费者有关交易安全的信赖的严重损害，只不过该信赖关系更多源于契约履行、占有标的物，而非登记公示而已。考虑到不同市场主体自身经济实力、交易知识等方面的差异，特别是对于房企资产负债情况的了解程度、对房企进入破产程序的控制程度以及自身提前应对和规避风险的能力，相比于担保权人（如银行）、投资人，更有必要对商品房消费者的信赖利益抑或交易安全予以优先保护。[2]

（五）小结

对于商品房消费者的特殊保护，有其正当性及法秩序基础，也是我国在经济发展中维护商品房交易市场秩序的特殊考量。就目前的规范体系而言，虽然缺少法律法规的明确规定，但从司法解释的更迭和完善来看，已经形成了一脉相承的特殊权益保护体系，应当强调对商品房消费者特殊权益进行保护的价值。

五、结论

在法释〔2023〕1号司法解释施行之后，围绕破产房企所涉商品房消费者权益保护问题，购房人利益与破产程序中普通债权人和担保权人利益之间的衡量与保护、房屋交付请求权与抵押权是否涤除之间的关系等问题尚存争议，相应的法律规范还不健全。本文认为，对商品房消费者的房屋交付请求权存在进行特别保护的必要。由于商品房消费者对于房屋享有生存利益，对其在保护位阶上应予以优先考虑，并且在保护范围上也可以相对放宽，只要达到现有立法对于“消费者优先权”规定的标准即可；而非商品房消费者购买房屋并非为了居住和生活，因此在保护位阶上应让位于以登记公示公信为表征的第三者交易安全的保护，不

〔1〕 宋宗宇：《优先权制度在我国的现实与理想》，载《现代法学》2007年第1期。

〔2〕 参见最高人民法院民事审判第二庭编著：《〈全国法院民商事审判工作会议纪要〉理解与适用》，人民法院出版社2019年版，第635页。

过其相对于特定房屋仍享有重要利益，因此在满足特定条件的基础之上，应当允许特定的非商品房消费者相对于破产程序中的普通债权人优先受偿。总的来说，在房企破产的权利顺位比较和排序中，应当精准甄别商品房消费者及非商品房消费者的权利优先性，进而在给予商品房消费者特殊保护的基础上，准确对破产房企的破产财产进行正当化分配，实现法秩序的安定和法价值的统一。

专题研究

欧洲和中亚地区国有企业公司治理调查*

林雅洁　译

目　次

一、执行摘要

国有企业[1]系全世界所有地区的主要经济参与者，也通常是世界上规模最大的公司的组织形式。它们活跃在广泛的领域，包括但不限于能源、交通运输、采矿、石油和天然气、金融、电信以及水域。当今世界500强企业中，有近四分之

---

* 《欧洲和中亚地区国有企业公司治理调查》由世界银行于2020年12月1日发布。

〔1〕 即由国家全部或部分拥有的商业实体，不论其法律形式为何。

一的企业具有国有属性。2014 年，国有企业的总收入大致为 8 万亿美元，相当于当年世界生产总值的 10％。〔1〕根据新近的预测，当下国有企业的总净资产为 3.6 万亿美元。〔2〕

对于很多欧洲和中亚国家而言，即使是那些过去数十年经历了大规模私有化的国家，国有企业依旧扮演着重要角色。它们持续在众多领域提供基本服务，如公共事业、健康、交通运输、金融以及自然资源领域；并且时常肩负着生产关键必需品的重任，例如医疗用品或基础食品。鉴于欧洲和中亚的各个国家有着不同的历史及经济背景，其对国有企业的政策支持及依赖程度也因国而异，但是所有国家都意识到了国企在其社会中的重要地位。因此，在充分考虑各国经济状况以及社会最佳实践的基础上，政府对这类企业进行有效治理至关重要。

国有企业的有效治理及管理，是很多欧洲和中亚国家面临的共同挑战。近些年，国企的治理和管理出现了一系列问题，例如对国有企业的过度政治干预，国企所有制实体及相关主管机构的消极运作、透明度低下以及问责不力。因此，很多国家的政府机构已经开始评估国企对一国经济的影响，并提出了相关改革计划，旨在引入公司治理制度，期待国企能够贡献更大的经济及社会效益。

《欧洲和中亚地区国有企业公司治理调查》（以下简称《调查》）表明，参与调查的欧洲和中亚国家正以不同的速度和成功率将国有企业从国家主导的单一部门实体向能够平衡商业生存能力和社会公共政策目标的企业转向。例如，在从计划经济转向市场经济的过程中，众多接受调查的国家均要求国有企业在运行过程中遵循私法规范，并已取得良好效果，这无疑是一个巨大的进步。《调查》证实，上述国家或地区的立法演进反映了相似的历史背景，并都正处于从计划经济向市场经济转变的轨道上。

国家对国有企业的主要职责之一，是扮演好知情的、积极的所有者角色。在这个角色中，国家需要确保国有企业的治理是以可靠和负责的方式进行的，并具有高度的专业性和有效性。为了执行该项重要职能，国家应当能够以投资组合为基础对国有企业进行评估和评价，考虑所有相关的成本和收益因素，包括公共政策目标和安全问题。为此，政府需要拥有一套能够实时集中收集、处理和分析国有企业信息的系统，以便于作出知情决策。

尽管根据《调查》，接受本次调查的国家在加强国有企业公司治理方面已取得了重大进展，但依旧有很多完善空间。立法改变和改革需要在政府和国有企业层面均得到适当的实施。如果想要公司治理框架有效，实践就应当与框架保持一致，为所有受高标准要求的国有企业提供平等的待遇。例如，在国有企业董事会中引入职业董事，并逐渐减少政府代表就是一个良好的实践范例。〔3〕相反，所有接受调查的国家都有公务员在国企董事会任职，这就是不良范例。这种做法影响了国有企业董事会的自主权、问责机制以及其对相关行业信息和专

〔1〕 根据世界银行 2018 年的报告，2017 年世界生产总值（或“全球 GDP”）估计为 80 万亿美元。

〔2〕 参见《国有企业高效治理：机遇与挑战》（亚洲开发银行，2017）。

〔3〕 参见《国有企业公司治理，一套工具包》（世界银行，2014）。

业技能的获取。

董事会在国有企业的公司治理中扮演着核心角色，是国企财务问责、控制和透明度框架的重要组成部分。很多接受调查的国家正在采取措施来改进国有企业董事会的人员构成及任职资格。上述国家的政府越来越多地寻求建立一整套董事会提名和任命程序的立法框架及清晰的流程，旨在借此对董事会去政治化，使其更加专业和透明，确保董事具有履行职责所需的能力及客观性。

《调查》显示，在参与此项调查的国家的国企中，在董事会下成立各项委员会的情况尚不普遍。董事会下的委员会能够支持国有企业董事会作出更为准确以及更加可靠的决定，并承担大部分的工作量。例如，审计委员会在帮助董事会作出有关公司财务业绩方面的决策以及强化落实高质量的财务报告上发挥着关键作用。然而，许多接受调查的国家尽管在立法层面要求建立审计委员会，但实践中该项规定的实施面临着巨大挑战。

可靠和及时的财务信息对国企决策以及对其绩效进行考核至关重要。国有企业应当遵循与上市企业相同的高质量会计、信息披露、合规和审计准则。据此，作为会计立法的一部分，所有接受调查的国家均至少要求大型国有企业遵循《国际财务报告准则》（IFRS）的规定。然而，根据世界银行团队的报告，在一些国家，国有企业对《国际财务报告准则》的实施以及执行力度较弱。

《调查》显示，立法层面，接受调查的国家对国有企业的披露要求基本一致，但实践中国企的做法大为不同。具体而言，所有被调查的国家都要求其上市实体，包括国有企业，发布包含审计财务报表的年度报告；但与此同时，对于非法人国企而言，则很少甚至不要求其公开披露财务信息。当下，接受调查的国家正在努力改进其国有企业的做法，但这项任务仍然具有挑战性。

要求所有国有企业提交定期的、公开的汇总报告，可有效提高国企的财务透明度。世界经济合作组织建议，为国家所有的经济实体应当通过网络发布汇总报告，以方便公众对其进行查阅。通常认为，立陶宛、挪威以及瑞典在国有企业监督及信息披露方面的实践为全球典范：它们会提供国有企业集团或是单个国有企业全部的财务信息，并且对国企执行公共政策目标所花费的成本以及国家预算提供的经济补偿进行披露。欧洲和亚洲的一些国家（如克罗地亚、摩尔多瓦、罗马尼亚、乌克兰等）也致力于效仿国际优秀做法，并建立了强有力的、内容丰富的国有企业报告制度。

《调查》显示，接受此次调查的大多数国家要求其国有企业的财务报表每年由独立审计师进行审计——这是私营企业公认的审计标准。独立的外部审计有助于提高国有企业财务报告的可信度，向其所有者、投资者以及公众提供可靠的保证，即财务报表公平地反映了公司的财务状况和业绩。然而，上述国家外部审计的质量往往不尽如人意，究其原因，至少有一个因素是国企对审计师的选择通常基于最低成本考量，而非质量要求。

《调查》还发现，国有企业董事会和所有制实体对审计结果的追踪往往是薄弱乃至缺失的。大多数接受调查的国家缺乏关于无保留意见和有保留意见的审计报告数量的基本信息，也没有对国有企业审计报告进行系统审查的机制。所有制实体和董事会很少收到报告企业重大内部控制缺陷的管理信函。因此，其无法要求国有企业管理层对审计发现的问题采取后续行动。

所有接受调查的国家都赋予了其最高审计机关（SAIs）审计或是检查国有企业的权力。在大多数国家，最高审计机关主要是对国有企业进行特定的专题或是绩效审计。按照良好实践的通常做法，大多数接受调查的国家不会用最高审计机关的审计来取代对国企的独立财务审计。

内部审计通过一整套系统和规范的方法，为评估和提高风险管理、控制和治理过程提升了有效性，帮助一个组织体实现其目标。《调查》发现，被调查国家的国有企业的内部控制系统通常很薄弱；内部审计职能几近缺失，且往往没有立法要求。在一些国家，只有规模最大的国有企业会遵循良好实践，建立内部审计制度，但这种做法并不普遍。完善国有企业内部审计框架，确保国有企业获得适当的资金和能力，将使国有企业所有者受益。

《调查》分析表明，议会有余力加强其对国有企业的监督。鉴于议会是公民利益的代表，其有责任通过对国有企业高管的监督来保护公民的利益。议会可以问责政府，确保政策有效且符合公众的需求。在此过程中，议会可以对国有企业的运营以及国家审计机构出具的审计报告中的财务事项进行审查。因此，议会或是其专门的委员会需要与最高审计机关合作，以确保公众获得高质量的服务和对等的纳税资金价值。

新冠疫情充分暴露了国有企业加强公司治理、加强问责的必要性。政府为国有企业提供支持，旨在使其成为更强大的公共实体，既能够提供公民所需的基本服务，又能够通过加强财政和风险纪律管理，改善公司治理，为危机后的复苏做出贡献。

本文肯定了被调查国家在加强国有企业所有权职能和改善国有企业治理方面所采取的重要措施，尽管这些措施的实际落地依旧面临着挑战。鉴于国有企业改革的敏感性，许多国家对此缺乏政治动力，甚至国有企业自身对改革也持抵制态度，再加上有限的财政和人力资源，这些因素都构成对国企进行改革的真正阻碍。对此，发展机构将继续在帮助各国改进国有企业治理环境方面发挥重要作用。

世界银行及其全球治理部门帮助成员国在多个层面上进行了国有企业改革。这种支持包括向成员国政府提供关于建立或改进国有企业所有权职能的政策建议；采用和实施良好的国际标准和做法，根据既定标准和国际良好实践分析其现有治理框架；加强国有企业的公司治理，提高其透明度，完善问责机制；加强国有企业监管人员的能力，提高其对国有企业财务信息等相关事宜的监督能力。我们的团队帮助世界各国加强国有企业治理，使其在有效开展经济活动的同时，也能够对公众发挥重要的作用。

二、国有企业：情况概览

（一）国有企业角色的演变

在欧洲及中亚地区，国有企业在经济发展和人民生活中往往发挥着重要甚至是主导的作用。国有企业为众多领域提供基础服务，如公共事业、卫生、交通、金融和自然资源领域。鉴于欧洲和中亚不同国家的历史和经济背景存在差异，它们对国有企业的支持和依赖程度也不同。但是，就接受本次调查的大多数国家而言，其对国有企业的期待是相似的：政府期待国有企业表现良好，通过税收和红利促进经济发展；公众期待国有企业能够提供可靠的公共服务和优质产品。

国有企业的业绩和效率是政府、私营企业和公众最关心的问题之一。当国有企业表现良好时，它们可以完成其任务并为国家预算做出贡献。它们还可以为私营企业起到表率作用，树立良好公司治理和透明度的典范，通过上市促进新兴资本市场的发展，并成为改革和创新的先锋。然而，国有企业的不良表现可能会使国家经济和公众付出巨大的代价，因为稀缺的公共资源被用来维持国有企业的正常运转，而不是被用于可能需要公共开支的重要领域。在一些国家，国有企业甚至可能成为该国财政负担和财政风险的来源，例如，国有企业通常被免除向政府和其他国有企业付款的义务（包括免缴税款、免除投入物及原材料费用等）或被允许累积欠款；国家通常会以低于市场条件的标准为国企提供贷款或者担保；此外，国企还会收到公共服务报酬以外的直接财政补贴。

正如最近一些成果所披露的那样，国有企业的业绩更多受到其治理实践的影响，而非行业具体问题的影响。[1]通常而言，能够改善公司治理标准和实践的国家往往也能够改善私营企业和国有企业的营商环境，提高企业业绩。与之相反，企业治理效率低下和对企业问责不力的国家，则长期存在着国企业绩不佳、公共服务提供不力、竞争力和企业成长性受阻（包括私营企业被挤出市场）以及政治庇护和腐败滋生概率增大等一系列问题。

前述成果也表明，国有企业改革的主要目标应当是通过建立和执行充分的报告机制，要求国企对其预定的目标负责，进而提高国有企业的效率，完善其问责制度。基于此，建立强有力的国有企业会计、报告和审计框架以及严格的监督机制，应当成为政府战略的必要组成部分，以确保国有企业能够得到良好的治理、提升透明度，并强化问责，使其能够为经济和社会做出积极贡献。

（二）国有企业规模、范畴及贡献

尽管过去数十年里，欧洲和中亚地区的大多数国家实施了国有企业私有化的改革，但是

---

〔1〕 参见《国有企业公司治理：一个工具包》（世界银行，2014）；《欧盟中的国有企业》（欧盟委员会，2016）；《对中欧、东欧以及欧洲东南部国有企业作用的重新审视》（国际货币基金组织，2019）。

就很多指标来看（例如国企收入在GDP中所占的份额、国企就业在整体就业市场中的占比以及国有企业在总投资中的份额），国有企业依旧扮演着重要角色，其继续在众多重要的领域为公民提供基础服务，如公共事业、交通、卫生、教育领域等。

在接受调查的国家中，登记在册的国有企业数量依旧庞大。自20世纪90年代始，一些经济体（例如波兰和乌克兰）通过大量出售国有资产实施了国企私有化改革。但是当下，这些国家仍然拥有大量的国企，不过这些企业可能没有以最有效的方式运营，或者可能只是尚未正式清算处于休眠状态，从而使得国有企业的数量虚高，分散了政府的资源。尽管如此，《调查》中的数据表明，欧洲和中亚地区的国有企业数量总体上呈下降趋势。

欧洲和中亚地区很多国家政府监督工作的重点是最重要和公众关注度最高的国有企业。《调查》显示，尽管各国的具体标准和定义不同，但大多数国家列出了一份具有战略性的、大型的或是具有重要公共性的国有企业名单。这些名单上的企业受到更严格的报告制度和公司治理要求的约束，并通常被包含在所有全国性的国有企业所有制报告中。

通常而言，政府出于下述原因需要保证对企业的控制权：在市场监管失效或是效率低下的领域（例如酒类分销、能源生产）维系自然垄断；支持符合国家利益的经济和战略目标；保障国家安全，例如保留某些特定部门为国家所有，或是支持具有系统重要性但是难以盈利的公司运转（例如核能、武器生产、石油、天然气公司）；在经济危机时借助国企平台维系就业。然而，除上述缘由之外，事实上由于一些公司的业务具有公共属性，其依旧处于国家的控制之下——包括但不限于林业部门、道路维修公司、文化企业、剧院、与体育设施相关的企业等。在任何情况下，确保国有企业能够创造利润并在经营中自给自足都是政府的首要任务。《调查》数据表明，当政府对战略性部门和企业拥有所有权，并制定了有关战略和政策时，国有企业往往更能够成功地实现其既定的经营和社会目标。

正式确定国有企业所有制优先次序的国家能够将注意力集中在优先部门或个别企业上，并制定或加强其“积极”国有企业所有制的政策。[1]政府作为积极和知情的股东，提供战略指导并参与企业的重大决策，包括：（1）参加股东大会并投票；（2）及时、定期接收和分析相关和充分的信息；（3）选举和罢免董事会成员；（4）批准特殊交易；（5）对分红及公司解散事宜进行表决。

正如最近欧盟机构文件所指出和《调查》数据所证实的那样，国有企业在网络产业中发挥着特别重要的作用。[2]《调查》显示，能源公司的收入（如发电、配电、运输、石油和天然气公司）占国有企业收入的最大部分。从企业数量来看，基础设施、自然资源和能源领域国有企业的数量在基准国家中（例如德国、立陶宛、挪威、瑞典等）明显处于领先地位，而在被调查的国家中，国有企业则更多集中于一般制造业以及农业领域。

---

〔1〕 参见《国有企业公司治理指南》（经济合作与发展组织，2015）。

〔2〕 参见《欧盟中的国有企业：后危机背景下的经验教训和前进方向》（欧盟委员会，2016）。

许多国有企业（约4000家）被接受本调查的国家列为其他部门。这一数字相当于所有其他行业的总和，占本次调查中所有国有企业的55%。分析表明，“其他”类别包括各种活动领域：空间技术、国防和武器生产、研究、科学、教育、卫生、体育、艺术、赌博、酒类销售、邮政服务等。在基准国家和被调查的发展中经济体中，“其他”国有企业的比例相似。

《调查》证实，在本次接受调查的所有国家中，国有企业仍然是重要的雇主。白俄罗斯是国有企业任职人数最多的国家，有126万人。《调查》无法确定乌兹别克斯坦的国有企业就业人员数量，但据世界银行工作人员估计，其可能与白俄罗斯的数量接近。德国则是国有企业雇佣人数最多（117万人）的基准国家。

基准国家和被调查国家的国有企业就业情况各不相同，但是两组国家的主要雇主均来自基础设施领域。基础设施和运输领域的企业是基准国家和接受调查的发展中国家中所有国有企业里最大的雇主。基准国家在“其他行业”中雇用了更多的员工。此外，发达经济体选择在赌博和酒类分销等领域投资并雇用人员，以保持对这些社会敏感活动的控制。与之不同，被调查的国家则在那些即使处于私有制下也可以表现良好的部门，如一般制造业或农业领域，保留了大量的劳动力。与基准国家不同，在接受调查的发展中国家中国有企业的劳动力很大一部分是在能源和自然资源部门。究其原因，可能是因为投资少，因此若要对前述重要部门的关键资源予以维护，便需要更多的劳动力。

在大多数国家，邮政服务提供商是最大的雇主之一，也是一国GDP的贡献者，其职能并不仅限于商事领域：在许多国家，邮政运营商为农村人口和低收入人口提供基本的金融服务，例如获得福利或养老金支付、水电费支付或提供基本储蓄工具。许多欧洲和中亚地区的国家利用邮政服务提供商履行重要的社会职能，例如分发养恤金和销售基本商品，但邮政服务业的业绩仍然远非典范。此外，该区域一些国家的经验表明，如果邮政服务提供商的活动结构能够更商业化，并从国家预算中获得其履行公共义务（例如养恤金分配）的适当补偿金，则邮政服务提供商可以获得更多盈利。

虽然国家参与到各种类型的企业中可能对经济有益，但也可能导致预算的增加，特别是当公司出现亏损或效率低下时。国有企业表现不佳可能会抑制竞争，消耗本就稀缺的公共资源，或通过直接发债、累积应付账款或亏损等方式增加财政负担，从而使国家和公众付出巨大的代价。此外，如果没有可靠的财务信息，就无法对任何私营或公共企业进行适当的监测和监督。尽管欧盟最近对公司治理和报告义务进行了一些修订，为提高企业（包括国有企业）的透明度奠定了基础。[1]但是，关于国有企业的数据仍然有限；事实上，这些数据有时也是保密的。基于此，《调查》评估了接受调查的国家如何应用其报告和透明度框架，并探究了其如何借此改善国有企业的监管、风险管理和绩效。

---

〔1〕 参见《国有企业公司治理指南》（经济合作与发展组织，2015）。

三、国有企业的法律和监管框架

良好的实践表明，各国应该为国有企业建立一个法律和监管框架，为它们的运作制定明确的“游戏规则”。这种框架至关重要，它可以让所有利益相关者（包括股东、董事会、管理层和公众）对企业的行为有所预期。它可以确保各项要求协调一致，并符合最低标准，而且不会出现不完整、不一致或相互冲突的情况。

一个清晰的监管框架能够明确政策方向，并可以界定既为国有企业所有者又为国有企有监督者的各个政府机构的角色和责任。因此，这样的框架可以在国家的监督职能和国有企业的经营自主权之间取得平衡。虽然基于国情，各国的做法差别很大，但该框架应致力于实现以下目标：设定明确的界限，界定作为股东的政府与国有企业董事会和管理层之间的关系；将政府正当的控制和监督与国有企业的经营管理分开，以确保国有企业可被问责。

国有企业的运作通常受公法和私法的双重制约，其法律和监管框架既可完全适用公法，也可完全适用私法。就大多数国家而言，其框架居于两者之间：国有企业受制于混合的法律框架或各种法律的组合，即一般法律和部门立法。通常，公司的成立和运营要求在公司立法中有明确规定：一些国家制定了涵盖所有国有企业的通用国有企业框架法，而一些国家则将能源、公用事业和自然资源公司等大型战略性国有企业排除在通用框架之外，前述重要战略性国有企业有自己专门的法律。此外，一些国家还制定了针对特定行业的法律，对某一特定行业的一家或几家国有企业进行管理。

《调查》证实，欧洲和中亚地区的国有企业适用多种法律制度，有些国有企业甚至受一种以上法律制度的约束。该区域的立法演进反映了各国共同的历史背景，以及从计划经济向市场经济的过渡。被调查国家的国有企业正以不同的速度和成功率从国家主导的单一部门实体向必须平衡商业可行性与重要公共职能的企业转变。

在大多数接受调查的国家中，国有企业部分或全部受制于一般公司法。一般公司法通常适用于所有公司实体，无论其所有制是私有还是国有。一些适用于其他类型实体的条款也可由各国宪法或民法规定。在接受调查的国家中，格鲁吉亚和吉尔吉斯斯坦是唯二只对其国有企业适用一般公司法的国家。在这两个国家，没有特别立法对国有企业的设立和治理进行规定，因此它们的国有企业与私营企业适用同样的法律，遵循同样的行业要求。

就国有企业的设立及治理而言，大多数接受调查的国家在一般公司法之外有针对国企的特别规定。在一些国家，一些国有企业（通常是在公用事业、能源、基础设施等领域提供公共服务的国有企业）还必须遵守相关行业的特定法律。此外，一些国家还为选定的、具有战略意义的国有企业单独立法。

为促进公平竞争，避免企业因所有制而受到歧视，国有企业最好遵守适用于私营企业的一般立法。例如，一些国有企业可以不受某些法律或法规（如享有免税期、受到竞争庇护或破产保护）的约束，如此可能使它们具有不公平的竞争优势。事实上，这种扭曲的措施在欧盟是被禁止的，《欧盟条约》的国家援助条款禁止成员国向公司提供扭曲或可能扭曲竞争的援助（如直接或间接补贴）。[1]与此同时，国有企业也不应因其所有制而处于不利地位，例如，被要求执行尚未确定和/或缺乏适当补偿的公共政策目标。

除了通用的公司法外，国有企业的运营通常还适用其他法律，例如会计法、审计法、证券法、公共采购法、竞争法、破产法、税法和劳动法。大多数此类法律既适用于私营企业，也适用于国有企业，少数法律仅适用于公共部门。

《调查》数据证实，在大多数国家，国有企业被要求遵守适用于私营部门的法律，在一些特定的司法管辖区域，一些适用于公共部门的法律对国企也同样适用。在所有接受调查的国家中，国有企业都必须遵守某些私营部门的法律。在一些国家，适用于公共部门的附加法律也适用于国有企业，例如在阿尔巴尼亚、罗马尼亚和塞尔维亚，国有企业必须遵守与预算相关的法律。在阿尔巴尼亚、波黑、波兰（仅限主要控股的国有企业）、罗马尼亚和塞尔维亚，国有企业也必须遵守公共部门的薪酬规则。公共采购法适用于所有多数控股的国有企业，但摩尔多瓦的国有企业除外。

就组织形式而言，国有企业通常也可以适用私营企业的法律组织形式：股份有限公司或是有限责任公司。然而，当有些国有企业采取与前述不同的组织形式时，不仅与一般公司相比，而且与其他国有企业相比，这些国企在企业治理、报告和透明度方面的要求通常也会有很大差异。例如，在一些国家，国有企业可能具有根据该国基础法案或其他类型的具体立法确定的独特法律形式。这些法律规定之间可能协调一致，也可能相互冲突，导致不同国有企业之间法律框架差异极大。

在接受调查的国家中，股份公司是国有企业最普遍的组织形式。所有接受调查的国家都确认，它们国有企业的组织形式可以是股份公司。在罗马尼亚这个国家，股份公司是国有企业唯一的合法组织形式。在阿塞拜疆、波黑、克罗地亚、格鲁吉亚、吉尔吉斯斯坦、波兰、塞尔维亚、乌克兰和乌兹别克斯坦等9个国家，国有企业也可以是有限责任公司。

在接受调查的国家中，一种遗留的国有企业组织形式——非法人实体——仍然存在。主要是由于历史原因，这种独特的法律形式（通常被称为“公共企业”或“国有企业”）仍然在被调查的国家中存在：阿尔巴尼亚、白俄罗斯、克罗地亚、吉尔吉斯斯坦、摩尔多瓦、波兰、塞尔维亚、塔吉克斯坦、乌克兰和乌兹别克斯坦。在乌克兰，国有企业可以采取不同的组织形式，但这种“单一”的国有企业仍然是最常见的，占所有仍在运营的国有企业的

---

〔1〕 例如，《欧盟条约》第87条指出：“除与本条约相反的规定外，国家给予或者通过国家财源给予的援助，不论方式如何，凡优待某个企业或者某个生产部门，以致于破坏竞争或者对竞争产生威胁，从而对成员国之间的贸易有不利影响时，被视为与欧盟市场相抵触。”

94%以上。在阿塞拜疆，这种组织形式指的是单一的国家实体，例如阿塞拜疆共和国国家石油公司。这是一家由国家全资拥有和管理的准政府公司。

国有企业的非法人组织形式给政府带来了巨大的财政、社会和声誉风险，而这些风险在现有的立法环境中无法得到解决。这种独特的组织形式意味着这些实体的资产和负债不属于企业自己，而是直接属于国家。尽管一些国家通过法规限制了政府的责任，但如果这些企业实体的财产不足以清偿债务，政府仍然要对这些实体的债务承担次要责任。因此，任何此类企业的破产或经营中断对政府来说都是潜在的风险和负债。

在过去二十多年中，欧洲和中亚地区的许多国家一直致力于对其单一的国有企业组织形式进行公司化改造，但当下这种国企组织形式在许多国家仍然存在。公司化的主要目标是允许政府保留所有权，但仍使其能够像其他公司一样，在更商业化的基础上高效地运营国有企业。这个过程需要时间，因为必须遵循成立公司实体的法律步骤：从制定企业章程到建立适当的公司治理结构，重新调整内部和外部报告关系，制定会计制度，再到采用适当的财务报告，确立披露标准。公司化意味着国有企业要遵守与私营股份公司相同的要求。在实践中，公司化并不能使国有企业完全脱离政府的非商业干预，除非它同时采用全面的配套治理措施。

四、国家所有制安排和模式

国家对国有企业的主要责任之一，是充当知情、积极的所有者。在这一角色中，国家应确保对国有企业的治理以知情和可问责的方式进行，并具有高度的专业性和有效性。[1]为了履行这一重要职能，各国建立了不同的模式来行使其对国有企业的所有制——类似于股东权利的行使。

随着国有企业纷纷改制，以及政府致力于提高国有企业的生产能力，国有企业的所有制安排也随着时间的推移而不断演进。尽管各国有关国企的法律框架差异很大，但当下对国企所有制的安排大致可分为四种模式：分散模式、双重模式、咨询模式和集中模式。就欧洲和中亚地区而言，分散模式和双重模式是最为经典的模式，因为上述地区的国家有着相似的经济发展路径，因此在国有企业的所有制模式上并没有特别明显的差异。事实上，大多数国家的国企所有制模式都可归结为一种，[2]但出于某些因素的考量，也会为部分国企或所有国企保留其他模式的某些方面。[3]具体而言，各种模式的表现如下：分散模式中，国有企业所有

〔1〕 参见《国有企业公司治理指南》（经济合作与发展组织，2015）。

〔2〕 就本《调查》而言，“所有制模式”一词并非指哪个实体是国有企业或其股份的合法所有者，而是指所有权行使的方式。

〔3〕 参见《国有企业公司治理，一套工具包》（世界银行，2014）。

制责任分散在不同的部门之间；双重模式[1]中，国有企业的所有制责任由各部门和一个中央部门或机构（通常是财政部或经济部，或是一个国家机构）共同承担；咨询模式[2]中，所有权仍然分散，但国家咨询或协调机构为国有企业的治理和所有制事务提供高水平建议；集中模式[3]中，国有企业所有权集中于单一所有制实体，该实体可以是独立的，也可以是政府的一部分。

分散模式源自于该地区国有企业运行的历史传统。从历史上看，政府在其直属部委的管辖下组织各项经济活动，负责国有企业管理和监督的各个方面。在分散模式下，直属部委行使国企的所有制职能，这就导致部门政策制定与所有制职能之间存在冲突：政府部委部门在保障公共政策实施的同时还需要确保所有制目标的实现。然而，国有企业经常被要求履行公共义务，这些义务的履行会对其经营绩效产生不利影响，且往往无法得到适当的补偿。分散模式也削弱了国有企业绩效的可问责性，因为国企的财务报告、监督和执法责任分散在不同的部委或机构之间。当下，这种模式在欧洲和中亚地区的很多国家依旧存在，包括阿塞拜疆、白俄罗斯、波黑、罗马尼亚、塔吉克斯坦和乌兹别克斯坦。但是在许多其他国家，正如经合组织所报告的那样，该种模式已逐渐发展成双重模式、咨询模式或是集中模式。[4]

双重模式的发展是为了分权制衡，促进对国有企业技术和财务的监督。双重模式相对于分权模式的一个优点是，它既可以对单个国有企业进行财务监督，也可以对国有企业进行总体分析。在此方面，双重模式平衡了部委的利益和目标——确保国有企业履行其公共义务，扮演好服务提供者的同时，也能够保障政府的财务绩效目标在总体水平上得到实现。

无论是在全球范围内，还是聚焦至欧洲和中亚地区，国有企业的所有制模式均稳步从分散模式或双重模式向集中模式发展，以加强对国企所有制问题的关注，协助解决国有企业治

---

〔1〕 双重模式：捷克和德国。在捷克，各政府职能部委投票决定国家在国有企业股权中的占比，财政部负责监督国有企业的财务和经营业绩。在德国，则是由财政部负责确定国有股的管理框架，监督国有企业绩效，并发布年度绩效报告，而其他职能部委则负责监督其专业领域的国有企业。

〔2〕 咨询模式：立陶宛。立陶宛的所有权模式可归为咨询模式。其治理协调中心（GCC）负责协调国有企业，收集相关信息，监测和分析国家对国有企业的政策。GCC 系立陶宛经济和创新部下属的独立机构。《所有权准则》规定了 GCC 的五项职能：（1）分析国有企业披露的财务和非财务信息以及这些企业活动的趋势；（2）编制和发行国有企业汇总报告；（3）就国有企业的策略规划提供良好的实务建议，并积极协调；（4）评估国有企业制定的战略目标；（5）监测战略实施指标。GCC 还参与提名董事会成员的过程，为代表国家寻找和选择国有企业董事会成员的机构提供技术咨询。最后，GCC 还会就国有企业遵守《所有权准则》和《透明度准则》的情况予以评估，并向立陶宛政府提出意见和建议。

〔3〕 集中模式：瑞典。瑞典政府受到议会的授权，积极管理国有企业，以确保其最佳的长期价值绩效，并在适当的情况下确保具有针对性的公共政策得到妥当执行。瑞典的国有企业所有权职能由企业部的国有企业司集中行使。具体而言，该司负责：（1）制订国有企业所有权政策和其他指导方针；（2）确定国有企业财务指标；（3）为有具体公共政策目标的国有企业确定目标内容；（4）任命董事会成员；（5）决定分红方案。2018 年，瑞典国有企业司下属国有企业 46 家，另有 7 家国有企业隶属于直属部委，但也要接受国有企业司的统筹管理。

〔4〕 参见《国有企业所有权与治理：国家实践汇编》（经济合作与发展组织，2018）。例如，当下采取双重模式的国家主要有：韩国、土耳其、瑞士、新西兰、墨西哥、希腊、意大利等；采取集中模式的国家主要有：波兰、丹麦、比利时、瑞典、挪威、西班牙、英国、芬兰、荷兰等。

理的相关问题。越来越多的国家在赋予国有企业经营独立性的同时，已成为其资产积极的和称职的所有者。这种做法能够使得国有企业的运营不受政治因素的影响，其日常运营也不会被政府干预，能够与国家保持适当的距离。在集中模式下，所有制实体可以设在政府部委内，也可以设在专门的所有制机构或公司制结构中。

大多数被调查国家在国有企业所有制的安排上采用双重模式或分散模式，两者数量相当。但并没有国家明确采用咨询模式，不过该模式的某些特点可在克罗地亚和乌克兰两个国家有所体现。只有一个国家采用集中模式。

国有企业所有制模式复杂且多样的原因，往往与其下设子公司（出于商业目的或公共目的）或服务于特定领域相关。这种企业集团的模式往往导致一个国家内不同国有企业的所有制模式也不尽相同。

一些接受调查的国家正在进行重大改革，以减少国家对经济的干预，有鉴于此，这些国家正致力于改变国有企业的所有制模式。各国日益认识到良好的公司治理和集中监管能够有效提高国有企业绩效，加强其财务纪律管理。[1]有鉴于此，尽管一些国家依旧选择保留其分散的国有企业监督职能，但其他国家自然也在考虑采用更有效的国有企业所有制模式。

在所有接受调查的国家中，下述国家正在对其国有企业的所有制模式以及监管模式做出调整：（1）吉尔吉斯斯坦。虽然吉尔吉斯斯坦的法律将国有企业的所有制模式明确为双重模式，但实践中，直至当下其很多国企依旧是由政府行业主管部门来管理的。2017 年至 2018 年，国有资产管理基金通过完善国有企业治理规范、加强集中财务监督、为国企设定关键绩效指标等方式，实现了所有权职能。但是国家行业主管部门保留了制定政策及行业规章的权力。综上，该国国有企业的所有制模式正从分散模式向双重模式转变。（2）波兰。自 20 世纪 90 年代市场改革以来，波兰的国有企业所有制模式一直在集中模式、双重模式和混合模式之间不断演变和转变。最初负责国有企业私有化和监管的财政部于 2016 年解散。自 2017 年起，集中的国有企业所有权职能被重新分配给部门部委，由总理府负责整体监督。由此，波兰的国有企业所有制模式从集中模式转变为双重模式。然而，2019 年 12 月，波兰新的国有资产部成立，并再次接管对国有企业的集中监管权。截至本调查结束时，现在判断波兰是否已经过渡到此模式还为时过早，但它似乎正在朝着这个方向发展。（3）乌兹别克斯坦。乌兹别克斯坦启动了宏大的国有企业改革计划，通过建立和授权国有资产管理局（SAMA），逐步改善其国有企业所有制模式。自 2017 年起，所有国有企业都必须向国有资产管理局报告，国有资产管理局被授权作为国有企业的股东，制定和实施国有企业所有权政策，实施良好的公司治理实践，任命国有企业董事会成员，监测财务绩效，制定和执行关键绩效指标，这些职能都来自行业主管部门。国有资产管理局还肩负着实施国企大规模私有化计划的重

[1] 参见《国有企业公司治理：一个工具包》（世界银行，2014）；《对中欧、东欧以及欧洲东南部国有企业作用的重新审视》（国际货币基金组织，2019）。

任。乌兹别克斯坦正在逐步从分散模式转向双重模式。

无论是在全球，还是聚焦于欧洲和中亚地区，国有企业所有制模式发展的趋势之一是从传统模式向咨询模式和集中模式发展，如此可以使得国家的所有权职能得到更集中和专业的发挥。这种转变是逐渐发生的，通常是从分散模式或双重模式发展到咨询模式。然而，欧洲和中亚地区只有少数国家已完全过渡到集中模式，这一事实恰恰反映了上述地区许多国家的共同历史，以及政府需要在立法和实践中实施的变革的复杂性。这种演变需要时间，需要发展中国家的政府提供大量资源，也需要发展中国家领导人团体的政治意愿。

改变国有企业所有制模式需要时间。这一进程不仅需要改变法律框架，还需要强有力的政治意愿、对人力资源的大量投资以及各级的能力建设。例如，建立一个集中模式的所有权实体可能涉及根本的变革，由于政治局势或缺乏制度能力，这种变革在短期内可能是不可行的。

无论何种国有企业所有制模式，国有企业所有权实体都必须具有有效执行其任务的能力，要以务实的态度完善国有企业所有制安排，建立更有效的监管体系。有时，加强对国有企业的集中监管可能是不可行的。在这种情况下，可以通过建立或加强咨询或协调机构，建设其能力，并赋予其监督整个国有企业集团或是一家重要的国有企业的权力，来完善权力下放机制和双重所有制安排。这种能力和权力必须以正式规定和程序为基础，且规定和程序必须与前述机构行使国家所有权职能的国有企业的规定和程序相一致。

五、公司治理与董事会角色

有证据表明，良好的公司治理制度对所有类型的公司都大有裨益，无论是私营公司还是国有公司。[1]其所带来的积极影响包括帮助企业更好地获得外部融资，在此基础上反过来可以为企业带来更大的投资金额、更高的效益增长、更低的融资成本以及更高的公司估值，所有这些都使得投资更具有吸引力，并能够带来经济增长，提供更多的就业岗位。强有力的公司治理制度还可以通过更好地配置资源以及实施更有效的管理措施来提高公司业务绩效，降低公司出现危机和丑闻的风险，并有助于改善贫困和收入不平等。

例如，立陶宛在2012—2013年实施了全面的公司治理改革，从而提高了国有企业的效率。最近的一项研究分析了立陶宛商业类国有企业在公司治理改革后的表现，发现此类改革可有效提高国有企业的效率。董事会的决策质量和战略规划对提高整体组织效率也起着重要作用。

正如经合组织指南所建议的那样，合理的公司治理实践清楚地区分了国家所有权实体、

---

〔1〕 参见《对中欧、东欧以及欧洲东南部国有企业作用的重新审视》（国际货币基金组织，2019）。

国有企业董事会和国有企业管理层的角色。[1]其目的是将决策与所有权责任分开，以避免利益冲突和不利因素。明晰不同角色的定位是为了确保决策是在理性和知情的基础上作出的，并符合既定目标。作为所有者，国家应该负责确定和传达国有企业所有权政策和目标，包括个别国有企业的任何实体特定目标。董事会应根据国家对国有企业的总体战略，负责具体企业为实现既定战略确定目标，并实时监测进展情况。董事会应当就公司的业绩对股东（国有或非国有）负责。执行管理层通常会制订公司具体的经营方案，并将其提交董事会批准（尽管在少数情况下，一些具体方案是自上而下强制要求实施的）。一旦该方案得到批准，管理层就应当为其对董事会负责。

（一）董事会

董事会在国有企业的公司治理中发挥着核心作用，是国有企业财务问责、控制和透明度框架的重要组成部分。董事会的主要作用是对管理层进行监督，确保公司及其所有者的最大利益得到维护。国有企业董事会在保护管理层免受政治和政府干预国有企业运营方面也发挥着重要作用。

国有企业董事会应被赋予指导战略方向、监督绩效和追究管理层责任的权力和自主权。董事会的权力和自主权——包括任何必要的制定规则的权力，需要被明确界定，并且应对其能力及客观性予以要求，以促进其对国有企业的战略指导和监督。这些必要因素能够使得董事会更好地履行自己的信托义务，满足国有企业以及公众（国有企业的最终所有者）的期待。

董事会对国有企业起着至关重要的管理和监督作用。良好的实践表明，当董事会专注于指导国有企业战略的实施、设定绩效目标以及监控财务和运营绩效时，董事会能够最高效地履行其职能。为了减少董事会会议召开的频率，使董事会更多地关注战略问题，包括采购（重大合同除外）在内的日常战略实施，决策权应下放给国有企业管理层，由他们负责国有企业的运营。高效的国有企业董事会应当履行下述关键职能：制定或批准、监督和审查公司战略；确定适当的绩效指标，识别关键风险；监督披露和沟通过程，确保财务报表公正地反映国有企业的业务情况，反映所发生的风险；评估和监督管理层的表现。

实际上，在几个接受调查的国家中，国有企业董事会的作用在一些关键领域往往被忽略。在许多国家，国有企业董事会的决策权有限；相反，大多数战略决策是由政府部门和/或国企高级管理层制定的。如此，可能以牺牲效率以及商业和财政可行性为代价，优先考虑国家的政策目标。

在一些接受调查的国家中，国有企业董事会缺乏任命和解雇首席执行官的权力，但这种权力对于确保执行管理层对董事会负责至关重要。没有它，董事会就无法充分承担企业绩效

---

〔1〕 参见《国有企业公司治理指南》（经济合作与发展组织，2015）。

责任，也无法发挥监督职能。由政府任命的首席执行官往往会绕过董事会，直接按照政府的指令行事。这种做法会大幅度削弱国有企业公司治理及公共治理的效果。有鉴于此，若要保证董事会的公信力，良好的做法至少应当保证在选任首席执行官时，就其人选与董事会进行沟通。无论采用何种程序，对首席执行官的选任都应当以专业标准和充分的竞争为基础。

在全球范围内，越来越多的国有企业被要求建立董事会，这一要求在很大程度上得到了实施，正如《调查》所发现的那样。在被调查的15个国家中，有9个国家要求国有企业设立董事会。但是，这一要求通常适用于以股份公司形式存在的国有企业。非法人实体通常不需要设立董事会。在认识到良好的公司治理对国有企业至关重要的基础上，其余6个国家正在逐步对国有企业董事会提出立法要求。这6个国家的要求如下：（1）白俄罗斯、吉尔吉斯斯坦和塔吉克斯坦要求以股份公司形式存在的国有企业设立董事会。非法人的、单一的国有企业不需要这样做，但如有需要，政府可以要求他们组建一个。（2）在格鲁吉亚，根据法律规定，在证券交易所上市的私营企业和国有企业，或股东人数超过100的企业，必须设立董事会。这一要求适用于对格鲁吉亚具有重要意义的少数国有企业，而对其他国有企业不是强制性的。不过在实践中，格鲁吉亚强烈鼓励并通常会在大型国有企业中设立董事会。（3）在乌克兰，公司化的国有企业只有在上市时才需要设立董事会。自2017年起，国有持股超过50%的大型非法人国有企业根据政府专门法令的要求也必须设立董事会。（4）在乌兹别克斯坦，改制为股份公司的国有企业必须设立董事会。然而，如果国有企业的股东少于30人，其章程可以赋予其年度股东大会（AGM）董事会职能。在实践中，这意味着很少有国有企业拥有董事会，因为国家是其唯一的股东或控股股东。

拥有专业资格和相关行业经验的国有企业董事会成员有助于国有企业的发展。与独立性和道德要求相结合，董事会成员的财务能力、专业资格和技能对董事会高效履行其职责至关重要。

在所有接受调查的国家中，尽管良好实践经验均建议逐渐减少董事会中的公务员比例，但不可否认，当下国有企业的董事会成员中均包括公务员。若董事会中的大部分人员为公务员，则该董事会可能会缺乏必要的客观性以及专业技能——因为由政府委任的董事会成员往往缺乏相关的资格、经验，甚至鲜有精力处理董事会事宜。因此，当董事会中存在由政府直接任命的董事时，其更容易受到利益冲突的影响，因为这些董事可能会追求政府政策目标的实现，而不是为国企的最佳利益行事。综上，上述因素会削弱国有企业董事会的自主权、可问责性以及获得相关行业和专业技能的机会。

当国有企业肩负着重要的公共政策目标时，国有企业董事会中有国家代表是合理的。与此同时，限制可能在国有企业董事会任职的公务员人数，减少政府的不当影响，正在成为一种良好做法，这种做法在经合组织成员国中日益常见。在这些国家中，越来越多的国家认为，部长、政府行政秘书或其他行政权力的直接代表不应该出现在国有企业的董事会中。例如，芬兰对董事会中的公务员实行配额制度；瑞典在董事会中选任大量独立董事，并对何时政府部门可以对国有企业董事会成员进行任命予以了明确规定；奥地利、丹麦、德国、荷兰和挪威也都通过法律规定，国有企业中的董事会成员主体应当为独立董事。

独立董事有助于董事会对国有企业的战略决策作出客观、独立的判断，并基于必要的经验丰富董事会的成员构成。此外，董事会中的独立董事与企业、管理层、其他大股东和所有权实体之间也不存在影响其作出客观判断的重大利益或关系。

许多接受调查的国家正在采取措施，以改善国有企业董事会的人员构成和任职资格。越来越多的政府正在致力于为国有企业董事会人员的提名和任命构建法律框架及清晰的程序，其目标是使董事会成员选任的过程去政治化，使得董事会更加专业和透明，进而确保董事会具有履行职责所需的能力和客观性。

大多数被调查的国家都为潜在的国有企业董事会成员设定了要求——包括他们的教育经历和专业经验，有时还包括他们的诚信状况。明确界定潜在董事会成员的遴选标准，客观上会让国有企业的董事会更加专业，能够更好地履行其职责。在制订标准时，政府可优先考虑下述候选人：具有相关行业专业知识，了解和理解财务报表、战略制订、风险管理和内部控制，具有独立客观判断的能力。〔1〕

白俄罗斯、格鲁吉亚、塔吉克斯坦和乌兹别克斯坦没有正式为潜在的国有企业董事会成员设定标准。然而，在格鲁吉亚，大型国有企业倾向于效仿私营企业所采用的最佳做法。乌兹别克斯坦正在实施全面的公司治理改革，旨在将以经合组织公司治理原则为模板的良好公司治理实践引入乌兹别克斯坦的国有企业。

《调查》发现，一些接受调查的国家对潜在的国有企业董事会候选人设定了正式的选拔程序——笔试或口试。例如，在白俄罗斯、吉尔吉斯斯坦、波兰和罗马尼亚，由所有权代表机构管理上述考试。通过考试并符合既定资格标准的候选人将被添加到该国的所有权机构，部门或国有企业的候选人池中。许多较发达的经济体也采用这种做法，例如法国，其所有权代表机构——法国国有资产监管署——负责管理通过正式评估程序预先选出的候选人“董事池”。

另外，一些国家利用第三方征聘机构为国有企业董事会确定合适的人选。例如，芬兰将开发和维护合格候选人数据库的工作外包给一家招聘咨询公司。在葡萄牙，国有企业董事会成员候选人由公共行政征聘和选拔委员会根据具体标准进行审查。在接受调查的国家中，乌

〔1〕 特定国家国有企业董事会成员任职资格要求如下：捷克：要求具有公司治理经验和经济学、财务报表以及商法知识。匈牙利：要求拥有金融、经济或法律学位。立陶宛：对大型国有企业董事会成员候选人有额外的熟练程度和适宜性要求；每个董事职位所需的专业知识都有明确规定，以确保董事会拥有丰富的技能组合。罗马尼亚：大多数董事会成员必须拥有在盈利的私营企业工作的经验。瑞士：资格要求分为三类：（1）针对董事会整体（团队职能、战略技能、相关市场和专业知识）；（2）针对董事会具体成员（诚信、独立、专业）；（3）针对董事长（具体的领导技能）。

克兰利用第三方征聘机构确定合适的候选人，然后由政府代表和国际金融组织的观察员组成的特别任命委员会对这些候选人进行审查。

（二）审计委员会

专门委员会在支持董事会方面发挥着重要作用，例如，其在审计、风险管理、薪酬和人事任免等领域都至关重要。经合组织在其指南中指出："国有企业董事会应考虑设立由独立董事和其余有相应资格的董事组成的专门委员会，以支持董事会履行其职能，特别是在审计、风险管理和薪酬方面。此外，设立专门委员会的目的是提高董事会的效率，而非豁免董事会的责任。"[1]

设立专门委员会使董事会能够更有效地处理复杂的问题，这对大型和复杂的国有企业尤为重要。专门委员会帮助国有企业董事会作出明智和深思熟虑的决定。通常而言，决策不是由专门委员会做出的，而是由整个董事会做出的；尽管如此，专门委员会承担了与其具体任务相关的决策过程中的大部分工作量（分析具体问题、确定事实、寻找解决办法等）。独立董事必须积极参与专门委员会的活动。

审计委员会在为董事会提供有关公司财务业绩的决策和灌输高质量的财务报告实践方面发挥着关键作用。董事会设立审计委员会是为了协助其对财务报告、内部控制和风险管理系统、内部和外部审计以及公司合规性进行监督。

尽管在私营企业中，设立审计委员会已经是被广泛认可的良好实践做法，但是在接受调查的国家中，在国有企业董事会下设立审计委员会的做法还不常见。尽管从立法层面，前述国家都要求设立审计委员会，但是在实践中，由于缺乏独立董事来主持委员会和/或现有董事会成员缺乏适当的专业知识，这一要求很难实现。此外，某些国家将"审计委员会"与"修订委员会"交替使用——这是苏联计划经济体制的残余，在苏联计划经济体制中，修订委员会的主要任务是进行内部调查，旨在发现违反法律或滥用资金的行为。修订委员会通常直接向首席执行官报告，而审计委员会则是国有企业董事会的一部分。

董事会下设的审计委员会的职能在具有这一要求的国家之间有所不同。但是，正如良好的国际惯例所建议的那样，其某些核心职能是共同的：负责财务报告的合规性审查，监督编制高质量的财务报表；负责外部审计人员的任命和与之沟通；负责内部审计监督，确保资源充足，保障独立性；对内部控制是否充分予以监督；全面负责企业合规性监管，包括审查是否违反相关法律法规。

《调查》数据显示，在已成为或即将成为欧盟成员国的国家中，审计委员会的职能有明显的增加趋势：（1）在克罗地亚、摩尔多瓦、波兰、塞尔维亚，审计委员会负责监督国有企业财务报告、内部控制效率、内部审计和风险管理制度；确保其自身的独立性；负责外部审

---

〔1〕 参见《国有企业董事会的责任》（经济合作与发展组织，2015）。

计人员的选择和监督工作。(2) 在罗马尼亚，审计委员会负责监督国有企业的财务报告；确保内部控制、内部审计和风险管理系统的有效性；监察审计；确保国有企业审计人员的独立性。(3) 在塞尔维亚部分地区。审计委员会在国有企业董事会通过重要财务和战略文件前对其进行审查，包括战略计划、投资和财务计划、年度经营计划和预算、财务报表和年度报告，向董事会提出意见或建议。审计委员会还负责确保充分的内部控制，条例得到遵守。(4) 在乌克兰、塔吉克斯坦，审计委员会主要负责监督国有企业的财务报表和年报。自2017年以来，审计委员会在乌克兰国有企业中的作用已扩大到涵盖良好做法建议的所有主要职能。(5) 在阿尔巴尼亚、阿塞拜疆，法律要求国有企业设立审计委员会。然而，关于审计委员会的职责的指导方针尚未制订；国有企业尚未成立或正在组建审计委员会。

审计委员会成员通常从董事会成员中选出，这些成员在财务、会计和审计方面具有必要的资格和经验。理想情况下，审计委员会的大多数成员应该是独立董事，但如果无法实现的话，审计委员会至少应该由一名独立董事担任主席。在要求国有企业设立审计委员会的被调查国家中，任命委员会成员的机制各不相同，这在很大程度上取决于国有企业是否设有董事会，以及是否受其直属部门或直接由中央政府监管。在罗马尼亚，中小企业的审计委员会成员由其直属部门任命，公司制国有企业的审计委员会成员由年度股东大会任命。在白俄罗斯和塔吉克斯坦，年度股东大会直接任命管制和修订委员会的成员。

六、财务报告、透明度及披露

可靠且及时的财务信息对进行有效决策和衡量国有企业绩效至关重要。经合组织的指引建议国有企业遵守高标准透明度要求，并在会计记录、披露、合规和审计方面与上市公司保持同一标准。尽管每个国家在选择财务报告准则、透明度和披露要求时的路径各不相同，但在全球范围内存在着准则趋同和信息披露标准提高的大趋势。

（一）财务报告

采用国际公认的报告准则既能降低各国使用准则的成本，又能使各国的财务信息具有可比性，还可以防止因该国整体能力不足导致的国家标准质量下降。主要的国际准则涵盖财务报告、内部审计、内部控制和风险管理以及公司治理等方面。

接受调查的国家绝大多数认识到了大型国有企业采用国际财务报告准则的重要性。所有接受调查的国家都要求其大型的国有企业使用国际财务报告准则进行报告，尽管许多国家仍然依赖其国内的会计准则（NAS）。与表现良好的实务做法一致的是，所有国家都已经在它们的会计法规中确立了这些原则。以下是一些国家对不同会计准则的采用情况：

允许采用国际财务报告准则：格鲁吉亚、吉尔吉斯斯坦和塞尔维亚已经在当地立法中完全采用了国际财务报告准则和中小企业国际财务报告准则。在这些国家的地方立法中要求企业甚至中小型企业采用 IFRS，且不可以平行采用国内会计准则——该规定针对所有的实体，不管是私营的还是国有的，其都需要根据企业体量和会计立法采用国际财务报告准则或中小企业国际财务报告准则。

允许将 IFRS 和国内财务会计准则结合使用：大多数接受调查的国家都保有其国内会计准则。同时，这些国家立法要求所有私营或国有企业均使用国际会计准则。不同国家对与公共利益相关的企业实体（Public Interest Entites，PIE）的定义各不相同，[1]但通常包括上市实体、金融机构、保险公司，以及数量、资产规模或就业容量最大的实体。最大的国有企业通常属于 PIE 的范畴。

只允许采用国内会计准则：在被调查的国家中，只有乌兹别克斯坦目前不要求其国有企业遵循国际财务报告准则。作为其国有企业转型计划的一部分，乌兹别克斯坦正在进行一项根本性的变革，即从 2021 年开始计划对其最大型的国有企业引入国际财务报告准则。

对企业实体财务报告质量的评价，是从不同的方面来衡量的，包括完整性、准确性、及时性和相关性。正如世界银行工作组所证明的那样，国有企业在编制基于国际财务报告准则的财务报告方面存在困难：其报告往往是不完整的，例如它们缺乏通常作为一揽子财务报告组成部分的关键报表或说明，或者它们在处理科技或敏感领域时不能准确报告，或者迟延发布报告以至于报告失去了及时性和相关性。

良好的做法是让国有企业，特别是公开上市企业，遵守与同领域私营企业相同的报告要求——财务报表必须包括四个部分：（1）资产负债表；（2）损益表；（3）所有者权益变动表；（4）现金流量表。这套报表还必须包括财务报表附注。这些财务报表一般应在财年结束后 3 至 6 个月内完成，以便其决策和预测。

国有企业出具完整财务报告的频率应基于对成本效益的考量。当然，每年度出具一套完整财务报告是最低要求。良好的做法是只要求最大和最重要的国有企业按要求出具半年报。每季度都编制财务报告的要求可能过高，是否编制可以视政府是否需要对国有企业财务状况知情来考虑。国有企业也可以被要求报告某些指标或影响其财务状况的重大事件。此外，出现特定指征或发生了影响企业财务状况的重大事件时，即使不在常规报告周期内，也可以要求国有企业出具财务报告。

《调查》证实，所有接受调查的国家都要求其国有企业编制年度财务报告，有些国家还要求编制更高频次的财务报告。在良好的实践做法中，所有国家都在会计立法中规定了它们的要求。政府可能要求国有企业定期或临时提供其他类型的报告：（1）年度财务报告。所有接受调查的国家都要求其所有法律形式的国有企业编制年度财务报告。国际财务报告准则是大多数股份制国有企业遵守的报告标准，年度财务报告要求提供全部财务报告和附注。对于

---

〔1〕 许多被调查的国家都遵循欧盟会计指令 2013/34/EU 中对 PIE 的定义。

非国有企业的年度报告要求比较宽松，可以不包括财务报告附注。（2）半年度报告。格鲁吉亚要求其上市国企除提交年度财务报告外，还需提交半年度财务报告。格鲁吉亚的上市公司，包括国有企业，也必须在重大事件发生时进行报告。波黑和摩尔多瓦也要求被定义为PIE并被允许在规范市场上交易的国有企业每半年提交一次财务报告。（3）季度报告。在吉尔吉斯斯坦和波兰，上市的国有企业需要进行季度报告，而非上市的国有企业可以仅提交年度报告。阿尔巴尼亚、克罗地亚、塔吉克斯坦和乌克兰要求其国有企业准备并向中央部委提交季度财务报告，以进行金融和财政风险监测。在乌兹别克斯坦，除小微型企业外的所有企业实体都必须编制季度财务报告。

（二）年度报告

所有接受调查的国家都要求其公司制国有企业编制由股东大会批准的年度报告。年度报告是公司与利益相关者、投资者和公众进行沟通的最具信息含量的方式之一。它是向股东通报公司业绩和吸引潜在投资者的有用工具，并且它也能向企业内部员工传递信息。编制年度报告的要求只适用于PIE，非公司制的私营企业没有义务编制年度报告，且在实务中它们也并没有编制年度报告。

年度报告的信息要求通常包含在两套互补的立法中：（1）公司和证券法；（2）会计法。这些报告通常包括管理层讨论与分析、全套财务报表、审计报告以及其他可能有用的信息——历史股价、财务比率、重大事件等。该报告应采用一个平衡和公平的视角，描述公司的成就并解释该财年的所有挫折。以下是接受调查的国家的年度报告要求：（1）年度财务报告和审计报告。所有接受调查的国家都要求其国有企业在年度报告中包含年度财务报告和审计报告，这一趋势与目前的最佳实践相一致。（2）管理层讨论与分析和公司治理报告。这两类报告主要是针对上市国有企业提出的要求。管理层讨论与分析能够使公司管理层叙述公司的业绩、财务状况和报告期内的重大事件，并讨论合规性、风险和未来的计划，如目标和新项目。公司治理报告旨在让人了解该实体的治理方式，强调变化，并概述任何与公司治理准则或要求存在重大偏差的事项。（3）政府支付报告。从2016年起，欧盟成员国的PIE和从事勘探、开发和开采矿物、石油和天然气或采伐原始森林的大型企业实体被要求必须提供政府支付报告。这一要求已被纳入被调查的欧盟国家（克罗地亚、波兰和罗马尼亚）的监管框架中。此外，阿尔巴尼亚、格鲁吉亚、摩尔多瓦和乌克兰正在努力使其立法接近欧盟的规范，现在也要求其企业实体，包括国有企业，在其年度报告中遵守这一要求。（4）其他信息。在接受调查的国家中，各国对必须包含在上市企业年度报告中的其他信息的要求各不相同，包括但不限于股票发行的数据、重要股东的信息、重大事件的信息（如果没有管理层讨论与分析）、治理结构的变化等。

管理层讨论与分析和公司治理报告的编制对国有企业而言非常具有挑战性。这两份报告依赖于公司管理层的判断力和公司治理体系的成熟度。在国有企业缺乏详细指引，且确无此能力的情况下，推广这一要求非常具有挑战性。

在接受调查的国家中，提交年度报告的截止时间各不相同。一个国家内的不同监管机构，如证券监管机构、商业登记机构或会计监管机构，可能会在一年中的不同时间要求企业提交年度报告。

如果要求年度报告能够为决策和预测提供相关度较高的支持，在财年结束后 3 至 6 个月内出具报告是合适的。(1）早期申报。乌兹别克斯坦、波黑要求所有私营和国有企业出具年度报告的时间比其他被调查国家更早。同时，这两个国家的年度报告的构成不如其他被调查国家全面，而年终结账和审计的时间太短可能对其财务报告质量造成负面影响。(2）3 至 4 个月。大多数被调查的国家要求企业在财年结束后 3 个月或 4 个月内提交年度报告。这些年度报告必须是完整的，并包括所有需要的信息。白俄罗斯要求上市实体（包括上市国有企业）在 3 月 31 日前提交年度报告，并在 6 月 30 日前向财政部提交遵守国际财务报告准则和经审计的合并财务报表。(3）6 至 7 个月。这通常符合良好的做法，因为报告中的财务和重要信息对负责治理和决策的人来说仍然是相关的。(4）其他情况。格鲁吉亚要求其上市实体（其中一些是国有企业）在 5 月 15 日之前向格鲁吉亚国家银行提交年度报告，其央行还具有证券市场监管机构的职能。所有其他不受《证券市场法》监管的实体都适用《会计、报告和审计法》的一般要求，该法鼓励所有实体（包括国有企业）尽快提交其年度报告，时间不得迟于 10 月 1 日。阿塞拜疆没有明确的提交年度报告的时间安排，其年度财务报告的提交截止时间为 4 月 30 日，合并报表提交截止时间为 6 月 30 日。

政府需要及时分析国有企业的年度报告，来指导其决策、进行风险评估和制定政策法规。与任何私企的股东一样，政府需要仔细审查国有企业年度报告中的信息，包括财务报表、重大事件、盈利趋势、经营业绩、增长模式、关键业绩指标以及管理层报告的其他关键事项。审计人员的意见和财务报表的附注包含了关于公司假设的重要细节，这对于全面了解国有企业的财务状况至关重要。此外，年度报告还包含了关于重大事件、市场、产品和国有企业社会功能的重要信息，这些都是政府进行决策的关键依据。

由于股东和监督职能往往分散在多个政府机构中，对国有企业年度报告的审查和分析就变得更加复杂。欧洲和中亚地区的很多国家都要求国有企业向多个机构提交年度报告，这造成了国有企业申报程序的复杂化，并削弱了政府的监督职能。《调查》还发现，对这些要求的落实和对所提交报告的分析仍然很薄弱。

在接受调查的国家中，很少有国家正在向集中报告系统过渡，大多数国家继续要求其国有企业向多个部委和机构报告。良好的做法是为各类所有制企业设置较短的报告窗口。一般来说，所有上市实体（包括国有企业）都需要向证券监管机构报告，格鲁吉亚、吉尔吉斯斯坦、波兰、罗马尼亚、塞尔维亚和乌克兰都对企业提出了这样的要求。同样，国有企业也需要向代行股东职能的机构（如职能部门、中央部委和国资委）进行报告。此外，一些国家要求各类所有制企业都要向统计委员会/机构/办公室报告，如白俄罗斯、吉尔吉斯斯坦、塔吉克斯坦、乌克兰和乌兹别克斯坦。

设立中央财务报表登记处是提高私营和国有企业财务透明度的下一步。接受调查的国家中有一部分已经开始逐步建设财务报表中央管理系统，这能够使监管者、所有者和公众更容易获取和分析财务报表。例如，阿尔巴尼亚、克罗地亚、格鲁吉亚、摩尔多瓦、波兰和塞尔维亚要求公司在中央登记处提交财务报表。通常情况下，设立中央财务报表登记处是信息披露改进道路上的关键一步。

（三）披露

调查结果显示，被调查国家对国有企业的披露要求总体上是一致的，但国有企业的实际做法差别很大。所有接受调查的国家都要求其上市实体（包括国有企业）披露其含有经审计的财务报表的年度报告。同时，并没有要求非公司制的私营企业披露其财务信息。考虑私营企业在一些接受调查的国家中的规模和重要性，改善对它们的披露要求将大大提升这些国家的国有企业信息披露的透明度。在欧洲和中亚地区的很多国家中，信息披露制度的实际执行情况落后于良好实践标杆。世界银行〔1〕和国际货币基金组织〔2〕进行的多项分析研究证实，该地区的国有企业对信息披露制度的执行情况普遍薄弱，部分原因是政府国资部门缺乏执行力。

接受调查的国家对国有企业的披露要求并不一致。有些国家要求披露完整的年度报告，而有些国家只要求公开披露经审计的财务报表。待披露年度报告的具体构成是由一揽子年度报告的内容所决定的。《调查》证实，虽然不同国家对年度报告的内容要求不同，但通常来说国有企业必须公布完整的年度报告。

接受调查的国家要求国有企业以各种方式公开披露其年度报告。虽然一些印刷品发行渠道仍在使用（例如，当地报纸、公司或监管机构公布的印刷版本），但许多国家正在转向电子注册和在线出版。尽管良好的国际惯例总是鼓励更多的信息披露，但在现实中满足当地立法要求的最低限度信息披露标准对国有企业来说也是一种挑战。(1) 国有企业网站。绝大多数接受调查的国家都要求其国有企业在其网站上披露系列年度报告。这一要求旨在提高透明度，并与优良实践保持一致。然而这一要求极难得到监管和执行，因此许多被调查的国家在改善其国有企业的公众形象方面遇到了困难。(2) 中央/公共登记处。已经建立了中央财务报表登记处的国家要求所有公司向登记处提交年度报告。例如，阿尔巴尼亚、波黑、克罗地亚、格鲁吉亚、波兰和塞尔维亚收集国有企业报告并在网上向所有用户公开，这与良好的提升透明度的实践做法一致。摩尔多瓦和乌克兰正在建立这样的公共登记处，并且少数功能已

---

〔1〕 系世界银行一项技术援助项目：关于国有企业所有权和治理做法的国别分析说明。
〔2〕 参见《对中欧、东欧以及欧洲东南部国有企业作用的重新审视》（国际货币基金组织，2019）。

经可以供公众使用。(3) 媒体出版和印刷报告。虽然在线出版迎合了更高级的用户类别,但一些国家仍然要求国有企业通过更传统的渠道公布其年度报告。例如,阿塞拜疆要求国有企业通过所有可用的渠道发布信息:通过公司的互联网网页、当地媒体公布,以及根据需要向任何利益相关者提供纸制版年度报告。格鲁吉亚也要求其公司除对公众开放财务报表登记处之外还需通过当地媒体或私人网站提供年度报告。吉尔吉斯斯坦是本次调查中唯一要求公司通过当地媒体和印刷品发布年度报告的国家,没有提到互联网这一选项。塔吉克斯坦和乌兹别克斯坦要求公司(包括国有企业)在各自的网站上公布其年度报告。由于这些国家内很少有公司互联网存在,这两个国家还要求国有企业在当地媒体上公布年度报告。

(四)汇总报告

通过要求所有国有企业编制定期、公开的汇总报告,国家/区域整体的财务透明度得到了提升。经合组织的指引提出了一些有关透明度的建议,包括由所有权实体通过网络披露汇总报告,以方便公众查阅。汇总报告应该是面向公众的主要披露工具。正如经合组织所建议的,提高公众透明度和交流汇总报告的最佳方式是开发一个强大的网站,并确保其内容的持续更新。汇总报告应至少说明国家投资组合的总价值,并包括关于国家所有权政策及其实施方法的一般性声明。汇总报告不需要与国有企业的报告重复,但可以包含最重要国有企业的个别报告。

良好的做法是越来越重视国有企业的汇总报告,提供国有企业业绩的总体情况。除了向公众提供信息外,制订总体报告的过程有助于说明政策,并就敏感问题达成共识。编制国有企业的汇总报告需要有配套系统,所有权实体也需要具备相应的能力。经合组织建议汇总报告应包含以下信息:(1) 财务业绩和国有企业的价值;(2) 与业绩相关的非财务指标信息;(3) 国家投资组合的总价值说明;(4) 关于国家所有权政策的一般声明和国家如何实施这一政策的信息;(5) 关于所有权职能组织的信息;(6) 国有企业的演变概况、汇总的财务信息以及关于国有企业董事会变更的报告;(7) 主要财务指标,包括营业额、利润、经营活动的现金流、总投资、股本回报率、股本/资产比率和股息。虽然所有这些信息都是可取的,汇总报告也不会对这些信息的细节予以全部阐述,但对于作为国有企业最终所有者的政府和公众来说这些信息却价值极高。

欧洲的一些国家为其全体国有企业制定了稳定的并且极具信息含量的报告要求。立陶宛、挪威和瑞典经常被视为国有企业监督和信息披露方面的全球最佳做法的范例。这些国家提供了全体国有企业或个别国有企业的简要却全面的信息,它们还报告了国有企业执行公共政策目标的相关成本以及国家提供的相应补偿。它们披露了所有国有企业的名单以及报告年度内的补贴/拨款数额。荷兰提供了一份关于所有国有企业和个别国有企业的互动在线报告,并允许用户以不同方式分析组合。

《调查》指出,在接受调查的国家中,有关国企的汇总报告仍处于起步阶段。一些国家已经推出了关于国有企业的定期整合报告，而另一些国家则没有汇总报告，或者正处于设计适当的系统以在未来推出此类报告的阶段。

总体而言，《调查》证实尽管大多数被调查的国家有财务报告和披露要求，但实际上，其实施和执行力度还可以更大。许多国家的国有企业的运作和治理仍然是非公开的，关于其盈利能力、补贴、债务和或有负债的关键信息并不总是可靠和及时的。这种情况往往会给政府带来巨大的财政风险和预算流失风险。可靠的财务信息对于国有企业管理层、董事会，作为股东的政府，潜在的和当前的投资者和贷款人，以及作为国有企业最终所有者的社会和公民作出明智的决策至关重要。

七、审计和控制环境

为了公众的利益，国有企业应该像公开交易的私营公司一样透明。为此，经合组织建议，无论法律地位如何，也无论是否上市，国有企业都应按照国际公认的会计和审计标准进行报告。对于大多数被调查的国家来说，实现这一目标在很大程度上仍然是一种愿景。

国有企业的基本控制体系往往很薄弱，控制环境的其他重要部分也没有得到充分的发展，无法解决财务报告和风险管理系统的完整性问题。因此，国有企业向公众披露的信息可能是不准确的，国有企业董事会甚至高层管理人员可能对企业内部发生的事情或面临的风险不能完全了解。在这种情况下，国有企业就会面临资金使用不当、虚报事实、欺诈和失职的巨大风险。强大的控制环境由内部和外部控制机制组成。私营和国有企业的内部控制通常相似，而国有企业的外部控制与私营企业相比通常有一个额外的控制层。[1]

内部控制奠定了制衡的基础，是对可能的不公平做法和欺诈行为的一种威慑。内部控制系统旨在确保财务报表和非财务报告的完整性和可靠性，以及对法律和内部政策和程序的遵守。内部控制系统旨在识别、评估和管理（但不一定消除）与实现组织目标有关的重大风险。

外部控制的建立是为了向外部利益相关者（包括公众）提供保证。外部控制采取法定审计、特别审计以及国家最高审计机构（SAI）、议会委员会和其他监管机构的监督等形式。遵守有关企业的一般法律框架——商业公司守则、公司法或公司治理守则，被定义为遵守外部控制的一部分。国有企业应遵守的会计和审计标准也是外部控制环境的一部分。

一个有效的外部控制机制是让国有企业在证券交易所上市。上市可以使国有企业成为私营企业的可比对象，也可以使国有企业以公开和竞争的方式筹集私人资本。

---

〔1〕 国有企业的内部控制系统通常包括内部控制、内部审计和审计委员会，而外部控制系统通常包括独立审计、国家审计和议会监督。

（一）独立外部审计

国有企业接受信誉良好的专业审计公司的独立审计被认为是良好的实践做法。独立的外部审计有助于提高国有企业财务报告的可信度，并向所有者、投资者和公众提供合理的保证，即财务报表公平地反映了公司的财务状况和业绩。在一些国家，国有企业可能要接受国家审计机构的定期审计。然而，国家审计机构的任务与独立审计人员的任务不同，国家审计机构一般不对全套财务报表的公正性和完整性提供独立意见。许多国有企业同时接受国家审计机构和外部审计人员的审计，在这种情况下应注意避免任务和责任的重复。

对年度财务报表进行独立的外部审计是私营企业公认的标准做法。许多国家要求对 PIE 进行独立审计，这些企业通常包括上市公司、银行和其他金融机构，而其他国家可能要求对更大范围的公司进行独立外部审计。例如，欧盟立法要求对所有有限责任实体进行审计，尽管个别成员国可以豁免小企业的财务报表审计要求。要求此类审计的主要原因是，财务信息在为众多经济主体和公共机构提供信息，以及帮助投资者和利益相关者要求被审计公司管理层对其行为和业绩负责方面发挥着核心作用。

外部审计为依赖财务信息的利益相关者提供了某种程度的额外保护，尽管它并不能保证错误或欺诈性的报告完全消失。外部审计也可以为管理层提供有益的见解，它有助于管理层了解公司的主要风险领域，并指出内部控制和报告过程中的薄弱环节。对于拥有广泛的地理分布和多个业务单位的大公司来说，外部审计人员通常会覆盖那些风险最高的业务领域，提供公司管理层可能没有意识到的风险等有用信息。这对于国有企业进行外部审计而言也同样有益。

为确保国家、少数股东和其他利益相关者从国有企业独立审计报告中获取最大利益，以下几个关键问题需要被着重考虑：（1）对私营和国有企业设置相同标准。在财务报告和外部审计的所有方面，经济地位重要的国有企业应该受到与同等地位 PIE 一样的规则和程序的约束。例如，如果 PIE 被要求按照《国际审计准则》（ISA）对其财务报表实施审计，那么经济地位重要的国有企业也应该如此。（2）审计质量和法规。国有企业的审计人员应与上市公司和银行的审计人员处于相同的监管和专业框架之下。该框架应包括与外部质量保证、资格、道德和独立性有关的要求。（3）合理的保证而不是全面核查。外部审计人员不能保证国有企业管理层编制的财务报表的完全准确性。外部审计人员的作用是提供“合理的保证”，即财务报表不存在重大错报。（4）公布和披露。独立审计报告应与整套国有企业的财务报表和附注一起公布。（5）国有企业董事会与外部审计人员的沟通。财务报告和审计应受到国有企业董事会及其审计委员会以及所有权机构的持续监督。

国有企业董事会及其审计委员会在监督外部审计人员的选择和任命以及监督审计过程本身方面发挥着关键作用。企业组织中管理层与审计人员存在利益冲突，国有企业管理层并不直接参与审计人员的任命，并且对审计人员施加影响的机会也很有限。这种做法明确了国有企业治理结构中管理审计的责任界限。审计委员会的关键作用是保持审计人员对国有企业管理层的独立性。为了做到这一点，审计委员会可能需要就事务所能够向国有企业提供法人非审计服务的种类制定指导方针。在审计过程中，审计委员会应与外部审计人员直接进行沟通，并在没有公司管理层在场的情况下与外部审计人员会面。理想情况下，审计委员会应与审计人员讨论审计报告草案，在报告达成一致后再定稿，并提交给国有企业的董事会和所有权行使机构。

《调查》显示，大多数接受调查的国家在国有企业的审计和控制环境方面存在缺陷。虽然许多国家规定其国有企业的财务报表要接受外部审计人员的年度审计，但其审计的质量往往不够理想。企业对外部审计人员的选择往往过于考虑聘请成本而非其审计质量，这可能对审计质量造成潜在威胁。对审计质量的评估并非本次调查的一部分，然而世界银行的多个国家技术援助项目表明，审计质量在许多欧洲和中亚国家仍然是一个问题。《调查》发现，一些国家制定了质量和能力标准，甚至确定了有资格审计国有企业的事务所名单。这种做法有助于确保只有具备适当资质、经验和能力的审计人员才能够审计国有企业。为了进一步加强控制环境，接受调查的国家可以要求其主要的国有企业建立董事会级别的审计委员会，对审计结果进行审查，并确保采取措施消除内部控制的缺陷。

分析证实，所有接受调查的国家都要求其国有企业接受公司内部审计人员的独立审计，但这一要求在非公司制的非国有企业内并未全盘实施。在阿塞拜疆、克罗地亚和摩尔多瓦，立法详细规定了哪些国有企业需要接受年度审计。通常情况下，它们是不满足 PIE 条件或者仅在二级立法中简单列名的国有企业。其他大多数被调查的国家要求对所有公司制的国有企业、所有上市的国有企业或国资拥有多数控制权的国有企业进行年度独立审计。

大多数接受调查的国家对所有审计人员，包括那些被允许审计国有企业的审计人员，有着相同的许可和认证要求。这些要求包括对个人的要求，例如，教育、经验、资格或认证以及良好的信誉。对审计公司也有一些标准，如许可或已获登记。除了适用于所有审计人员的一般要求外，一些国家（摩尔多瓦、乌克兰）为有资格审计重要国有企业的审计事务所制定了具体标准，具体包括经验要求和员工能力。自 2016 年以来，为配合欧盟的立法变化，几个接受调查的国家（阿尔巴尼亚、波黑、格鲁吉亚、摩尔多瓦、波兰、罗马尼亚、塞尔维亚和乌克兰）已经修订了它们的审计立法，主要统一了对所有审计机构的要求，并引入分层方法：（1）对私营和国有 PIE 的审计人员有明确的标准，包括审计质量要求和审计监管机构的定期审计检查；（2）对审计非 PIE 的审计人员的标准较为宽松。

在接受调查的国家中，任命和解雇国有企业审计人员的最终权力归属各不相同。良好的实践做法是，外部审计人员由股东任命，由董事会提出建议。在批准外部审计人员的薪酬以及重新任命或罢免审计人员上，也应该采用类似的做法。许多被调查的国家都遵循了这些良好的公司治理实践，并将批准外部审计人员任命和薪酬的权力赋予了股东大会。一些国家将这一权力赋予了董事会或其审计委员会。在接受调查的国家中，有两个国家——摩尔多瓦和罗马尼亚，已经将这一权力根据企业的法律形式赋予了国有企业的董事会或股东大会。

在接受调查的国家中，波兰对任命外部审计人员采取了不同的做法。波兰《会计法》规定，外聘审计人员应由批准公司财务报表的治理机构任命。立法并没有详细说明必须是哪一治理机构，它允许个别公司的章程另行规定并建立这个管理机构。在实践中，许多公司包括国有企业的外部审计人员通常由董事会任命。同时，《会计法》禁止公司管理层选择外部审计人员。

外部审计人员的选择应该是一个透明的过程，选择应该综合考虑质量要求和成本，且没有管理层的不当参与。许多接受调查的国家证实，它们采用公开招标的方式来选择国有企业的外部审计人员，这些国家包括波黑、克罗地亚、格鲁吉亚、吉尔吉斯斯坦、摩尔多瓦、波兰、罗马尼亚、塞尔维亚、塔吉克斯坦、乌克兰和乌兹别克斯坦。有几个国家确定了一份资格审计国有企业的事务所清单，国有企业只能在清单中进行招标（乌兹别克斯坦）或对照既定标准进行招标（摩尔多瓦）。《调查》发现，许多国家的国有企业管理层仍然在很大程度上参与外部审计人员的聘用，这种做法不符合公认的优良实践。逐步取消这种做法将有助于确保审计人员的独立性，以及他们对国有企业财务报表保有无偏见的观点。

除摩尔多瓦外，所有被调查国家的国有企业在选择外部审计人员时都必须遵守公共采购法。此类法律法规在各国之间存在差异。一些先进的立法模式结合质量和价格因素来进行选择，但其他国家则仅考虑成本。在选择国有企业外部审计人员时使用最低成本法的原因是：（1）对公共采购法在选择国有企业外部审计人员时的应用；（2）负责管理的人对外部审计能为国有企业提供的价值理解有限。使用最低报价作为主要选择标准的后果是很少考虑投标人的工作质量，包括详细审查审计团队的经验和能力。这导致了审计的低质量和低价值，从而弱化了国有企业的责任。

在外部审计方面，国有企业应与私营企业一样遵守国际公认的标准，即《国际审计准则》。所有接受调查的国家都承认国际公认的标准的重要性，并将《国际审计准则》作为其法定的审计准则。一些国家（白俄罗斯和塔吉克斯坦）允许在使用《国际审计准则》的同时使用本国的审计准则。乌兹别克斯坦是接受调查的国家中唯一采用根据《国际审计准则》早期版本制定的国内审计准则的国家。所有接受调查的国家都表示，国有企业的审计准则与上市实体的审计准则是一致的。

应当指出的是，接受调查的国家已经或计划对其审计立法进行重大修正和改革。例如，罗马尼亚和乌克兰在2017年修订了其审计立法，使其与欧盟审计指令[1]保持一致，并采用《国际审计准则》作为单一的审计准则。乌兹别克斯坦在2018年通过总统决议引入了《国际

〔1〕 2014年4月16日，欧洲议会和理事会发布2014/56/EU号指令。

审计准则》，在 2020 年生效。白俄罗斯在 2019 年采用了《国际审计准则》，立法规定对基于《国际财务报告准则》的财务报表进行审计时适用《国际审计准则》。因此，白俄罗斯现在同时适用《国际审计准则》与国家审计准则。

为了最大限度地发挥外部审计的作用，包括国企在内的任何企业都必须对审计结果进行分析并采取相应行动。当外部审计报告发现国有企业的财务报表、内部控制或风险管理系统存在缺陷时，其应该对这些缺陷进行补救。董事会的审计委员会或董事会需要了解这些缺陷和审计人员的建议，并与国有企业的管理层讨论补救措施。国资所有权机构也需要了解这些缺陷，并确保国有企业管理层采取适当行动来纠正这些缺陷。

《调查》发现，在国有企业内部，董事会及其所有权实体对审计结果进行适当跟踪的机制往往很薄弱，甚至缺失。在许多接受调查的国家，没有关于无保留意见和有保留意见的审计报告数量的基本信息，也没有对国有企业的审计报告进行系统审查。所有权实体和董事会通常不会收到关于内部控制薄弱环节的报告。因此，国有企业董事会不知道也不要求国有企业管理层对审计报告中的审计保留意见或审计人员在管理函中提出的问题进行跟进。

被调查的国家中，企业的审计意见情况（包括无保留意见或无保留意见的数量）并不总能被广泛获取。《调查》发现，只有克罗地亚、格鲁吉亚和罗马尼亚按无保留意见、有保留意见、免责声明或否定意见等类别对其国有企业的审计报告进行了跟踪。那些收集和分析审计报告的国家已经注意到大量有保留意见的报告和免责声明的存在。这一事实应该引起政策制定者和所有权实体对国有企业问责制的极大关注。本次调查发现，在分析和应对审计结果方面，存在着一种分散的做法：被调查国家的所有权实体很少对经审计的财务信息进行审查，也没有一个严格的监督和执行系统，无法及时发现和跟踪审计保留意见以及审计人员在管理函中提出的内部控制问题。解决这一财务监督和控制领域的问题将有助于国有企业问责机制的改进。

（二）内部审计

内部审计是公司内部控制系统的一个重要组成部分，内部审计能够提高公司治理的质量促使其经营成功。内部审计还能改善公司的控制和监督环境，并减少欺诈的风险。内部审计是一项独立、客观的保证和咨询活动，旨在为公司的运营增加价值和改善。它能够为公司评估和改善风险管理、提升控制和治理过程的有效性，带来一种系统化和规范化的方法，帮助其实现目标。

所有重要的国有企业都应该有内部审计人员，他们向董事会一级的审计委员会报告，如果没有审计委员会则直接向董事会报告。这种报告关系对于确保内部审计人员的客观性和董事会能够获取关键信息非常重要。内部审计人员可能与管理层有隐性的行政联系，但在股东支持下的董事会才是最终要对内部审计人员独立运作负责的机构。

内部审计人员应使用相关标准，即使用内部审计人员协会发布的标准来组织他们的工作。这些标准建议，内部审计人员应特别重视对国有企业控制系统的监督。他们还应该评估与国有企业治理、运营和系统相关的风险，例如，财务和运营信息的可靠性和完整性，运营的有效性和效率，资产的保护以及对法律、法规、程序和政策的遵守情况。

内部审计人员应评估国有企业风险管理的有效性，并评估有关风险和控制的信息如何在国有企业中传递。这些内容涉及的部门较广，内部审计人员应与审计委员会合作以确定并执行审计计划。该计划应考虑到当发生严重的利益冲突或控制失效时，内部审计人员如需应对，应当获得哪些支持。此外，内部审计人员通常应能依据审计委员会和董事会的要求进行专门的调查。

《调查》发现，被调查国家国有企业的内部控制系统往往比较薄弱，内部审计职能很少存在，而且往往没有立法要求。在接受调查的国家中，只有5个国家对国有企业建立内部审计制度有立法要求。一些国家没有立法要求，但在实践中最大的国有企业往往遵循良好的实践做法，建立内部审计制度。其他国家要求设立所谓的“监督员”或“修订委员会”，但此类委员会的隶属、运作和使用的标准并不明确；因此这种委员会对保障国有企业控制的价值很有限。许多国家指出，缺乏指导和执行不力将对国有企业内部控制机制的设计和功能实现产生不利影响。

在接受调查的国家中，内部审计职能的隶属关系往往模糊、不够精确。现代公司治理要求董事会直接或通过审计委员会承担审查管理层建立的内部控制制度的责任。这种监督对于确保控制的有效性以及对管理层的不正当行为进行制约都很重要。(1) 董事会。阿塞拜疆、格鲁吉亚（自愿）、波兰（自愿）、罗马尼亚、塞尔维亚（自愿）、乌克兰和乌兹别克斯坦确认内部审计隶属于国有企业的董事会或其审计委员会。这种隶属关系符合良好的公司治理做法。(2) 管理层。阿尔巴尼亚是唯一一个将内部审计职能划分给国有企业管理层的被调查国家，这种做法损害了内部审计的独立性，因为它限制了评估管理层的判断以及评判现有内部控制制度的能力。(3) 其他情况。吉尔吉斯斯坦要求成立修订委员会，委员会对首席执行官而不是国有企业董事会负责。在克罗地亚，如果公司没有董事会，内部审计人员应从属于国有企业管理层。如果有董事会，内部审计人员应直接向董事会报告。

由于内部审计有助于改善国有企业的治理、风险管理和管理控制，因此内部审计职能应当被适当授权，并不断被加强。一个强大的内部审计系统与企业组织联系紧密，同时能够充分了解组织内部情况。如果结构合理并配备了熟练的专业人员，它可以在分析和评估数据和业务流程的基础上提出意见和建议。它可以将相关信息和最新进展传达给不同的利益相关者，并向管理层表明行动的必要性、适当性和迫切性以帮助其作出明智的决策和实现变革。因此，国有企业所有权实体将受益于改善国有企业的内部审计框架，确保适当的资金供应，并不断进行能力建设。

（三）国家审计

国家审计人员的使命和任务通常与外部审计人员的使命和工作内容有很大的不同，而且在不同的国家也有差异。外部审计人员的工作重点是正确应用财务报告标准，并核查报告系统是否能合理保证财务报表不存在重大误报。国家审计人员则致力于核实国有企业支出的合法性，并确保国有企业遵守预算——这些职能与内部审计人员或内部控制人员的职能有些类似。

除对国有企业进行独立的外部审计，或者在某些情况下替代外部审计之外，政府还可以引入具体的国家控制或检查程序。最高审计机关通常拥有广泛的权力，它们可以获取文件、进入某些场所，并访问国有企业的工作人员，来监督财务管理并评估问责机制的质量。荷兰的审计法院〔1〕和德国的联邦审计法院〔2〕就是这种情况。在一些国家，最高审计机关对某些公共部门的年度账户进行财务审计，例如，英国的主计长和审计长以及挪威的审计长办公室都是被审计的对象。

所有接受调查的国家都赋予其最高审计机构审计或检查国有企业的权力。在一些国家，这些审计需要每年进行，在其他国家国有企业只有在接受或花费公共资金时才需要接受审计（格鲁吉亚、乌克兰）。在大多数被调查的国家中，最高审计机关主要对国有企业进行特定的专题或绩效审计。在阿尔巴尼亚、波兰、罗马尼亚和塞尔维亚等国家，最高审计机关独立确定工作计划和应审计的国有企业，并独立决定此类审计的范围和时间。在克罗地亚，最高审计机关可以进行财务审计或绩效审计，并在选择国有企业进行审计时采用风险评估方法。根据良好的实践做法，在大多数接受调查的国家中，最高审计机关有权审计国有企业，但这并不能替代国有企业的独立财务审计。唯一的例外是阿尔巴尼亚，该国允许其国有企业用最高审计机关的财务审计结果来替代独立审计结果。

（四）议会监督

作为公民的代表，议会有责任对国有企业高管进行监督以保护公众利益。通过这种监督，议会可以追究政府的责任，确保政策有效运行并符合公众需求。要做到这一点，议会需要直接或通过专门的议会委员会对国有企业的运作进行审查。

议会可以通过审查国有企业的财务表现来履行其监督职能。议会的监督形式应该包括分析国有企业的报告，进行实地检查以核实报告中项目的真实性以及其对公众的有益性。议会的监督重点应放在最高审计机关审计报告中提出的财务事项上，审计报告应包括在其提交给议会的年度报告中。议会及其专门的议会委员会必须与最高审计机关合作，加强对国有企业的有效监督和问责，确保公众得到与其纳税额相匹配的优质服务。

八、调查结论与反思

总之，欧洲和中亚地区的很多国家正在努力通过改善立法框架以及加强对国有企业的所

〔1〕 参见荷兰《2001 年政府会计法案》。
〔2〕 参见德国《1969 年联邦预算法》和《1969 年预算原则法》。

有权和监管职能来减少国有企业在其经济中的不良影响。然而，上述国家在平衡国有企业的所有者及监管者的双重角色以及改善问责机制和确保国有企业透明度方面依旧困难重重。

《调查》确认并认可了接受本次调查的国家在加强国有企业公司治理框架方面均取得了重大进展。今后，各国政府若想进一步改善现有国有企业公司治理框架，可对下述方面予以更多关注：建立国有企业的集中报告、监管和监督机制；将仍处于非法人状态的国有企业公司化，使其符合与其他法定形式的国有企业类似的公司要求；向所有国有企业灌输公司治理的要求；立法赋予国有企业董事会适当的权力；支持国有企业董事会专业化和独立化的进程；国有企业董事会负责企业管理层的人事任免，加强对国企管理层的问责机制；通过拥有丰富审计经验的审计委员会加强对国有企业财务绩效和纪律的监督；通过设定严格的财务报告制度、完善披露要求来加强国有企业的问责机制。

随着时间的推移，完善国有企业公司治理将带来一系列好处：提高国有企业的效率；通过降低国有企业财政负担和财政风险，提高资源配置效率；加大对基础设施等有助于提高竞争力和经济增长的关键领域的公共和私人投资；降低金融系统的安全风险；增强应对危机的能力。

在本次调查进行过程中，世界进入了新冠疫情大流行时期，新冠疫情对经济的影响才刚刚开始显现。毋庸置疑，疫情使整个公共部门承受着巨大压力；公共机构时常处于管理危机、提供医疗保健服务和确保公共安全的第一线。此外，由于紧急支出增加、税收收入减少以及财政刺激和社会项目的实施，公共财政尤其紧张。政府需要在异乎寻常的高公众期待和监督下，以更少的成本投入提供更多的服务。不断演变的危机表明，国有企业抵御疫情所带来的危机的能力可能会影响到国有企业所有权结构的调整：一些国有企业可能面临关闭或重组；至于某些对国家经济至关重要的私营企业，政府可能也需要将其国有化以增加国家在市场经济份额中的占比。

在政府决定以大幅度豁免债务或提供大量补贴的方式为公众提供基本服务的基础上，许多国有企业也被要求如此照做以应对疫情危机。例如，公共服务领域的国有企业被要求为客户持续提供服务，哪怕客户在紧急情况下累积了债务或未能支付基本服务费，给国有企业带来了巨大的财务困境。从事医疗用品和药品生产的国有企业也被要求大幅提高产量。许多国家选择向重要部门的关键国有企业提供大量财政支持，以确保其不间断地提供服务。这种财政支持需要附加条件限制，并进行审慎的监督以衡量其影响；此外，这种监督只有通过改善公司治理实践、提高财务和服务供应绩效以及加强财政风险管理等方式，让国有企业对资金的使用去向负责，才有可能产生预设的监督效果。

新冠疫情所带来的经济危机表明，国有企业进一步完善公司治理政策、加强问责迫在眉睫。政府向国有企业提供的支持应确保其成为更强大的公共实体——既能提供公众所需的基本服务，又能够通过加强财政和风险纪律以及改善公司治理的方式，为危机后的经济复苏作出贡献。

域外法制

2020 年公司破产与治理法案 *

朱怡丽　张旭浩　译

2020 年 6 月 25 日，为对处于财务困境的公司和其他实体作出规定，并对与公司和其他实体的治理和监管有关的法律作出临时修改，英国议会制定《2020 年公司破产与治理法案》。

第一章　延期偿还

该法案在《1986 年破产法》（Insolvency Act 1986）的第 1 部分之前插入了第 A1 部分。该部分系永久性规定，其目的在于使适格公司在特定情况下能够获得延期偿还，从而使其在面对债权人时获得相应的保护措施。

一、适格公司

一家公司只有在符合特定的条件时，才可以获得延期偿还并获得与其有关的各项保护。关于公司是否为该部分所指的适格公司，该法案的附件 ZA1 载有判断规则。〔1〕

---

* 《2020 年公司破产与治理法案》于 2020 年 6 月 25 日获得伊丽莎白二世女王的御准，正式成为生效法律文件。受篇幅限制，本篇主要介绍法案中以大不列颠为主体的相关规则，对与其高度相似的北爱尔兰的相关规则予以省略。

〔1〕 该法案附件 ZA1 载有对适格公司的详细判断标准。依据其第 1 条，不属于适格公司的情形有：正在或刚经过破产程序、保险公司、银行、电子货币机构、投资银行和投资公司、市场合同等的签订者、特定系统的参与者、支付机构、支付系统运营商等、经认可的投资交易所、清算所和中央证券存管机构、证券化公司、资本市场安排的当事方、参与公私合营项目的公司、特定海外公司。

二、延期偿还的取得

（一）延期偿还的取得方式

公司董事可通过向法院申请并提交相关文件的方式，使公司获得延期偿还。上述文件应当包括以下内容：董事希望获得延期偿还的通知、被推举的监督员的通知、被推举的监督员关于公司为适格公司的通知、董事认为公司无法或可能无法清偿债务的通知，以及被推举的监督员认为公司延期偿还可能使公司恢复持续经营能力的通知。前述监督员作为法院的代表行事，需要对公司在延期偿还期间的各种行为予以监督，以最大程度推动公司作为一个营运主体继续存续。若被提起的延期偿还被提议应具备一个以上的被推举的监督员，则每位监督员均应当作出前文所述与其相关的通知，并具体列明监督员的哪些职能（若存在）将由成员共同行使，而哪些职能（若存在）又将由其中的某个成员或全体成员行使。

依据公司类型、法律状态的不同，延期偿还的取得方式也略有差异。其一，对于不存在未决的清算申请且非境外注册的适格公司，其可通过由董事向法院提交相关文件的方式，获得延期偿还。其二，对于存在未决清算申请的适格公司，即对公司的清算申请已提交且申请尚未被撤回并尚未被作出裁定的，其在向法院提交相关文件后，仍需等待法院下达适用中止的命令。概因对于此类公司的申请，法院只有在确信公司的延期偿还对公司债权人整体而言能够取得比公司被清算（在没有首先被允许延期偿还的情况下）更好的结果时，才可作出公司应获得延期偿还的命令。除此之外，法院还可作出其认为合理的其他任何命令。其三，对于不存在未决的清算申请但于境外注册的适格公司，在收到公司董事提交的相关文件后，法院同样可以选择作出公司应获得延期偿还的命令，或作出其认为合理的其他任何命令。

（二）延期偿还的生效

一般而言，公司董事向法院提交相关材料后，延期偿还即生效。但是对于清算申请仍处于未决状态的公司和海外公司而言，只有在法院下达了应当适用延期偿还的命令之后，延期偿还才生效。延期偿还生效后，作出前文所述的“被推举的监督员的通知”的人即为公司延期偿还的监督员。

延期偿还生效后，公司董事以及监督员分别负有通知特定人员的义务。无正当理由违反通知义务的董事和监督员将构成犯罪。一方面，在延期偿还生效后的合理期间内，公司董事应当在合理可行的范围内尽快将这一事实通知监督员；另一方面，监督员在收到董事所作通知后的合理期间内，需要在合理可行的范围内将公司的延期偿还已经生效的消息通知公司登记官、监督员知晓的对公司享有权利的每个公司债权人。若公司是或曾经是除货币购买计划外的职业养老金计划的雇主，则监督员还应通知养老金监管机构。若公司是《2004年养老金法》第126条所指的适格养老金计划的雇主，则监督员还应通知养老金保护基金委员会。

三、延期偿还的期间

（一）延期偿还的结束

通常情况下，延期偿还将在初始期间届满时结束。初始期间为20个工作日，从延期偿还正式生效之日后的第一个工作日起算。例外的，延期偿还可以被延长或被提前终止。当公司可以适用多项关于延长和终止延缓偿还期的规则，且这些规则被适用后将产生不同长度的延缓偿还期时，应当以最后适用的规则为准（无论这是否会导致延缓偿还期的缩短或延长）。

（二）延期偿还的延长

延缓偿还的延长，主要包括董事未经债权人同意而延长、董事经债权人同意而延长、法院依据董事的申请而延长、在公司自愿安排〔1〕之提案未决时延长，以及法院在其他诉讼过程中延长五种情形。同时，延缓偿还期一经届满，就不得延长。

1. 董事未经债权人同意而延长

在初始期间之内，且在该期间开始15个工作日之后，董事可以在未经债权人同意的情况下，通过向法院提交下列文件的方式来延长延缓偿还期：董事希望延长延缓偿还期的通知、董事作出的所有已到期的延期偿还的债务以及公司在延缓偿还期没有供款假期〔2〕的延期偿还前的债务已被支付或以其他方式清偿的通知、董事认为公司无法或可能无法清偿延期偿还前的债务的通知，以及监督员认为公司延期偿还可能使公司恢复持续经营能力的通知。

在董事向法院提交上述文件时，延缓偿还期即可被延长。

2. 董事经债权人同意而延长

若债权人同意，董事可在初始期间开始15个工作日之后向法院提交下列文件来延长延缓偿还期：董事希望延长延缓偿还期的通知、董事作出的所有已到期的延期偿还的债务以及公司在延缓偿还期没有供款假期的延期偿还前的债务已被支付或以其他方式清偿的通知、董事认为公司无法或可能无法清偿延期偿还前的债务的通知、监督员认为公司延期偿还可能使公司恢复持续经营能力的通知，以及董事对已获得债权人同意以及获得同意的修改后的结束日期的通知。

---

〔1〕 公司自愿安排（company voluntary arrangement，CVA）是英国的一项破产重整程序，即公司为了避免最终进入清算程序，可以通过自愿安排与债权人达成协议，该协议的通过采取多数决的方式，生效后对所有有权投票的债权人具有约束力。

〔2〕 本部分所称的公司在延缓偿还期内享有供款假期的延期偿还前的债务，是指在延缓偿还期前已经到期或在延缓偿还期内到期的延缓偿还期前的债务，不包含下列事项：（1）监督员的薪金或费用；（2）延缓偿还期内供应的商品或服务；（3）延缓偿还期内某段时间的租金；（4）依据雇佣合同产生的工资或薪金；（5）遣散费；（6）依据包含金融服务的合同或其他文件产生的债务或其他负债。被提议延长的延缓偿还期视为上述款项中所指的延缓偿还期。

在董事向法院提交上述文件时，延缓偿还期即可被延长。值得注意的是，延缓偿还期可依据本规则被延长多次。

经延长的延缓偿还期于获得债权人同意的修改后结束日期到来时结束，也即在延期偿还前，公司在延缓偿还期内享有供款账期以及尚未被支付或以其他方式清偿的债务的债权人，经合格的决定程序，对修改后的延期偿还结束日期予以了同意。

3. 法院依据董事的申请而延长

在初始期间开始 15 个工作日之后，董事可向法院提交申请书和相关文件，申请延长延缓偿还期。

依据该规定延长延缓偿还期与“董事未经债权人同意而延长”之间存在的不同主要在于，董事提交相应材料后，法院并不当然批准董事要求延长的申请。法院在决定是否发布延长的命令时，应对延期偿还前的债权人的利益以及延长延缓偿还期使公司恢复持续经营能力的可能性予以考虑。延缓偿还期可依据本规则被延长多次。

4. 在公司自愿安排的提案未决时延长

当公司董事提出有关公司自愿安排的提案，且延期偿还将在提案被处理前结束时，该延缓偿还期并不会在原定的时间结束，而会在有关公司自愿安排的提案被处理后结束。

以下情形均意味着有关公司自愿安排的提案已经被处理：（1）公司及其债权人均决定不批准提案中的公司自愿安排；（2）公司及其债权人作出不同的决定，且提出申请的期限届满，未在该期限内提出申请，或在该期限内提出的申请已被撤回，或提出的申请已被处理，或在规定的提出申请的期限届满后被撤回；（3）该提案中的公司自愿安排生效；（4）提案被撤回。

5. 法院在其他诉讼过程中延长

法院可作出将延缓偿还期延长至其所确定的日期的命令，此种延长的规则适用于依据《2006 年公司法》第 896 条或第 901C 条第 1 款〔1〕作出关于公司的申请，并且在进行与该申请相关的诉讼程序时，公司的延期偿还生效的情形。

（三）延期偿还的提前终止

特殊情况下，延期偿还还可能被提前终止。对延缓偿还期的提前终止，主要包括公司进入破产程序等情况下的终止、由监督员终止以及由法院终止。

1. 公司进入破产程序等情况下的终止

延缓偿还期将在公司达成妥协、安排或进入相关的破产程序时终止。

其中公司达成妥协、安排具体是指，法院依据《2006 年公司法》第 899 条或第 901F 条

〔1〕 依据《2006 年公司法》第 896 条或第 901C 条第 1 款公司安排与重组的有关规定，法院可以作出召开债权人会议的命令。

作出的批准妥协或安排的命令生效。公司进入相关破产程序，主要包含以下四种情况：公司自愿安排依据第 5 条生效、公司依该法案附件 B1 的规定进入管理程序、临时延期偿还开始对该公司适用、公司进入清算程序。

2. 由监督员终止

当监督员认为，延期偿还不再可能使公司恢复持续经营能力、使公司恢复持续经营能力的目的已经达成、董事未履行提供信息的义务，监督员无法合理履行其职责，或公司无力支付到期应支付的延期偿还的债务，或公司在延缓偿还期间不享有供款假期的延期偿还前的债务中任一情形成就时，监督员必须向法院提交通知，以结束公司的延缓偿还期。

在监督员向法院提交上述通知后，延期偿还即告结束。

3. 由法院终止

当他人对监督员或公司董事的特定行为提出异议后，法院可以作出终止延期偿还的决定，详见本文第一章“六、对监督员和公司董事的异议”。

（四）通知延缓偿还期结束时间变更的义务

公司董事和监督员均有义务作出延缓偿还期结束时间变更的通知。董事或监督员无正当理由，违反该通知义务的，构成犯罪。

在延缓偿还期根据本法的上述规定而被延长或提前终止时，公司董事有义务将延缓偿还期延长或提前终止的消息通知监督员，并向监督员提供法院变更延缓偿还期的命令（如有）。对应的延缓偿还期未结束的，董事应当通知监督员延长后的结束日期。对应的延缓偿还期已结束的，董事应当通知监督员其结束的具体日期。

在收到前述通知后，监督员应当通知相关人员延缓偿还期延长或提前终止的事实，以及结束的时间（如有）或作出变更后的延缓偿还期将要结束的时间（如有）。若延缓偿还期系由监督员的终止而结束，则监督员应当通知公司以及公司登记官、监督员知晓的对公司享有权利的每个公司债权人延缓偿还期结束的时间。若公司是或曾经是除货币购买计划外的职业养老金计划的雇主，则监督员还应通知养老金监管机构。若公司是《2004 年养老金法》第 126 条所指的适格养老金计划的雇主，则监督员还应通知养老金保护基金委员会。

四、延期偿还的效力

在延缓偿还期内，公司应当在公司开展业务的地方以及公司客户或公司的商品或服务供应商可以知悉的地方，将公司获得延期偿还的信息予以公告，公告应当在上述处所的能够使客户或供应商轻易知悉的显著位置进行。

在延缓偿还期内，公司全部网站均应当公告包含公司存在生效的延期偿还以及监督员姓名的信息，公司发出的或代表公司的每份商业文件也均应注明这些信息。

公司违反该规定的，并不使任何交易无效或无法执行，也不会影响任何其他事项的有效性。

（一）对债权人的影响

1. 对破产程序等的限制

在延缓偿还期内，对于破产程序存在一系列限制，具体而言：（1）不得由董事之外的人提出公司清算的申请；（2）不得依据《1986 年破产法》第 84 条第 1 款 a 项的规定通过公司自愿清算的决议；（3）依据第 84 条第 1 款 b 项作出的公司自愿清算的决议，仅在董事提出的情况下得以通过；（4）除董事提出申请外，不得作出公司清算的命令；（5）除董事提出申请外，不得提出公司进入管理程序的申请；（6）不得向法院提交依据附件 B1 第 14 条或第 22 条第 1 款的规定委任公司管理人的意向通知；（7）不得依据附件 B1 第 14 条或第 22 条第 1 款委任公司管理人；（8）不得任命公司管理人。

2. 对执行和法律程序的限制

延缓偿还期内，除法院许可外，房东或其他有权收缴租金的人不得通过平和的再进入的方式对出租给公司的场所行使没收权。除个别特殊情况外，不得采取任何措施强制执行设立于公司财产上的担保。除法院许可，不得采取任何措施来收回公司依据分期付款协议所占有的货物。除个别特殊情况外，不得对公司及其财产启动、实施或继续进行任何法律程序（包括诉讼、执行、扣押或查封）。

不仅如此，法院还不得依据前文所述的限制规定，对关于强制执行公司在延缓偿还期享有供款假期的延缓偿还期前的债务的申请作出许可。同时，其也不得依据前文所述的限制规定，对为确定浮动抵押财产或设定浮动抵押的文书中对处置公司财产所做的限制而提起的申请作出许可。

3. 浮动抵押

该部分规定适用于存在生效的延期偿还且财产上存在未确定的浮动抵押的公司。在延缓偿还期内，浮动抵押权人不得作出导致浮动抵押财产确定或导致设定抵押的文书中对处置公司财产所做的限制被实施的通知。同时，延缓偿还期内发生的事件均不产生导致浮动抵押财产确定或导致设定抵押的文书中对处置公司财产所做的限制被实施的效力。

在浮动抵押权人（受押人）由于受到本部分规定的限制而无法在延缓偿还期内发出前文所述的通知，且依据浮动抵押条款，发出上述通知的时间在延缓偿还期内或在受押人收到延缓偿还期结束的通知之前结束的情况下，受押人可晚于浮动抵押条款约定的时间发出通知，但仅限于受押人在延期偿还结束后或在受押人被通知延缓偿还期结束之日后，于可行之时尽快发出该通知。

需注意的是，本部分关于浮动抵押的规定不适用于附属抵押担保、市场抵押、金融担保安排和系统抵押这四种情形。

4. 对延缓偿还期内提供的担保的强制执行

仅在监督员同意提供担保的情况下，债权人才能强制执行公司在延缓偿还期内提供的与公司有关的担保。

（二）董事对破产程序等的通知义务

公司董事在延缓偿还期内提出清算申请、提出进入管理程序的申请或依据附件B1指定管理人的，应当在采取行动前通知监督员。董事若在公司延缓偿还期内建议公司依据《1986年破产法》第84条第1款b项通过自愿清算的决议，也应当通知监督员。

董事无正当理由，违反本部分规定的，构成犯罪。

（三）对交易的限制

1. 对取得贷款的限制

公司不得在延缓偿还期内从他人处取得500英镑及以上的贷款，除非其已被告知公司存在生效的延期偿还。上述公司取得贷款包括：（1）公司签订的货物向该公司出售的附条件的销售协议；（2）公司签订的货物被寄托给公司的任何其他形式的分期付款协议；（3）公司因提供货物或服务而被提前付款（无论以货币或其他形式）。

公司违反本规定取得贷款的，并不使任何交易无效或无法执行，也不会影响任何其他事项的有效性。但违反本部分规定的公司构成犯罪。公司高级管理人员无正当理由授权或批准该贷款的，也将构成犯罪。

2. 对提供担保等的限制

在延缓偿还期内，只有在监督员同意的情况下，公司才能以其财产提供担保。而监督员只有在认为同意公司以其财产提供担保将有助于公司恢复持续经营能力的情况下，才能作出这种同意。监督员在决定是否作出同意时，有权信赖公司所提供的信息（除非监督员有理由怀疑其准确性）。

公司在延缓偿还期内以上述规定以外的方式用其财产提供担保的，构成犯罪。公司高级管理人员无正当理由授权或批准该担保的，也将构成犯罪。

同时，监督员不得对金融担保、市场担保、系统担保以及附属担保等担保行为予以同意。

3. 对订立市场合同等的禁止

在延缓偿还期内，公司不得签订市场合同、达成金融担保安排、发出转储单、提供市场担保和系统担保或提供附属担保。公司在延缓偿还期内进行本部分所规定的交易，构成犯罪。公司高级管理人员无正当理由授权或批准该交易的，也将构成犯罪。

公司在延缓偿还期内通过前文所指的交易或根据前文所指的交易而作出的任何行为均不视为对该规定的违反。

（四）对支付行为和处置财产的限制

1. 对特定延缓偿还期前的债务的支付行为的限制

除经监督员同意、支付行为系依据法院命令所做，或支付行为系依据该法案的规定被用于清偿所担保的款项或用于清偿分期购买协议项下应支付的款项，在延缓偿还期内，公司不可对一个人进行一笔或数笔（合计）超过指定最高金额的相关付款。本部分所称“相关支付”是指对公司在延缓偿还期内享有供款假期的延期偿还前的债务的支付。

其中，监督员只有在认为付款将有助于公司恢复持续经营能力的情况下，才可同意公司进行付款。在决定是否予以同意时，监督员有权信赖公司所提供的信息，除非监督员有理由怀疑其准确性。

公司在延缓偿还期内作出上述支付行为却未获得批准的，构成犯罪。公司高级管理人员无正当理由授权或批准该支付行为的，也将构成犯罪。

2. 对处置一般财产的限制

在延缓偿还期内，除特殊情况外，公司不得处置其财产。公司可以处置其财产的特殊情况包括：对于不受担保权益限制的财产，当该处置系按照公司业务的一般方式进行、经监督员同意，或依据法院的指令进行，则公司可处置该财产。

其中，监督员只有在认为处置财产将有助于公司恢复持续经营能力的情况下，才可同意公司进行财产处置。在决定是否予以同意时，监督员有权信赖公司所提供的信息，除非监督员有理由怀疑其准确性。

对于受担保权益限制的财产，公司仅可按照法院许可的方式处置该财产，或依据担保条款处置该财产。

公司违反前述规定处置财产的，构成犯罪。公司高级管理人员无正当理由授权或批准该处置行为的，也将构成犯罪。

3. 对处置分期付款财产的限制

在延缓偿还期内，对于受担保权益限制的财产，公司仅可按照法院许可的方式处置该财产，或依据分期付款协议的条款处置该财产。

公司违反前述规定处置公司依据分期付款协议所占有的货物的，构成犯罪。公司高级管理人员无正当理由授权或批准该处置行为的，也将构成犯罪。

（五）免除抵押的财产处置等

1. 免除抵押的财产处置

在延缓偿还期内，经法院许可，公司可以如处置不受担保权益限制的财产一样，处置受担保权益限制的财产。值得注意的是，该规定不适用于存在金融担保安排、市场抵押、系统抵押或附属担保于其上的财产。法院只有在认为许可公司处置其受担保权益限制的财产将有助于公司恢复持续经营能力的情况下，才可给予上述许可。在法院给予上述许可（不包括浮动抵押）后，公司必须将处置该财产的净收益以及需要计入净收益的任何款项用于清偿所担保的款项。若上述许可涉及两个或更多的担保权益，则该清偿应按照担保权益的优先顺序进行。如所处置的财产上有浮动抵押，浮动抵押权人对所获得的财产（指直接或间接代表被处置财产的公司财产）拥有与他们对所处置财产相同的优先权利。

若法院作出给予许可的命令，则董事必须自法院作出该命令之日起 14 日内，将命令的副本送达公司登记官。董事无正当理由，违反该送达义务的，构成犯罪。

公司违反上述规定的，构成犯罪。公司高级管理人员无正当理由授权或批准该行为的，也将构成犯罪。

2. 对分期付款财产的处置

在延缓偿还期内，经法院许可，公司可以处置其依据分期付款协议占有的货物，如同该协议项下所有者的权利由该公司享有。法院只有在认为许可公司处置其分期购买的货物将有助于公司恢复持续经营能力的情况下，才可给予许可。在法院给予上述许可后，公司必须将处置该财产的净收益以及需要计入净收益的任何款项用于清偿分期购买协议项下应支付的款项。

公司违反该规定处置分期付款财产的，并不使任何交易无效或无法执行，也不会影响任何其他事项的有效性。但公司违反上述规定的，构成犯罪。公司高级管理人员无正当理由授权或批准该行为的，也将构成犯罪。

若法院作出给予许可的命令，则董事应当在自作出该命令之日起 14 天内，将命令的副本送交公司登记官。董事无正当理由，违反该送达义务的，构成犯罪。

五、监督员

（一）监督员的行为

公司延期偿还的监督员是法院的官员。在延缓偿还期内，监督员应当以形成延期偿还是否有助于公司恢复持续经营能力的判断为目的对公司事务进行监督。在形成上述判断时，监督员有权信赖公司所提供的信息，除非监督员有理由怀疑其准确性。

监督员可以向法院申请履行监督职能的指示。同时，为履行其监督员的职责，监督员可要求公司董事提供其所需要的任何信息。董事必须遵从监督员的要求，在可行的情况下尽快提供信息。

法案规定，对监督员的行为做有效性推定。即使监督员的任命或资格存在瑕疵，其行为仍然有效。

（二）监督员的更换或增加

法院可授权委托一名有资格的人担任有关延期偿还的监督员以替代现有的监督员，或在现有监督员的基础上任命额外的监督员。相应的，法院也可以解任现有的监督员。需注意的是，法院作出上述选任或解任的命令，需满足严格的法定要件。其一，法院仅可依据董事或监督员的申请。其二，法院任命他人作为监督员的命令必须在该人向法院提供相应资格证明，并表示同意担任被提出的延期偿还的监督员的前提下作出。若法院作出选任或解任的命令，该人员在该命令所指明的时间或依据该命令所决定的时间（相关时间）即开始担任或停止担任有关延期偿还的监督员。

相关时间之后，监督员必须在合理可行的情况下尽快将该命令的效力通知公司登记官、监督员知晓的对公司享有权利的每个公司债权人。若公司是或曾经是除货币购买计划外的职业养老金计划的雇主，则监督员还应通知养老金监管机构。若公司是《2004 年养老金法》第 126 条所指的适格养老金计划的雇主，则监督员还应通知养老金保护基金委员会。监督员无正当理由，违反其通知义务的，构成犯罪。

（三）两名或两名以上的人担任监督员时的规则

当两名或两名以上的人共同担任监督员时，该法案中对监督员的描述是对共同行动的人的描述。若一名监督员因怠于履行该法案规定的义务而构成犯罪，则每个被指定共同行动的人均触犯该罪行，并可以被单独起诉和处罚。值得注意的是，若他们仅就监督员的部分职责共同行动，则上述规定仅适用于该职责。若两名或两名以上的人共同担任监督员，则在该法案中对监督员的描述是指任何获得授权委托的人员（或他们的任何组合）。

六、对监督员和公司董事的异议

（一）对监督员行为的异议

在延缓偿还期内或延期偿还结束后，公司的债权人、董事、员工或受延期偿还影响的任何其他人员认为监督员在延缓偿还期内的作为、不作为或决定不公平地损害了其自身权益的，均可向法院提出申请。依据上述申请，法院有权确认、撤销或修改监督员的任何行为或决定，向监督员发出指示，或作出其认为合适的其他命令（命令监督员支付任何赔偿除外），但法院在作出上述命令时，应当考虑对与公司进行有偿交易的善意第三人的利益的保护。

若申请人提出的申请与监督员未能依前文规定及时向法院提交通知以终止延期偿还措施有关，则法院可以作出特别命令，终止延期偿还措施并制定其认为合适的相应规定。若申请人提出的申请与监督员向法院提交通知以终止延期偿还措施有关，则法院可以为实现特定目的而作出特别命令，决定不终止延期偿还措施（如果延期偿还在前 12 个月内生效，则公司无资格延期偿还）。

需注意的是，公司管理人或清算人可以在有关规则赋予其权利的情况下，以监督员在公司已发生的延期偿还中取得的报酬过高为由向法院提出异议。

（二）对董事行为的异议

在延缓偿还期内或延期偿还结束后，公司的债权人或成员可以基于下列两个原因提出请求法院作出其认为合适的命令的申请：其一，在延缓偿还期内，公司的事务、业务和财产正在或已经被董事以不公平地损害公司债权人或成员整体的利益，或部分债权人或成员（至少包含申请人在内）的利益的方式进行管理。其二，董事在延缓偿还期内的任何实际或拟进行的可能造成上述损害的作为或不作为行为。在发布命令时，法院应当考虑对与公司进行有偿交易的善意第三人的利益的保护。

法院可以依据本规定就特定事项作出专门命令，包括：规定董事在剩余的延缓偿还期内对公司事务、业务和财产的管理行为；要求董事不进行或不继续进行申请人所投诉的行为，或要求董事进行申请人所投诉的其应做而未做的行为；要求公司债权人就法院可能指示的事项作出决定（经合格的决议程序）；终止延期偿还并作出法院认为合适的相应规定。

（三）养老金保护基金董事会提出的异议

当延期偿还措施对作为适格养老金计划的雇主的公司有效，或对在延缓偿还期内任何时候曾作为适格养老金计划的雇主的公司有效，并且该计划的受托人或管理人是该公司的债权人时，养老金保护基金董事会可如前文所述的受托人或管理人作为债权人可以提出的任何申请。前文所称的申请人的自身利益，应理解为作为债权人的受托人或管理人的利益。

七、罪行

（一）延缓偿还期内或预计延期偿还时的欺诈等罪行

在公司的延缓偿还期内，或在公司延期偿还生效之日前的12个月内，公司的高级管理人员（包括影子董事）从事下列行为的，可能构成犯罪：（1）隐瞒公司价值500英镑及以上的财产，或向公司隐瞒应收取的债务；（2）欺诈性地转移公司价值500英镑及以上的财产；（3）隐瞒、销毁、篡改或伪造能够对公司财产或事务产生影响，或与公司财产或事务有关的文件；（4）在能够对公司财产或事务产生影响，或与公司财产或事务有关的文件中作虚假记录；（5）欺诈性地损毁、更改上述文件或在上述文件中遗漏相关信息；（6）质押、抵押或处置公司通过信贷获得且没有支付对价的财产（除非该质押、抵押或处置是公司经营的通常行为）；（7）知晓他人进行上述第（3）（4）（5）项行为的。

公司高级管理人员可以进行相应的辩护。被控进行第（1）项或第（6）项行为的人，可证明其没有欺诈的故意。被控进行第（3）项或第（4）项行为的人，可证明其没有隐瞒公司事务状况或违反法律的故意。

在高级管理人员进行质押、抵押或处置公司财产的行为时，接受该质押、抵押或处置的人知道该质押、抵押或处置构成前文所述的犯罪，或公司在质押、抵押或处置发生之日起的12个月内获得延期偿还的，该人将同样构成前文所规定的犯罪。

（二）为获得延期偿还而作出虚假陈述等罪行

若公司高级管理人员（包括影子董事）为了使公司获得延期偿还或延长延缓偿还期，作出虚假陈述，或欺诈性地作为或不作为，则该高级管理人员构成犯罪。需要注意的是，即使公司未获得延期偿还或未能延长延缓偿还期，也不影响该规定的适用。

（三）对失职的高级管理人员的起诉

该规定适用于公司获得延期偿还的情形。若监督员发现曾任或现任公司高级管理人员构成与延期偿还相关的犯罪的，应当立即向有关当局报告，并向有关当局提供其所要求的信息，并允许有关当局（依公司注册地和主营业地的不同，分为国务大臣和检察总长）查阅和复制其所要求的文件（为监督员所拥有或控制的与相关事实有关的信息或文件）。

八、其他项和一般规定

（一）浮动抵押文书中的无效条款

在设立浮动抵押的文书中，对获得延期偿还或为获得延期偿还而采取的任何行动的规定无效，且上述规定被作为导致确定浮动抵押财产的事件、导致对公司处置财产施加本来不适用的限制的事件，或任命公司管理人的理由。需注意的是，该规定不适用于附属担保、市场担保、金融担保安排以及系统担保。

（二）"延期偿还前的债务"和"延期偿还的债务"的含义

本规定所称的"延期偿还前的债务"，是指公司在延期偿还生效前所负有的任何债务或其他责任，或公司在延缓偿还期内已经或可能负有的由延期偿还生效前产生的义务所引起的任何债务或其他责任，但需符合本部分对因侵权和犯罪而产生的债务的规定。

本规定所称的"延期偿还的债务"，就存在或曾经存在生效的延期偿还的公司而言，是指公司在延缓偿还期内所负有的任何债务或其他责任，除由延期偿还生效前产生的义务所引起的之外，或公司在延期偿还结束后已经或可能负有的由延缓偿还期内产生的义务所引起的任何债务或其他责任，但需符合本部分对因侵权和犯罪而产生的债务的规定。

因侵权或犯罪而产生的，诉因在延期偿还生效前已经产生，或除可起诉的损害外所有产生诉因的必要因素在延期还款生效前已存在的责任，构成"延期偿还前的债务"。不属于前述情形但因侵权或犯罪而产生的，诉因在延缓偿还期内已产生，或除可起诉的损害外所有产生诉因的必要因素在延期结束前已存在的责任，构成"延期偿还的债务"。

第二章　引入新的重组模式

该法案的附表九通过在《2006 年公司法》第 26 部分后增加新条款的方式，为陷入财务困境的公司引入了新的重组模式——重组计划。该部分系永久性规定，计划的目的在于消除、减少或阻止财务困难带来的影响。

一、适格公司

适用重组计划的公司，必须同时满足下列条件：

一方面，公司需满足两个正面条件。其一，公司遇到或可能遇到的财务困难正在影响或将来可能影响其作为持续经营实体的能力；其二，公司与其债权人或成员之间提议了一项重组计划，其目的是消除、减少、防止或减轻财务困难的影响。法案中的安排包括通过合并不同类别的股份或将股份分割为不同类别的股份来重组公司的股本。

另一方面，在下列情况下，国务大臣可以通过制定条例排除提供金融服务等的公司适用重组计划。其一，提议重组计划的公司是一家获得授权的公司，或者是某一特定类型的获得授权的公司；其二，公司或某一特定类型的公司与该公司的任意债权人之间提议了一项重组计划，或这些债权人包括某一特定类型的债权人。

二、债权人会议

法院可以根据申请，下令召开债权人或债权人组别的会议，或者召开公司成员或成员组别（根据情况而定）的会议。

首先，上述会议依申请召开，可由公司、债权人、公司成员、清算人或管理员提出。受到重组计划影响的每个债权人或公司成员都必须被允许参加被命令召开的会议。然而，如果法院确定某一组别的成员对公司没有真实的经济利益，那么该组别的债权人或公司成员不适用于上述规定。此外，公司在会议上的代表也适用于债权人会议，等同于公司的债权人。

其次，在会议召开前，必须向债权人或成员发送符合要求的声明。如通过广告发布召集会议的通知，则通知中必须包含声明或免费获取声明副本的方式。该声明必须解释重组计划的效果，并特别说明公司董事的利益以及重组计划对利益的影响。如果重组计划影响公司债券持有人的权益，则声明还必须包含与受托人有关的内容。如果公司未能遵守该要求，将构成违法，并由公司和违法的高级职员，即清算人、管理人以及受托人承担责任。然而，如果能够证明违法行为是由于董事或债券受托人拒绝提供必要的详细资料造成的，则不会被视为犯罪。违反该条款的人可能面临罚款或刑事责任。

如前所述，董事和受托人需履行信息披露义务，具体而言：公司的任何董事和债券持有人的受托人有责任向公司提供与他们相关的事项的通知，这些事项对于发布或提供声明而言可能是必要的。如果未能履行这一义务，将构成违法，并可能面临不超过三级标准的罚款。

三、法院批准重组计划

（一）每个组别通过的债权金额合计超过了 75%

以前述程序召集的会议上，如果每个组别中投票支持重组计划的成员，其债权金额合计超过了 75%，则法院可以应公司、债权人、成员、清算人、管理人的申请批准该重组计划。

重组计划一经法院批准，对所有相关方都具有约束力，包括所有债权人或债权人组别、成员或成员组别（视情况而定），公司、公司清算人、公司出资人。

对于正在清算或已进入清算程序的公司，法院也可以发出命令，宣布管理人或清算人的任命不再有效、中止或终止管理或清算的所有程序、对管理或清算程序的进行施加适当的要求，以促进重组计划的进行。同时法院的命令仅在向注册机构递交后才生效，即除了针对不需要注册详细信息的海外公司作出的法院命令在公报上披露后即生效外，针对其余公司的法院命令在向注册机构递交后才生效。

（二）存在一个或多个组别通过的债权金额合计未超过 75%

以前述程序召集的会议上，如果在一个或多个组别中投票支持重组计划的成员，其债权金额合计未超过 75%，也即存在异议组别，但在满足下列两个条件的情况下，法院也可以强制通过重组计划：第一，法院认为如果批准了重组计划，相较于重组计划未获批准的情况下公司可能会选择的其他路径，异议者的处境不会更差。第二，存在一个通过了重组计划的组别，并且该组别成员在公司选择其他替代路径时能够获得清偿或者对公司享有经济利益。

四、法院推动公司重组与合并的权力

需要特别注意的是，如果法院批准的重组计划与公司重组方案或两个及以上公司的合并方案有关，且涉及将一家公司（转让公司）的全部或部分经营或财产权转移给另一家公司（受让公司），那么法院可以在批准的重组计划或随后的命令中，对下列部分或全部事项作出特别规定：（1）将转让公司的全部或部分经营权、财产权或负债转移给受让公司；（2）根据重组计划，将受让公司的股票、债券、保单或其他类似利益分配或划拨给任何人；（3）受让公司继续进行或应对转让公司进行的任何法律诉讼；（4）在不进行清算的情况下解散转让公司；（5）为对重组计划表示异议的人作出规定；（6）规定确保重组或合并得到充分有效实施的附带、连带和补充事项。

同时，如果命令涉及财产或负债的转移，财产将转移给受让公司，负债也将成为受让公司的负债。如果命令中包含财产将不再受到任何担保的约束的内容，则财产不再受到担保的约束。

此外，公司必须在命令作出后的七天内向注册机构提交命令副本。如果未遵守此规定，公司和违反规定的官员将涉嫌违法，并可能面临不超过三级标准的罚款，对于持续违反，每天的罚款不得超过三级标准的十分之一。

第三章　对清算申请的暂时限制

法案的附表十通过对《1986 年破产法》进行修改的方式，对提出有关注册公司或非注册公司的清算申请进行了暂时性的限制。该部分系暂时性规定，其目的在于避免大量公司因新冠疫情带来的财务困难而被迫进行清算。

依据《1986 年破产法》的规定，债权人可以以公司无法清偿债务为理由申请公司清算，相关事由包括资不抵债以及存在停止支付，有正在进行的以法院的判决、命令为依据的执行或其他程序未完成等视为无法清偿债务的情形。而在附表十的限制下，2020 年 4 月 27 日至 2020 年 9 月 30 日期间，除了资不抵债外，公司债权人不能基于视为公司无法清偿债务的情形而提交对债务人公司进行清算的申请。

但是上述限制令同样存在例外，也即债权人有合理理由相信新冠疫情对债务人公司没有财务影响，或者即使没有新冠疫情发生，其申请债务人公司清算的事由仍然会发生的，可以向法院提出清算申请。

第四章　不当交易条款的暂停适用

法案宣布暂停适用《1986 年破产法》中的不当交易条款。该部分系暂时性规定，其目的在于使公司董事在危机时期仍然可继续交易而不必担心将会因交易而承担个人责任，从而最大程度维持公司的正常经营。

在适用《1986 年破产法》第 214 条或第 246ZB 条（董事对不当交易负有的责任）时，法院应假定董事不对适格公司或其债权人在 2020 年 3 月 1 日至 2020 年 9 月 30 日内发生的任何财务状况恶化负责。

若在上述期间的任何时候，公司取得了开展受监管活动的许可，并且不受上述法案规定的不得为客户持有资金的要求的约束，将不适用本部分关于不当交易条款的暂停适用的规定。

第五章　供应合同中的终止条款

一、对货物及服务供应的保护

该法案在《1986 年破产法》的第 233A 条后插入了第 233B 条和第 233C 条。此前的

《1986 年破产法》第 233 条规定了燃气、水和电力的供应。《2020 年法案》第 14 条在第 233A 条之后增加了第 233B 条，其内容为货物及服务供应的保护，且该部分系永久性规定。

该规则在公司进入前述临时中止、进入管理程序、任命了管理接管人、自愿安排生效之后、进入清算、任命了临时清盘人，及法院下达了召集与和解与计划相关的会议的命令的情况下均适用。根据该规定，货物或服务供应合同中包含的破产约定条款，即内容为如果债务人公司进入了上述程序那么合同或供应将终止，或者供应商有权终止合同或供应的这类条款，在债务人公司确实进入上述程序后将不再有效。

如果依据向公司供应货物或服务的合同条款，供应商有权因破产期间开始前发生的事件而终止合同或供应，且该权利在破产期间开始前产生，则供应商不得在破产期间内行使该权利。供应商只有在管理人、管理接管人、清算人等破产职业者或者公司同意终止合同，以及法院认为继续履行合同将对供应商造成困难因而批准终止合同的情况下才能终止合同。

此外，在债务人公司进入上述破产相关程序之后，供应商不能将清偿之前所欠的供应款项作为继续向债务人公司供应货物或服务的条件。该法案关于进入破产相关程序后货物和服务供应的上述条款，保障了债务人公司在破产相关程序中的正常经营，能够增加债务人公司的存续机会，也能促进债务人公司作为营运事业的整体出售。

二、小型供应商的临时排除

前述法案对货物及服务供应的保护的规定，临时排除了小型供应商，上述临时排除系暂时性规定。具体而言，小型供应商的货物及服务供应不适用于公司在 2020 年 3 月 1 日至 2020 年 9 月 30 日期间内受到相关破产程序约束，且其供应商是一个小型实体的货物或服务的供应合同。

在判断供应商是否属于“小型实体”时，如供应商不处于其第一个财政年度，则其最近一个财政年度需符合下列三个条件中的至少两个条件：（1）供应商的营业额不超过 1020 万英镑；（2）供应商的资产负债表总额不超过 510 万英镑；（3）供应商的员工人数不超过 50 人。如供应商处于其第一个财政年度，则需符合下列三个条件中的至少两个条件：（1）供应商在第一个财政年度中每个完整月份的平均营业额不超过 85 万英镑；（2）供应商在相关期间编制的资产负债表中显示的金额总额不超过 510 万英镑；（3）供应商在第一个财政年度雇佣的员工人数平均不超过 50 人。

COVID－19：从两年的紧急计划中吸取的教训*

吴子优　译

一、简介

《冠状病毒援助、救济和经济安全法》（CARES）颁布两年后，美国小企业继续在 COVID－19 疫情造成的持续不确定性和增加的成本下挣扎。对于得不到充分服务的企业家，特别是少数族裔和妇女，疫情造成的挑战因长期存在的结构性障碍而加剧，这些障碍限制了他们创办和发展小企业的能力。

正是考虑到这些障碍，小企业和创业委员会主席、参议员本－卡丁和参议院民主党人倡导制定政策来使国会的联邦小企业救济运动变得公平和公正。

自这一流行病开始以来，国会已通过六项法案，所涉总金额近 6 万亿美元，直接解决由 COVID－19 造成的公共卫生和经济危机。这些资金已被用于保护我们的社区免受病毒侵害，并支持美国每个社区的家庭、工人和小企业。

本报告是由参议院小企业和创业委员会的工作人员编写的，目的是审查美国小企业管理局（SBA）在流行病期间已经实施的 COVID－19 救济计划。本报告详细介绍了这些计划随着时间的推移而发生的变化、正确实施计划的重要性，以及在应对我们国家的挑战和面对未来的危机时的经验教训。

---

* 《COVID－19：从两年的紧急计划中吸取的教训》由美国参议院多数派小企业和企业家委员会于 2022 年 3 月发布。

二、新冠疫情期间援助小企业的救济计划时间表

1. 2020 年 1 月 30 日 – 世界卫生组织宣布新型冠状病毒疫情为国际关注的公共卫生紧急情况

2. 2020 年 3 月 6 日 – 《冠状病毒防范与应对补充拨款法》

在小企业管理局的领导下宣布新型冠状病毒疫情为灾难

3. 2020 年 3 月 13 日 – 特朗普政府宣布新型冠状病毒疫情为国家紧急情况[1]

4. 2020 年 3 月 18 日 – 《2020 年家庭第一冠状病毒应对法》

为小型非营利组织、小型企业和自营职业者提供税收抵免计划，用于规定的带薪病假和扩大的家庭和医疗假期

5. 2020 年 3 月 27 日 – 《冠状病毒援助、救济和经济安全法》

（1）薪资保护计划（PPP）创建

（2）授权新冠疫情经济伤害灾害贷款（EIDL），并批准设立了相应的赠款项目

（3）小企业债务减免计划创建

（4）为少数族裔商业发展机构（MBDA）网络补充资金拨款

6. 2020 年 4 月 24 日 – 《薪资保护计划和医疗保健加强法》

（1）为薪资保护计划增拨资金，包括为社区发展金融机构（CDFI）预留资金

（2）为新冠疫情经济伤害灾害贷款的贷款和赠款计划增拨资金

7. 2020 年 6 月 5 日 – 《薪资保护计划灵活性法》

修改薪资保护计划，在借款人何时和如何使用贷款方面有更大的灵活性，保留了豁免的可能性

8. 2020 年 12 月 27 日 – 通过《2021 年综合拨款法》对遭受重创的小企业、非营利组织和场馆提供经济援助

（1）创建第二轮薪资保护计划贷款并改进实施方案

（2）延长小企业债务减免计划并增拨资金

（3）关闭场所经营者补助金（SVOG）计划创建

（4）为社区发展机构预留 120 亿美元用于赠款和国库资本投资

（5）为少数族裔商业发展机构网络增拨资金

9. 2021 年 3 月 11 日 – 《美国救援计划法》（ARPA）

（1）扩大薪资保护计划的范围，以覆盖更多的非营利组织

---

〔1〕 AJMC Staff, *A Timeline of Covid – 19 Developments in* 2020, AJMC (1 Jan. 2021), https://www.ajmc.com/view/a-timeline-of-covid19-developments-in-2020.

（2）创建社区导航员试点计划

（3）为新冠疫情经济伤害灾害贷款的贷款和赠款计划增拨资金

（4）创建餐馆振兴基金

（5）国家小企业信贷倡议得到重新授权并通过财政部运行

（6）为关闭场所经营者补助金增拨资金

10. 2021 年 3 月 30 日－《2021 年薪资保护计划扩张法》

将薪资保护计划申请截止日期延长至 2021 年 5 月 31 日，并将薪资保护计划的授权延长至 2021 年 6 月 30 日

三、薪资保护计划

（一）计划历史

薪资保护计划是通过 2020 年 3 月 27 日颁布的《冠状病毒、援助、救济和经济安全法》设立的。该计划最初通过 100% 的联邦担保贷款向在 COVID－19 疫情期间保持工资的雇主提供 8 周的现金流援助。只要雇主将资金用于被允许的开支，如支付工资、抵押贷款利息、租金和用于其他公用事业，贷款就可以被允许。该计划是为了帮助小企业在全国失业率从 2020 年 3 月的近 5% 飙升到 2020 年 4 月的近 15% 时，维持其雇员的工资。

该计划建立在小企业管理局的 7（a）贷款计划的基础之上，因此它有可能加强私营小企业资本市场中存在的根深蒂固的种族和性别差距。在关于薪资保护计划的谈判中，卡丁主席和参议员珍妮沙欣，她是《冠状病毒、援助、救济和经济安全法》中对小企业条款进行谈判的主要民主党人，确保要求小企业管理局向参与的银行发出指导，优先考虑来自获得服务不足群体的薪资保护计划的贷款申请。

该计划于 2020 年 4 月 3 日开始接受申请，并持续到 2020 年 4 月 16 日，那时最初的用于小企业救济的 3490 亿美元已经用完。在该计划开放的几天内，在新闻报道中提到更大、更成熟的企业是该计划的主要受益者，人们对该计划的有效性和公平性提出了许多批评。代表未得到充分服务的小企业的组织担心妇女、少数族裔、村社区的企业和其他获得银行服务不足的借款人有可能被阻挡在该计划之外。当年晚些时候，小企业管理局监察长发布的一份报告表明，特朗普政府在该计划的最初阶段，认为薪资保护计划的实施“并不完全符合”国会的意图。〔1〕

一些研究证实了对未得到充分服务的借款人的担忧，这些研究发现薪资保护计划在第一

〔1〕 Office of Inspector General, *Inspection of SBA'S Implementation of the Paycheck Protection Program*, Inspection of SBA's Implementation of the Paycheck Protection Program (14 Jan. 2021), https://www.sba.gov/document/report－21－07－inspection－sbas－implementation－paycheck－protection－program.

阶段——2020 年 4 月 3 日至 4 月 16 日——偏向于较大和较成熟的企业。政府问责办公室（GAO）当年晚些时候发布的一份报告显示，在第一轮薪资保护计划实施期间，42% 的贷款给了较大的企业，尽管这些企业只占美国所有小型企业的 4%。此外，少数族裔聚居的县和妇女拥有大量企业的县获得第一轮薪资保护计划贷款的数额低得不成比例。妇女拥有企业份额大的县只得到了第一轮薪资保护计划贷款份额的 9%，而少数族裔较多的县得到了贷款份额的 36%。相较于妇女拥有的小企业和少数族裔拥有的小企业在美国所有小企业中的份额，第一轮计划中受益的上述群体所占的份额明显不足。

2020 年 4 月，在薪资保护计划设立一个月后，卡丁和参议院民主党人除了争取增加资金外，还争取解决该计划的不公平问题。通过《薪资保护计划和保健增强法》，国会做出了改变，希望增加该计划的使用。具体而言，国会通过定义和调整对社区发展金融机构，多数少数族裔、妇女或退伍军人/军人拥有的金融机构，少数族裔存款机构（MDI），经认证的发展公司和其他非银行贷款人的投资组合要求，使贷款人参与该计划的方式多样化，来让小规模贷款人参与其中。此外，国会为该计划额外拨款 3200 亿美元，其中近 600 亿美元专门用于最小的企业和获得服务不足的团体的贷款人。小企业管理局还为通过社区发展机构申请的企业预留了 100 亿美元，这些机构一直以来帮助获得服务不足的社区。为了帮助独资企业参与该计划，小企业管理局简单介绍了如何计算独资企业的贷款。近 96% 的黑人企业是独资企业，82% 的少数族裔企业也是独资企业。[1]

2020 年年底，通过《对受重创的小企业、非营利组织和场所的经济援助法案》，国会拨款 2840 亿美元，并创建了第二轮薪资保护计划。第二轮薪资保护计划的建立是为了帮助最小和受影响最严重的小企业，允许这些企业获得第二笔可豁免的贷款。第二轮薪资保护计划适用于那些花光了第一笔贷款、雇员少于 300 人，并且在 2020 年的任何一个季度或者整个年度损失 25% 或更多的收入的企业。此外，通过这项立法，国会预留了 150 亿美元，用于为拥有 10 名或更少雇员的借款人和位于中低收入地区的企业提供初始薪资保护计划贷款。最后一次对该计划的修改是通过 2021 年 3 月颁布的《美国救援计划法》进行的。国会拨款 72.5 亿美元，让更多的非营利组织获得参与薪资保护计划的机会。在该计划的最后阶段，小企业管理局将该计划最后一次延期的前几天专门用于处理通过社区发展金融机构提供的贷款。此外，小企业管理局专门为雇员在 20 人以下的企业和非营利组织提供了一个为期 14 天的贷款申请期间。最后，小企业管理局修改了基于总收入或净利润的自营职业者的最大贷款金额，允许其进行更高额的贷款。

---

〔1〕 Perry, Andre M., et al., *How Black - Owned Businesses Can Make the Most out of the Biden Infrastructure Plan*, Brookings (9 Nov. 2021), https://www.brookings.edu/blog/the-avenue/2021/04/29/how-black-owned-businesses-can-make-the-most-out-of-the-biden-infrastructure-plan/; *State of Minority Business Enterprise (SMOBE) Data by State*, Minority Business Development Agency (12 Aug. 2019), https://www.mbda.gov/page/state-minority-business-enterprise-smobe-data-state.

（二）计划成果[1]

国会和拜登政府在薪资保护计划运行期间实施的以公平为重点的政策，使得向少数族裔和妇女拥有的小企业以及其他获得服务不足的小企业提供的贷款数量和份额有了明显的改善。

在第一轮薪资保护计划运行期间，自营职业者获得了9%的首次提款贷款，到计划结束时，他们获得了86%的首次提款贷款。从最初创建薪资保护计划到《薪资保护计划和保健增强法》通过后，向妇女拥有小企业比例较大的县提供的贷款份额翻了一番，从9%增加到18%，并在该计划结束时保持在18%。人口普查数据显示，90%的女性小企业主是个体经营的，因此，女性拥有的小企业份额的增加可以部分归因于国会优先考虑获得服务不足和最小的企业，包括独资经营者。

在第一轮薪资保护计划运行期间，是否与银行，特别是与处理贷款速度较快的小银行有预先存在的关系，是企业能否获得贷款的可靠指标。鉴于少数族裔企业在获得资本方面面临的历史障碍，它们通常不太可能与传统银行建立关系。非银行贷款的比例从第一轮薪资保护计划期间的3%增加到最后的23%。具体来说，在最后两轮立法通过后，社区发展金融机构和少数族裔存款机构提供的贷款比例从4%上升到24%。这部分的上升是由于有关贷款人的政策和指导的变化，这些变化增加了贷款人的数量，同时增加了财政预留的贷款机会。非银行金融机构、社区发展金融机构和少数族裔存款机构向传统上获得服务不足的企业和县提供的贷款比例高于其他类型的贷款人，特别是小银行。具体来说，个体经营者从非银行金融机构获得了85%的贷款，但只占总体贷款的47%，这表明非银行金融机构的参与度提高，扩大了获得服务不足的团体，特别是妇女所有的小企业的机会。

此外，社区发展金融机构或少数族裔存款机构提供的21%的贷款和非银行金融机构提供的23%的贷款流向了妇女所有企业比例较大的县，而小银行对其提供的贷款只有4%。同样，非银行金融机构提供的64%的贷款以及社区发展金融机构或少数族裔存款机构提供的69%的贷款都给到了少数族裔较多的县，而小银行对其提供的贷款只有22%。这些都表明，小企业发展局和国会通过非银行金融机构、社区发展金融机构或少数族裔存款机构增加对一直以来获得服务不足的企业的贷款，其所做的改变有助于这些企业更好地参与薪资保护计划。

如上所述，有关贷款人和个体经营者的政策和指导的变化，被认为增加了少数族裔拥有企业比例较大的县的贷款份额。在第一轮薪资保护计划中，少数族裔较多的县的贷款份额为36%，在计划结束时增加到56%。

---

〔1〕 U.S. Government Accountability Office, *Paycheck Protection Program: Program Changes Increased Lending to the Smallest Businesses and in Underserved Locations*, U.S. Government Accountability Office (21 Sept. 2021), https://www.gao.gov/products/gao-21-601.

最后，在该计划结束时，薪资保护计划对传统上获得服务不足的县的企业的贷款与它们在整个小企业界的代表性成正比，部分原因是国会和小企业管理局对该计划进行了修改。少数族裔聚居县的企业获得了所有贷款的50%，占全国所有小企业的47%。总的来说，妇女拥有企业比例大的县的企业获得了所有贷款的16%，占全国所有小企业的16%。此外，退伍军人拥有企业比例大的县的企业贷款份额一般与这些县的小企业份额相称。总的来说，退伍军人拥有企业份额大的县占贷款的4%，小企业占5%。

（三）经验教训

薪资保护计划最终是一个成功的计划，帮助小企业保持生存并有能力雇用工人。国会和拜登政府所做的改变表明，政府有能力向我们最脆弱团体的小企业提供资金。贷款人参与、企业资格以及有针对性的资金和处理程序方面的变化，有助于该计划接触到获得服务不足的小企业。多项研究证实，国会为使薪资保护计划更加公平而实施的政策是有效的。这些政策的成功也表明，联邦政府在帮助获得服务不足的企业家克服阻碍他们充分发挥潜力的历史障碍方面可以发挥作用。这些政策还证实，在下一次经济危机期间，国会应重点利用社区贷款人、社区发展金融机构、少数族裔存款机构和小额贷款机构，从一开始就接触到获得服务不足和银行接触不到的小企业。必须厘清的是，在该计划的整个生命周期中，国会必须对紧急计划的实施进行严格的监督，以确保该计划按照立法者的意图运行。

值得注意的是，虽然该计划结束时，少数族裔的企业获得的贷款份额与它们在美国所有企业中的份额相当，但这一结果并不代表这些企业没有面临不利的影响。国家经济研究局（NBER）的一份工作文件显示，在2月到4月，个体经营的非洲裔企业主减少了41%，是任何其他种族群体中下降幅度最大的。同期，拉丁裔和亚裔个体经营小企业主分别减少了32%和26%，而白人个体经营小企业主在同一时期的活动下降了17%。鉴于新冠疫情对少数族裔拥有的企业产生了巨大的影响，国会要吸取教训，继续实施不仅能产生代表性结果，而且能产生公平结果的解决方案。[1]

最终，这个计划不仅帮助了数百万个获得服务不足的小企业，而且通过设定保留额，对更多小型银行授予资格。圣路易斯联邦储备银行称，小型社区银行的小型企业贷款是该计划的关键业务，并且薪资保护计划将帮助小银行重新获得一些在小企业贷款市场上输给大型竞争对手的市场份额。[2]

---

〔1〕 Misera, Lucas, *An Uphill Battle: Covid－19's Outsized Toll on Minority－Owned Firms*, Federal Reserve Bank of Cleveland (8 Oct. 2020), https://www.clevelandfed.org/newsroom－and－events/publications/community－development－briefs/db－20201008－misera－report.aspx.

〔2〕 White, Carl, *Small Business Lending Gives a Boost to Banks*, Federal Reserve Bank of St. Louis (9 Dec. 2021), https://www.stlouisfed.org/on－the－economy/2020/september/small－business－lending－gives－boost－banks.

四、经济伤害灾害贷款和补助金

（一）计划历史

在3月6日通过的《冠状病毒防范与应对补充拨款法》中，该法案宣布新冠疫情属于美国小企业管理局应对的一项灾难，并拨出2000万美元用于灾难援助。这使得美国小企业管理局能够向“受灾地区”的小型企业提供7亿至8亿美元的经济伤害灾害贷款，尽管该局主要依靠之前拨出的资金来提供这些初始贷款。

经济伤害灾害贷款是一个在疫情之前就存在的计划，旨在帮助受自然灾害影响的小型企业。之后，经济伤害灾害贷款计划被重新定位，以帮助受新冠疫情短期收入损失影响的小型企业。其资金用于以灵活和可负担的条件支付固定债务、工资与费用、应付账款和其他由于受灾害影响而无法支付的账单。

随着疫情在美国迅速蔓延，该计划的结构也发生了变化，来适应此次前所未有的灾难。疫情影响了整个国家，每个州都成为受影响的地区，使任何小型企业都可以成为计划的合格申请人。《冠状病毒、援助、救济和经济安全法》允许申请经济伤害灾害贷款的小型企业实体获得多达1万美元的短期预付款，《冠状病毒、援助、救济和经济安全法》为经济伤害灾害贷款预付款拨出了100亿美元。申请预付款的入口从2020年3月30日起在美国小企业管理局网站上开放。2020年4月15日，美国小企业管理局停止接受经济伤害灾害贷款和补助申请，因为美国小企业管理局已接近其灾难信贷补贴上限。

4月24日，通过《薪资保护计划和医疗保健加强法》，美国小企业管理局获得了500亿美元的经济伤害灾害贷款拨款，以支持367.1亿美元的贷款授权，[1]其中100亿美元用于紧急经济伤害灾害贷款预付款，21亿美元用于支付美国小企业管理局的工资和费用。这笔新的拨款使美国小企业管理局能够开始接受经济伤害灾害贷款和经济伤害灾害贷款预付款的申请。此法案还将经济伤害灾害贷款的帮助范围扩大到农业小企业。尽管经济伤害灾害贷款的法定限额为200万美元，但特朗普政府最初将该贷款限额定为50万美元，随后在疫情暴发后将这个限额降低到15万美元。拜登政府于2021年4月将限额提高到50万美元，并在2021年9月将其提高到200万美元。2020年7月，美国小企业管理局达到了200亿美元的授权限额，停止接受经济伤害灾害贷款预付款的申请。

通过《对受重创的小企业、非营利组织和场所的经济援助法案》，国会拨款200亿美元用于经济伤害灾害贷款定向预付款计划，向收入下降超过30%且雇员不超过300人的低收入

---

〔1〕 这一数字是根据2021财年约14%的补贴率计算得出的。随着补贴率在不同财政年度之间发生变化，剩余补贴余额所产生杠杆作用的金额也发生了变化。

社区中的借款人提供1万美元的预付款。最后，通过《美国救援计划法案》，国会拨款100亿美元用于经济伤害灾害贷款定向预付款计划，拨款50亿美元用于经济伤害灾害贷款额外定向预付款计划。在经济伤害灾害贷款全额预支补助金1万美元之外，补充定向预付款提供了5000美元的补充赠款。为了获得额外的定向预付款，小企业必须位于低收入社区，证明经济损失超过50%，并且雇员不超过10人。

2022年1月1日，经济伤害灾害贷款计划的授权到期，小企业管理局不再接受经济伤害灾害贷款的贷款和预付款申请。

（二）计划成果〔1〕

截至2022年2月17日，美国小企业管理局共批准了3,903,412项经济伤害灾害贷款，总额超过3430亿美元。按顺序排列，获得经济伤害灾害贷款最多的五个州分别是加利福尼亚州、佛罗里达州、纽约州、得克萨斯州和佐治亚州。

美国小企业管理局共批准了578.1万项经济伤害灾害贷款预付款，总额为200亿美元；602,264项经济伤害灾害贷款定向拨款，总额超过5258万美元；455,807项经济伤害灾害贷款补充拨款，总额为22.79亿美元。按顺序排列，获得经济伤害灾害贷款预付款最多的五个州分别是加利福尼亚州、纽约州、佛罗里达州、得克萨斯州和佐治亚州。

总体而言，美国小企业管理局通过经济伤害灾害贷款计划为超过390万家小企业提供了帮助，并通过经济伤害灾害贷款预付款计划为近600万家小企业提供了帮助。

（三）经验教训

虽然经济伤害灾害贷款计划是最早推出的救济措施之一，但特朗普政府在实施该计划时存在许多混乱，使其难以如预料般利用。美国小企业管理局最初的处理缓慢，对申请经济伤害灾害贷款预付款补助金的金额存在混淆，并且网站入口不可预测的开放和关闭导致了计划潜在参与者的巨大困惑。美国小企业管理局也未能直接向公众宣传计划的相关限制和具体政策，导致公众接收了大量错误的信息。

尽管存在这些挑战，还是有数十亿美元的经济伤害灾害贷款的贷款和预付款补助金流向了小企业，帮助它们渡过疫情带来的冲击。经济伤害灾害贷款计划和预付款补助金利用现有基础设施，快速向小企业提供救济，使资金能够在疫情早期流向这些企业。该计划的申请流程没有包含与其他救济计划相同的人口统计数据来展现经济伤害灾害贷款的贷款和预付款的分配情况。然而，有针对性的经济伤害灾害贷款预付款确保了我们最脆弱的小企业，特别是那些没有和银行之前有关系的企业，能够留出资金来帮助它们应对影响。实施一项除了提供单独的贷款外还提供赠款的计划，使无法获得贷款的最脆弱的小企业仍能获得所

〔1〕 *Disaster Assistance Update: Nationwide COVID EIDL, Targeted EIDL Advances, Supplemental Targeted Advances*, U.S. Small Business Administration (17 Feb. 2022), https://www.sba.gov/sites/default/files/2022-02/COVID-19%20EIDL%20TA%20STA_02172022_Public_%5B508%5D%20_0.pdf.

需的救济。

五、小企业债务减免计划

（一）计划历史〔1〕

为了帮助小企业减轻在疫情期间支付现有小企业管理局贷款的负担，国会通过《冠状病毒、援助、救济和经济安全法》创建了小企业债务减免计划，并为该计划拨款 170 亿美元。小企业管理局为已在 2020 年 9 月 27 日前全额放款的 7（a）、504 和微型贷款提供六个月的贷款偿还，包括本金、利息和任何相关费用。小型企业无需主动选择，将自动纳入该计划。该计划适用于已经延期的贷款和未被延期的贷款。

通过《对受重创的小企业、非营利组织和场所的经济援助法案》，国会在小企业管理局为其现有贷款支付六个月的贷款偿还后撤回了剩余资金。为增加受益者数量，该法案扩大了适用范围，包括了尚未完全支付但在 2020 年 9 月 27 日之前批准的贷款。该法案还增拨了 35 亿美元以恢复该计划。小企业管理局被授权根据可用资金、贷款类型、放款时间和企业所处行业提供最多八个月的额外贷款偿还，每位借款人每月最高限额为 9000 美元。

小企业管理局确定，拨款不足以支付国会授权的最大数量的月度付款，并宣布将代替此偿还方式，向在 2020 年 3 月 27 日前偿还的 7（a）和 504 贷款提供额外两个月的贷款偿还。此外，小企业管理局宣布，它将向拥有小企业管理局社区优势贷款、小额贷款或在受经济打击的行业经营的企业提供额外的三个月付款。最后，小企业管理局宣布，2021 年 2 月 1 日至 2021 年 9 月 30 日批准的贷款将获得三个月的付款。

国会还将 7（a）计划的当前担保额度从小于或等于 15 万美元的贷款的 85% 和大于 15 万美元的贷款的 75% 增加到 90%，直至 2021 年 10 月 1 日。

（二）计划成果〔2〕

在 17 亿美元中，有 7.1 亿美元用于为 1,819,130 个小企业管理局贷款支付，其余部分通过《对受重创的小企业、非营利组织和场所的经济援助法案》撤销。小企业管理局尚未公布额外拨款的 35 亿美元的去向。

---

〔1〕 Dilger, Robert Jay & Bruce R. Lindsay, *Covid－19 Relief Assistance to Small Businesses: Issues and Policy Options*, Congressional Research Service (1 Oct. 2021), https://sgp.fas.org/crs/misc/R46284.pdf.

〔2〕 *SBA Extends Crucial Lifeline to Borrowers Impacted by COVID－19 with Debt Relief*, U. S. Small Business Administration (10 Jan. 2021), https://www.sba.gov/article/2021/jan/10/sba－extends－crucial－lifeline－borrowers－impacted－covid－19－debt－relief.

（三）经验教训

这个计划非常容易实施，几乎没有给小企业带来任何负担。此外，那些获得小企业管理局贷款的都是一些最脆弱的小企业，它们的信用状况不佳，无法获得传统银行贷款。该计划帮助这些小企业解决了它们最大的一笔付款，有针对性的债务减免帮助了最脆弱的小企业。虽然与餐厅复苏基金、关闭场所经营者补助金或薪资保护计划相比，这个计划的影响较小，因为它只关注小企业管理局贷款的支付，但可以说它是执行得最好、对最脆弱的企业影响最大的一个计划。

六、关闭场所经营者补助金计划

（一）计划历史

关闭场所经营者补助金计划（Save Our Stages，SVOG），于 2020 年 12 月 27 日成为法律，作为《对受重创的小企业、非营利组织和场所的经济援助法案》的一部分。创建该计划是因为其他紧急计划如薪资保护计划并不适合场所（如音乐厅）等企业的需求。薪资保护计划的重点是留住员工，但由于健康和安全的限制，场馆无法重新开放。关闭场所经营者补助金计划的重点是帮助艺术和娱乐业的企业，如现场表演场馆、博物馆、电影院、现场运营商、现场推广商、戏剧制片和现场表演艺术机构运营商。艺术和娱乐业的企业通常有大量的月度费用，如租金、水电费、抵押贷款和保险，以及较小的工资单费用。这些企业通常雇用许多兼职员工，导致它们超过最大员工数以致无法获得薪资保护计划的贷款，因为该贷款要求企业拥有少于 500 名员工，并将贷款的 60% 用于工资成本。此外，关闭场所经营者补助金计划与薪资保护计划不同，它是由小企业管理局直接管理的，是一项赠款而不是贷款。

国会最初给关闭场所经营者补助金计划拨款 150 亿美元，作为《对受重创的小企业、非营利组织和场所的经济援助法案》的一部分，后来该计划从《美国再就业计划法案》中获得了 12.5 亿美元的额外资金。关闭场所经营者补助金计划提供主要赠款和补充赠款。主要赠款针对 2020 年 3 月 1 日至 2020 年 12 月 31 日发生的费用，金额相当于企业 2019 年总收入的 45%，上限为 1000 万美元。补充赠款是主要赠款的 50%，针对 2020 年 3 月 1 日至 2021 年 6 月 30 日发生的费用，只有在小企业管理局处理了在计划实施的前 60 天内收到的所有主要赠款申请后才会发放。该计划有两个优先赠款期。第一个优先期为 14 天，向因新冠疫情导致收入损失 90% 或更多的企业提供赠款。第二个优先期也为 14 天，向遭受了 70% 或更多收入损失的申请者提供赠款。在 28 天的优先期过后，小企业管理局为任何遭受了 25% 或更多营收损失的企业提供津贴。

（二）计划成果[1]

由于申请入口的技术问题，关闭场所经营者补助金计划的启动曾经被中止，但该计划最终在2021年4月26日开始接受申请至2021年8月20日停止接受申请。截至2022年2月，该计划已收到17,637份申请，批准了12,864个主要赠款，总计109.1亿美元。小企业管理局还批准了9178个额外赠款，总计32.5亿美元。截至2022年2月，关闭场所经营者补助金平均赠款金额为797,188美元。

在符合资格的申请者中，现场演出场所经营者或推广经营者获得了最多的主要和额外赠款，分别获得4781次和3483次赠款。博物馆经营者获得的赠款最少，分别获得815次主要赠款和316次额外赠款。

加利福尼亚州获得了最多的主要和额外赠款，分别为1906次主要赠款和1467次额外赠款，总计22.1亿美元。北达科他州获得了最少的赠款，其中包括34次主要赠款和16次额外赠款，总计3500万美元。马里兰州获得了2.235亿美元的赠款，其中包括169次主要赠款和133次额外赠款。

关闭场所经营者补助金计划在帮助娱乐和艺术业小企业方面非常有效，因为141.6亿美元中的85亿美元赠给了少于50个全职员工的企业。在批准的12,864次主要赠款中，有11,666次分配给了拥有50个或更少全职员工的企业。在批准的9178次额外赠款中，有8404次分配给了拥有50个或更少全职员工的企业。超过2/3的赠款被分配给了拥有10个或更少全职员工的小企业。

（三）经验教训

关闭场所经营者补助金计划在起步阶段遇到了很多困难，因为国会没有规定实施日期，而小企业管理局不得不创建新的组织来管理补助款，而不是管理贷款。此外，小企业管理局在向小企业传达清晰的资格和申请要求方面遇到了困难。此外，由于申请关闭场所经营者补助金需要提交较多的文件，所以小企业管理局在处理申请方面进度相对缓慢。然而，在经历过初始的困难之后，该计划得到了极大的推进，并且小企业管理局与计划参与者的沟通频繁且富有成效。对国会和小企业管理局来说，重要的是，即使在行政挑战导致延误的情况下，也要与小企业就其资格和申请程序进行明确沟通。小企业管理局最终提高了其透明度，这对计划参与者大有裨益。

该计划一经启动，赠款在很大程度上使最小的小企业受益，并填补了现有救济计划尚未

---

[1] SBA Office of Disaster Assistance, *Shuttered Venue Operators Grant Public Report*, U.S. Small Business Administration, SBA Office of Disaster Assistance (22 Feb. 2022), https://www.sba.gov/sites/default/files/2022-02/SVOG%20Public%20Report%20-%20Midday%2022%20Feb%202022-508.pdf.; Dilger, Robert Jay, *SBA Shuttered Venue Operators Grant Program (SVOG)*, Congressional Research Service (29 Sept. 2021), https://www.crs.gov/Reports/R46689? source = search& guid = 06aa7738fd964ffc9f64bedfa120007b&index =0.

满足的需求。关闭场所经营者补助金计划是一个例子，说明并非所有的小企业都能从相同形式的援助中受益。鉴于这些小企业独特的运营结构，现有的救济计划或是无法满足它们的需求，或是它们没有资格申请。

该计划对于帮助艺术和娱乐业小企业度过疫情是必不可少的，并且可能防止了重要文化机构的流失，这对它们所在的社区至关重要。

七、餐饮复苏基金

（一）计划历史

休闲和酒店业是受新冠疫情影响最严重的行业之一。根据美国小企业管理局倡导办公室的数据，小企业在疫情开始时占该行业所有企业的 64%。休闲和酒店业的就业率下降了 41%，与其他行业仅 2% 至 18% 的下降幅度相比，这是一个很大的下降幅度。

休闲和酒店业主要包括两个类别：住宿服务业和食品/饮料服务业。住宿服务业占该行业就业人数的 13%，食品/饮料服务业占该行业就业人数的 73%。2020 年 5 月，食品/饮料服务业的就业人数比 2019 年 5 月下降了 37%。

根据全国餐饮协会的数据，每 10 家餐馆中就有 9 家是小企业，雇用的员工不到 50 人。餐饮业也是雇用少数族裔管理人员最多的行业。

这场疫情对这个主要由小企业组成的行业产生了不利影响。餐厅的销售额比疫情前减少了 650 亿美元，餐厅的就业人数比疫情前减少了 100 万人。

麦肯锡的美国小企业脉搏调查报告显示，食品和服务行业被发现拥有最高比例的少数族裔雇员，也是脆弱小企业中就业岗位最多的行业。[1]

餐厅复苏基金由 2021 年美国救援计划法案授权和拨款了 286 亿美元，向由于疫情而遭受损失的餐厅提供高达 1000 万美元（单个领域高达 500 万美元）的补助金。

餐厅复苏基金与其他小企业管理局的计划不同，因为对餐厅的雇员人数没有限制，所以有资格获得赠款。然而，赠款仅限于较小的餐馆，因为该计划规定，截至 2020 年 3 月 13 日，贷款申请人拥有或经营的地点不得超过 20 个。

餐厅复苏基金试图在程序开始的前 21 天向女性、退伍军人和社会经济弱势人群所拥有和控制的小型企业优先发放补助金，来抵消疫情对少数族裔拥有餐厅的累积影响。其他企业也有资格申请，但在 21 天之后才能收到贷款。在这 21 天内，优先群体的小企业申请了超过 286 亿美元的补助金并最终被授予了约 180 亿美元的补助金。在三个司法管辖区的诉讼，成

〔1〕 Dua, André et al., *Covid – 19's Effect on Minority – Owned Small Businesses in the United States*, McKinsey & Company (23 June. 2021), https://www.mckinsey.com/industries/public – and – social – sector/our – insights/covid – 19s – effect – on – minority – owned – small – businesses – in – the – united – states.

功地挑战了小企业管理局在该计划的头 21 天内优先向妇女和少数族裔发放贷款的合宪性之后，小企业管理局将剩余的资金授予了不在优先组内的合格申请人。这项决定导致将先前通知他们将获得补助金的优先群体申请者的近 3000 个批准的撤销。然而，该裁决并没有改变退伍军人拥有的企业的优先权。由于这项计划在开放几周后就用尽了资金，这些申请人还没有收到他们的奖励。

虽然基于人口统计数据的优先群体被法院驳回，但国会在计划的创建中概述了一个初步的以收入为基础的设定，提供了 50 亿美元，供收入低于 50 万美元的人使用。为了确保该计划更具公平性，小企业管理局创建了另外两个设定，其中 5 亿美元供 2019 年收入低于 5 万美元的人使用，另外 40 亿美元供 2019 年收入在 50 万美元到 150 万美元之间的人使用。

在该计划的前三周内，小企业管理局收到了超过 360, 000 个申请，总额近 740 亿美元。[1] 在该计划开放的头两天，超过 186, 000 家餐厅和酒吧申请了拨款，其中 97, 600 家由女性、退伍军人、社会和经济弱势群体或这些人群的组合所拥有。[2]

（二）计划成果

餐厅复苏基金的门户网站于 2021 年 5 月 3 日开放，到 2021 年 5 月 18 日，小企业管理局已经收到了 303, 000 份申请，请求超过 690 亿美元的拨款。其中超过一半的申请来自女性、退伍军人以及社会和经济处境不利的企业主。[3] 在此期间，营收低于 5 万美元的企业申请了近 2. 9 亿美元的贷款，由于该组别的留置金额为 5 亿美元，因此这些申请得到了满足。

营收低于 50 万美元的企业的申请总额为 61 亿美元，超过了 50 亿美元的留置金额。同样地，营收在 50 万美元和 150 万美元之间的企业的申请总额为 8. 4 亿美元，是 4 亿美元留置金额的两倍。2021 年 7 月 2 日，小企业管理局宣布关闭餐厅复苏基金，因为申请总额远远超过了拨款。

小企业管理局向 100, 600 名申请人发放了总额为 286 亿美元的餐厅复苏基金拨款，以帮助小型餐厅。在总额为 286 亿美元的餐厅复苏基金拨款中，180 亿美元流向了弱势群体，超过了拨款总额的一半。其中 75 亿美元用于女性拥有的企业，10 亿美元用于退伍军人拥有的企业，67 亿美元用于所有者社会经济处境不利的企业，28 亿美元用于代表多个弱势群体的企业。[4] 全国餐饮协会估计，初轮餐厅复苏基金拨款挽救了超过 90 万个餐厅工作岗位。

---

〔1〕 Nair, Pooja, *Congress Considers Replenishment of Exhausted RRF Funds*, JD Supra (6 July. 2021), https://www. jdsupra. com/legalnews/congress－considers－replenishment－of－4363270/.

〔2〕 Drew, Jeff, *SBA Unveils Initial Restaurant Revitalization Fund Results*, Journal of Accountancy (6 May. 2021), https://www. journalofaccountancy. com/news/2021/may/sba－restaurant－revitalization－fund－initial－results. html.

〔3〕 *Last Call: Administrator Guzman Announces Final Push for Restaurant Revitalization Fund Applications*, U. S. Small Business Administration (18 May. 2021), https://www. sba. gov/article/2021/may/18/last－call－administrator－guzman－announces－final－push－restaurant－revitalization－fund－applications.

〔4〕 *Last Call: Administrator Guzman Announces Final Push for Restaurant Revitalization Fund Applications*, U. S. Small Business Administration (18 May. 2021), https://www. sba. gov/article/2021/may/18/last－call－administrator－guzman－announces－final－push－restaurant－revitalization－fund－applications.

（三）经验教训

餐厅复苏基金是一个非常成功的计划，帮助了数十万家餐厅度过了疫情中最糟糕的时期，包括德尔塔毒株和奥密克戎毒株流行时期。根据全国餐饮协会的数据，对 96% 的餐厅复苏基金接受者来说，补助金使他们更有可能继续经营，92% 的餐厅复苏基金接受者说，补助金帮助他们支付了自疫情开始以来积累的费用或债务。在帮助一些最小的餐厅方面，该计划的成功很大程度上要归功于国会和小企业管理局设置了按收入分类的优先群体，以及它们特意向利益相关者进行了宣传推广来通知他们关于优先群体的相关情况。

尽管法院决定否决立法中优先考虑服务不足的餐馆业主的条款，但该计划能够有意义地接触和服务这些人群，286 亿美元的拨款中几乎有一半用于服务不足的业主。这可能是由于基于收入的预留以及小企业管理局的推广。此外，42% 的餐馆老板是女性，超过 37% 的老板是拉丁裔、黑人、亚裔或原住民，在雇员和老板层面上，对于餐饮业的拨款都被受服务不足的群体占据着。

不幸的是，对该计划的需求超过了对该计划的拨款，近 65% 的申请人没有得到拨款。卡丁主席和参议员罗杰 - 威克（R. - Miss.）在 2021 年 8 月提出了《持续紧急支持餐饮业法案》，该法案还将为尚未收到拨款的近 18 万名申请人提供资金。该法案还将为餐厅复苏基金提供 480 亿美元的资金。这项法案将在疫情高峰期帮助这些餐厅，并得到了两党的支持。餐馆在每个社区都有，对社区的结构至关重要，这就是它得到了不同党派和几乎所有州的支持的原因。

八、少数族裔企业发展局补充拨款

（一）计划历史

在整个疫情期间，包括少数族裔在内的弱势企业主受到了极大的影响。[1]美国国家标准与技术研究所（NIST）进行的一项研究发现，与同时面临自然灾害和新冠疫情的普通企业主相比，疫情使弱势企业主面临更加严重的负面影响。

由于面临资本获取困难、缺乏技能开发培训和网络薄弱等系统性障碍，少数族裔企业主一直面临新冠疫情带来的极大负面影响。在疫情期间，与白人企业主相比，少数族裔经营的公司在收入、就业、运营和获得资本等方面表现更差。[2]

---

〔1〕 Helgeson, Jeffifer F., et al., *Natural Hazards Compound COVID - 19 Impacts on Small Businesses Disproportionately for Historically Underrepresented Group Operators*, Science Direct (1 Apr. 2022), https://www.sciencedirect.com/science/article/pii/S019665532100715X.

〔2〕 Federal Reserve Banks of Atlanta, Chicago, Cleveland, Dallas, Kansas City, Minneapolis, New York, Philadelphia, Richmond, St. Louis, and San Francisco, 2021 *Report on Firms Owned By People of Color*, Fed Small Business (1 June. 2021), https://www.fedsmallbusiness.org/medialibrary/FedSmallBusiness/files/2021/sbcs - report - on - firms - owned - by - people - of - color.

例如，根据2021年美联储的一份报告，申请传统融资的黑人企业的融资全额获得率最低，只有13%的黑人企业获得了全部融资，而有20%的西班牙裔企业和31%的亚洲企业获得了全部融资，相比之下，有40%的白人企业获得了全部融资。即使在信用评分良好的企业中，黑人企业获得全部融资的可能性也只有白人企业的一半（24%对比48%）。[1]

此外，少数族裔拥有的公司更多被报告他们的财务状况为一般或较差，而不是优秀。

为了对少数族裔企业提供特定的援助，国会通过《冠状病毒援助、救济和经济安全法》向少数族裔企业发展局提供了1000万美元的额外拨款。少数族裔企业发展局是唯一专注于少数族裔企业的联邦机构。这些资金可通过教育、培训以及向少数族裔企业中心和少数族裔商会提供资金援助等方式，帮助少数族裔企业预防、准备和应对疫情影响。

此外，国会还通过《2021年综合拨款法案》拨款2500万美元，通过少数族裔企业中心协助少数族裔企业准备和应对新冠疫情的影响，并确定可用于这些企业的政府资源。

（二）计划成果

通过《冠状病毒援助、救济和经济安全法》提供的补充资金，少数族裔企业发展局能够向29个少数族裔企业中心和商会提供从2020年6月1日至2021年5月31日的一年期拨款。这些拨款发放给已有基础设施的机构，这些机构具备实施全国性计划并覆盖最多少数族裔企业的能力。[2]

少数族裔企业发展局的2021年度绩效调查尚未发布。然而，在2020年，少数族裔企业发展局协助创造了11,597个工作岗位，保留了15,720个工作岗位，获得了7,892,879,690美元的合同和资金，并获得了188%的投资回报率。[3]此绩效调查涵盖了《冠状病毒援助、救济和经济安全法》提供的一年期拨款的约4个月。

目前还没有关于2021补充拨款如何分配的情况的公开信息。

（三）经验教训

新冠疫情对少数族裔企业造成了极大的负面影响，这只是这些企业一直以来面临的障碍的延续。少数族裔企业发展局完全专注于少数族裔企业的需求，以及如何通过其提供的量身

---

[1] Federal Reserve Banks of Atlanta, Chicago, Cleveland, Dallas, Kansas City, Minneapolis, New York, Philadelphia, Richmond, St. Louis, and San Francisco, 2021 *Report on Firms Owned By People of Color*, Fed Small Business (1 June. 2021), https://www.fedsmallbusiness.org/medialibrary/FedSmallBusiness/files/2021/sbcs-report-on-firms-owned-by-people-of-color.

[2] Minority Business Development Agency (MBDA), *Minority Business Development Agency Awards $10M in Federal Funding under the CARES Act*, GlobeNewswire News Room, Minority Business Development Agency (MBDA) (22 June. 2020), https://www.globenewswire.com/news-release/2020/06/22/2051350/0/en/Minority-Business-Development-Agency-Awards-10M-in-Federal-Funding-under-the-CARES-Act.html.

[3] *Annual Performance Summary: Fiscal Year* 2020, Minority Business Development Agency (16 Nov. 2020), https://www.mbda.gov/sites/default/files/2021-04/MBDA_FY%202020%20APR%20Summary_042121.pdf.

定制的资源来支持它们。由于这种专一的帮助，少数族裔企业发展局能够充分而准确地解决少数族裔企业的需求，并帮助打破一直以来存在的障碍。

此外，少数族裔企业发展局在《冠状病毒援助、救济和经济安全法》中获得的 1000 万美元的资金，在法案颁布后 3 个月内便得到了分配，有效地为中心提供了资金。它们在经济紧急情况下及时部署资源的能力对于挣扎求存、需要确定其有资格获得哪些联邦和州救济的少数族裔企业来说至关重要。

此外，考虑到少数族裔企业发展局网络的广泛覆盖和与少数族裔社区的关系，该机构具备有意义地接触和服务这些社区的良好地位。在紧急情况下，国会应将向该机构提供资金作为优先事项，因为少数族裔企业在危机期间是最脆弱的群体之一，而少数族裔企业发展局拥有在及时到达这些企业方面的网络、资源和能力。

九、国家对小企业的资助

（一）计划历史

为了使小企业获得救济的渠道和正在投资的救济措施多样化，以及确保每个州的小企业和救济需求得到满足，国会部署了由州、地方和私人实体管理的资金和计划。

《美国复苏计划法案》拨出了 3500 亿美元给各州、县、城市、部落和领地。其中，1950 亿美元分配给州，650 亿美元分配给县，456 亿美元分配给大城市，195 亿美元分配给小城市，200 亿美元分配给部落民族，45 亿美元分配给美国领土。这些资金根据财政部给出的公式分配，分两批部署，第一批从 2021 年 5 月开始部署，第二批在一年后部署。该立法赋予了使用这些资金的广泛灵活性，使用类别包括收入替代、失业保险、资本建设、健康、人类服务、经济发展、教育、公共安全、州操作和其他计划。各州有直到 2024 年年底来使用他们的基金，到 2026 年年底来支配拨款。

此外，通过《美国复苏计划法案》，州小企业信贷计划（SSBCI）获得重新授权、扩大和拨出了 100 亿美元。该计划最初是在 2010 年创立的，旨在帮助小企业和制造商在 2009 年经济衰退后获得资本。州小企业信贷计划由财政部管理，并向州发展金融机构拨款，创建专门的小企业获取资本计划，包括资本获取计划、贷款参与和保证计划、循环贷款基金、风险投资和股权计划。该计划旨在于薪资保护计划等计划结束后帮助小企业。这些资金将根据公式向各州分配 60 亿美元，其中 15 亿美元专门用于社会和经济劣势企业，10 亿美元用于在社会和经济劣势企业领域表现优异的地区，5 亿美元用于雇用 10 名或更少员工的最小的小企业。

（二）计划成果〔1〕

通过《美国救援计划法》分配给州和地方的资金已基本支付完毕。截至2021年11月，39个州、华盛顿特区和波多黎各已经拨出了为各州和地区预留的1996亿美元中的1050亿美元——接近拨款总额的53%，以及2021年支付的第一批1550亿美元的68%。在有拨款的州中，它们已经承诺了略高于50%的拨款。迄今为止，大部分资金已被用于替代国家收入，因为各州必须每年平衡其预算，而疫情使许多州的预算紧张。替代国家收入有助于维持国家对学校的资助，防止公共部门的裁员（包括教师）维持医疗保健服务，确保公共服务的持续进行，并尽量减少干扰。此外，许多州正在利用这些资金直接应对疫情的影响，包括用于公共卫生服务、教育投资、扩大宽带网络、经济发展以及对工人和企业的援助。

例如，在马里兰州，这些资金中的一部分已被用于补充两个项目，即RELIEF法案项目和马里兰州强势经济复苏倡议，这两个项目在疫情期间努力帮助陷入困境的小企业和工人。马里兰州8亿美元的资金被用来补充这些项目。〔2〕RELIEF法案向超过40万的马里兰人提供了直接的经济刺激资助，以及向工人和小企业提供了各种税收减免。马里兰州经济复苏倡议向该州的非营利性机构以及在该州的马里兰大街社区以及巴尔的摩市的大街社区的旅游组织、娱乐场所和小企业提供直接拨款。

（三）经验教训

在整个疫情期间，国家一直强调联邦政府与州和地方政府有效合作，以解决公共卫生危机，以及援助挣扎的小企业、工人和家庭。通过向各州、县和市提供具有广泛灵活性的拨款，联邦政府为各州能够实施救济计划以解决本州的具体需求提供了支持。

这种方法确保了每个州独特的经济困境得到解决，联邦政府的救济缺口得到填补。在危机时期，没有一个解决方案可以解决所有50个州的需求，因此，国会必须给予州和地方政府所需的资金、资源、工具和支持，使它们制定自己的解决方案。

十、结论

在经历了1947年以来最严重的经济收缩之后，美国经济在拜登执政的第一年以1984年

〔1〕 Lazere, Ed. , *How States Can Best Use Federal Fiscal Recovery Funds: Lessons from State Choices so Far*, Center on Budget and Policy Priorities (29 Nov. 2021), https://www.cbpp.org/research/state-budget-and-tax/how-states-can-best-use-federal-fiscal-recovery-funds-lessons-from#:~:text=States%20Are%20Using%20Their%20Fiscal%20Recovery%20Funds&text=Note%3A%20The%20American%20Rescue%20Plan, of%20the%20COVID%2D19%20pandemic.

〔2〕 *The Office of Governor Larry Hogan*, Governor of Maryland Office of Governor Larry Hogan (31 Mar. 2021), https://governor.maryland.gov/2021/03/31/governor-hogan-president-ferguson-speaker-jones-announce-bipartisan-agreement-for-american-rescue-plan-funding/.

以来最快的速度增长。小企业管理局在疫情期间所建立的专业知识和能力已经为该机构充分推进正在进行中的企业复兴做好了准备。

根据人口普查局的数据，美国人在2020年注册了440万个新企业，这是有记录以来的最高数字，比上一年增长了24%。值得注意的是，这种增长是由非洲裔和西班牙社区的企业家推动的。数据显示，2020年2月至2021年8月，黑人企业主数量增长了38%。

国会已经证明了历史上阻碍弱势社区小企业增长的结构性障碍并非不可逾越。国会可以在这些经验教训的基础上，通过专注于对获得服务不足社区的小企业进行立法，这种立法可以通过以下几种方法进行：首先，在小企业管理局设立一个直接贷款计划，将为资本获取提供填补我们金融生态系统中目前存在的空白的另一种途径。由于高贷款拒绝率，许多弱势企业家会因此而被打击。但是该贷款计划将允许弱势企业家在被多次拒绝之前直接申请联邦担保贷款。其次，国会必须将社区优势贷款计划法定化。该贷款计划在小企业管理局的实施下尤其成功，能够为弱势企业家提供资本。再次，联邦政府需要设立新的计划来解决目前小企业管理局计划中的空白，例如为那些帮助最近被监禁的个人创业和为小企业提供培训的组织提供资金，以及提供资金为孟菲斯市立大学和历史悠久的黑人大学的校园提供孵化器和加速器，以建立企业发展渠道。最后，为了确保现有的和新的资本获取计划能够覆盖到最弱势的人群，国会应该提倡在小企业管理局的资本获取办公室设立一个新的办公室，专注于将资本投向未受关注和新兴的市场。这个办公室将能够更有效和有意识地确保资本流向最弱势的社区。

这些政策将利用联邦、州和地方政府于疫情期间在未受关注的社区中建立的渠道，将资本、企业发展、商业指导和技术培训带入最需要的社区。国会应该给予小企业管理局它需要的工具，以赋权企业家，加速经济增长，以更好地促进疫情后正常生产生活秩序的恢复，迎接美好的未来。

案件聚焦

投服中心代位追偿开先例

——“投服中心代表大智慧公司诉公司董监高损害公司利益责任纠纷案”法律分析

黄思瑶

【案情介绍】[1]

（一）大智慧公司支付虚假陈述赔偿款

因大智慧公司2013年年度报告存在虚增利润等信息披露违法行为，证监会于2016年7月对大智慧公司、张某虹等时任董监高的14名相关责任人及承担年报审计工作的立信会计师事务所予以行政处罚。在监管罚单公布后，数千名投资者陆续以该虚假陈述行为造成其利益减损为由，对大智慧公司及相关责任人提起证券虚假陈述诉讼。截至2023年2月16日，大智慧公司已依据生效的民事判决向投资者共计赔偿3.35亿元。

---

〔1〕 本文的案情论述基于以下资料对案情的介绍。《全国首例投保机构代位追偿董监高案尘埃落定——股东派生诉讼震慑上市公司“关键少数”》，载 http://www.legaldaily.com.cn/index/content/2023-03/03/content_8828191.html，最后访问日期：2023年5月30日；《大智慧不向高管追偿损失怎么办？持有一手股票的股东代位诉讼！》，载 https://mp.weixin.qq.com/s/JHJxWpGHN0zg0y_Y7a0B0g，最后访问日期：2023年5月30日；上海金融法院：《投保机构代为追偿董监高，上市公司获3.35亿元全额赔偿》，载 https://mp.weixin.qq.com/s/3c4Y7yFPYLTL6ISPsJSEtA，最后访问日期：2023年5月28日；《上海大智慧股份有限公司 2023年第一季度报告》，载《证券日报》2023年4月28日，第D496版。本文分析主要基于上述资料，仅作学术探讨。

（二）投服中心代位向公司高管追偿赔偿金

隶属于证监会的投资者保护公益机构——中证中小投资者服务中心（以下简称投服中心）持有大智慧公司 100 股股票。2021 年 4 月起，出于保护中小投资者利益的目的，投服中心两次向大智慧公司发送《股东质询建议函》，建议公司向相关责任人追偿，但大智慧公司怠于履行追偿职责，并未采取相应措施。故同年 9 月，投服中心以股东身份代表大智慧公司向上海金融法院提起全国首例投保机构股东代位诉讼。

投服中心诉称，根据在先生效判决，大智慧公司、王某红（时任董事兼财务总监）、洪某（时任副总经理）、郭某莉（时任财务部经理）及审计机构应对投资者胡某共计 86 万余元的损失承担连带赔偿责任。目前该款项已由大智慧公司实际赔付。但大智慧公司作为上市公司，其资产囊括了中小投资者的份额，若其承担全部赔偿责任，又不向具有过错的责任人追偿，相当于广大投资者的利益同时受损。同时，因张某虹（控股股东、原董事长兼总经理）、王某（时任董事、副总经理及董事会秘书）与上述民事判决中的被告共同构成虚假陈述侵权行为，大智慧公司亦有权向其追偿。故投服中心最终诉请张某虹、王某、王某红、洪某四人向大智慧公司赔偿 86 万余元，并将郭某莉及会计师事务所列为第三人参与诉讼。

（三）投服中心发挥监督作用，大智慧公司向实际控制人追要赔款

2021 年 11 月，大智慧公司作为原告，以张某虹、王某、王某红、洪某、郭某莉五位公司董监高为被告另案提起诉讼，请求五被告支付大智慧公司在证券虚假陈述系列案件中已向投资者支付的民事赔偿款合计 3.35 亿元。

上海金融法院在审理过程中考虑到上述两个案件诉请的事实、理由密切相关，为查明案件事实，对各被告应承担的责任进行更为细致的划分，依职权将证监会就相关虚假陈述行为进行行政处罚的其余董监高追加为案件第三人。

（四）大智慧公司实际控制人经调解同意支付赔偿金

2023 年 2 月，在上海金融法院的调解下，大智慧公司控股股东、原董事长兼总经理张某虹与公司达成和解。张某虹向大智慧公司全额支付了投服中心诉请的 86 万余元，并承担了相关的律师费及诉讼费用。至此，原告投服中心的诉讼请求和诉讼目的均已全部实现。故上海金融法院裁定准许原告投服中心撤诉。

此外，在大智慧公司提起的另案诉讼中，经过上海金融法院的调解，大智慧公司与张某虹等五名被告达成调解协议，约定张某虹于当年年度之前分四笔向公司全额支付该案诉请的损失共计 3.35 亿元。根据大智慧公司的公告，因需支付金额巨大，张某虹拟减持不超过 6% 的股份，用于支付赔偿款项。

【法律分析】

股东代位诉讼是当公司合法利益受到侵害，但公司怠于或拒绝追究侵权人责任时，出于保护公司利益的考量，具有法定资格的股东以自己的名义提起诉讼，请求违反义务的董监高向公司赔偿损失的制度。

虽然《公司法》第 151 条早已对股东代位诉讼作出了概括性的规定，但实践中相关案件数量较少，且以有限责任公司诉讼为主。囿于该一般规定有时难以满足上市公司股东代位诉讼的特殊需求，《证券法》第 94 条第 3 款对其作出了特别的补充规定。即首次确立了在股东代位诉讼中投服中心可作为原告，为投保机构提起股东代位诉讼提供了有力的法律保障。该条款明确规定，当公司的董事、监事、高管、控股股东、实际控制人五类主体实施侵犯公司合法权益行为，并造成公司利益减损的不良后果时，投保机构可以以自己的名义向人民法院提起诉讼。且此时投服中心作为股东代位诉讼的提起者，其持股比例和持股期限不受《公司法》“连续一百八十日以上单独或者合计持有公司百分之一以上股份”规定的限制。

大智慧公司案系全国首例特别股东代表诉讼，也系全国首例在上市公司已履行完毕因证券欺诈被判令的民事赔偿责任后，由投资者保护机构对公司董监高提起的代位追偿案件。虽然该案最后双方调解成功撤案，达到了投资者与上市公司利益均得到保障的双赢局面。但囿于其并未经由法院进行最终的实体判决，缺乏具有指导性的裁判观点，故该案件中仍留有许多法律问题，亟待理论与司法实践的探索。

（一）投服中心代位诉讼的被告范围认定

本案实质上属于证券虚假陈述内部分责诉讼，其难点之一在于投服中心提起股东代位诉讼时当事人的身份选择。在证券虚假陈述内部分责诉讼中，原告在行使追偿权时可以请求承担责任的主体共分为两类：一类是已经在外部求偿判决中被确定为与原告一同承担连带侵权责任的主体；另一类则包括其他可能实际承担连带责任的虚假陈述主体。这些主体在证券虚假陈述事件中可能扮演了关键角色，曾采取积极或消极行为实施证券虚假陈述，尽管在外部求偿判决中尚未明确其责任，但原告仍有权考虑将其作为追偿的责任主体。

一方面，依据《最高人民法院关于审理证券市场虚假陈述侵权民事赔偿案件的若干规定》（法释〔2022〕2 号）（以下简称《虚假陈述若干规定》）第 20—22 条，虚假陈述的责任人包括了公司董事、监事、高管、进行年报审计的会计师事务所，以及发行人的供应商、客户等一众主体。但在《证券法》第 94 条中，条文仅将投服中心提起股东代位诉讼的案件限定为公司的董事、监事、高级管理人员、控股股东及实际控制人等五类主体对公司利益造成侵害的情形。可见，相较于《虚假陈述若干规定》将被告范围扩展至协助虚假陈述的金融机构、配合陈述的供应商等相关实体，《证券法》对投服中心提起的特别股东代表诉讼限缩了可诉被告的范围，将不属于“五类主体”的其他侵害公司权益的主体排除在适格被告的范围之外，导致责任追索对象存在一定局限性。但这并非当然意味着其他侵害公司利益的第三人可以免于承担赔偿责任。由于《证券法》是国家立法机关通过正式的立法程序制定的法律，相较于性质为司法解释的《虚假陈述若干规定》，具有更高的法律效力，应以《证券法》第 94 条作为首要的法律依据，不宜轻易对其进行扩张性解释。此外，根据《公司法》第 151 条，除了董监高外，他人侵犯公司合法权益，给公司造成损失的，符合股东代位诉讼资质要求的股东亦可以提起诉讼。此处的“他人”即可理解为包含《证券法》第 94 条所称的发行人控股股东、实际控制人。可见，公司董监高作为股东代位诉讼的适格被告并无争议，控股股东、实际控制人亦可纳入被告范围。

另一方面，为了使投资者的利益可以得到有效保障，以往司法实践中常以财力雄厚的发行人、上市公司作为责任主体，承担证券虚假陈述民事赔偿责任，很少出现由违法行为人个人进行实际赔偿的情形。导致证券违法违规行为容易出现“大股东犯错、小股东买单”的后果，无法真正准确地实现追责到人。但近年来，证券监管部门一直强调在惩戒证券虚假陈述等侵权行为时，要着重注意规制“关键少数”，在选择具体惩罚对象时要维持“追首恶”的诉讼原则。2021 年 7 月，中共中央办公厅、国务院办公厅印发了《关于依法从严打击证券违法活动的意见》，明确指出要贯彻“零容忍”的态度，加大对发行人控股股东、实际控制人、董监高等有关责任人证券违法行为的追责力度。《虚假陈述若干规定》第 20 条随之确立了“追首恶”原则，要求追究真正从虚假陈述中获益，策划、指使或实施虚假陈述的实质违法者的终局责任。

综上，虽然在先前的虚假陈述赔偿案件生效判决中，董事长张某虹、董事会秘书王某并未被列为被告，也未被判决承担连带赔偿责任。但二者在证监会（2016）88 号、89 号行政处罚决定书中已被判定为虚假陈述责任人，属于应实际承担连带责任但在外部求偿判决中被忽略的主体，且二者作为公司董监高和实际控制人，是投服中心提起代位诉讼的适格被告。在本案中张某虹、王某与董事王某红、副总经理洪某作为共同被告符合法律规定，亦遵循了“追首恶”的法理基础。

对于被行政处罚决定书认定负有虚假陈述责任的审计机构以及财务部经理而言，从法律规定上看，其不属于《证券法》第 94 条规定的五类主体，在投服机构代位诉讼中欠缺法定的被告主体资格。从法理分析上看，审计机构对于审计过程中发现的重大、异常情况，未按照其执业准则审慎、勤勉地执行充分适当的审计程序，导致大智慧公司的违法行为未被及时揭示，进而使得投资者轻信公司出具并经审计机构核验的相关报告，造成严重损害，故对于投资者而言，审计机构可以作为适格被告，向其承担部分证券虚假陈述的赔付责任。但本案中，投服中心代表大智慧公司起诉，原告可视为公司，被告应为侵害公司利益的责任主体。由于中介机构的审查失职行为是基于发行人提供的虚假信息而作出的，发行人对此应承担无过错责任，因而，中介机构对发行人虚假陈述的审查失职行为不应视为侵害公司利益的行为，故中介机构不是本案的适格被告。

（二）董监高对内承担损害公司利益的责任与对外承担证券欺诈连带责任之间的关系

虚假陈述实际上涉及上市公司内部治理结构的核心问题，其本质是一部分公司内部人员（包括控股股东、实际控制人以及高级管理层）侵犯了另一部分人员（公众投资者）的权益，因此应被视为侵权者的个人行为。[1]然而，在司法实践中，上市公司在对外承担了证券侵权责任后向其董监高寻求赔偿的案例极为罕见。这主要是因为上市公司的虚假信息披露行为通常是在公司实际控制人的操控下进行的，因此，期望上市公司积极追究高级管理层的赔偿责任并不现实。此外，公司内部中小股东股权分散、凝聚力欠佳，缺乏提起股东派生诉讼的条件和动力。在这种情况下，投服中心积极行使提起代位诉讼的法定权利，通过依法追究侵害公司合法权益的“关键少数”的法律责任，将虚假陈述的终局责任追溯到真正实施违法行为的幕后推手，即公司董监高身上。

根据《证券法》第85条之规定，如果上市公司未按照规定披露信息，或者其公告的证券发行文件、定期报告、临时报告等文件存在虚假陈述，导致投资者在证券交易中遭受损失，那么上市公司应承担赔偿责任。同时，除非上市公司的控股股东、实际控制人及董监高等责任主体能够证明自己没有过错，否则他们应当与上市公司承担连带赔偿责任。可见，董监高对内承担损害公司利益的责任与对外承担证券欺诈连带责任之间存在一定关联性，可视为一种并存关系。若董监高的错误行为或决策直接导致公司作出虚假信息披露，或者董监高知情并默许了公司作出违法行为，从而误导了外部投资者作出错误的投资决策，进而导致他们遭受经济损失。一方面，公司的实际控制人、董监高需要赔偿公司因虚假信息披露而遭受的损失，例如股价下跌和公司声誉受损等，这种责任是公司内部管理和治理的一部分，旨在保护公司和其股东的权益；另一方面，董监高的行为直接或间接导致了外部投资者的损失，根据法律规定，其理应与上市公司对外承担证券欺诈连带责任。实践中，外部投资者通常会将经济实力较强的上市公司作为求偿对象，要求公司承担因董监高的疏忽或违规行为带来的损失。在这种情况下，董监高未尽到确保公司经营活动合法合规的义务，导致公司和股东权益受损，其应承担赔偿公司利益损失的责任，公司可就已向消费者支付的赔款向董监高进行适当的追偿。需要注意的是，这两种责任是董监高对公司和投资者分别承担的不同法律责任，二者可以同时存在，但彼此间相互独立，不能将董监高对内承担的损害公司利益的责任直接转化为对外承担的证券欺诈连带责任。

对于董监高与上市公司承担的证券虚假陈述连带责任，其性质应为不真正连带责任，即

---

〔1〕 参见孙培贤：《虚假陈述侵权责任形态评析及完善》，载张育军、徐明主编：《证券法苑》第3卷，法律出版社2010年版。

各债务人基于不同的发生原因而对同一债权人负有以同一给付为标的的数个债务，一个债务人的履行可使全体债务人的债务均归于消灭。本案中，虽然大智慧公司作为上市公司，具有独立的法律地位和行为能力，但其行为实际上是由实际控制人和董监高实施的。因此，从实质上看，证券虚假信息披露行为是由大智慧公司的实际控制人、董监高具体实施的，其应当为自身的侵权行为与上市公司承担连带责任。

（三）发行人承担证券侵权责任后向公司内部责任主体进行追偿的路径推演

虽然《公司法》第149条规定，“董事、监事、高级管理人员执行公司职务时违反法律、行政法规或者公司章程的规定，给公司造成损失的，应当承担赔偿责任”，为发行人承担证券侵权责任后向董监高追偿提供了法律依据。但目前的法律体系中并未明确规定内部相关侵权责任人的责任形式和比例划分，对于上市公司如何向董监高追偿，各董监高对公司损失应承担连带责任还是按份责任，各董监高担责份额如何确定，追偿的责任范围有多大等问题，法律并未给予统一回应，亟待司法实践的探索解决。

关于董监高对公司损失应承担的责任的性质，应当为连带责任而非按份责任。原因在于，连带责任不仅涉及多人承担责任，还涉及对外承担责任。在外部受害人的损失得到赔偿后，被判承担连带责任的各方最终仍需在内部按份分担责任。因此，要求董监高先共同对外赔偿损失，然后再内部划分各自的责任份额，是兼顾效率和公平的做法。即使公司实际控制人和各董监高在操控公司虚假信息披露行为方面存在不同的过错和原因力等方面的差异，不同主体具有主导和附随的角色差异，但他们共同参与的证券虚假陈述行为对公司造成了直接影响，因此各董监高应对外承担连带责任。这种方式有助于快速填补公司利益缺口，维持公司正常运营，并帮助公司尽快赔偿投资者，进一步保护中小投资者的利益。通常情况下，法院可依据“对外连带，对内按份”的原则，在判决时明确董监高对公司承担连带责任，同时为提高审判效率、从根本上解决纠纷，可以根据事实情况合理确定董监高内部应承担的按份责任的大小。[1]

由于在证券虚假陈述责任纠纷中，涉及发行人、承销商、证券法务机构等不同责任主体，因此，在确定董事等相关主体所应承担的责任份额时，应按照“三步走”的方式进行分析。首先，应划分各主体的责任，确定发行人所应承担的责任份额；其次，确定发行人对董监高的追偿范围；最后，对董监高各自应承担的内部责任份额进行确定和分摊。[2]因第一步主要涉及对外部投资者的责任承担，本文不予讨论，本文将主要讨论后两个问题。

---

〔1〕 参见孙光焰：《董事证券虚假陈述职务侵权责任制度的重构——以公司治理为视角》，载《法商研究》2010年第4期。

〔2〕 参见孙倩、王倩：《发行人承担证券侵权责任后向董事追偿的司法裁判路径研究——以证券法与公司法的互动为视角》，载黄红元总编，蔡建春、卢文道主编：《证券法苑》第34卷，法律出版社2022年版。

1. 发行人对董监高、控股股东、实际控制人的追偿范围：上市公司应否自担部分损失

对于发行人能向董监高等主体追偿的范围，实践中尚存争议。有观点认为，公司与董监高在公司治理中属于代理关系。公司作为法人承担的证券虚假陈述的责任属于转承责任，公司的行为本质上是由董监高等指示作出的。在这种情况下，确定追偿范围时不应再考虑公司的法人独立性，而应基于董监高、控股股东、实际控制人与发行人之间的内部关系来进行责任认定。发行人对外赔偿所产生的公司财产损失应由上述有过错的主体承担终局责任，因此，发行人可以向董事、实际控制人等责任主体追偿其承担的全部赔偿份额。也有观点认为，发行人身份为法人，能够独立承担法律规定的民事责任，因此，发行人应自行承担部分损失，不能就公司赔付的全部金额对董监高、控股股东、实际控制人等进行全额追偿。

在既有司法实践中，有关证券侵权纠纷代表人诉讼内部追偿的典型案例应属云南云投生态环境科技股份有限公司（以下简称云投公司）与何某葵追偿权纠纷一案[1]（以下简称云投公司案）。该案中，法院驳回了云投公司提出的向公司实际控制人何某葵追偿证券虚假陈述全部赔偿数额的诉清。云南省高级人民法院认为，云投公司作为法人，是法律规定的拟制人，其自身的意思表示均要通过其法定代表人或公司管理机构和工作人员的行为加以体现，公司本身不具有表意能力。在证券虚假陈述侵权行为中，云投公司作为侵权行为的直接主体和最大获益者，其自身管理体系的无效和治理机构的失灵对于侵权行为的发生具有一定责任。法院在酌情认定后，判决云投公司在本案中应承担70%主要责任中的30%，对董事会和股东大会决策具有较大影响力的云投公司控股股东何某葵承担该部分剩下的40%责任。

云投公司案对上市公司本身在证券虚假陈述责任纠纷中是否需承担一定责任的问题给出了具有借鉴意义的回答。公司作为拟制主体，在此类案件中是否存在过错，如何承担责任，需要结合具体案件事实，由法院对实际控制人的控制或操纵进行实质审查之后再加以确定。由于法律和司法解释对此尚未作出详细规定，结合既往判例，笔者初步认为，针对这一问题，法院应先行对上市公司的法人主体独立性进行评估，以此作为公司在证券虚假陈述责任纠纷中是否需要自行承担损失的依据。具体而言，若上市公司的权力机关、执行机关、监督机关尚处于有条不紊的运行过程中，公司的实际控制人并未完全凌驾于内控机制之上，达到可以随意左右公司决议的地步。此时，上市公司作为具有信息披露义务的证券虚假陈述主要责任方，直接受益于虚假陈述行为，理应自行承担相应的经营管理风险，并在法院综合认定的过错范围内承担一定份额的侵权赔偿责任。反之，若既往判决或行政处罚决定书明确表明，或者有确凿证据证明，公司董事实际参与并直接负责公司违法信息披露事务，对公司的经营管理决策、财务人事等事项拥有说一不二的决策权，即实际控制人已经对公司达到了“实际完全支配”的程度时，公司只能视为实际控制人满足个人私欲的工具。此时，出于维

---

〔1〕 云南省高级人民法院民事判决书，（2017）云民终404号。

护公司中小股东利益的考量，法院不应判决公司承担责任，应转而要求公司的实际控制人和董事承担全部终局责任。并支持发行人将其在证券虚假陈述诉讼中确定的责任份额作为最高限额，向公司的实际控制人和董事进行追偿。

2. 董监高具体责任份额的划定

在划分清上市公司与公司内部责任人所应承担的侵权责任份额后，将进一步延伸出证券虚假陈述连带责任中内部追偿份额如何确定的问题。根据现行法律规定，证券虚假陈述连带责任的内部追偿可以适用《民法典》第 178 条规定的连带责任内部追偿一般规则。然而，该条款仅概括性地指出各责任人的责任份额根据各自责任大小确定，无法确定的平均承担责任，并未明确规定如何具体衡量"责任大小"，导致司法实践中出现了内部追偿裁判尺度不一的混乱局面。

在划定董事的内部责任份额时，法院应结合以下几项因素进行综合考量：其一，过错程度。在判断责任人的过错程度时，法院应征求专业领域专家的意见，并结合责任人的工作职责和工作范围来确定。例如，财务工作具有较高的专业壁垒，对于财务造假行为，应对具有丰富财务经验和专业财务知识的财务部高管苛以更多的责任份额。其二，原因力大小。比较不同责任主体原因力的大小，可确定内部追偿份额。如果责任主体的行为在导致证券虚假陈述发生方面具有决定性的直接原因或主要原因，那么其应该承担较多的责任份额；反之，如果他们的行为仅是间接原因或次要原因，那么其应承担相对较少的责任份额。其三，公平原则。在对相关责任人进行内部责任分配时，可结合各责任人在该证券虚假陈述相关行为中所获得的收益的状况和经济负担能力进行辅助判断，进而确定该责任主体的责任份额。

本案中，在先前的行政处罚决定书中，证监会已结合大智慧公司内部各董监高的身份地位和违法行为的事实、性质、情节与社会危害程度，对不同主体给予了不同数额的罚款。其中，证监会认定张某虹情节最为严重，对其处以 30 万元罚款，王某和王某红各被处以 20 万元罚款，洪某被处以 10 万元罚款。笔者认为，在具体分摊公司实际控制人、董监高所承担的赔偿份额时，除了结合证据材料，对不同责任人的过错程度、原因力大小等因素进行综合认定外，还可以将罚款数额的多少作为当事人承担具体责任份额的参考依据。

挂钩市值的间接对赌难逃法律责难

——“高科新浚诉房某、梁某、绍兴闰康等股权回购纠纷案”法律分析

王　昕

2022年9月，上海市高级人民法院（以下简称上海高院）对南京高科新浚成长一期股权投资合伙企业（有限合伙）（以下简称高科新浚）诉房某某、梁某某、绍兴闰康生物医药股权投资合伙企业（有限合伙）（以下简称绍兴闰康）上市公司股份回购合同纠纷案作出终审判决，这起耗时两年引起市场广泛关注的案件最终以案涉对赌条款无效，高科新浚全部诉讼请求被驳回画上句号。作为国内首例对公司上市后对赌协议效力作出认定的案件，该案明确了公司上市后未清理的与市值挂钩的对赌条款因违背公序良俗而无效，对维护证券市场正常的监管秩序具有重要意义。本文将以基本案件事实为出发点，以案涉对赌条款的效力认定为核心对案件进行分析。

【案情介绍】[1]

（一）对赌关系形成：高科一系[2]与房、梁二人签订《修订合伙人协议》

本案涉及多方主体，不同主体之间形成了错综复杂的法律关系。首先，本案中对赌条款所涉目标上市公司为江苏硕世生物科技股份有限公司（以下简称江苏硕世），房某某、梁某某为江苏硕世的实际控制人。2015 年 12 月，房某某、梁某某共同出资成立绍兴闰康，房某某出资10%，为有限合伙人，梁某某出资90%，为普通合伙人，绍兴闰康本身并不实际从事任何经营活动，设立目的仅在于对江苏硕世进行股权投资，在江苏硕世上市时，绍兴闰康共持有其 35.49% 的股份，为其控股股东。2016 年 12 月 21 日，高科新浚、南京高科新创投资有限公司（以下简称高科新创）与房某某、梁某某签订《修订认购协议》，约定高科新浚、高科新创认购绍兴闰康新增出资共计 1 亿元，认购价款均于当月缴付，二者均为绍兴闰康的有限合伙人。通过对绍兴闰康的入伙，截至起诉时，高科新浚持有绍兴闰康 13.08% 的合伙份额，对应江苏硕世已发行的约 205 万股的股份，高科新创持有绍兴闰康 7.04% 的合伙份额，对应江苏硕世已发行的约 110 万股的股份。

此后，各方主体之间签订《修订合伙人协议》，该协议中约定了未上市回购条款以及上市后回购条款。其中，未上市回购条款约定：江苏硕世未在指定期间上市的，江苏硕世的控股股东及实控人按本金及年息 12% 回购高科新浚与高科新创的合伙份额。而上市后回购条款约定：在江苏硕世完成合格首次公开发行股份之日起 6 个月届满之日，投资方有权要求任一回购义务人（房某某、梁某某或绍兴闰康）按照约定的价格购买其全部或部分合伙份额对应的收益权；上市后回购价款以发出回购通知之日前 30 个交易日江苏硕世股票在二级市场的

---

〔1〕 本文案情梳理基于以下资料对案情的介绍。《整理与解析丨2022 年“全国法院十大商事案件”涉公司法案例》，载 https://www.sohu.com/a/637046165_398071，最后访问日期：2023 年 5 月 15 日；《最高法民二庭发布 2022 年度全国法院十大商事案件》，载 https://www.court.gov.cn/zixun-xiangqing-387081.html，最后访问日期：2023 年 5 月 15 日；《2022 年度全国法院十大商事案件发布　涉 7.7 亿元 IPO 对赌协议无效案位列其中》，载 https://finance.sina.com.cn/roll/2023-01-19/doc-imyaterh8689781.shtml，最后访问日期：2023 年 5 月 15 日；《国内首例——法院判决：IPO 审核时这种对赌条款无效!》，载 https://cj.sina.com.cn/articles/view/7414172568/1b9eb4b98019018nsl，最后访问日期：2023 年 5 月 15 日；《昔日合伙企业对簿公堂，南京高科子公司上诉被驳回，涉案 8 亿元》，载 http://stock.10jqka.com.cn/20221010/c642162480.shtml，最后访问日期：2023 年 5 月 15 日；《涉 7.68 亿，硕世生物股权纠纷案终审宣判!》，载 https://www.sohu.com/a/591834781_139908，最后访问日期：2023 年 5 月 15 日；《典型案例评析：从“硕世生物案”看 IPO 未清理的挂钩市值对赌条款无效》，载 https://www.sohu.com/a/623038411_121123903，最后访问日期：2023 年 5 月 18 日；《国内首例！法院认定，这种对赌条款无效!》，载 https://www.thepaper.cn/newsDetail_forward_20616480，最后访问日期：2023 年 5 月 18 日；《南京高科股份有限公司关于涉及诉讼事项判决结果的公告》，载 https://paper.cnstock.com/html/2022-10/10/content_1673762.htm，最后访问日期：2023 年 5 月 20 日；《国内首例！法院认定，这种对赌条款无效!》，载 https://www.thepaper.cn/newsDetail_forward_20616480，最后访问日期：2023 年 5 月 20 日。本文分析主要基于上述资料来源，仅作学术探讨。

〔2〕 南京高科新浚成长一期股权投资合伙企业（有限合伙）与南京高科新创投资有限公司合称为高科一系。

收盘价算术平均值作为计算依据。正是这一与二级市场股价直接挂钩的回购条款，为此后矛盾的爆发埋下了伏笔。

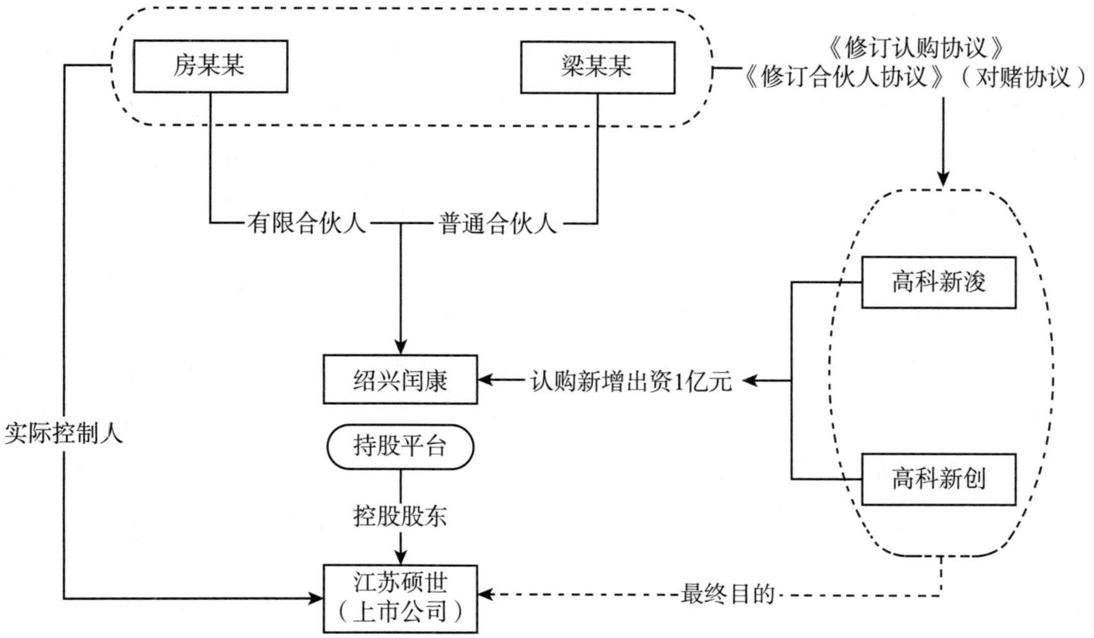

图1　本案法律关系

（二）矛盾爆发：高科新浚诉请回购义务人履行回购义务

2019年12月，江苏硕世在上交所科创板上市，上市后股价一路上涨，从发行时的46.78元/股暴涨至约450元/股，涨幅近十倍。2020年7月13日，高科新浚、高科新创依据此前签订的《修订合伙人协议》向房某某、梁某某、绍兴闰康发出《回购通知书》，要求三者依约履行上市后回购义务，高科新创在通知中要求的回购价款为2.69亿元，高科新浚要求的回购价款为4.99亿元。江苏硕世在二级市场的股票交易价格于高科新创、高科新浚发出回购通知的当日达到上市以来的最高价格476.76元/股，在通知发出前的30个交易日内，江苏硕世的股票价格涨幅达到155%。而自高科新浚、高科新创发出回购通知的次日起江苏硕世股价一直处于跌势，至2020年9月11日交易收盘价为183.80元/股。由于房某某、梁某某、绍兴闰康未于高科新浚、高科新创发出回购通知后3个月内依照协议约定支付相应回购价款，高科新浚遂向上海市第二中级人民法院提起诉讼。

高科新浚在诉讼中要求房某某、梁某某、绍兴闰康按照对赌协议的约定，以前者发出通知之日前30个交易日江苏硕世股票在二级市场的收盘价算术平均值作为计算依据，向高科新浚支付合伙份额的回购价款4.99亿元以及因逾期支付回购价款所产生的利息损失；要求判令绍兴闰康协助高科新浚办理绍兴闰康所持江苏硕世股份的质押登记手续，在股份质押登记手续办结后或对方未在法院判决限定期限内办理股份质押登记手续的，高科新浚可以就协议折价或拍卖、变卖后的价款在房某某、梁某某、绍兴闰康应向高科新浚支付的回购价款以及利息损失范围内享有优先受偿权。至此，这份在江苏硕世筹备首次公开募股过程中从未披露过的对赌协议进入了大众视野。

但该份《修订合伙人协议》中所约定的上市后回购条款，依据《上海证券交易所科创板股票发行上市审核问答（二）》（以下简称《审核问答（二）》）第 10 条的规定，属于发行人江苏硕世在申报科创板股票发行上市前应予以清理的对赌协议，而其在申报发行的过程中，并未按照监管要求予以披露和清理。因此，高科新浚各项诉讼请求所依据的上市后回购条款的效力认定问题，成为影响法院最终判决的焦点。

（三）法院判决：IPO 时未清理的与市值挂钩的对赌条款无效

上海市第二中级人民法院对本案作出一审判决，驳回原告高科新浚全部诉讼请求。法院认为，案涉对赌条款中所约定的回购价格计算方式与江苏硕世在二级市场的股票市值直接挂钩，属于在申报发行上市前依法应当予以清理的对赌事项。对赌条款中关于上市后回购权的约定存在破坏证券市场监管秩序、损害社会公共利益的可能性，因此判决驳回高科新浚的全部诉讼请求。

一审判决后，高科新浚不服，向上海高院提起上诉。

上海高院二审认为，首先，《上海证券交易所科创板股票发行上市审核规则》以及《审核问答（二）》对欲进行证券发行上市的各个主体均具有法律约束力，江苏硕世在筹备首次公开发行时应严格遵守。《审核问答（二）》第 10 条明确规定：PE、VC 等机构在投资时约定估值调整机制情形的，原则上要求发行人在申报前清理对赌协议。[1]本案中各方主体之间签订的《修订合伙人协议》属于依照规定在发行上市前应予以披露清理的对赌协议。其次，虽然案涉对赌协议外观上是由绍兴闰康的各合伙人房某某、梁某某与高科新浚、高科新创所签订，但由于房某某、梁某某为江苏硕世的实际控制人，绍兴闰康实质上为各合伙人投资江苏硕世的持股平台，因此高科新浚与高科新创入伙绍兴闰康，与房某某、梁某某签订对赌协议的真实目的在于获取江苏硕世上市后的高额利润回报。从对赌协议中所约定的与二级市场短期内的股票交易价格直接挂钩的合伙份额回购价格，以及完全由高科新浚和高科新创所掌握的回购时间节点，结合江苏硕世上市后不寻常的交易价格走势，本案不排除投资者变相架空禁售期的限制规定，为追求自身利益而故意在行权期内操纵二级市场的股票交易价格，使

---

〔1〕《上海证券交易所科创板股票发行上市审核问答（二）》10、部分投资机构在投资时约定有估值调整机制（对赌协议），发行人及中介机构应当如何把握？答：PE、VC 等机构在投资时约定估值调整机制（一般称为对赌协议）情形的，原则上要求发行人在申报前清理对赌协议，但同时满足以下要求的对赌协议可以不清理：一是发行人不作为对赌协议当事人；二是对赌协议不存在可能导致公司控制权变化的约定；三是对赌协议不与市值挂钩；四是对赌协议不存在严重影响发行人持续经营能力或者其他严重影响投资者权益的情形。保荐人及发行人律师应当就对赌协议是否符合上述要求发表专项核查意见。发行人应当在招股说明书中披露对赌协议的具体内容、对发行人可能存在的影响等，并进行风险提示。

二级市场股票交易价格背离目标公司正常市场交易估值，损害其他公众投资者合法权益的可能性，进而可能对证券市场正常的交易秩序、金融系统的稳定等公共利益造成损害，属于《民法典》第153条所规定的违反公序良俗的情形，故该条款应当认定为无效。[1]在江苏硕世隐瞒、未披露系争回购条款，违规获取上市发行资格的情况下，高科新浚依据应当被清理的回购条款来主张权利，人民法院不应予以支持。故二审法院驳回上诉，维持原判。

此后，南京高科一系公告称，目前高科新浚与高科新创在计量持有绍兴闰康合伙份额的公允价值变动时按照其持有江苏硕世的股票市价为基础，并考虑剩余禁售期对应的流动性折扣进行估值，因二审上诉请求被驳回，未来高科新创与高科新浚最终退出该项目时所获得的投资收益与原计划按照诉讼请求方式退出该项目可获得的投资收益相比将不及预期。

至此，长达两年的合同纠纷最终以高科新浚惨败落下帷幕，同时该案为资本市场敲响了警钟：司法审判与证券监管保持一致，申报发行上市前未清理的与股票市值挂钩的对赌条款无效，以签订对赌协议的方式规避证券市场监管这条路径走不通。

【法律分析】

对赌协议作为私募股权投资领域一种常见的融资契约，对于企业高效融资、优化内部管理具有积极意义。《全国法院民商事审判工作会议纪要》（以下简称《九民纪要》）的出台意味着法院不再直接否认投资者与目标公司股东之间所签订的对赌协议的效力，而是在尊重意思自治的基础上考察对赌协议履行的可能性问题。实践中常见的现金补偿型以及股权回购型对赌协议大多遵循《九民纪要》所规定的此种裁判思路。而本案中，高科一系以投资目标公司控股股东绍兴闰康为通道，与目标公司实控人签订的对赌条款中所约定的回购价格直接与二级市场股票市值挂钩，属于目标公司上市前应当予以清理的内容，故条款本身存在损害证券市场交易秩序以及投资者合法权益等公共利益的可能性，难以完全遵循《九民纪要》所确立的关于对赌协议的裁判思路。因此，本案的争议焦点为如何认定案涉对赌条款的效力。

（一）《修订合伙人协议》回购条款的性质认定

高科新创与高科新浚选择入伙专为投资江苏硕世而成立的绍兴闰康，真实目的为间接持有对应的江苏硕世的股份；从各方主体之间所签订的上市后股份回购条款的内容来看，其实质为高科新创与高科新浚通过主张回购义务人回购绍兴闰康合伙份额的方式，在上市禁售期内提前转让其间接持有的江苏硕世股份以获取高额投资回报。因此，案涉《修订合伙人协议》为针对目标上市公司江苏硕世的对赌协议。

---

〔1〕《民法典》第153条：违反法律、行政法规的强制性规定的民事法律行为无效。但是，该强制性规定不导致该民事法律行为无效的除外。违背公序良俗的民事法律行为无效。

高科新浚与高科新创选择入伙绍兴闰康而间接持有江苏硕世股份的投资路径，存在规避禁售期规定的可能性。依据《公司法》第 141 条的规定，公开发行股份前已经发行的股份，自股票上市交易之日起 1 年内不得转让。即若高科新浚与高科新创直接投资入股江苏硕世，其所持股份在江苏硕世成功上市后至少应当锁定 1 年。也许是基于此种考量，高科新浚与高科新创最终选择通过入伙绍兴闰康来间接持有对应的江苏硕世的股份。

但问题在于，绍兴闰康的特殊性质决定了高科一系通过间接持股这条路径规避禁售期的规定存在阻碍。依据《上海证券交易所股票上市规则》（2014 年修订）第五章第一节的规定，发行人向本所申请其首次公开发行股票上市时，控股股东和实际控制人应当承诺：自发行人股票上市之日起 36 个月内，不转让或者委托他人管理其直接和间接持有的发行人首次公开发行股票前已发行股份，也不由发行人回购该部分股份。绍兴闰康为江苏硕世的控股股东，理应遵守 36 个月股份锁定期的规定。高科一系作为绍兴闰康的合伙人，并非发行人江苏硕世的直接控股股东或实际控制人，依据上述规定，原则上无需遵守 36 个月股份锁定期的规定。但由于绍兴闰康本身持股平台的特殊性质，在江苏硕世上市前的审核过程中，不排除审核机构为防止高科一系通过间接持股规避禁售期规定以牟利，依据证券市场"穿透式监管"理念，要求高科一系同样遵守 36 个月股份锁定期规定的情况发生。

综上，对于高科一系而言，无论其选择何种投资通道，都将受到证券市场关于股票禁售期的限制。或许是基于此种考量，高科新浚、高科新创与房某某、梁某某之间进一步签订了《修订合伙人协议》。从其中上市后回购条款的约定来看，高科一系在上市 6 个月后即可要求回购义务人回购其所持有的合伙份额，且回购价格以发出回购通知之日前 30 个交易日江苏硕世在二级市场的股票交易价格为计算依据，该约定实际履行的法律后果相当于高科一系完全不受禁售期的限制，在公司上市 6 个月后即可以通过按市价转让其所持合伙份额的方式完成投资退出，在退出时点的选择以及购买人的选择上具有极大的自主性与选择权，与实践中常见的对赌协议约定有所不同，已经脱离了公司自治的范畴，关乎公共利益。因此，该条款完全架空禁售期的规定，约定回购价格与股票市值直接挂钩，属于依规应当于首次公开发行股票前进行披露与清理的对赌条款。

（二）案涉对赌条款具有明显的社会危害性

本案当事人之间所签署的对赌条款直接与目标公司二级市场股票市值挂钩，具有明显的社会危害性。

1. 对赌条款本身易引发操纵市场行为

与市值挂钩的对赌条款存在当事人恶意操纵股价、扰乱证券市场交易秩序的可能性。案涉上市后回购条款约定条件成就时，回购义务人应当以江苏硕世二级市场股票交易价格为基础回购高科一系所持有的绍兴闰康合伙份额。故而股票交易价格是最终决定高科一系在此次投资中获利大小的关键因素。对赌协议的本质为"估值调整机制"，而与市值挂钩的回购价格约定已经完全背离了“估值补偿”的基本属性，投资方为了获取高额回购价款，极有可能通过各种证券市场禁止的行为操纵股票市价，使二级市场股价背离正常的市场交易价格，影响投资者作出正确的投资决策，损害证券市场正常的交易秩序和金融系统的稳定性。[1]本案中，江苏硕世2019年12月上市时的股票发行价为46.78元/股，在上市后短短7个月内，股价涨幅近10倍。在2020年7月13日高科一系发出回购通知的当日，股价更是升至上市以来的最高点476.76元/股，发出通知之日前30日股价涨幅为155%，而自通知发出后的第二日起，江苏硕世股价一路下跌。尽管江苏硕世作为国内体外诊断产品提供商，其股价走势也许受到了2020年年初疫情的影响，但不寻常的股价变动时间节点意味着本案并不能排除当事人为获取高额投资回报而人为操纵股价的可能性。

2. 对赌条款的实际履行影响上市公司持续经营能力

案涉对赌条款所约定的巨额价款将对上市公司经营产生不利影响，引发二级市场交易波动。退一步讲，若在法益衡量中更尊重意思自治，认定案涉对赌条款合法有效，则在约定条件成就时，回购义务人将承担支付巨额回购款项的义务。本案中，回购义务人为目标公司的实际控制人房某某、梁某某以及控股股东绍兴闰康，因三者所持上市公司股份基于《上海证券交易所股票上市规则》的规定仍处于锁定期内，无法立即抛售变现，故回购义务人必须通过其他途径筹集巨额资金履行回购义务。这可能对上市公司控股股东、实际控制人的偿债能力产生不利影响，进而危及上市公司的持续经营能力。

3. 本案对赌条款侵蚀注册制的根基

注册制的全面推行意味着发行申请人只需将证券发行所需要的各种信息进行披露，即可发行上市，对于主管机构而言，仅应对披露的信息材料进行形式审查，企业的质量以及股价均交由市场判断。[2]因此，信息披露的真实、准确、完整成为注册制背景下证券市场稳健发展的根基。而案涉对赌协议在江苏硕世筹备发行上市的过程中从未被披露与清理，直至公司顺利上市，高科一系主张回购义务人履行回购义务时才出现在大众视野，引起二级市场股价异常波动，影响证券市场交易秩序。若法院对该未依规进行披露与清理的对赌条款效力表示肯定，允许高科一系在目标公司上市后依照该协议通过诉讼行使权利，无疑等同于向市场发出信号——司法裁判可以成为规避证券监管规则的手段，即允许公司在发行上市前隐瞒应当公开的信息，规避信息披露义务，在公司上市后通过司法途径实现其应当进行披露与清理的非法目的。因此，案涉对赌条款效力若被认同将侵蚀以信息披露真实、准确、完整为根基的注册制，影响证券市场的健康发展。

综上，案涉对赌条款具有明显的社会危害性，应当综合各方面因素谨慎认定其效力。

---

〔1〕 参见俞佳、胡晓萌：《与股票市值挂钩的股份回购条款无效》，载《人民司法》2023年第5期。
〔2〕 参见钱宗鑫：《全面注册制与深化资本市场改革研究——必要性、难点性及深远影响》，载《人民论坛》2023年第7期。

（三）以违背公序良俗路径认定案涉对赌条款无效的可行性分析

《九民纪要》关于对赌条款效力的认定总体采取了比较缓和的态度。即对于投资方与目标公司的股东或者实际控制人订立的对赌协议，如无其他无效事由，认定有效并支持实际履行；对投资方与目标公司之间签订的对赌协议，不直接认定合同无效，而是以公司资本维持原则为基础，考察对赌协议实际履行的可能性。但是，《九民纪要》关于对赌协议效力的认定思路是建立在合同本身不存在法定无效事由的前提下的，若合同本身存在《民法典》第153、154 条等条文所列举的法定无效情形，则不再依据《九民纪要》的审判原则认定有效。案涉对赌条款违反上交所发布的《审核问答（二）》当中关于上市前对赌协议清理的规定，但该文件属于证券市场自律管理规则，难以直接作为认定对赌条款无效的法律依据，因此，选择何种路径来对本案对赌条款效力作出正确认定成为法院审理过程中的关键问题。

1. 问题实质——证券监管规则对商事合同效力的影响

如前所述，本案中的对赌条款不仅涉及公司内部关系的调整，还涉及证券监管要求以及证券市场交易秩序和金融安全等问题。发行人未按照规定将该对赌协议在上市前进行披露与清理，对证券市场正常的交易秩序、公众投资者的合法权益甚至整体金融稳定等社会公共利益产生了损害风险，由此，法院最终以违背公序良俗为由认定该条款无效。在此判决结果中，法院形成了司法裁判与证券监管相一致、证券监管规则可通过公序良俗路径影响商事合同效力的裁判逻辑。而随之也产生了证券监管规则是否可以影响商事合同效力的实质争议。

否定观点认为，一方面，认定合同效力应严格遵守法律效力位阶的规定，证券监管规则不能作为认定对赌协议无效的依据；另一方面，证券监管规则作为公法，不应随意介入商事合同成立所依据的私法，需最大程度尊重双方当事人的意思自治。肯定观点认为，证券市场规范性文件是为了保护市场秩序和投资者合法权益，违反证券监管规则的行为将对社会公共利益产生损害，应以违背公序良俗为由认定对赌协议无效。

上述两种观点中，否定观点具有明显的缺陷。我国证券市场仍处于发展初期，一方面是证券市场瞬息万变所产生的迫切法律需求，另一方面则是我国立法需要经过的复杂严密的程序，在这样的背景下，证券立法难免滞后，此时就需要监管规则予以补齐。因此，单纯依据法律效力位阶的规定否定证券市场规范性文件对商事合同效力的影响不利于证券市场的稳健发展。[1]

肯定观点考虑到了规则背后所保护的法益，更利于市场监管。上海两级法院在对该案作出判决时也采用了该观点。本案充分考察了《审核问答（二）》背后所保护的法益，而非仅仅局限于对规范效力位阶的认定，监管规则与高位阶规范同属于法律规范体系的有机组成部

〔1〕 参见陈星辰、孙国月：《证券监管规章影响合同效力中的公序良俗通道分析——以“公司上市挂牌中的对赌抽屉协议”效力为例》，载《河北法学》2023 年第 5 期。

分，不能完全割裂，应结合规则所保护的真正法益对案涉回购条款的内容合法性进行实质审查，最终认定当事人约定的合伙份额回购价格与上市公司二级市场股票交易价格直接挂钩，属于依规应当披露及清理的对赌条款。《审核问答（二）》是针对证券市场主体准入资格进行限制的规范，性质上属于强制性规范，内容涉及金融安全、市场秩序以及国家宏观经济政策等公序良俗，违反该规则将对证券发行和交易、投资者合法权益的保护以及整体经济社会秩序的稳定等社会公共利益造成明显损害，因此，法院参考《九民纪要》第31条的精神，依据《民法典》第143条第3项、第153条第2款认定该对赌条款因违反公序良俗而无效。但随之产生的另一个疑问为，法院在审判中厘定行为是否违反公序良俗时具有较大的自由裁量权，因此，实践中应如何以相对客观的标准来划清此类案件中公序良俗的边界。

2. 问题解决——证券市场中公序良俗边界的厘定

公法以不介入私法为原则，介入私法为例外。[1]证券市场监管规则作为公法规范，原则上不应介入私法领域。从法院总体审判思路来看，在认定规范是否涉及公序良俗时，应在考察规范对象的基础上，综合各方面因素进行慎重考量并充分说理。法院以公序良俗为路径否定违反证券监管规则的商事合同效力实质上仍是公法对私法领域的干预，需要秉持谨慎的态度，不能轻易否认双方基于意思表示真实一致所达成的合同的效力，只有在违反规则的行为损害社会公共利益的情况下，才能以公权力否定行为效力。在证券市场中，公序良俗包括金融安全、市场秩序、国家宏观经济政策三个层面，但对于三者的内涵法律尚无规范性说明，仍需法官在实践中进行自由裁量。本案中，在法院作出最终判决前，上交所出具了《关于对江苏硕世生物科技股份有限公司予以监管警示的决定》对江苏硕世予以监管警示，意味着其不履行信息披露义务对证券市场运行产生了威胁，需要进行处罚。因此，在证券市场监管领域，公序良俗的边界或许可以通过证监会以及证券交易所的专业意见来予以认定。

综上，本案判决形成了以公序良俗为路径否定违反证券监管规则的合同的效力的裁判思路，认可证券监管规则对商事合同效力的影响，有利于维护证券市场正常的交易秩序以及公众投资者的合法权益。从法理角度而言，公法介入私法为例外，在适用该裁判路径时应当秉持谨慎态度，在证券市场中厘定公序良俗的边界时应当以证监会和证券交易所的专业意见为前提，考察规则背后所保护的法益，对商事合同效力作出合理认定。

【案后反思】

本案是国内首例对IPO时未清理的与市值挂钩的对赌条款的效力作出认定的案件，确立了以公序良俗为路径认定此类对赌条款无效的裁判思路，保持司法审判与证券市场自律监管

---

〔1〕 参见江必新：《法律行为效力：公法与私法之异同》，载《法律适用》2019年第3期。

规则相一致，对打击证券市场中存在的通过暗设上市前应当进行披露与清理的抽屉对赌协议，上市后试图以诉讼方式获得协议履行从而逃避证券监管的行为，实现证券市场穿透式监管具有重要意义。证券监管规则旨在维护证券市场正常秩序以及投资者的合法权益，对违反监管规则订立的商事合同的效力进行认定时不能仅局限于其效力位阶，应深入探讨监管规则背后所保护的法益，若证监会与证券交易所在专业判断下认定该行为会对金融稳定等公共利益造成损害，则应遵循《九民纪要》第 31 条的精神，依据《民法典》第 153 条以违反公序良俗原则为由认定该对赌协议无效。随着注册制的推行，信息披露的真实、准确、完整成为证券市场稳定发展的关键，该案判决结果对于推动证券监管与司法裁判优势互补，共同维护金融稳定，推动经济高质量发展具有深刻意义。

花样操纵挑战法律底线

——“于某等诉鲜某操纵证券交易市场责任纠纷案”法律分析*

沈潇逸

2022年7月25日，上海金融法院公开开庭审理了13名投资者诉鲜某操纵证券交易市场责任纠纷一案。该案系全国首例主板市场交易型与信息型操纵混同的证券操纵侵权责任纠纷。鲜某操纵证券交易市场一案先由证监部门发现线索，经行政处罚后，再由证监部门移送公安部门侦查，由于鲜某在被追究行政责任和刑事责任后，已无力承担本案民事赔偿责任，投资者胜诉后可能面临无财产可供执行的风险，因此上海金融法院开创先河，首次适用民事赔偿责任优先原则，以犯罪罚没款优先赔付投资者损失。该案涉及主板市场证券操纵认定、投资者交易损失与操纵行为的因果关系、投资损失计算方法等诸多新颖法律问题，具有典型意义。

【案情介绍】[1]

（一）鲜某操纵证券交易市场的基本情况

2014年，鲜某实际控制，使用刘某某、鲜某、夏某某等个人证券账户，并实际控制了西藏信托有限公司、厦门国际信托有限公司、万向信托有限公司、四川

* 本文观点仅为学术讨论，不代表任何一方的立场。案件事实均来自公开渠道查询可得资料，本文作者对其真实性不承担责任。

〔1〕 本部分内容全部来自证监会〔2017〕29号《行政处罚书》；上海市高级人民法院刑事判决书，（2019）沪刑终110号。

信托有限公司、华润深国投信托有限公司、方正东亚信托有限公司的“鸿禧1号”“鸿禧2号”“柯塞威1号”等14个信托账户共计28个HOMS单元，账户组交易资金来源于鲜某、鲜某控制的公司及14个信托计划，交易MAC地址高度重合。自2014年1月17日至2015年6月12日，鲜某在223个交易日中交易了“多伦股份”，账户组买入“多伦股份”的数量占该股市场买入量比例超过10%的有65个交易日，超过20%的有22个交易日，超过30%的有11个交易日，超过40%的有5个交易日，买入占比在2015年1月12日达到最高值，为56.87%；账户组卖出“多伦股份”的数量占该股市场卖出量比例超过10%的有50个交易日，超过20%的有18个交易日，超过30%的有7个交易日，超过40%的有3个交易日，卖出占比在2014年12月29日达到最高值，为53.46%。操纵期间，账户组持有“多伦股份”占该股总股本10%以上的交易日为60个，占5%以上的交易日为179个，持股最高的日期为2014年12月26日，占总股本的13.85%。

鲜某的操纵行为主要包括：利用资金优势、持股优势连续买卖操纵股价；控制“多伦股份”拟更名事项披露节奏，控制“多伦股份”信息披露内容误导投资者，将经营范围由生产与销售高级挂釉石质墙地砖，房地产开发与经营，国内采购的金属材料、建筑材料批发等业务，变更为“金融信息服务”，贴合当时股票炒作热点题材互联网金融，但实质上并无相关业务开展；在自己实际控制的账户之间交易；虚假申报。此外，其实控的香港多伦公司和账户组合计持有的“多伦股份”的比例变动两次超过5%，鲜某作为信息披露义务人，未向证监会及上交所作出书面报告，也未通知上市公司并予以公告。

（二）鲜某受到行政处罚和刑事处罚

鲜某因操纵匹凸匹金融信息服务（上海）股份有限公司（以下简称标的公司）股票交易价格和交易量，先后受到行政处罚和刑事处罚。2017年3月30日，证监会认定鲜某于2014年1月17日至2015年6月12日期间，通过利用集中资金优势、持股优势、信息优势连续买卖，在自己实际控制的账户之间交易、虚假申报等方式实施操纵证券市场的违法行为，对鲜某作出罚款34.7亿元的行政处罚决定和终身市场禁入决定。[1]

上海市第一中级人民法院依照《刑法》第169条之一、第182条第1款第4项、第69条、第67条第1款、第53条、第64条以及《最高人民法院、最高人民检察院关于办理操纵证券、期货市场刑事案件适用法律若干问题的解释》第4条第1款第3项之规定，认定鲜某犯背信损害上市公司利益罪、操纵证券市场罪，数罪并罚，决定执行有期徒刑5年，并处罚金人民币1180万元。鲜某上诉后，在二审阶段自愿认罪认罚并退缴违法所得人民币500万元，上海市高级人民法院改判为有期徒刑4年3个月，维持原判罚金刑。[2]

---

〔1〕 证监会〔2017〕29号《行政处罚决定书》。

〔2〕 上海市高级人民法院刑事判决书，（2019）沪刑终110号。

（三）投资者就鲜某的操纵行为提起民事诉讼

13 名投资者主张，在鲜某操纵证券交易市场期间，其投资决策受到鲜某操纵行为的影响，投资损失与操纵行为具有因果关系，于是向上海金融法院提起民事诉讼，要求鲜某赔偿包含投资差额损失、佣金、印花税等在内的全部经济损失，其中，佣金损失按投资差额损失的万分之三计算，印花税损失按投资差额损失的千分之一计算。

双方当事人对行政处罚决定书和刑事判决书中认定的事实均无异议。鲜某对原告主张的赔偿金额不予认可。主要理由是：首先，在因果关系方面，投资者的交易行为在《行政处罚决定书》认定的操纵期间之后，因此，原告的交易行为与被告的操纵行为无因果关系；其次，在损失计算方式上，原告主张的交易损失中有一部分在提起本案诉讼时并未主张，后变更诉请已超过诉讼时效，不应被支持，另有一部分是受 2015 年股灾等系统性风险影响，在计算时应相应扣除；最后，在责任认定方面，被告实施信息型操纵的同时构成证券虚假陈述，相关证券虚假陈述责任纠纷生效判决[1]认定投资者存在非理性投资行为，应当对投资损失自担 50% 的责任，同时认定投资者损失的 10% 归因于被告的操纵行为，本案对被告赔偿责任的认定应与该生效判决保持一致。

为准确获取原告交易标的股票的记录，上海金融法院依职权向中国证券登记结算有限责任公司上海分公司调取了案涉交易记录，双方当事人均认可并同意以调取的交易记录作为核定损失的依据。上海金融法院向中国证券登记结算有限责任公司上海分公司调取的交易记录显示，投资者均在 2014 年 1 月 17 日以后买入标的股票。

其后，法院又依职权委托上海交通大学中国金融研究院对案涉投资者因鲜某操纵证券市场行为导致的投资差额损失进行核定。上海交通大学中国金融研究院于 2022 年 6 月 24 日出具《证券投资者损失核定意见书》（以下简称《损失核定意见书》）。原告认可《损失核定意见书》的真实性、合法性，但对部分核定方法有异议。被告认可《损失核定意见书》的真实性，但认为法院依职权委托第三方机构核定损失以及第三方机构所采用的核定方法均无法律依据，对其合法性不予认可。

最终，一审法院判决鲜某赔偿原告 13 名投资者合计 470 万余元；同时明确若鲜某的财产不足以履行民事判决所确定的赔偿责任，则可以执行已依法保全的刑事案件罚没款，最大程度实现对中小投资者的权利救济。判决作出后，双方当事人均未提起上诉。

---

〔1〕 鲜某受到行政和刑事处罚后，陆续有投资者向标的公司提起证券虚假陈述诉讼，该批案件先后由上海市第二中级人民法院和上海金融法院审理，少数以判决方式结案，其余均以调解方式结案。生效判决认定，投资者存在较为明显的非理性投资行为，应当自担 50% 的损失，投资损失的 20% 系由证券市场系统风险等因素所导致，投资损失的 10% 应归因于鲜某的操纵证券市场行为，最终判定投资者损失的 20% 由标的公司赔偿。案涉投资者周涛亦向上海金融法院提起过证券虚假陈述诉讼，案号为（2018）沪 74 民初 234 号，后在法院的主持下与标的公司达成调解协议，由标的公司向其赔偿 37, 063. 38 元，标的公司已全额支付上述金额。

【法律分析】

鲜某操纵标的股票的行为已由相关行政处罚决定书和生效刑事判决所认定，当事人对此均无异议，故可对该事实予以确认。而鲜某操纵证券市场的行为发生在2019年《证券法》修订之前，应当适用2014年《证券法》的规定，该法第77条规定，禁止任何人以各种手段操纵证券市场交易价格或证券交易量，操纵证券市场行为给投资者造成损失的，行为人应当依法承担赔偿责任。鲜某操纵证券市场的行为如果导致了原告投资者的损失，则应当依法承担民事侵权赔偿责任。综合原告的诉讼请求和被告的答辩意见，本案的争议焦点为：第一，原告买卖标的股票遭受的损失是否与被告鲜某操纵证券市场的行为具有因果关系；第二，原告因被告鲜某操纵证券市场的行为所导致的投资差额损失应如何计算。

（一）原告的投资损失与被告鲜某操纵证券市场的行为是否具有因果关系

我国证券欺诈民事案件中最为常见的虚假陈述责任纠纷，在近年的审判实践中普遍使用交易因果关系和损失因果关系两重分析框架，该实践经验也被相关司法解释吸收，即将因果关系拆分为交易因果关系与损失因果关系两个要件，操纵证券市场行为同为证券欺诈行为，在因果关系上亦应进行交易因果关系和损失因果关系两方面的判断。

在交易因果关系上，在公开交易的证券市场中，应适用欺诈市场理论和推定信赖原则，来判断投资者的投资决策与操纵行为之间是否存在交易因果关系。如果投资者能够证明行为人实施了操纵证券市场的行为，投资者在操纵行为开始日之后、操纵行为揭露日之前交易了与操纵行为直接关联的证券，则应当认定投资者的投资决策与行为人的操纵行为具有交易因果关系。[1]操纵行为人可以提出反证推翻，[2]即投资者明知或应知存在欺诈而交易，或投资者出于其他目的而交易，则交易因果关系不成立。本案中，根据证监会〔2017〕29号《行政处罚决定书》认定的事实，鲜某的操纵行为开始于2014年1月17日，标的公司于2016年10月17日证券市场收市后公告称其因虚假陈述行为被证监会立案调查，公告落款日为2016年10月18日，公告发布后标的股票价格连续五个交易日下跌，与同期上证指数走势相反，

〔1〕 最高人民法院《关于审理证券市场虚假陈述侵权民事赔偿案件的若干规定》第11条规定："原告能够证明下列情形的，人民法院应当认定原告的投资决定与虚假陈述之间的交易因果关系成立：（一）信息披露义务人实施了虚假陈述；（二）原告交易的是与虚假陈述直接关联的证券；（三）原告在虚假陈述实施日之后、揭露日或更正日之前实施了相应的交易行为，即在诱多型虚假陈述中买入了相关证券，或者在诱空型虚假陈述中卖出了相关证券。"

〔2〕 最高人民法院《关于审理证券市场虚假陈述侵权民事赔偿案件的若干规定》第12条规定："被告能够证明下列情形之一的，人民法院应当认定交易因果关系不成立：（一）原告的交易行为发生在虚假陈述实施前，或者是在揭露或更正之后；（二）原告在交易时知道或者应当知道存在虚假陈述，或者虚假陈述已经被证券市场广泛知悉；（三）原告的交易行为是受到虚假陈述实施后发生的上市公司的收购、重大资产重组等其他重大事件的影响；（四）原告的交易行为构成内幕交易、操纵证券市场等证券违法行为的；（五）原告的交易行为与虚假陈述不具有交易因果关系的其他情形。"

符合虚假信息被揭露后的市场反应，因此应以2016年10月18日作为虚假信息揭露日，因此，原告在2014年1月17日至2016年10月18日买入标的股票的行为与鲜某的操纵行为具有交易因果关系。[1]

在损失因果关系上，证券价格会受到各种因素的影响，例如大盘、行业以及发行人自身风格等，这些因素导致的损失是投资者理应承担的投资风险，与操纵证券市场行为之间不具有损失因果关系，不属于操纵者的赔偿范围，因此，需注意厘清操纵行为导致的投资损失与投资风险带来的损失。最高人民法院于2022年1月发布了关于虚假陈述的新司法解释《最高人民法院关于审理证券市场虚假陈述侵权民事赔偿案件的若干规定》（以下简称《新规定》），第27条和第28条分别规定了诱空型虚假陈述和诱多型虚假陈述下的投资差额损失计算方法；第31条第2款规定了被告的抗辩事由；但第31条第1款明确规定“人民法院应当查明虚假陈述与原告损失之间的因果关系，以及导致原告损失的其他原因等案件基本事实，确定赔偿责任范围”，表明其并未直接推定损失因果关系。因此，《新规定》第27条和第28条对于投资差额损失计算方法的规定并非排他性的，[2]原告也可以自主提出更为有利于自己的计算方法，证明其投资差额损失与虚假陈述之间有损失因果关系，让法官接受其合理性，只是需要自行承担计算说明的责任和证明失败的风险。由于第31条[3]关于法院应当查明损失因果关系的规定实际上较为模糊，一方面给法院主动查明留下了空间，法院据此可以寻求第三方专业机构对价格影响等问题给出鉴定意见；另一方面，在法院不去主动查明或者法院没有查明的情况下，只能依赖原被告双方的举证。证券投资者损失的计算是证券欺诈侵权责任案件审理的重点和难点，根据侵权责任法的原理，侵权人仅应对其不法行为造成的损害承担赔偿责任，然而证券价格的波动受多重因素影响，要较为准确地界定证券欺诈行为对投资者造成的损害，须排除其他因素对证券价格的影响，这涉及金融学、数学、统计学等学科，仅由当事人举证或法院自行计算容易出现差错，客观上需要借助专业人员的知识与技能。因此，本案中，法院委托第三方专业机构核定投资者损失具有合法性和必要性，其计算的投资差额损失与操纵行为之间的损失因果关系，法院通常也会予以认可。

综上所述，原告的投资损失与被告鲜某操纵证券市场的行为具有因果关系，原告可要求鲜某赔偿其经济损失，具体金额应以法院认可的计算结果为准。

---

〔1〕 判决书中表示向中国证券登记结算有限公司上海分公司调取交易记录，显示十三名投资人均在2014年1月17日以后买入标的股票，并未载明具体时间，无法得知是否在2016年10月18日之前，只能根据法院判决推定其在2016年10月18日之前，因此，具有交易因果关系。

〔2〕 参见彭冰：《证券虚假陈述民事赔偿中的因果关系——司法解释的新发展评析》，载《法律适用》2022年第5期。

〔3〕 最高人民法院《关于审理证券市场虚假陈述侵权民事赔偿案件的若干规定》第31条规定：“人民法院应当查明虚假陈述与原告损失之间的因果关系，以及导致原告损失的其他原因等案件基本事实，确定赔偿责任范围。被告能够举证证明原告的损失部分或者全部是由他人操纵市场、证券市场的风险、证券市场对特定事件的过度反应、上市公司内外部经营环境等其他因素所导致的，对其关于相应减轻或者免除责任的抗辩，人民法院应当予以支持。”

（二）原告因操纵证券市场行为所导致的投资差额损失应如何计算[1]

上海交通大学中国金融研究院出具的《损失核定意见书》明确其损失核定的基本逻辑是：采用“净损差额法”和“价格同步对比法”，以操纵行为影响标的股票价格的期间作为损失核定期间，通过构建损失量化计算模型，结合运用多因子模型法和重大事件分析法，对影响股价的各种因素进行定量分析，在不考虑操纵因素的前提下，以其他各种因素所形成的标的股票收益率曲线模拟计算真实市场价格，将其与投资者在交易中的实际成交价格进行同步对比，按照损益相抵的原则得出投资者的投资差额损失，该损失金额扣除了与被告操纵行为无关的其他因素对股价的影响，可确定为鲜某操纵证券市场的行为所导致的投资差额损失。

1. 模拟标的股票每日真实市场价格

首先，采用多因子模型法来计算标的股票因大盘因素、行业因素、个股风格因素引发的模拟日收益率。除了考虑市场风险之外，还采用行业因素考虑行业对企业股票收益的影响，采用风格因素考虑各种基本面因素对企业股票收益的影响。其次，采用重大事件分析法来计算标的股票因其他重大事件引发的模拟日收益率。通过梳理损失核定区间标的公司发布的公告，筛选出显著影响标的股票价格且与操纵因素无关的重大事件，本案中与操纵行为无关的事件，即为标的公司未及时披露2013年至2014年多项对外重大担保、重大诉讼事项而因此受到行政处罚，以及标的公司将持有的南昌平海房地产开发公司的股权转让给福建天华投资有限公司。对于上述重大事件下的股票价格分析，先是利用资本资产定价模型估计重大事件引发的日超额收益率，然后选取发生过同类重大事件的其他上市公司作为基准，再判断重大事件影响标的股票价格的窗口长度，最后将同类事件中其他上市公司日超额收益率的均值作为该事件对标的股票价格的影响。最后，将多因子模型法计算的日收益率与重大事件分析法计算的日收益率叠加，得到标的股票的模拟日收益率。

2. 明确纳入损失计算的交易

投资者的投资损失范围包括投资者在操纵行为开始日至揭露日期间的买入行为和卖出行为，以及投资者在揭露日至操纵行为影响消除日期间的卖出行为。而投资损失计算中的交易行为包括“买入受损”和“卖出获利”，即买入交易中实际成交价格高于真实市场价格和卖出交易中实际成交价格高于真实市场价格。

操纵行为的开始日和揭露日已确认，即2014年1月17日和2016年10月18日。关于影响消除时间，对于不同方式的操纵行为，其影响消除所需要的时间不同，故确认操纵行为影响消除之日，需先对操纵行为的方式和类型进行认定。鲜某的操纵行为既有信息型操纵，又有交易型操纵，同时构成虚假陈述，但在确认影响消除时间时，只能择一而处。交易型操纵

[1] 计算方法参考上海金融法院民事判决书，(2021) 沪74民初2599号。

的影响何时消除，取决于操纵力量、操纵时长等多种因素，需结合个案具体情形酌定。操纵者施加的力量越大，连续操纵的时间越长，消除影响所需要的时间可能越长，由于信息有限，无法依据现有信息确定本案中交易型操纵的影响消除时间。信息型操纵通过发布信息来制造人为价格，操纵行为结束后，其影响何时消除则取决于发布之信息的影响何时消除。而考虑到虚假陈述的影响消除时间，《新规定》已对虚假信息的影响消除时间的确定方法作出了明确规定,〔1〕在此可以虚假信息影响消除时间为参考确定操纵行为影响消除之日。根据《新规定》第26条〔2〕，以2016年10月18日作为虚假信息揭露日，此后标的股票换手率达100%之日为2016年11月14日，故该日即为虚假信息影响消除之日，也是信息型操纵影响消除的时间。因此，投资损失的计算范围，即为投资者在2014年1月17日至2016年10月18日的买入行为和卖出行为，以及2016年10月18日至2016年11月14日的卖出行为。

3. 具体计算投资差额损失

首先，以模拟的真实市场价格计算投资损益。单笔投资损益 = （真实市场价格 - 实际成交价格） × 成交数量。其中，成交数量的符号体现交易方向。对于买入交易，成交数量为正；对于卖出交易，成交数量为负。如单笔损益为正数，则该笔投资有收益；如单笔损益为负数，则该笔投资有损失。将投资者的单笔投资损益加总后可得出累计投资损益。计算公式为：累计投资损益 = 操纵行为开始日至影响消除日期间单笔投资损益之和。如累计投资损益为正数，则投资者无损失；如累计投资损益为负数，则投资者有损失，计算结果为投资者的模拟损失。

其次，将模拟投资损失与实际账面损失相比较。账面损益是投资者因标的股票价格波动直接导致的损益。账面损益 = （操纵行为开始日至影响消除日期间每笔成交数量 × 实际成交价格） + 影响消除日后仍持有股数 × 基准价。其中，成交数量的符号体现交易方向。如账面损益为正数，则投资者无损失；如账面损益为负数，则投资者有损失，计算结果为投资者的账面损失。基准价为信息型操纵之虚假信息揭露日至操纵行为影响消除日期间每个交易日标的股票收盘价的平均价格。投资者的可获赔金额应以其账面损失为上限。若“模拟损失”不超过“账面损失”，则赔偿金额为“模拟损失”；若“模拟损失”超过“账面损失”，则赔偿金额为“账面损失”。

该方法的核心是确定真实市场价格。为了应对真实市场价格具有波动性这一难点，采用

〔1〕 最高人民法院《关于审理证券市场虚假陈述侵权民事赔偿案件的若干规定》第8条第3款规定：“除当事人有相反证据足以反驳外，下列日期应当认定为揭露日：（一）监管部门以涉嫌信息披露违法为由对信息披露义务人立案调查的信息公开之日……”

〔2〕 最高人民法院《关于审理证券市场虚假陈述侵权民事赔偿案件的若干规定》第26条第2款、第3款规定：“在采用集中竞价的交易市场中，自揭露日或更正日起，被虚假陈述影响的证券集中交易累计成交量达到可流通部分100%之日为基准日。自揭露日或更正日起，集中交易累计换手率在10个交易日内达到可流通部分100%的，以第10个交易日为基准日；在30个交易日内未达到可流通部分100%的，以第30个交易日为基准日。”

多因子模型法和重大事件分析法等来模拟标的股票日收益率确定每日真实市场价格，通过构建不同的损失量化计算模型对于各种致损因素的影响进行量化分析，进而计算投资者因与操纵行为无关的其他因素导致的投资差额损失，其核定结果更为精确，由此方法计算得到的投资损失具有科学性和合理性。

（三）民事赔偿责任优先原则的适用

以责任类型为标准，可将法律责任分为民事法律责任、行政法律责任和刑事法律责任，这是我国法学界对法律责任的最基本分类，通常情况下各类法律责任各自独立，并行不悖。但在财产责任的承担上，三者又有并存之处，当一行为人的违法行为满足两个及以上不同性质的财产责任的构成要件，而责任人的财产不足以全部承担时，就有必要确定责任承担的先后顺序。

1. 民事赔偿责任优先的法理基础

《证券法》第 220 条规定“违反本法规定，应当承担民事赔偿责任和缴纳罚款、罚金、违法所得，违法行为人的财产不足以支付的，优先用于承担民事赔偿责任”，确立了民事赔偿责任优先原则，体现的是公法责任与私法责任之协调，其实质是私权优先，彰显了保护人权、以人为本的法治理念。其法理基础在于：首先，根据社会契约论，社会是契约的产物。人们通过自愿订立契约放弃自己的一部分自然权利而建立政治社会成立国家。国家存在的唯一目的和宗旨就是保障公民的生命、安全、自由、平等、财产和追求幸福的权利。国家公权力行使的限度是保障个人私权利不受侵害。[1]不管是以犯罪人的财产执行财产刑，以公权力谴责犯罪行为，维护证券市场秩序从而维护国家利益，抑或让被告承担民事赔偿责任，都要求维护案件中投资人的个人利益。因此，在该种责任竞合的情况下，私权优先既符合利益平衡的要求，也是国家根据社会契约履行保障个体合法权益的义务和职责。其次，刑罚的目的以教育为主，惩罚为辅，不仅教育功能的发挥不以执行罚金刑为必要条件，而且不执行罚金刑不会使国家发生经济上的困难。但对于个人（或单位）来说，其承受财产损失的能力与国家有显著差别，侵权人不履行民事赔偿责任不仅有可能使被侵权人（或单位）陷入极大的困难，将本来应当转归投资者所有的财产因执行罚金刑或行政处罚强行收归国家所有客观上也会导致投资者财产权被无辜侵犯的结果。因此，优先执行民事赔偿不仅不会使刑罚目的落空，还能体现法律的公平和正义，这也是法的价值所在。最后，投资者因操纵行为遭受的投资损失，除了以金钱形式体现的民事赔偿之外，并无可替代的责任承担方式，而公法上追究犯罪人的犯罪行为，可以人身罚代替财产罚，因此，亦应当优先执行民事赔偿。

2. 民事赔偿责任优先原则的落地

证券监管机关作出罚款的行政处罚决定和人民法院在刑事案件中处以罚金的决定往往早

〔1〕 参见兰跃军：《论被害人民事赔偿优先执行》，载《甘肃政法学院学报》2010 年第 4 期。

于民事赔偿款的确定，如果只是按照财产责任确定的时间先后确定赔偿顺位，常常使得投资者难以获得民事赔偿款，从而架空了证券法关于保护投资者利益的宗旨。因此，如何使民事赔偿责任优先原则落地，在实务中既是难点，也是值得讨论的问题。本案中，法院采取了保全措施与民事赔偿责任优先原则相结合的方法，即先就罚款和罚金予以保全，再判决投资者在保全金额的范围内获得民事赔偿款，提高了投资者获得实际赔偿的概率，实现了民事赔偿责任优先原则。此外，有学者提出建立行政罚款、刑事罚金等暂缓入库和财政回拨制度来落实民事赔偿责任优先原则。[1]暂缓入库制度是指刑事诉讼或行政处罚过程中或者刑事判决生效后，发现责任主体还应承担民事责任且不能同时实现时，应将收取的刑事罚金和行政罚款在一定的合理期限内暂缓上缴国库，等待民事判决执行之后，再上缴国库；财政回拨制度是指行为人的刑事罚金或行政罚款等已经被上缴国库，投资者的民事赔偿诉讼还未提起或正在进行当中，受损害的投资者有权请求国库或财产刑、罚金的收取者返还财产以实现其债权。这些方案可为民事赔偿责任优先原则的落实保驾护航。

【余论】

该案的审理体现了人民法院深入贯彻落实中央对资本市场违法行为“零容忍”的要求，依法从严打击违法违规行为，填补了民事赔偿责任优先原则法律适用的空白，首次实现行政、刑事、民事三位一体立体追责，提高资本市场违法成本，震慑违法犯罪活动，营造崇法守信的市场法治环境。作为全国首例主板市场交易型和信息型操纵混同的证券操纵侵权责任纠纷，该案争议焦点涉及操纵行为及影响起止日期的认定、投资者交易损失与操纵行为因果关系的判断、投资损失计算方法的确定、信息型操纵与虚假陈述混同的处理等诸多新颖法律问题，对同类案件的审理具有较强的参考借鉴意义。案件宣判后，媒体广泛报道，社会反响良好，对于维护投资者合法权益具有积极意义。

---

〔1〕 参见陈洁:《证券民事赔偿责任优先原则的实现机制》，载《证券市场导报》2017 年第 6 期。

证券交易所自律监管可诉性之辩

——“厦华电子诉上交所终止上市决定纠纷案”法律分析

梁瑞琳

“北有青岛海尔海信，南有厦门厦华夏新。”青岛与厦门凭借生产精品国货，一度为人所熟知。其中，创立于1985年的厦门华侨电子股份有限公司（以下简称厦华电子）作为一家专业电视机生产企业，同时也是中国第一台等离子电视的制造商，曾获得“国产彩电巨头”“中国最大的彩电出口企业之一”等赞誉。〔1〕但在商场浮沉27年后，厦华电子（＊ST厦华）终于还是随着上海市高级人民法院二审行政判决的生效黯然离场。本文将以被称为“退市新规行政诉讼第一案”的厦华电子诉上交所终止上市决定纠纷案为基础，对案件中的争议焦点展开法律分析。

【案情介绍】〔2〕

（一）厦华电子终止上市始末

厦华电子原在上海证券交易所（以下简称上交所）A股上市。2021年4月29

---

〔1〕 参见《退市！厦门昔日“电子大王”——厦华黯淡离场，不忍说再见……》，载微信公众号“Yes厦门”，2022年5月29日。

〔2〕 本文对案情的论述基于以下资料对案情的介绍：葛翔：《证券交易所终止上市决定是否可诉，法院如何审查?》，载微信公众号“上海高院”2023年2月9日。

葛翔、祝彧：《要案速递丨退市新规行政诉讼第一案今当庭宣判》，载微信公众号“上海金融法院”，2022年9月9日。

严剑漪、葛翔、祝彧：《退市新规行政诉讼第一案一审宣判　上海金融法院：驳回厦华电子撤销上交所终止其上市决定诉请》，载https://www.chinacourt.org/article/detail/2022/09/id/6919614.shtml，最后访问日期：2023年10月8日。本文分析仅作学术探讨。

日，厦华电子发布2020年年报，其中载明：当期主要会计数据中营业收入为8,505,794.08元，比上年同期减少70.09%，扣除与主营业务无关的业务收入和不具备商业实质的收入后，营业收入为0元。

由于同时触发2020年《上海证券交易所股票上市规则》（以下简称《股票上市规则》）第13.9.1条和第13.3.2条的规定，2021年4月29日，厦华电子发布《关于公司股票实施退市风险警示暨临时停牌的公告》，载明："退市风险警示起始日为同年5月6日，并于同年4月30日停牌一天。"

2022年4月29日，厦华电子发布的2021年年报中载明："当期营业收入152,397,617.52元，同比上涨1691.69%，扣除与主营业务无关的业务收入和不具备商业实质的收入后的营业收入133,945,619.51元，净利润为－4,737,609.51元，扣除非经常性损益的净利润为－6,237,691.17元。"同日披露的《2021年度专项核查意见》中记载："厦华电子营业收入扣除情况表中'营业收入扣除后金额'13,394.56万元属于'与主营业务无关的业务收入'，应予以扣除，营业收入扣除后金额为0元。"

2022年4月30日，上交所向厦华电子发出《关于拟终止厦门华侨电子股份有限公司股票上市的事先告知书》，告知其根据年报审计机构出具的《2021年度专项核查意见》，其营业收入扣除后金额为0元，已触发2022年《股票上市规则》第9.3.11条规定的终止上市条件，将根据2022年《股票上市规则》第9.3.14条的规定，对厦华电子股票作出终止上市的决定，并告知了其申请听证的权利。

2022年5月20日，应厦华电子申请，上交所组织了听证，上市委员会作出审核意见，同意股票终止上市。

2022年5月25日，上交所作出〔2022〕148号《关于厦门华侨电子股份有限公司股票终止上市的决定》（以下简称《终止上市决定》），认定：因2020年度经审计的净利润为负值且营业收入低于人民币（以下币种同）1亿元，厦华电子股票自2021年5月6日起被实施退市风险警示；2022年4月29日，厦华电子2021年年度报告和审计机构出具的《专项核查意见》显示，厦华电子扣除非经常性损益后的净利润为－623.77万元，营业收入1.52亿元，扣除与主营业务无关或不具备商业实质的收入后的金额为0元；上述情形属于上交所2022年《股票上市规则》第9.3.11条规定的终止上市情形，根据上交所《股票上市规则》第9.3.14条的规定，经上交所上市委员会审核，决定终止厦华电子股票上市；并在退市整理期届满后5个交易日内，对厦华电子股票予以摘牌，股票终止上市；对终止上市决定不服的，可以在上交所公告决定之日后的5个交易日内申请复核。

厦华电子不服，以上交所为被告，向上海金融法院提起行政诉讼，诉请撤销上述决定。厦华电子诉称，2018年以来厦华电子即以农产品进口为主营业务，在2021年度相应营业收入核查中，该业务的收入应当被认定为主要营业收入，上交所根据审计机构专项审核意见认定厦华电子营业收入为0元，并据此作出《终止上市决定》，属于认定事实不清。

（二）两审法院认定上交所《终止上市决定》合法

针对厦华电子的诉请，被告上交所认为，厦华电子披露的定期报告和问询回复公告显示其2021年下半年开展的进口冻牛肉业务尚未形成稳定业务模式。厦华电子2017—2021年连续5年扣非净利润为负，财务报告被年审会计师出具带“与持续经营相关的重大不确定性”强调事项段的无保留意见审计报告，均指出“公司现有经营业务的持续性存在较大的不确定性，尚处于形成稳定盈利模式的转型期”，且相关披露信息反映，厦华电子开展的进口冻牛肉业务并非一项持续、稳定的业务，故厦华电子主张相应收入作为主营业务收入计算缺乏事实根据。

对此，上海金融法院认为，本案中被诉《终止上市决定》是上交所依照2022年《股票上市规则》对厦华电子股票所实施的强制退市监管措施，是上交所履行证券交易监管职责之表现，上交所应当视为授权行政主体；该决定对厦华电子权益产生终局性影响，属于可诉的行政行为。综上，强制退市决定作为证券交易所依法实施的自律监管措施，受合法性原则约束，属于行政诉讼受案范围。另外，2022年《股票上市规则》所规定的组合财务退市指标构成了上市公司股票财务类强制退市的法定条件。本案中，审计机构依据《股票上市规则》等规范确立的标准出具专项核查意见，上交所结合厦华电子在公开市场的披露文件等作出《终止上市决定》，认定事实清楚、适用法律正确。上交所依照2022年《股票上市规则》实施了告知拟终止上市决定、听证等一系列程序，最终经上市委员会审核后作出被诉行政决定，行政程序合法。上海金融法院遂于2022年9月9日作出（2022）沪74行初1号行政判决，驳回了原告厦华电子的诉讼请求。

一审判决后，厦华电子不服，向上海市高级人民法院提起上诉。上海市高级人民法院于2022年12月27日作出（2022）沪行终288号二审行政判决：驳回上诉，维持原判。

【法律分析】

本案的争议焦点主要有两个，即上交所的强制退市决定是否属于行政诉讼受案范围，以及作出退市决定程序是否正当。

（一）上交所的强制退市决定是否属于行政诉讼受案范围

就上交所的强制退市决定是否属于行政诉讼受案范围可以从以下方面考量：

上交所在行政法上的地位分析。依据行政法原理，强制退市决定可诉的前提是上交所可以作为行政主体。根据我国《证券法》第96条、第99条第1款、第115条以及《证券交易所管理办法》等的规定，上交所作为证券交易所是法律法规授权的组织，是依法设立、为证券集中交易提供场所和设施的重要金融基础设施，同时也是组织和监督证券交易的自律监管机构，其本身不是行政机关。同时根据《行政诉讼法》第 2 条，证券交易所实施行政行为必须经过法律、法规、规章的授权，即只有经过授权获得一定范围内的行政主体资格，其才可以作为行政法上的法律主体履行相应职责并承担相应责任，也才能具有行政诉讼的被告资格。本案中上交所对厦华电子作出《终止上市决定》具有《证券法》的授权，从形式上看，其作为被授权的组织符合行政主体的要求，可以作为行政诉讼被告。除此之外，最高人民法院《关于对与证券交易所监管职能相关的诉讼案件管辖与受理问题的规定》也明确：当证券交易所履行相关监管职能时，其可以作为行政诉讼被告。对此，理论界并无太大争议。证券交易所本身具有私法人和公法人的混合特征，兼具营利性与公共性，尽管对其有“中介自律组织”〔1〕“社会中间层主体”〔2〕等不同归类，但其作为商业组织和公共机构的混合体已不仅仅是法理抽象和逻辑推理的结果，而是客观存在的事实。

反观司法实践，在 2015 年的一起投资者要求证券交易所依据《政府信息公开条例》公布相关信息的案例中，上交所以“上交所不具有社会管理职能，不是行政机关也不是行政主体，不承担信息公开的职能”为由对其行政诉讼被告资格提出异议，但最高人民法院在此案行政裁定书中认为证券交易所作为法律授权的组织，有权按照法律、法规、规章的规定实施包括对证券市场的违法行为予以处罚等在内的监管行为，故肯定了证券交易所相应的行政管理职能，确认了其行政诉讼案件适格被告的身份。〔3〕由此，实践中对证券交易所是否可以作为行政诉讼适格被告的争论几乎可以平息了。

值得注意的是，对行政主体的分析侧重在其行政行为是否具有法律法规的授权。但归根结底，本案中问题的关键还是证券交易所的强制退市决定作为自律监管行为能否被起诉。

对此，本案两级法院均认为上交所依据自律监管规则作出《终止上市决定》属于自律监管决定，是行政行为，故可诉。司法实践中在此之前鲜有关于证券交易所强制退市决定可诉性的案例，对证券交易所其他自律监管行为提起行政诉讼的更是少之又少。根据行政法原理，行政复议的受案范围与行政诉讼几乎可以等同，且自律监管行为可诉性分析的起点是自律监管行为是否能够被归为行政行为，故可以借鉴行政复议决定中对证券交易所自律监管行为的性质判定观察实践。在中国证监会网站公开的〔2018〕93 号中国证券监督管理委员会行政复议决定书中，证监会认为“《终止上市决定》是被申请人根据《股票上市规则》等业务规则作出的自律管理决定，属于自律管理行为，不属于具体行政行为”。无独有偶，在〔2018〕76 号中国证券监督管理委员会行政复议决定书中，证监会认为股票复牌系履行自律监管职能，属于证券交易所自律管理行为的范畴……不属于行政复议的范围，结合案情和行政法原理，在股票复牌不属于抽象行政行为的基础上，证监会在该案中将自律监管行为认定

---

〔1〕 顾功耘主编：《经济法教程》，上海人民出版社 2002 年版，第 50 -51 页。
〔2〕 王全兴：《经济法基础理论专题研究》，中国检察出版社 2002 年版，第 524 页。
〔3〕 参见最高人民法院行政裁定书，(2016) 最高法行申 1468 号。

为非行政行为。由以上两个典型的行政复议案例不难看出，实践中认定证券交易所自律监管行为并非行政行为的不在少数。〔1〕依据行政法原理，在证券交易所自律监管行为不被认定为行政行为的前提下，其一般不属于行政诉讼受案范围。在司法实践中，最高人民法院在（2016）最高法行申1468号行政裁定书中也曾明确证券交易所根据法律、法规、规章的规定对证券市场的违法行为予以处罚的行为属于行政管理行为，可以纳入行政诉讼。

与此形成对比的是，在郑某军与深圳证券交易所不履行颁发独立董事资格证法定职责再审案〔2〕中，郑某军以“深交所组织培训后仅颁发培训结业证而未颁发上市公司独立董事资格证”为由提起行政诉讼，法院以“培训结业证效力与独立董事资格证相同，故深交所已经履行法定职责，且未颁发独立董事资格证未对原告权利义务造成实际影响”为由驳回其诉请。两审法院和最高人民法院均确认了“负责上市公司独立董事任前资格培训和后续培训并发放相应资格证书”属于证券交易所监管职责之一，但双方当事人就颁发相应资格证书是否属于行政行为展开辩论时未对深交所行为的性质做明确表态，同时默认了该自律监管行为在行政法上的可诉性。

由此观之，如今仅能从最高人民法院的案例中确定证券交易所行使处罚权的行为可以纳入行政诉讼的受案范围，但诸如授予会员资格、组织证券交易、公布上市公司年报等行使一般事务处置权的行为，以及其他自律监管行为应如何定性，是否具有对其提起行政诉讼的可诉性，还需进一步明确。

理论界对此的争论也未曾停歇。对证券交易所自律监管行为行政诉讼可诉性的探讨源于对自律监管法律关系的争议，对此存在“民事契约理论”“特别权力关系说”“重要性理论”等观点。这些理论分别从自律监管行为是否属于行政行为、是否属于内部行政，以及司法救济的必要性等角度进行阐述，可以为证券交易所自律监管行为在行政法上的可诉性问题提供理论基础。

“民事契约理论”认为证券交易所、证券公司会员、上市公司在某种程度上是处于平等地位的民事主体。证券交易所与会员之间达成的章程与会员规则，证券交易所与上市公司之间签署的上市协议，以及证券交易所与董事、监事等相关人员之间的声明与承诺，本质上都属于民事契约。支持此观点的学者认为，证券交易所与上市公司、证券公司会员之间因自律监管而形成的关系是以合同关系为基础的，并未突破私法关系的本质。〔3〕由此，证券交易所的自律监管行为因不属于行政行为而不应纳入行政诉讼的受案范围。对此提出质疑的观点则认为，尽管证券交易所与上市公司签订了上市协议，但证券交易所和上市公司都不能决定协议最主要的内容，也不能决定是否签订协议，上市协议的签订对证券交易所和上市公司都是

〔1〕参见唐鹜：《改革背景下证券交易所公权性质监管外部救济探析》，载《湖北社会科学》2020年第4期。
〔2〕最高人民法院行政裁定书，（2020）最高法行申10330号。
〔3〕参见谢贵春：《证券交易所自律监管罚款制度比较研究》，载《南方金融》2017年第11期。

一种具有浓厚义务性质的行政行为。[1]另外，运用“民事契约理论”来解析证券交易所自律监管，侧重于证券交易所与证券公司会员、上市公司等市场参与者之间因发行、上市、交易所产生的商业性服务关系，以经济属性理解证券交易所的自治地位。证券交易所章程和上市协议固然可以成为自律监管的权力来源，但推定证券交易所以此为据行使的纪律处分权等同于一种契约权利不甚合理。[2]因而，证券交易所据此实施的自律监管行为不属于行政行为，不应该纳入行政诉讼受案范围的观点也不合理。

另有学者依据“特别权力关系说”对证券交易所与上市公司、证券公司会员等的关系进行阐释。具体而言，特别权力关系原指“人基于特别原因，即法律的直接规定，或自主同意，服从于国家或公共团体的特别支配权这样一种关系”[3]。在证券自律监管领域，就算没有法律的规定，证券交易所在自律监管中仍可对上市公司等主体的权利和自由进行一定的限制，因而带有特别权力关系的特征。此外，对于证券交易所的自律监管，行政机构与司法机关通常与其保持一定的距离，这也符合特别权力关系的属性。[4]依据该学说，特别权力关系中的管理者对被管理者享有概括式的命令权，可以不必严格遵循法律保留原则，即使并无法律授权，仍可限制其基本权利。此外，管理者与被管理者之间的纠纷不能通过司法程序解决。据此，符合特别权力关系特征的证券交易所自律监管行为应该被归入内部行政行为而排除司法审查，不在行政诉讼的受案范围之内。但随着法治国理论的兴起和人权保障观念的发展，“特别权力关系说”受到了现代行政法学的全面批判。越来越多的人认为应当给予特别权力关系中的被管理者以一定的司法救济。

在此基础上，“重要性理论”应运而生。该理论认为在特别权力关系中，只要是“重要性”事项，即涉及当事人基本权利的事项，就应当适用法律保留与司法救济；相反，对于“非重要性”事项，就不适用法律保留与司法救济。[5]这也符合《行政诉讼法》第2条及行政法原理的要求，即认定可诉的行政行为还要求对当事人权益有特定的作用效果。具体到证券交易所的自律监管行为中，应该区分是否符合“重要性”事项的标准，以及对参与证券交易的相关主体的权益所产生的不同效果，综合考察是否符合行政诉讼受案范围。

就本案而言，强制退市虽系证券交易所依照《股票上市规则》实施的自律监管措施，但其褫夺原由行政行为赋予之资格，改变了股票上市的法律状态，对相对人权利义务产生了重要影响。[6]同时，该自律监管措施还符合具体行政行为终局性和成熟性的特征，该决定对厦

---

〔1〕 参见徐明、卢文道：《从市场竞争到法制基础：证券交易所自律监管研究》，载《华东政法学院学报》2005年第5期。

〔2〕 参见董世坤：《证券交易所惩戒权的法律性质、价值定位与配置框架》，载《南方金融》2021年第9期。

〔3〕［日］室井力主编：《日本现代行政法》，吴微译，中国政法大学出版社1995年版，第150页。

〔4〕 参见董世坤：《证券交易所惩戒权的法律性质、价值定位与配置框架》，载《南方金融》2021年第9期。

〔5〕 参见张红：《证券交易所的会员管理行为及其救济途径》，载《华东政法大学学报》2017年第6期。

〔6〕 参见葛翔：《证券交易所终止上市决定是否可诉，法院如何审查?》，载微信公众号“上海高院”，2023年2月9日。

华电子的权益产生终局性而非过程性的影响，综上，应当纳入行政诉讼的受案范围。

另外，从域外司法实践上看，当事人就证券交易所作出的强制退市、纪律惩戒等自律监管行为向法院提起行政诉讼并不鲜见。

综上，在本案之前，就证券交易所在行政诉讼中的地位，以及对证券交易所实施的自律监管措施是否能够起诉的问题，实践和理论中都存在一些争议。本案作为全国首例因不服依退市新规作出的终止上市决定而涉诉的行政案件，明确了证券交易所的诉讼地位，同时为解决退市决定等自律监管行为的可诉性问题提供了一定的思路。

（二）上交所作出退市决定程序是否正当

针对该争议焦点，原告提出上交所在作出《终止上市决定》的过程中，仅依据年报、专项审核报告及问询答复等书面文件，而未对原告、审计机构、供应商等进行询问和实地调查，调阅审计底稿，故认为行政程序不合法。对此，笔者认为可以从三方面考量上交所履职程序的合法性：

首先是退市决定程序的依据。2020 年 11 月，中央全面深化改革委员会第十六次会议审议通过了《健全上市公司退市机制实施方案》和《关于依法从严打击证券违法活动的若干意见》。上交所、深交所因此分别修订了上市规则，对组合财务退市指标等强制退市条件作了明确规定，这被市场称为“退市新规”。制定自律监管规则是证券交易所作为自律监管机构实施自我管理、落实一线监管和提供证券业务服务的重要权力。《证券法》第 48 条也授权证券交易所依据自律监管规则决定终止上市，可以视为法律进行了特别授权。因此，本案中 2022 年《股票上市规则》等自律监管规则可以作为上交所作出《终止上市决定》的依据。法院也通过本案明确了证券交易所业务规则作为退市制度核心规范的地位。

其次是本案自律监管规则中的具体退市标准。2022 年《股票上市规则》依据《证券法》和《证券交易所管理办法》等的授权，对上市公司股票财务类强制退市的法定条件和监管标准进行了规定，具体表现为组合财务退市指标，即《股票上市规则》第 9. 3. 2 条、第 9. 3. 11 条等以及上交所监管指南中关于“主营业务收入”认定标准的规定。厦华电子作为市场参与主体理应遵守相关规则。另外，本案中审计机构依据《股票上市规则》等规范所确立的标准出具专项核查意见，对核查过程予以明确说明，上交所结合厦华电子在公开市场的披露文件（2017 年至 2021 年年报）以及问询回复、营收扣除专项核查结论，认定厦华电子 2021 年度营业收入在扣除与主营业务无关或不具备商业实质的收入后的金额为 0 元，触及了《股票上市规则》规定的退市条件，依法对厦华电子财务情况予以认定并作出《终止上市决定》，符合法律规定。这也是退市新规施行之后，其法律效力在司法裁判中得到的首次确认。〔1〕

〔1〕 参见最高人民法院：《2022 年度人民法院十大案件》，载 https://baijiahao.baidu.com/s?id=1754406634797097754&wfr=spider&for=pc，最后访问日期：2023 年 1 月 8 日。

最后是上交所作出退市决定的程序。本案中厦华电子认为上交所在作出《终止上市决定》的过程中，仅依据年报、专项审核报告及问询答复等书面文件，而未对原告、审计机构、供应商等进行询问和实地调查，调阅审计底稿，故其认为上交所的行政程序不合法。对此法院认为可以从两个角度论证上交所行政程序的合法性。其一，依据行政法基本原理，原则上行政主体采取何种程序性措施由其自行裁量，除非法律、法规对行政程序有明确的要式性要求。同时，对于上交所主要通过审查分析厦华电子公开披露文件以履行调查职能的行为，法院认为基于证券交易自律监管措施相对一般行政行为的特殊性、注册制改革背景下信息披露制度的核心地位和证券法原理中信息披露公平原则的重要性，当上交所通过公开披露信息已经足以作出相应事实认定时，应当认为其已经履行了调查职责。其二，依据股票上市规则，上市公司本就应该依法主动定期披露相应财务状况，并确保披露信息的真实、准确、完整。上交所据此进行认定具有合理性，在之后上交所也依法事先告知了拟处决定并应当事人申请进行了听证。

综上所述，就第二个争议焦点，上交所作出退市决定的行政程序合法正当。本案是国内首例因触及组合财务退市指标而涉诉的案件，法院也通过行政审判展现了证券交易所在适用相关退市规则过程中应把握的尺度和判断标准。

信托自融再受罚

——“民生信托与李某芳营业信托纠纷案”法律分析

姚慕远

【案情介绍】[1]

（一）信托合同订立情况

2020年2月28日，李雪芳与中国民生信托有限公司（以下简称民生信托）签订了《信托合同》。其中，信托受托人为民生信托；信托计划名称为“中国民生信托·至信828号铂首商业地产集合资金信托计划”。

信托财产的运用和处分：受托人按照《投资协议》的约定以不超过19.8亿元（包括标的股权转让价款和股东投资款）的对价对目标公司——武汉铂首置业有限公司（以下简称武汉铂首）进行投资，其中以不超过1.98亿元的价款受让武汉裕馨置业有限公司（以下简称武汉裕馨）持有的目标公司的股权，成为目标公司股东，剩余不超过17.82亿元的资金由作为目标公司股东的受托人（代表信托计划）投入目标公司资本公积。

受托人义务：《信托合同》第15.4条约定，根据信托文件的规定，恪尽职守，本着诚实、信用、谨慎、有效管理的原则为受益人的最大利益处理信托事务……

信托计划期限：信托计划预计存续期限为12个月，自信托计划成立日起算。信托计划预计存续期限届满或者受托人按照信托文件的约定决定信托计划提前终

〔1〕 参见北京金融法院民事判决书，（2022）京74民终502号。

止时，信托计划项下现金形式的信托财产不足以支付受益人最高参考信托利益且信托财产未变现完毕的，信托计划自动进入延长期，届时无须就延长信托计划期限事宜召开受益人大会。延长期为信托计划预计存续期限届满或受托人决定信托计划提前终止之日（含该日）至信托财产全部变现完毕之日（不含该日）。延长期内，受托人有权通过向目标公司及对赌义务人主张权利、行使担保权利等方式尽快变现信托财产。

违约责任：受托人违反《信托合同》第15.4条约定的义务时，应赔偿因其违约而给委托人造成的全部实际损失。

（二）信托合同履行情况

合同成立后，李雪芳于2020年2月27日向民生信托至信828号信托专户转账320万元，并备注转账用途为购买民生信托至信828号集合资金信托计划，民生信托于次日为其出具确认函，载明：李雪芳认购/申购资金为320万元，确认信托份额320万份，信托单位生效日期为2020年2月28日，预计信托单位终止日/封闭期届满日为2020年12月11日，业绩比较基准为9%，期间利益分配安排为按季度分配。

合同履行过程中，民生信托仅向李雪芳分配了总计308,831.11元的信托收益，并于2021年进行了项目进展情况及重大事项披露：信托计划资金用于向标的公司支付购房款。该项目标的为在建工程，截至目前，标的物业尚未取得预售证，尚未办理过户手续。目前正在推进标的物处置，同时协调交易对手的其他资产增信，以此保障委托人/受益人的合法权益。2021年第二季度管理报告又进一步将信托计划的状态变更为：本项目已进入延长期。

（三）信托资金流向情况

李雪芳曾向原北京银保监局就至信828号项目举报民生信托，原北京银保监局出具银行保险违法行为举报调查意见书认为："……关于至信828号资金流向问题，经核查，该项目绕道非关联方公司，将信托资金违规用于民生信托公司股东，民生信托公司该行为违反了《信托公司集合资金信托计划管理办法》（银监会令2009年第1号）第二十七条'信托公司管理信托计划，应当遵守以下规定：……（三）不得将信托资金直接或间接运用于信托公司的股东及其关联人'的规定，民生信托公司未向投资人揭示至信828号项目的实质资金用途，违反了上述规定第三十四条'信托公司应当……保证所披露信息的真实性、准确性、完整性'。……关于延期时单方面变更信托收益分配方式问题。经核查，由于至信828号项目交易对手未能按期足额支付信托款项，根据至信828号《信托合同》约定，该项目已进入延长期，延长期内受托人应尽快采取措施变现信托财产，信托财产变现完毕后延长期终止，并按《信托合同》约定分配变现的信托财产，该信托项目信托财产变现尚未完成，最终分配方式尚未确定。核查认为，未发现民生信托公司存在你反映的延期时单方面变更信托收益分配方式问题。"

至信828号信托无法到期兑付后，深交所于2021年2月1日就民生信托涉嫌自融问题发出问询函，泛海控股股份有限公司回复称："信托资金用于对武汉铂首置业有限公司进行股权投资，武汉铂首决策用于商业物业收购。"[1]而武汉铂首的原控股股东正是武汉裕鑫，该公司由中国泛海控股集团有限公司（以下简称泛海控股）直接控制，而民生信托与泛海控股均为泛海集团公司的成员。此外，尽管民生信托仅罗列了至信828号信托收购的标的位于武汉、北京、上海，未明确透露标的信息，但有媒体报道，至信828号信托的底层资产正是其母公司武汉中央商务区股份有限公司所持有的武汉中心大厦项目。[2]股权结构及资金流向示意图见图1：

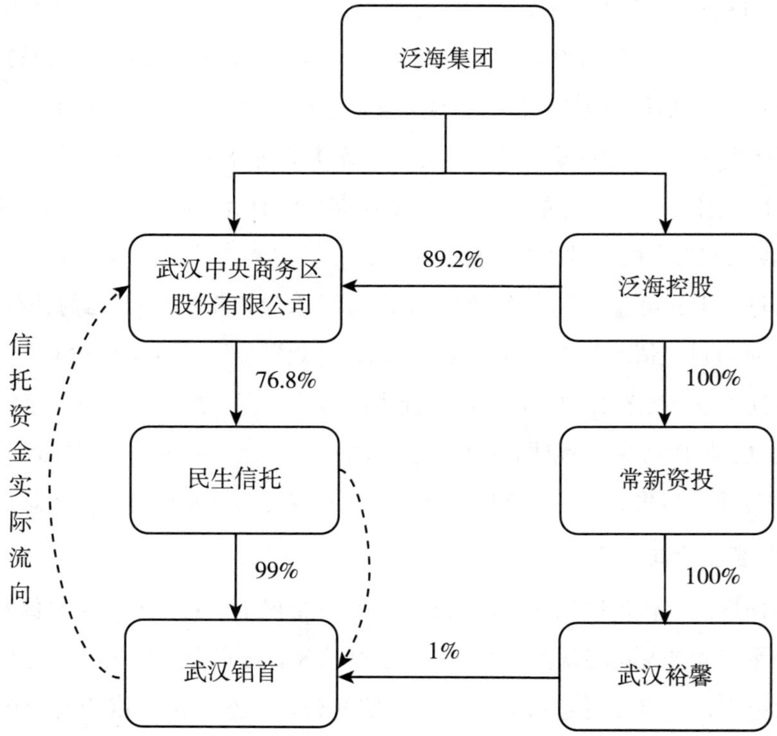

图1　股权结构及资金流向

（四）法院观点

因民生信托到期未能按约定支付足额信托投资收益，李雪芳将民生信托诉至法院，请求判决民生信托赔偿320万元本金及利息并承担诉讼费。

北京市东城区人民法院一审认为，民生信托绕道非关联方公司，将至信828号信托资金违规用于民生信托股东，既违反了《信托公司集合资金信托计划管理办法》的相关规定，也

〔1〕参见《泛海控股股份有限公司　关于回复深圳证券交易所关注函的公告》，载 http://reportdocs.static.szse.cn/UpFiles/fxklwxhj/LSD00004616769410274 8HF.pdf，最后访问日期：2023年10月8日。

〔2〕参见张晓云：《【独家】北京银保监局对民生信托展开为期3个月现场检查》，载 https://www.jiemian.com/article/6580466.html，最后访问日期：2023年10月8日。

违反了《信托合同》关于信托资金用途的约定。该违法、根本性违约行为使得李雪芳购买案涉信托产品的投资目的落空，导致其产生所投资320万元本金及投资期间该部分资金被占用的损失，该损失已确定，民生信托应承担赔偿责任。

一审判决后，民生信托向北京金融法院提起上诉，并在二审中提交了债权债务确认协议及确认函、保证合同、抵押合同、不动产登记证明四份证据，用以证明民生信托正在积极进行底层资产处置。

北京金融法院二审认为：本案的争议焦点有二：一是民生信托是否构成根本违约而应对李雪芳所受到的损失承担赔偿责任；二是李雪芳的投资损失是否已经确定。就争议焦点一而言，二审法院同样认为民生信托绕道非关联方公司，将信托资金违规用于自身股东的行为构成根本违约，且与李雪芳的损失存在因果关系。就争议焦点二而言，二审法院认为，尽管民生信托上诉认为其正在积极进行底层资产处置，李雪芳投资损失尚未发生或确定，但委托人购买的案涉信托产品系单个独立的信托单位，且约定了封闭期。虽然案涉信托产品的整体期限并未届满，但就其中分割的单个信托单位而言，期限已经届满。本案中，李雪芳在封闭期届满前已通过诉讼方式要求民生信托支付本金及收益，而经询，李雪芳明确表示如果民生信托向其赔偿损失，双方权利义务履行完毕，不再主张信托产品的相关收益，至此李雪芳因案涉信托产品所产生的具体损失已然可以确定。最终驳回上诉，维持原判。

【法律分析】

（一）民生信托是否构成根本违约进而应当承担赔偿责任

本案的第一个争议焦点便是民生信托在信托合同履约过程中是否存在根本违约行为进而应当对投资者的损失承担赔偿责任。本案中，民生信托主要涉嫌的违法或违约行为是绕道非关联方公司将信托资金违规用于民生信托股东，涉嫌信托自融，这也是一、二审法院判决民生信托根本违约从而承担赔偿责任的依据所在，笔者同样认可法院的观点，理由如下。

1. 民生信托的自融行为违反了受托人的忠实义务，且该行为构成违约

信托是基于信任而建立的法律关系，因此受托人必须忠实地为受益人的利益处理信托事务。受托人的忠实义务即受托人有义务只为受益人的利益处理信托事务而不能为其本人或任何第三人谋取便利，又称禁止自我交易的义务。[1]忠实义务的内涵包含两部分：一是从积极方面来看，受托人必须以受益人的利益为唯一利益（或最大利益），在此目的之下从事一切受托活动；二是从消极方面来看，受托人不能将自己放在与受益人利益冲突的位置。[2]《信

---

〔1〕 参见高凌云：《被误读的信托——信托法原论》，复旦大学出版社2010年版，第113页。

〔2〕 参见徐化耿：《信义义务的一般理论及其在中国法上的展开》，载《中外法学》2020年第6期。

托法》虽未直接使用“忠实义务”这一概念，但相关规定均体现出受托人应当负有忠实义务，如《信托法》第 25 条规定：“受托人应当遵守信托文件的规定，为受益人的最大利益处理信托事务。受托人管理信托财产，必须恪尽职守，履行诚实、信用、谨慎、有效管理的义务。”第 26—28 条则具体规定了禁止受托人利用信托财产为自己牟利，禁止受托人将信托财产转为固有财产，原则上禁止受托人自我交易这三种违反忠实义务的行为。

就本案而言，民生信托绕道非关联方公司，将信托资金违规用于自身股东的行为明显违反了忠实义务所规定的禁止利益冲突和自我交易的要求，且该行为未经委托人同意，违反了信托受托人的忠实义务。

在我国的成文法体系下，法官很难直接通过认定当事人违反信义义务（忠实义务）而要求其承担责任，违反信义义务（忠实义务）的救济一般仍需通过主张违约责任或侵权责任来实现。[1]就本案而言，原告基于民生信托违约提起诉讼，且《信托合同》明确约定了受托人负有“根据信托文件的规定，恪尽职守，本着诚实、信用、谨慎、有效管理的原则为受益人的最大利益处理信托事务”的忠实义务，因此法院认定民生信托的自融行为构成违约并无不当。

需要说明的一点是，两审法院认定民生信托违约都是基于其“违反了《信托合同》关于信托资金用途的约定”，笔者认为，结合本案已公开事实恐怕难以得出这样的结论。理由在于，《信托合同》就信托资金的用途仅约定为“受让武汉裕馨持有的目标股权，成为目标公司（武汉铂首）股东，剩余资金投入目标公司资本公积”，至于信托资金的最终流向在《信托合同》中未作约定，而民生信托也确实将信托资金用于对武汉铂首进行投资，[2]就本案已公开事实无法得出民生信托的投资违反约定的信托资金用途这样的结论。

不过，这并不妨碍本案中民生信托存在违约行为，因为民生信托的行为虽未违反《信托合同》关于信托资金用途的约定，但依然违反了《信托合同》就忠实义务的约定，民生信托违规将资金用于自身股东的行为不仅违反了就忠实义务的约定，也未向投资者披露、征得其同意。

2. 无论民生信托的行为是否构成根本违约，都应当承担赔偿责任

根据《民法典》第 563 条第 1 款第 4 项的规定，根本违约是指当事人一方迟延履行债务或者有其他违约行为致使不能实现合同目的的严重违约行为。就本案而言，笔者认为民生信托的行为构成根本违约：

首先，营业信托的目的是通过约定的信托财产运用方式进行投资运作，从而实现资产增

---

〔1〕 参见肖宇、王子康：《委托人指令与资产管理人责任边界：以信义义务为分析视角》，载《财经法学》2023 年第 1 期。

〔2〕 当然，民生信托隐瞒信托资金最终用途这一重要事实的行为可能构成合同欺诈，但鉴于本案原告未基于此主张撤销信托合同，笔者不在本文过多展开。

值。而要实现这一点，委托人、受益人对受托人的信任至关重要，这既是信托关系成立的基础，同样也是当事人获得投资收益的前提，信任对于信托合同目的的实现至关重要。

其次，民生信托违反忠实义务致使合同目的不能实现。一般认为，受托人的信义义务可以分为忠实义务和注意（勤勉、谨慎）义务两类，而忠实义务在信义义务的体系中居于核心地位；[1]甚至有观点认为信义义务和忠实义务并没有本质区别，尽管强调受托人要"忠实"和"勤勉"，但一方面不忠实更具危害性，另一方面不勤勉也可以理解为不忠实的一种表现形式。[2]从忠实义务的重要程度可以看出，忠实义务与维系信托当事人的信任直接相关，对忠实义务的违反必然导致这样的信任关系崩塌，从而使信托合同的目的无法实现。

退一步来说，无论民生信托的行为是否构成根本违约，其都应当承担赔偿责任。根本违约与一般违约在法律效果上的区别在于，当事人一方根本违约的，非违约方享有单方解除合同的权利，在损害赔偿上并无本质区别。构成违约损害赔偿需要有违约行为、损害结果和因果关系，就本案而言，除原告的损失范围需留待后文讨论，违约损害赔偿的要件已经满足，法院判决民生信托承担违约损害赔偿责任并无不当。

（二）投资者损失是否已经确定

《全国法院民商事审判工作会议纪要》（以下简称《九民纪要》）第 75 条规定，在案件审理过程中，金融消费者应当对购买产品（或者接受服务）、遭受的损失等事实承担举证责任。损失是否已确定不仅是本案的争议焦点，同样也是各类资管纠纷案件发生争议的高频区，除了该问题本身具有较大不确定性之外，损失是否已经确定是讨论资产管理人责任的必备要件，侵权纠纷需要以发生损失实际为要件，而合同纠纷中资管合同又往往约定管理人对因其自身违约行为而导致的损失承担赔偿责任，因此损失尚未确定成了资管纠纷案件中被告方经常提起，并时常引起争议的主张。

1. 投资者损失是否已经确定的判断标准

（1）原则上以清算结果作为损失认定的依据

一般来说，资管产品只有经过清算才能明确剩余资产的价值，并在此基础之上确定投资人的收益及损失，资产处置和清算活动尚未终局性结束，投资者购买产品的实际盈亏状况便难以认定。"资管计划未清算完毕，损失未确定，不予支持投资人请求"同样也是实践中主流的裁判观点，如在李某伟诉新华信托股份有限公司营业信托纠纷案［案号：（2018）最高法民终 173 号］中，法院认为："在新华信托公司尚未对案涉项目进行清算的情况下，不能确定因其违约延期的行为给李某伟造成损失以及损失的大小，故在本案中李某伟关于新华信

---

〔1〕 参见肖宇、王子康：《委托人指令与资产管理人责任边界：以信义义务为分析视角》，载《财经法学》2023 年第 1 期。

〔2〕 参见许德风：《道德与合同之间的信义义务——基于法教义学与社科法学的观察》，载《中国法律评论》2021 年第 5 期。

托公司应当向其赔偿信托资金本金，并按照22.3%的年利率计算利息的请求不能成立。”

（2）例外情况下有其他证据可以证明投资损失情况

资管产品的清算结果是认定投资损失的重要依据而非唯一依据，有其他证据足以证明投资损失情况的，损失依然可以被确定。实践中，当法院综合案件事实认为投资人全部投资损失的发生具有高度盖然性时，会认定损失已经确定，如在新未基金、通则久公司等与刘某生合同纠纷案［案号：（2020）沪74民终1046号］中，法院认为：“常州项目预期收益来自出售骨灰盒存放单元位，而该项目已被多个部门认定系违法占地建筑，被要求拆除，恢复原状。上述事实与管理人所称的项目已投入使用，市场预期良好，等待取得江苏省民政局的审批即可对外出售的情况严重不符。”在钜洲资产、钜派投资与周某华合同纠纷案［案号：（2021）沪74民终375号］中，法院认为：“而现实情况是，募集的基金资产已经脱离管理人控制，清算小组也未接管基金财产。因此，考虑到基金清算处于停滞状态，无法预计继续清算的可能期限，且无证据证明清算小组实控任何可资清算的基金财产，如果坚持等待清算完成再行确认当事人损失，不具有现实可行性。”

（3）某些情况下即使损失无法确定也可以被推定

在某些情况下，即使损失无法确定，法院也会对投资者的损失进行推定。其中最常见的理由便是在底层资产清算过程中，管理人怠于履行清算义务。如在民生信托卷入的另一起资管纠纷案件——民生信托与韩某茜营业信托纠纷案［案号：（2022）京74民终417号］中，法院便认为：“民生信托公司在确认函中确定了信托单位存续份额信托利益分配日，但其未能在信托计划终止后及时完成清算，本身即违反了合同约定的义务，其称底层资产投资无法收回，需要待全部信托财产清算完毕后才能确定损失，而其无法提供证据证明其投入底层资产的管理行为符合法律规定，在此情况下，将此等无法清算的风险由韩某茜承担，不符合法律和案涉合同的要求。”

此外，实践中更激进的法院可能基于诉讼效率的考量，对投资者的损失进行推定，如在李某良、中国银行浏阳支行合伙协议纠纷、财产损害赔偿纠纷案［案号：（2019）湘01民终2399号］中，法院认为：损失的具体金额需要依据投资人与管理人等之间的债权债务关系来确定，且投资人尚未穷尽救济途径以挽回损失，故从严格意义上来说本案损失金额并未确定。但为避免当事人的诉累，考虑到管理人等的实际状况，本院推定投资人的损失。

就推定损失的具体数额而言，实践中越来越多的法院采取了“推定全损”的认定标准，即推定资管产品全部损失，由管理人或受托人先行全额对该全部损失进行赔付，而投资者持有的收益权、清算之后的底层资产由管理人或受托人享有。如在前海开源资产管理有限公司、深圳市锦安基金销售有限公司委托理财合同纠纷案［案号：（2020）粤03民终19093号］中，法院认为：“关于本案是否发生实际损失的问题。两上诉人均确认涉案资管产品尚未完成清算和分配，但在上诉人锦安公司违反适当性义务管理规定、其应当承担全部还本付息的情况下，涉案资管产品是否完成清算和分配，或者说是否计算出实际、具体的损失并不影响本案的实体处理。”

在资管纠纷中，投资者的损失是损害结果，为法律构成要件，对投资者的损失进行推定意味着绕过了对违约或侵权损害赔偿的要件事实的认定。若因管理人怠于履行清算、结算义务导致损失金额无法确定，则管理人的行为符合“为自己的利益不正当阻止条件成就”〔1〕，此时对损失结果进行推定并无不当。然而，在没有直接或间接证据的情况下，能否对投资者的损失进行推定，甚至推定全损，存在很大争议，笔者认为这样的裁判方式缺乏正当性，理由如下：

第一，推定损失违背了民事诉讼的基本原理。最高人民法院《关于民事诉讼证据的若干规定》第10条规定：“下列事实，当事人无须举证证明：……（四）根据已知的事实和日常生活经验法则推定出的另一事实……”在资管纠纷中，唯有资管产品清算后对应权益少于投资者初始投入之时，才能确定投资者有损失以及损失有多少。

此外，证据证明与事实推定是诉讼中两种事实认定的方法，但案件事实应当主要依靠证据证明完成。推定是事实真伪不明时，依赖基础事实与推定事实之间的或然性常态联系来认定事实的特殊方式。〔2〕由于推定实际上是对证明的否定，是证明过程的中断，〔3〕其只能是一种末位的证明方式，在一般证明方式无法证明事实时使用。然而，在资管纠纷当中，证明投资者损失的方式是较为明确的，即通过底层资产的清算结果证明，在有途径证明投资者损失的情况下采取推定的方式背离了事实认定的基本逻辑。此外，采取推定的方式认定事实必然要求基础事实和推定事实之间具有很高概率的联系，并且推定事实本身难以证明或证明成本过高，故退而求其次，以基础事实的证明来认定推定事实的存在，在不满足上述条件的情况下，直接推定投资者的损失并不可取。

第二，推定全损缺乏理论依据。推定全损制度来源于《海商法》的相关规定，内在逻辑是保险标的物之修复或评估费用远超其本身价值的可能性较大，从成本收益分析的角度来看该标的物已无修复或评估之必要，此时法律拟制保险人按照全损进行赔偿。〔4〕而资管纠纷则一般不存在清算费用高于资管产品残值的情形，故不应参照适用该制度。如认为资管机构在产品运营过程中因违约或侵权行为存在“过错”，就应当承担推定全损的不利后果，则相当于直接架空了“损害结果”这一法定要件，故裁判推定全损应限于管理人的“过错”对“损害结果”的证明产生直接影响的情形，即管理人怠于履行清算、结算义务导致损失金额无法确定。

---

〔1〕 黄伟峰、程俊杰：《私募基金涉诉纠纷疑难问题研究》，载《法律适用》2023年第4期。

〔2〕 参见张海燕：《推定：事实真伪不明困境克服之优位选择》，载《山东大学学报（哲学社会科学版）》2012年第2期。

〔3〕 参见张保生：《推定是证明过程的中断》，载《法学研究》2009年第5期。

〔4〕 参见王华丽：《论海上保险中的推定全损》，载《经济问题》2004年第12期。

第三，推定全损会导致不同主体之间利益失衡。法院在资管纠纷中采取推定全损的裁判方式，直接原因便是实践中常有管理人怠于履行清算义务，拖延底层资产的变现，使得投资者迟迟得不到赔偿，损害了投资者的合法权益；然而，若打算避免这样的问题，要求管理人积极履行清算义务，在管理人怠于履行清算、结算义务导致损失金额无法确定时推定投资者损失的成立即可解决该问题。在资管产品正常清算的情形下仍推定全损相当于使得投资者本就能获得的赔偿更早地取得，保护投资者的合法权益是否需要达到这种程度缺乏足够的论证。相反，资金的流动性对于商事主体正常经营甚至存续都有着举足轻重的作用，对于资管产品的管理人而言，资管机构对尚未确定的损失用自有财产先行“垫付”，无疑会对资管机构造成很大的资金压力，影响其正常经营和发展。

综上所述，笔者认为在没有证据对损失进行认定的情况下，应当谨慎地就损失情况进行推定，不宜单纯以诉讼效率或保护投资者为由突破一般法律原理进行推定。

2. 本案中投资者损失是否已经确定

在本案中，即便至信828号信托的底层资产尚未处置完毕，法院依然认为投资者的损失已经确定，主要理由在于本案投资者所购买的信托产品单位期限已经届满，此时投资损失已经确定。笔者认为，此时认定本案投资者的投资损失已经确定还有待商榷：

首先，本案信托产品底层资产尚未清算完毕且民生信托正在积极进行底层资产处置。民生信托认为至信828号信托的底层资产尚未处置变现完毕，并且其正在积极进行底层资产处置，在二审期间还提交了债权债务确认协议及确认函、保证合同、抵押合同、不动产登记证明四项证据，证明其已与案涉信托计划底层债务人、保证人等主体签署债权债务确认协议、保证合同等文件并与案涉信托计划底层资产对应抵押人签署抵押合同，正在积极进行底层资产处置。虽然民生信托提交的证据的具体内容无从知晓，但原告方的质证意见以及法院在判决书中都没有否认民生信托正在进行底层资产处置工作，因此笔者倾向于认为民生信托在本案中不存在怠于履行清算义务的情形。结合本案事实，在底层资产尚未清算完毕也没有其他证据能对损失情况进行证明的情况下，不宜直接认定投资者的损失已经确定。

其次，法院以期限届满为由认为损失已经确定依据不足。虽然本案信托产品期限已届满，但《信托合同》明确约定了信托财产不足以支付受益人信托利益时，信托将自动进入延长期，延长期至信托财产变现完毕为止。在本案二审判决作出之时，信托产品的延长期尚未结束；而且信托产品期限届满与否与损失是否确定并无直接关联，如前文所述，有些资管产品会约定产品期限届满后，管理人有义务赎回资管产品，在此类情形下，可以认定管理人未依约履行回购义务，投资者损失在期限届满后即已经确定。但本案并未约定赎回条款，不应以信托产品是否到期作为损失是否确定的判断标准。

如果支持以严格的标准认定损失是否确定，导致的结果很有可能是在违约时底层资产处置快的反而有可能面临投资者求偿，而处置慢的甚至怠于处置的却因为损失未能确定而无须承担责任。[1]这样的裁判结果将导致管理人违法成本大幅降低，严重损害投资者的合法权益，但这并不意味着需要突破一般法理对损失确定性的要求。笔者认为，资管纠纷中损失确定的判断应当遵循下列规则：

（1）以底层资产清算为原则，在未清算完毕的情况下，一般认为损失尚未确定。

（2）除清算结果以外，有其他证据足以证明投资损失情况的，损失依然可以被确定，但需达到高度盖然性的证明标准，如底层资产清算存在实质障碍已无变现可能性、管理人不掌握底层资产等情形。

（3）管理人在清算过程中存在过错，怠于履行清算、结算义务，导致损失无法确定的，可以推定损失已经确定。

（4）基于信息不对称以及清算工作的专业性，管理人应当就其积极履行清算、结算义务承担举证责任。

（5）不宜单纯以诉讼效率或保护投资者为由，就损失结果进行推定。

就本案而言，资管产品的底层资产尚未处置完毕且民生信托正在积极处置底层资产，在没有其他特殊情形的情况下，认为损失尚未确定更为恰当。

【案外反思】

2020 年“金凰珠宝 80 吨假黄金案”案发，诸多保险公司、信托公司等金融机构被牵涉其中，其中民生信托出资高达 41 亿元，且迫于压力选择向投资人进行兑付，元气大伤。此后，民生信托投资的宝能、荣盛等地产公司出现实质违约，又遭遇了新华联债券逾期、中建五局“萝卜章”、汉能集团、凯迪生态等风险事件，充分暴露出民生信托风控管理存在问题。

除因决策失误导致的投资损失外，由于民生信托母公司泛海控股近年来陷入资金危机，其在信托产品管理过程中的违法违规行为尤其是涉及自融向母公司“输血”的行为更是屡屡出现，例如“永泰 1 号”信托产品多层嵌套，又投资了自身发行的产品，被监管机构认定为开展资金池业务和自融；“汇丰 2 号”信托产品、“汇丰 4 号”信托产品违反信托合同关于底层资产投资的约定，将部分资金投向自身发行的产品；以及本案“至信 828 号”信托产品绕道非关联公司，将信托资金违规用于自身股东……

对于投资者而言，在进行投资时应当增强风险意识，对投资的信托产品、受托人履职情况、信托合同充分了解之后再进行理性判断和投资；更重要的是对于信托公司、金融机构而言，恪守信义义务、合法合规诚信经营、重视风险管理的经营理念依然不可动摇。在我国信托业发展的相当长一段时间里监管环境较为宽松，信托业处于高速发展时期。此后随着信托

---

〔1〕 参见张亦文、张天宇、王依超：《损失是否确定才是资管纠纷最大的不确定》，载 https://mp.weixin.qq.com/s/qEVCPRc9Ijm7WdCJKBHsMQ，最后访问日期：2023 年 10 月 8 日。

业的“野蛮生长”和经济形势的变化，为化解金融风险，信托业迎来了强监管时代，如2018年出台的《关于规范金融机构资产管理业务的指导意见》提出了打破刚性兑付、禁止资金池业务、压缩嵌套等监管要求。此外，司法层面对法律责任的落实也愈发严格，《九民纪要》强调“卖者尽责，买者自负”，各地法院在裁判过程中也加大了对投资者权益的保护力度。在此背景下，急功近利、指望钻监管的漏洞已然不再可行，回归“受人之托、代人理财”的职能定位，使其业务发展真正回归信托本源才是信托业的出路。